गोलमेज

गोलमेज

(आलोचनात्मक निबंध एवं टिप्पणियाँ)

अरुण कमल

वाणी प्रकाशन

प्रकाशन के उत्कृष्टतम 63 वर्ष

सजिल्द पहला संस्करण : 2009
सजिल्द दूसरा संस्करण : 2026

vaniprakashan.com

वाणी प्रकाशन

4695, 21-ए, दरियागंज, नयी दिल्ली-110 002
फ़ोन : + 91 11 23273167, 23275710

शाखाएँ

अशोक राजपथ, पटना-800 004, बिहार
कॉफ़ी हाउस कैम्पस, महात्मा गांधी मार्ग, प्रयागराज-211 001, उत्तर प्रदेश
महात्मा गांधी अन्तरराष्ट्रीय हिन्दी विश्वविद्यालय, वर्धा-442 001, महाराष्ट्र
sales@vaniprakashan.in
vaniprakashan@gmail.com

GOLMEJ
by Arun Kamal

ISBN : 978-93-5000-065-6
Critical Essays/ Notes on Literature

मूल्य : ₹695

जी.एस. ऑफ़सेट, दिल्ली-110 095 में मुद्रित

वाणी प्रकाशन का लोगो मक़बूल फ़िदा हुसैन की कूची से

जिन्होंने भाषा और साहित्य की शिक्षा दी—
श्रद्धेय
श्री विद्याधर पांडेय
(माध्यमिक विद्यालय, कुदरा)
श्री हरिहर प्रसाद सिंह
(उच्च विद्यालय, हसन बाजार)
प्रोफेसर डॉ. कपिलमुनि तिवारी
(अंग्रेजी विभाग, पटना विश्वविद्यालय)
एवम्
प्रोफेसर डॉ. आर.के. सिन्हा
(अंग्रेजी विभाग, पटना विश्वविद्यालय)

गुरु-ऋण जो कभी उतरता नहीं
—आपका शिष्य

आभार

गोलमेज मेरी पिछली आलोचना पुस्तक **कविता और समय** के प्रकाशन (1999) के बाद से 2008 तक लिखे गए निबन्धों, वक्तव्यों एवं टिप्पणियों का संकलन है। अधिकांश निबन्ध दूसरों के कहने पर और कुछ अपने मन से लिखे गए। केवल 'पारचून' के अन्तर्गत एकत्र टिप्पणियाँ शुद्ध मनमंता हैं। लेकिन इन सबको जोड़नेवाली चीज है अपने समय और साहित्य को आन्दोलित करनेवाली चिन्ताएँ तथा बहसें। साहित्य की बहसों में हार-जीत का सवाल नहीं होता। कोई भी धारा या तर्क-प्रणाली कभी पूरी तरह समाप्त नहीं होती, हो सकता है वह थोड़ा पीछे चली जाए या सुप्त सी लगे; लेकिन अवसर पाकर वह फिर बढ़ सकती है। इसीलिए हर आलोचना-कर्म वास्तव में एक गोलमेज वार्ता है जहाँ सारे मूल्य-प्रतिनिधि एक साथ बैठकर लड़ते-झगड़ते हैं और कुछ फैसले भी, सम्भव हुआ तो लेते हैं। मैंने यही सोचकर पुस्तक का नाम **गोलमेज** रखा। हालाँकि मेरे भी कुछ निश्चय और विश्वास हैं जो हर जगह दिखाई पड़ेंगे। कुछ हठ भी होंगे। बिना हठ के आलोचना सम्भव नहीं। इस गोलमेज वार्ता में जो भी शामिल रहे मैं उन सबका आभारी हूँ।

मैं उन सभी पत्रिकाओं का आभारी हूँ जिन्होंने इन निबन्धों को छापा, विशेषकर माध्यम, वसुधा, आलोचना, सम्भव, समकालीन भारतीय साहित्य, बहुवचन, कथादेश, सहित, समय माजरा, आवेग, सोच, वागर्थ, कल के लिए, क्रमशः, देशज आदि। साथ ही, मैं उन सभी संस्थाओं, संस्थानों का आभारी हूँ, जिन्होंने मुझे समय-समय पर व्याख्यान या परिचर्चा के लिए बुलाया : भारतीय उच्च अध्ययन संस्थान, शिमला; हिन्दी साहित्य सम्मेलन, प्रयाग; इलाहाबाद संग्रहालय; साहित्य अकादेमी; चिरंजीव दास स्मृति न्यास, रायगढ़; नेशनल बुक ट्रस्ट इत्यादि।

कविता तो स्वांतःसुखाय हो जाती है, लेकिन आलोचना दूसरों के कोंचने पर ही लिखी गई। फिर भी सुख मिला। सहकार-सुख। इस सहकार-कर्म में जो भी मित्र शामिल रहे मैं उन सबका आभारी हूँ।

अपने प्रतिष्ठित प्रकाशक श्री अरुण माहेश्वरी को धन्यवाद।

—अरुण कमल

अनुक्रम

कबीर के मस्तक पर मोरपंख

इस शताब्दी की हिन्दी की सर्वाधिक प्रसिद्ध और चर्चित कहानी प्रेमचन्द कृत 'कफन' का अंत कबीर की एक पंक्ति से होता है। पंक्ति है—'ठगिनी क्यों नैना झमकावै! ठगिनी!' घर में औरत की लाश पड़ी है। घीसू और माधव कफन के लिए मिला चंदे का पैसा शराब और खाने पर खर्च कर चुके हैं और नशे में धुत्त नाचते हुए गाते हैं—'ठगिनी क्यों नैना झमकावै!' जीवन की एक अत्यंत विडम्बनापूर्ण स्थिति में प्रेमचन्द ने कबीर को याद किया। भारतीय जीवन की त्रासदी का साक्ष्य शायद कबीर के बिना सम्भव ही नहीं था। कबीर की यह पंक्ति 'कफन' कहानी को एक नया सन्दर्भ देती है।

पिछले छह सौ वर्षों का भारतीय जीवन और साहित्य, विशेषकर उत्तर भारत का, कबीर की उपस्थिति से भरा हुआ है। अलग-अलग सन्दर्भों और स्थितियों में कबीर उपस्थित हैं। मैंने और मेरे जैसे अनेक लोगों ने बचपन से ही कबीर को अपने साथ पाया है। बिल्कुल शुरू के दिनों में कबीर के पद और दोहों को पढ़ते और रटते हुए हमें कभी लगा ही नहीं कि यह सदियों पहले की चीज़ है। 'मन न रँगाये रँगाये जोगी कपड़ा, दढ़िया बढ़ाये जोगी बनि गइले बकरा' या 'ना मैं बकरी ना मैं भेंड़ी ना मैं छुरी गँड़ास में' जैसी पंक्तियाँ न सिर्फ हमें मुदित करती थीं बल्कि इन पंक्तियों ने ही पहले पहल हमारे भीतर प्रचलित पूजा-पाठ के प्रति शंका और विरोध का बीज भी बोया। पहली बार हमें ऐसे पद मिले 'मूरति से दुनिया फल माँगे अपने हाथ बनाये' या 'पत्थर पूजे हरि मिले तो मैं पूजूँ पहाड़, ताते यह चक्की भली पीस खाये संसार' या 'हिंदुवन की हिंदुवाइ देखी तुरकन की तुरकाई' जिन्होंने हमारे आसपास की दुनिया को संदेह से देखना सिखाया। फिर 'हमन तो इश्क मस्ताना हमन को होशियारी क्या' या 'मन लागो मेरो यार फकीरी में' जैसे पदों ने हममें बेफिक्री, आजादी और अक्खड़पन का भाव जगाया। थोड़ा सयाने होने पर 'निर्भय निर्गुन गुन रे गाऊँगा,' या 'गगन घटा घहरानी' तथा 'अवधूता जनम जनम हम योगी' जैसे पदों ने हमें आंतरिक रूप से समृद्ध किया। कबीर ने हमारा नया संस्कार किया—निर्भीकता, निस्संगता और गहरी आत्मबद्धता के संकल्प से समृद्ध किया। हमने यह भी देखा कि कैसे कुछ लोग एक शव को

गाते बजाते ले जा रहे हैं। यह अभूतपूर्व दृश्य था। मृत्यु का उत्सव कबीर साहब की बानी में।

यह वो पृष्ठभूमि है जो आज के औसत कवियों, हिन्दी के कवियों-लेखकों की सम्मिलित पृष्ठभूमि है। साहित्यालोचन के भीतरी विवादों-द्वन्द्वों तथा धर्म-दर्शन-सामाजिक सुधार आदि के विवादों-झंझटों से भी पृथक्, यह वो पृष्ठभूमि है जिस पर प्रायः प्रत्येक हिन्दी कवि-लेखक की बेल उगी है। इसलिए कि कबीर हमारे रोज-ब-रोज के जीवन में शामिल हैं—'सब स्वाँसों की स्वाँस में'। फिर भी, हम कबीर को आज कैसे पढ़ते हैं, यह सवाल तो है ही। बचपन से हम कबीर का एक चित्र देखते आये हैं। उनकी आँखें झुकी हैं। दाढ़ी खसखसी। पतला सा चेहरा। और मस्तक पर मोरपंख। आज भी मुझे नहीं मालूम कि यह मस्तक पर मोरपंख क्यों है। कोई न कोई गूढ़ कारण तो होगा ही जो मैं नहीं जानता या नहीं जान पाया। लेकिन खास बात है कबीर के मस्तक पर मोरपंख का होना। मेरे लिए मोरपंख महत्त्वपूर्ण है। मेरे लिए कबीर का कवि-रूप महत्त्वपूर्ण है। कबीर जो कवि है।

अक्सर कबीर के दर्शन पर बात होती है। उनके धार्मिक चिंतन पर। समाज-सुधार के पक्ष पर। जाति-प्रथा के विरोध और पाखंड के विरुद्ध आक्रमण पर। वह हिन्दू थे या मुसलमान इस पर। सारी बातें ज़रूरी और प्रासंगिक हैं। लेकिन मुझे लगता है, ये बातें इसलिए ज़रूरी हैं कि कबीर कवि थे। कबीर संत कहे जाते हैं। लेकिन संत तो और लोग भी हुए। समाज-सुधारक, धार्मिक चिंतक या दार्शनिक भी और हुए। कबीर ने इन सब तत्त्वों का उपयोग अपनी कविता में किया। कविता से बाहर कुछ भी नहीं। इसलिए जो महत्त्व का है वह कविता के भीतर है, उसे पृथक् कर के देखने का कोई अर्थ नहीं। हम कबीर के दर्शन या चिंतन से सहमत हों या न हों, उनकी कविता इसकी मोहताज नहीं। कबीर ने कविता की। उनके लिए ये सारे तत्त्व कविता के तत्त्व बन कर आये जैसा कि किसी भी कवि में होता है। उनके मस्तक पर मोरपंख था जो किसी अन्य संत या सुधारक के मस्तक पर नहीं लगा। यह मोरपंख क्या है? कबीर की कविता क्या है?

किसी संत के लिए जगत अपरिहार्य नहीं भी हो सकता। बल्कि जो विरागी हैं उनके लिए यह संसार 'कागज की पुड़िया' ही तो है।—'यह संसार रैनि के सपना ओस बुन्द झलकी'।—कबीर में भी यह भाव लगातार मिलता है। संत के लिए अपेक्षित है जगत से मुक्ति। सब कुछ छल-प्रपंच है। 'कनक और कामिनी' सारे रिश्ते-नाते, यह शरीर सब कुछ भंगुर और मिथ्या है। 'रहना नहीं देस बिराना है'। अंतिम ध्येय है साईं से संयोग, ब्रह्म से मिलन। संत के लिए सब कुछ का त्याग जरूरी है। यहाँ तक कि स्मृति का भी। लेकिन किसी कवि के लिए यह सम्भव नहीं। बिना इन्द्रियों के, बिना स्मृति के कविता सम्भव ही नहीं। इन्द्रियों की क्रिया को स्थगित करके कविता सम्भव नहीं। कबीर भी लगातार 'आँखिन देखि' पर जोर देते

हैं। दिलचस्प यह है कि कबीर ने संसार की नश्वरता और निस्सारता का वर्णन अत्यंत आवेग तथा गहन इन्द्रियबोध के साथ किया है—'उड़ जाएगा हंसा अकेला', या 'एक दिन पंछी निकल जायेगा मिट्टी जंगल की' या—

तिंविर साँझ का गहिरा आवै, छावै प्रेम मन-तन में।
पच्छिम दिस की खिड़की खोलो, डूबहु प्रेम-गगन में।

जीवन की निस्सारता और भंगुरता का उनका कोई भी पद हमें वापस जीवन के तट पर ही पटक जाता है—

बागों ना जा रे ना जा तेरी काया में गुलजार
सहस कँवल पर बैठ के तू देखे रूप अपार

यही कविता की विवशता है।

दिलचस्प यह भी है कि आत्मा और ब्रह्म के मिलन की, उस दिव्य, वर्णनातीत अनुभूति की अभिव्यक्ति करते हुए कबीर जो बिम्ब लाते हैं वे सब प्रायः भौतिक जगत के बिम्ब हैं—स्त्री-पुरुष मिलन या सम्भोग के बिम्ब हैं। जो अनुभूति वर्णनातीत है उसकी अभिव्यक्ति शायद ऐसे ही बिम्बों से सम्भव थी।—

जो सुख चहै तो लज्जा त्यागे
पिया से हिलमिल लागे
घूँघट खोल अंग भर भेंटे
नैन आरती साजे।

मृत्यु के प्रसंग में जो बिम्ब आते हैं वे भी जीवन की गहरी आसक्ति के बिम्ब हैं—

कबीर धवणि धवंती रहि गई, बुझि गये अंगार।
अहरणि रह्या ठमकड़ा, जब उठि चले लुहार ॥

(धमनी धौंकती धौंकती रह गयी, अंगारे बुझ गये और अहरण (निहाई) पर ठमक रह गयी जब लुहार उठ कर चला)

या फिर—

कबीर मरि मड़हटि रह्या तब कोई न पूछै सार।
हरि आदरि आगैं लिया ज्यों गऊ बछ की लार ॥

जिस प्रकार गाय बछड़े को लेती है—ज्यों गऊ बछ की लार—वैसे ही हरि ने मृत कबीर को लिया। इतना आवेगपूर्ण बिम्ब कबीर देते हैं मृत्यु के बाद की स्थिति को व्यंजित करने के लिए।

कबीर के विचार चाहे जो हों जब वे कविता में आते हैं तो उसी रूप में नहीं जैसे वे अन्यत्र थे। कविता में जीवन की निस्सारता तथा मृत्यु के ऐश्वर्य के चित्र भी जीवन के प्रति लालसा ही उत्पन्न करते हैं क्योंकि जो बिम्ब आते हैं वे साक्षात् भौतिक जगत के एवं इन्द्रियों द्वारा गृहीत होते हैं। लेकिन कहीं भी चिंतन तथा काव्य में कोई फाँक नहीं दिखायी देती—ताता लोहा यूँ मिले, संधि न लखई कोई।

किन्तु कबीर स्थूल जगत के कवि नहीं हैं। कबीर शरीर या मस्तिष्क के कवि नहीं हैं। ज्ञान या संवेदना के नहीं, वह आत्मा के कवि हैं। उनका लक्ष्य जगत-व्यापार का चित्रण नहीं है। न ही वह मानसिक प्रतिक्रिया का अंकन करते हैं। मनुष्य के विभिन्न भावों अथवा मानव-सम्बन्धों के भी चित्रकार वह नहीं है। जैसा कि बहुधा देखा जाता है। कबीर मनुष्य की आत्मा के कवि हैं। अस्तित्व के कुछ बुनियादी प्रश्नों के कवि हैं। जीवन के होने या न होने की चिंता के, जीवन के वास्तविक अर्थों के संधान के कवि हैं। जीवन के विलोप, मृत्यु में इसके पर्यवसान और उपरांत के कवि हैं। मुक्तिबोध ने जिस ज्ञानात्मक संवेदन तथा संवेदनात्मक ज्ञान की बात कवि-कर्म के सन्दर्भ में की है वह कबीर के मामले में पर्याप्त नहीं है। कबीर एक ऐसे दुर्लभ कवि हैं जिनमें आध्यात्मिक संवेदन के दर्शन होते हैं। और उनकी कविता आत्मा की, जीव की मुक्ति की कविता है।–

नाचु रे मेरे मन मत्त होय।

....

राहु-केतु नवग्रह नाचै जन्म जन्म आनंद होइ।
गिरी-समुन्दर धरती नाचै, लोक नाचै हँस रोइ।

....

सहस कला कर मन मेरो नाचै, रीझै सिरजनहारा।

कबीर आत्मा की मुक्ति और उल्लास के कवि हैं, इस ब्रह्मांड के साथ मानव मन के सम्बन्ध के कवि हैं। हम साधारण लोगों के लिए सुख-दुख का जो अर्थ है कबीर की कविता उससे ऊपर उठ कर आत्मा की मुक्ति का गुणगान करती है। कबीर ने भौतिक अस्तित्व के न होने को, दैहिक अनुपस्थिति एवं आत्मा की स्वतन्त्रता को काव्य में व्यक्त किया।–अवधूता जनम जनम हम योगी।

लेकिन कविता की विवशता यह है कि जो इन्द्रिय से परे है उसे भी ऐन्द्रिक बिम्बों के जरिये ही व्यक्त करना होता है। गूँगे को भी गुड़ का स्वाद बताना पड़ता है। कबीर ने इसीलिए जीवन के विभिन्न प्रसंगों से अपनी सामग्री चुनी। यह सही है कि वह स्थूल अर्थ में जीवन के विवरण के कवि नहीं हैं। लेकिन उनकी कविता में सर्वाधिक प्रसंग या बिम्ब दुःख एवं पीड़ा के हैं–दुनिया भांडा दुख का। आत्मा की मुक्ति के आह्लाद के क्षण में भी कबीर उन बिम्बों को नहीं भूलते–

कबीर जेते तारे रैणि के, तेते बैरी मुझ।
धड़ सूली सिर कंगुरै, तऊ न बिसारौ तुझ।

उनके यहाँ भूख के, भीख माँगने के इतने सारे प्रसंग हैं–'सबहिं भुलावा पेट के धंधा,' 'कबीर मांगन मरण समान है... मति र मंगावे मोहि', 'कबीर भूखा भूखा क्या करै','गृही तौ च्यांता घणीं, बैरागी तौ भीख' आदि आदि। कबीर के बाद फिर तुलसीदास में ही भूख और दैन्य के इतने दारुण चित्र मिलते हैं–'जहाँ जाऊँ तहँ

सोग संताप'। बुढ़ापे की असहाय अवस्था के इतने बिम्ब शायद ही कहीं और हों–

घर की नारि विमुख होय बैठी
पुत्र करत बदनाम
बरबरात है विरथा बूढ़ा
अटपट आठो जाम।

या,

टूटी खाट पुराना झिलगा
पड़े रहो दरवाजा।

या

लड़िका बौहर बोली बोले
बुढ़ऊ मरि न गयो।

प्रायः उनके बिम्ब समाज की सर्वाधिक दलित श्रेणियों के जीवन से आते हैं–बुनकर, धोबी, बढ़ई, लुहार, कुम्हार, गुलाम, महरा, भिखारी और स्त्रियाँ। देखकर आश्चर्य होता है कि 'सती' के इतने बिम्ब यहाँ मिलते हैं और प्रायः सभी से सती के समर्थन का बोध होता है।

कबीर को पढ़ते या सुनते हुए गहरी पीड़ा और विषाद की अनुभूति होती है। 'रैन गयी मत दिन भी जाय' ऐसा ही एक पद है। कविता की लय में, शब्दों के नाद में बहुत गहरा दुःख पेबस्त है जो केवल कबीर का नहीं, सम्पूर्ण भारतीय जीवन, विशेषकर दलित-उत्पीड़ित समुदाय का दुःख है। क्या यह अकारण है कि 'कफन' के पात्रों को कबीर ही याद आते हैं? कबीर का संगीत सर्वाधिक विपन्न, निराश और मृत्यु के कगार पर टिकी जाति का संगीत है–

साधो यह तन ठाठ तंबूरे का।

यह दुःख भौतिक दुःख है, देह धरे को दंड तो है ही। इस दुःख से मुक्ति की आकांक्षा के और उस अतीन्द्रिय मुक्ति के भी कुछ विलक्षण बिम्ब कबीर में मिलते हैं। बेफिक्री, फक्कड़पन और मस्ती की जैसी अभिव्यक्ति कबीर में मिलती है वैसी अन्यत्र दुर्लभ है। यह इसलिए सम्भव हुआ कि यहाँ मृत्यु का भय नहीं है। आदि से अंत तक सम्पूर्ण कबीर-काव्य मृत्यु के आभास से भरा हुआ है।

कबीर रोवणहारे भी मूये, मूये चलांवनहार।
हा हा करते ते मूये, कासिनि करौं पुकार ॥

लेकिन यहाँ मृत्यु का शोक या भय नहीं है। मृत्यु इस भौतिक जीवन का अंत भले हो, लेकिन वह आत्मा की मुक्ति का केन्द्रीय रूपक है। लेकिन कबीर के काव्य में मृत्यु की इतनी लम्बी और गहरी छाया क्यों है? क्या यह निराशा की, विवशता की चरम अभिव्यक्ति है? क्या यह उन लोगों के जीवन का एकमात्र विकल्प है जिनके लिए यह दुनिया केवल सोग और संताप है? मृत्यु की ये कविताएँ हमें इतना

अधिक क्यों खींचती हैं? उनमें ऐसा क्या है जो हमें बाँधे रखता है और फिर उसी वेग के साथ हमें जगत-व्यापार में वापस फेंक देता है? मृत्यु का यह उत्सव हमें जीवन के प्रति गहरी लालसा से भर देता है—उड़ जाएगा हंसा अकेला...।

एक बात और। मृत्यु की यह बारम्बार आहट हमें निर्मल भी करती है। यह चेतावनी भी है। कबीर हमारे नैतिक शिक्षक हैं। वे हमसे पूछताछ करते हैं, हमसे हमारा ही भेद लेते हैं, हमारे कर्मों के लिए सफाई माँगते हैं। हम सोचने को मजबूर होते हैं कि यदि मृत्यु आसन्न है तो फिर यह झूठ, पाखंड और लोभ क्यों?

मन रे तन कागद का पुतरा।
लागै बूँद बिनसि जाइ छन में, ग्रब करै क्या इतरा ॥
माटी खोदहिं भींत उसारैं, अंध कहैं घर मेरा।
आवै तलब बांधि लै चालै, बहुरि न करिहै फेरा ॥
खोट कपट करि यहु धन जोर्यौ, लै धरती में गाड़्यो।
रोक्यौ घट कि सांस नहिं निकसै, ठौर ठौर सब छाड़्यो ॥
कहै कबीर नट नाटिक थाकै, मंदला कौन बजावै।
गये पखनियाँ उझरी बाजी, को काहू कै आवै ॥

एक अन्य मार्मिक दोहे में कबीर कहते हैं—

कबीर आपणपौ न सराहिए, और न कहिए रंक।
नां जांणौं किस ब्रिष तलि, कूड़ा होइ करंक।।

पता नहीं किस वृक्ष के नीचे हमारी हड्डियाँ कूड़ा हों। तब क्यों न इस चादर को दास कबीर की तरह जतन से ओढ़ा जाए और फिर ज्यों का त्यों धर दिया जाय। क्योंकि यह जीवन पवित्र है, क्योंकि यह जीवन अमोल है—हीरा जनम अमोल था कौड़ी बदले जाय। इसलिए हमें एक एक क्षण का हिसाब देना है। पल में प्रलय होने वाला है, बहुरि करोगे कब?

कबीर नाउँ न जाँणौं गाँव का, मारगि लागा जाँउँ।
काल्हि जु कांटा भाजिसी, पहिली क्यूं न खड़ाउँ।।

इसलिए अभी करना है जो भी करना है—उट्ठो ज्ञानी खेत सँभारो बह निकसेगा पानी। कबीर की कविता निरन्तर कर्म पर आग्रह की कविता है।

कबीर हमारे अहंकार को, हमारे अस्तित्व की मिथ्या को तोड़ते हैं। उनकी कविता के सामने हम निर्वस्त्र खड़े होते हैं। यह हमारी नैतिक भर्त्सना ही नहीं, हमारे परिष्कार और संशोधन की, हमारे जीवन-धर्म के जागरण की कविता है—तोरी गठरी में लागे चोर बटोहिया का सोवै। इसीलिए यह निरन्तर स्वयं से, आत्मा से उलझने-झगड़ने की कविता है—मन तोहे किहि बिधि मैं समझाऊँ। मृत्यु के उत्सव के बावजूद कबीर की कविता अंततः जीवन के प्रति प्रेम और ममत्व की कविता है, जैसे गाय बछड़े से लार लगाती है वैसी कविता।

जीवन के प्रति अपने इसी लगाव के कारण कबीर हमें डाँटते भी हैं और समाज की बुराइयों, पाखंड और मिथ्या आचरण पर प्रहार करते हैं। उनके लिए मनुष्य सबसे महत्त्वपूर्ण है, जिसे साईं ने गढ़ा है। फिर इतने सारे भेद कैसे? चाहे ब्राह्मण हो या भंगी सब तो एक ही द्वार से निकसे हैं, फिर कैसी शुचिता? फिर कैसा ऊँच नीच का भेद? कबीर ने जिस शक्ति के साथ सामाजिक भेदभाव पर प्रहार किया वह अपने आप में एक उदाहरण है। इसी कारण कबीर पिछले छह सौ वर्षों के दौरान हुए सभी सामाजिक आन्दोलनों के नायक रहे। कबीर की बानी उनकी बानी है जो बोल नहीं सकते। कबीर की कविता ने सर्वाधिक दलित जीवों को जीने का तर्क बताया। कविता ऐसा भी करती है। करती रही है। वह केवल व्यक्ति से ही नहीं पूरे समाज से सवाल-जवाब करती है। यह कैसा जीवन है जो नरक से भी बदतर है। इसके बने रहने का क्या औचित्य है? और कबीर की कविता हमारा आह्वान करती है कि उठो और इसे बदलो। यह केवल संत की वाणी नहीं है। कबीर सामूहिक कर्म का आह्वान करते हैं। इसलिए उनका हर पद एक सम्बोधन है—कहत कबीर सुनो भाई साधो!

लेकिन। क्षमा करेंगे, मुझे बार-बार लेकिन शब्द का व्यवहार करना पड़ रहा है क्योंकि कबीर के बारे में कोई भी बात पूरी या अंतिम नहीं। हमेशा उसी साँस में एक दूसरी बात भी कहनी पड़ती है। जो पिछली बात के उलट भी हो सकती है। तो, कबीर सामूहिक कर्म के पक्षधर हैं। लेकिन बार बार वहाँ लौट जाते हैं जहाँ उनका अंतरंग जीवन है—हंसा करौ पुरातन बात। एक व्यक्ति के भीतर का वह अवकाश जहाँ 'रस गगन गुफा में अजर झरै।' कहते हैं—

सभी ठौर जमात हमरी सभी ठौर पर मेला।
हम सब माय, हम ही सब माय, हम हैं बहुरि अकेला ॥

फिर फिर अकेला। और यह अकेला होना व्यक्ति की निजता है, उसके अस्तित्व की अनिवार्यता। कबीर उस निजता, उस आंतरिक अवकाश और अकेलेपन के भी कवि हैं। इसीलिए हम अकेले में कबीर को इतना करीब पाते हैं। यह वो स्वर है जो हमारी ही 'हृततंत्री' से बजता हुआ लगता है। गगन में आवाज हो रही झीनी। हालाँकि इस अकेले होने को ही केवल न देखा जाय। उपर्युक्त पंक्तियों में केवल एक खंड है 'बहुरि अकेला;' शेष में जमात है, मेला है और सब है। कबीर फिर फिर कर वहाँ लौट जाते हैं जहाँ जीव बिल्कुल अकेला होता है जो कि हर मनुष्य की नियति है—

देस विदेसन हौं फिरा गाँव गाँव की खोरी।
ऐसा जियरा ना मिला लेवे फटकि पिछोरी ॥

इन गम्भीर क्षणों में भी कबीर हँसना नहीं भूलते। उनमें हँसी खूब है—मोहे देखत आवे हाँसि। जीव और जीव की दुविधा पर, विडम्बना पर और अपने आप पर—डर लागै और हाँसी आवै। यह हँसी स्वाधीन चित्त की हँसी है। 'कबिरा कुक्कुर

राम का मोतिया मेरा नाँउ' जैसे पदों में भी एक हास्य है जो तटस्थता से उपजा है। बिना नैसर्गिक तटस्थता के द्वेषहीन हँसी दुर्लभ है। यह हँसी कितने रूपों में कबीर में मौजूद है यह देखने के लिए हम इस पद को लें–

कैसैं नगरि करौं कुटवारी।
चंचल पुरिष विचषन नारी ॥
बैल बियाइ गाइ भई बांझ। बछरा दूझै तीन्यों सांझ ॥
मकड़ी घरि माषी छछिहारी। मांस पसारि चील्ह रखवारी ॥
मूसा खेवट नाव बिलइया। मींडक सोवै सांप पहरइया ॥
निति उठि स्याल स्यंध सूं झूझै। कहै कबीर कोई बिरला बूझै ॥

इसकी व्याख्या भी मिलती है। तकनीकी व्याख्या। अपने ऊटपटाँग बिम्ब-विधान के कारण यह कविता हँसी का अवसर तो देती ही है, हमें यह भी छूट देती है कि भिन्न सन्दर्भ में हम भिन्न अर्थ निकाल लें। क्या इसे पढ़ कर हमें वर्तमान राजनीतिक व्यवस्था की याद नहीं आती? ऐसी उलटबाँसियाँ क्यों लिखी गयीं या लिखी जाती हैं, मैं नहीं जानता। हो सकता है कोई परिपाटी रही हो। लेकिन इतना तै है कि यह शब्दों का खेल है, भाषा की बाजीगरी।

यहीं पर यह भी सवाल उठता है कि क्या कबीर की भाषा अपरिमार्जित या जैसा प्रायः कहा जाता है सधुक्कड़ी है, या भाषा की कोई अधम कोटि। कबीर की भाषा बस वैसी है जैसी उसको होना था, जिस काम के लिए वह बनायी गयी थी। भाषा का ऐसा विराट वर्णक्रम दुर्लभ है। कबीर का कहना है–

कबीर मीठा खांणा मधुकरी, भांति भांति का नाज।
दावा किसहि का नहीं, बिन बिलाइति बड़ राज ॥

थोड़ी-थोड़ी मात्रा में अनेक घरों से प्राप्त की हुई भिक्षा मीठा खाना है, क्योंकि उसमें भाँति-भाँति के अन्न रहते हैं; उसमें किसी का दावा नहीं है; और बिना विलाइत (देश-ग्राम) के ही राज्य का सुख रहता है।

कबीर की भाषा में इतने घरों के दाने हैं, इतने खेतों के अन्न। कबीर की भाषा स्थूल से लेकर अतीन्द्रिय तक सम्पूर्ण जीवन को व्यक्त करती है। इतने कम स्थान में यह कविता मनुष्य के जीवन और मन के इतने सारे द्वन्द्वों, संघर्षों, त्रासदी तथा प्रहसन को व्यक्त करती है।

तो क्या कबीर को यह भान था कि वह कविता कर रहे हैं। क्या यह सब सजग सचेत रूप से हुआ? जहाँ तहाँ ऐसे प्रमाण जरूर मिलते हैं जिससे लगता है कि कबीर को अपने विशिष्ट कर्म का अहसास था।

एक जगह वह कहते हैं–

कबीर चल्या जाइ था आगै मिल्या खुदाइ।
मीराँ मुझ सूँ यूँ कह्या किनि फुरमाइ गाइ ॥

खुदा के कहने पर उन्होंने गाने का रास्ता अख्तियार किया वरना वह तो यूँ ही चले जा रहे थे।

एक और बिम्ब जो बहुत महत्त्वपूर्ण है वह है अग्निपक्षी का–

कबीर अनल अकांसां घर किया, मधि निरन्तर वास।
वसुधा व्योम बिगता रहै, बिन ठाहर बिस्वास ॥

अनल पक्षी (अग्नि पक्षी) 'ककनूस' है जिसके बारे में प्रसिद्धि है कि जब वह भाव विभोर होकर गाता है तो उसके शरीर से लपटें निकलने लगती हैं जिनसे उसका घोंसला जल जाता है। अनल पक्षी ने अपने घोंसले को जलाकर आकाश में घर किया तो उसका निवास धरती तथा आकाश के मध्य हो रहा। वह वसुधा और व्योम से विगत होकर रहता है और दोनों ही स्थानों में उसे विश्वास नहीं है। यहाँ अनल पक्षी मध्यम मार्ग का साधक तो है ही, लेकिन क्या वह स्वयं कवि का प्रतीक नहीं है, हर युग के कवि का, जो अपने गान से अपने ही नीड़ को भस्म कर देता है और फिर वसुधा और व्योम के बीच गूँजता रहता है एकाकी–

जो घर जारै आपना चलै हमारे साथ।

यह अपना नीड़ जलाने वाला, अपना घर जलाने वाला कौन है। साधक भी है और अंततः कवि। एक मार्मिक पद में कबीर कहते हैं–ठाढ़ी रोवै कबीर की माई, ए लरिका क्यों जीवैं खुदाई। कबीर की माँ खड़ी खड़ी रो रही है कि यह लड़का बिना आजीविका के संसार में कैसे जिएगा। उसने तो अपना नीड़, अपना घर भी जला लिया है। एक जगह और कबीर कहते हैं–

साध संग्राम है रैन दिन जूझना
देह परजन्त का है काम भाई

यह रैन दिन जूझने का संग्राम किसका है। साधक का तो है ही। यह कवि का भी काम है। रैन दिन देह परजन्त जूझते रहना। इसीलिए कबीर को कभी भी चैन नहीं–दुखिया दास कबीर है, जागै और रोवै।

कबीर की कविता इसी रैन-दिन जूझते रहने की, संग्राम की कविता है, आत्मा की मुक्ति की आकांक्षा में देह परजन्त जूझने और फिर भी अपनी जीवन चादर को बेदाग रखने की आकांक्षा की कविता। इस कविता का दीपक अनवरत जलता रहेगा–

कबीर दीपक दीया तेल भरि, बाती दई अघट्ट।
पूरा किया बिसाहुणां बहुरि न आऊँ हट्ट ॥

(भारतीय उच्च अध्ययन संस्थान, शिमला में कबीर-संगोष्ठी में प्रस्तुत) आलेख, 2000

निराला से सीख

निराला की कविता हमारा अतीत भी है और भविष्य भी। निराला की कविता नहीं होती तो आज हिन्दी की जो कविता है, जिस रूप में है, वह नहीं होती। यह निर्विवाद है कि हिन्दी का एक कवि, जिसने आगे की समूची कविता का नक्शा तय किया, वह निराला हैं। इसलिए निराला हमारे अतीत हैं और भविष्य भी। बहुत बार निराला का प्रभाव, निराला का होना, बहुत स्पष्ट नहीं दिखायी देता, लेकिन जैसे कागज़ में पानी की छपाई होती है, जो रोशनी में ही रखने पर दिखायी देती है, वैसे ही निराला के बाद की तमाम कविता है। निराला के पानी की छपाई है और वह लगातार है। इस रूप में तो निराला पूरी हिन्दी कविता में ही व्याप्त हैं लेकिन अलग से जो मुझे उन्होंने शक्ति दी है, मैं उसके बारे में कुछ कहना चाहता हूँ।

सत्तर के आस-पास जब मैंने लिखना शुरू किया तो यह वह समय था, जब हिन्दी कविता पर सबसे अधिक प्रभाव धूमिल का था। मेरे जो अनुभव थे, और जो मैं लिखना चाहता था, वह उससे भिन्न था। मैं वैसे नहीं लिखना चाहता था, जैसे धूमिल और उनके साथी लिख रहे थे। इसलिए मैं उन कवियों की खोज में था, जो धूमिल से अलग मुझे रास्ता दिखा सकते थे। तब जिन कवियों ने मुझे सबसे अधिक प्रभावित किया, उनमें नागार्जुन और त्रिलोचन थे। इन लोगों की कविता जीवन के सामान्य प्रसंगों के बारे में, छोटे-छोटे ब्यौरों के बारे में, बहुत आसान, सुगम तरीके से होती थी और जीवन का बहुत बड़ा चाप इनकी कविताओं में मिलता था। उसी दौरान मैंने एक किताब पढ़ी जो निराला के बारे में नागार्जुन ने लिखी थी और वहाँ से निराला से मेरा थोड़ा ज्यादा परिचय शुरू होता है। शुरू में मैंने कुछ कविताएँ पढ़ी थीं लेकिन कभी इस तरह से कि मैं उनकी खोज में निकलूँ, ऐसा नागार्जुन की किताब पढ़ने के बाद हुआ जो नागार्जुन ने निराला के बारे में लिखी। और वहाँ से निराला की कविताओं को मैंने पढ़ना शुरू किया तो मुझे दुनिया के, हिन्दी और दूसरी भाषा के कवियों को पढ़ते हुए लगा—नागार्जुन और त्रिलोचन एक सीमा तक हमारा साथ देते हैं। इसके बाद हमें कुछ दूसरी तरह की कविता की चाह लगी। मतलब, जो सिर्फ़ जीवन के छोटे प्रसंगों के बारे में ही न हो, सिर्फ वहीं तक सीमित न रहे। तब ग़ालिब का मशहूर शे'र जो निराला अपने एक निबन्ध में उद्धृत करते हैं—

कतरे में दजल : दिखाई न दे, और जुज़्ब में कुल
खेल लड़कों का हुआ, दीद-ए-बीना न हुआ
वो आँख क्या जो क़तरे में समन्दर को देख न ले।
अगर ओ आँख नहीं है, तो फिर ये सारा खेल बच्चों का हुआ,
दीद :-ए-बीना न हुआ

तब मुझे लगा कि कविता भले एक प्रसंग पर हो, जीवन के किसी एक ब्यौरे के बारे में हो, लेकिन वहाँ से शुरू होकर उसे पूरे जीवन के बारे में अथवा जीवन के अधिकांश के बारे में होना चाहिए अर्थात वह कविता जीवन की एक समग्र दृष्टि के साथ सम्पन्न होनी चाहिए। निराला की कविताएँ ऐसी ही कविताएँ हैं।

निराला की प्रत्येक कविता एक ब्यौरे के बारे में होते हुए भी उस ब्यौरे पर ख़त्म नहीं होती बल्कि जीवन के बृहत्तर अंश को व्यक्त करती है। जैसे—

बाँधो न नाव इस ठाँव बन्धु, पूछेगा सारा गाँव बन्धु!

बहुत छोटी कविता है, लेकिन इसका फलक एक महाकाव्य की तरह का है। एक बहुत लम्बी कथा इसमें समायी हुई है, जो धीरे-धीरे खुलती है। इसी से जुड़ा हुआ दूसरा सवाल यह पैदा हुआ कि निराला यह काम कैसे करते हैं? इतनी छोटी जगह में इतनी सारी बात कैसे कहते हैं? और तब मुझे लगा कि निराला के जो शब्द होते हैं, भवभूति का एक बिम्ब लेकर कहें तो, उनके शब्द अंकुरित होते हैं। एक शब्द, जो कविता में आता है, वहाँ से शुरू होता है और उसकी जड़ें होती हैं, उसकी शाखायें होती हैं और वह पूरी कविता में व्याप्त होता है। इस तरह निराला के शब्द बहुत सारी अर्थछवियों से सम्पन्न होते हैं। इसलिए कविता में अर्थ, जो शब्दों के होते हैं, शब्दों का जो प्रयोग होता है, वह दूसरे ढंग से हो। निराला कहते हैं कि भाषा का कोई एक ही प्रयोग नहीं हो सकता। भाषा की अनेक छवियाँ हैं और ये छवियाँ कविता में आनी चाहिए।

अक्सर यह होता है कि एक कवि भाषा के एक ख़ास प्रयोग को लेकर चलता है और कई बार वह वहीं पर समाप्त भी होता है। जो जीवन की विपुलता है, जिस विपुलता को भाषा अपनी बहुत सारी छवियों से प्रकट करती है, वहाँ तक वह पहुँचने में असमर्थ रहता है। इसलिए कविता भी अन्ततः बहुत संकीर्ण होती है। कविता में संकीर्णता का यही अर्थ है कि वह जीवन के और भाषा के भी एक ही पक्ष को लेकर चलती है। निराला में ऐसा नहीं है। पूरा जीवन और उसके साथ भाषा की जितनी छवियाँ हो सकती हैं, जितने प्रकार हो सकते हैं, सभी व्यंजन वहाँ मिलते हैं। हमें लगा कि निराला की कविता-संरचना की यह प्रक्रिया है।

निराला एक शब्द का व्यवहार करते हैं, शब्द है अन्विति। एक कविता पूरी कविता है—शुरू से लेकर आख़िर तक हमने जब लिखना शुरू किया, उस समय भी और उसके बाद भी, और कभी-कभी अभी भी ऐसा होता है कि कविता की कोई एक पंक्ति, कोई एक बिम्ब, कोई एक मुहावरा बाक़ी सबसे अलग होता हुआ दीख पड़ता

है। कई बार सिर्फ उसी के चलते वह कविता याद रखी जाती है, उस कविता की चर्चा होती है, उसका पूरी कविता में क्या स्थान है, और पूरी कविता कुल मिलाकर क्या कहती है, यह हम नहीं देखते। ऐसा भी होता है कि हम एक पंक्ति को लेते हैं और उस पूरी कविता के साथ उसके सम्बन्ध को नहीं जोड़ते।

मेरी एक कविता है—'सारा लोहा उन लोगों का मेरी केवल धार'। इसके बारे में अक्सर लोगों ने यह समझा कि जब सारा लोहा दूसरों का है तब धार कैसे अपनी हो सकती है? ऐसा उनको इसलिए लगा कि उन्होंने पूरी कविता के साथ जोड़कर उसे नहीं देखा। एक ऐसी प्रवृत्ति और कविता पढ़ने की एक ऐसी आदत, जो अभी तक चली आ रही है, जहाँ हम एक पंक्ति को, एक शब्द को, उसके पूरे प्रसंग के साथ जोड़कर नहीं देखते। पूरी कविता को देखना चाहिए कि पूरी कविता उधार के बारे में है। उसकी अलग-अलग व्याख्याएँ हो सकती हैं, लेकिन हमने सब कुछ दूसरों से लिया है और ये जो हमने दूसरों से लिया है, जैसे हम लोहा दूसरे से लेते हैं और लुहार उसमें धार देता है। बस! लेकिन यह बात तब तक ओझल रहेगी, जब तक हम उस पंक्ति को उस पूरी कविता के साथ मिलाकर न देखें। तो निराला ने बार-बार इस पर चेताया है।

उनका एक निबन्ध है, जिसमें कई कवियों पर चर्चा है। माखनलाल चतुर्वेदी की एक कविता वह लेते हैं, और उसकी व्याख्या करते हुए उसकी एक पंक्ति को दूसरे से जोड़ते हुए दिखलाते हैं कि कैसे इनका आपस में कोई सम्बन्ध नहीं है। कहते हैं कि यह कविता नहीं हुई। तो यह बात भी हमने निराला से सीखी और ऐसा करने का यत्न किया कि हर शब्द दूसरे शब्द से गुँथा हुआ हो। अलग से कुछ भी कविता में नहीं होता है। निराला उन कवियों में हैं, जो लगभग एक संन्यासी की तरह शब्दों का इस्तेमाल करते हैं। बहुत कम से काम चलानेवाला जैसे संन्यासी होता है, वैसे निराला है—कम-से-कम शब्दों में अपना काम चलाने वाला। इसी प्रकार हर कवि को होना चाहिए। निराला से हमें यह दिशाबोध मिलता है।

जब मैंने लिखना शुरू किया, तो वह लम्बी कविता का युग था और जो हमारे अग्रज कवि थे, वे भी मुझसे कहते थे कुछ लम्बी साँस लो। निराला की अधिकांश कविताएँ तथाकथित लम्बी कविताएँ तो नहीं हैं। लेकिन निराला ने बतलाया कि छोटी कविता, जो अपने आकार में छोटी होती है, वह एक परमाणु की तरह शक्ति से परिपूर्ण हो सकती है। निराला की कविताएँ उसका उदाहरण हैं, जो सम्पूर्ण ऊर्जा से परिपूर्ण होती हैं, भरी हुई होती हैं। तब छोटी कविता को अक्सर हेय समझने और तिरस्कार के साथ देखने का रिवाज़ था—यह इसलिए है कि हिन्दी कविता की पूरी परम्परा को हम भूलते हैं और पश्चिम में जो लम्बी कविता लिखने की परम्परा शुरू हुई (जो बाद में वहाँ भी नहीं चली) उसका यह असर हम पर हुआ। जबकि निराला पहले ही दिखला चुके थे कि कैसे हम कम शब्दों में ज्यादा-से-ज्यादा बात कहें।

अभी कुछ दिन पहले मैं रॉबर्ट लॉवेल का एक इण्टरव्यू पढ़ रहा था। अमरीकी कवि का वह बहुत महत्त्वपूर्ण इण्टरव्यू है। उसमें उन्होंने कहा कि पूरी दुनिया में कविता के सामने मूल समस्या यह है कि उसे दो काम एक साथ करने हैं। एक तो इतना बड़ा जीवन है, जो एक उपन्यास के जरिये ही समेटा जा सकता है, तो कविता को यह काम भी करना है कि पूरे जीवन को समेटना है। लेकिन उसकी मुश्किल यह है कि उसे यह काम कम-से-कम शब्दों में करना है। उपन्यासकार की तरह उसके पास ज्यादा अवकाश नहीं है। तो पूरी दुनिया में कविता की मूल समस्या यह है कि कैसे ज्यादा-से-ज्यादा को कम-से-कम में व्यक्त करें और जब हम इस बात को ध्यान में रखते हैं तो मुझे फिर निराला याद आते हैं। निराला बीसवीं शताब्दी की पूरी दुनिया के उन थोड़े कवियों में हैं, जिन्होंने यह काम किया। और यह बात हमें आज भी शिक्षा देती है कि यह काम कैसे किया जाए। वैसे यह हर व्यक्ति तो कर नहीं सकता। निराला का ही एक पद लेकर कहें—घृत का अभाव। अगर घृत का अभाव है तो हम क्या करेंगे। सब में निराला जैसी शक्ति होती नहीं। लेकिन अभीष्ट यही है।

अगर हम सन् साठ के आस-पास के कवियों को ध्यान से देखें, और उसके बाद अभी तक आ जायें, तो हम पाते हैं कि अधिकांश कवियों ने गद्य में कविता के सम्बन्ध में कोई विचार नहीं किया। यानी न तो उन्होंने आलोचना लिखी, न समीक्षाएँ, न कविता के विषय में कोई निबन्ध लिखे। यह एक अजीब-सी बात है। निराला ने इतना लिखा। वे हिन्दी ही नहीं, बल्कि दुनिया के जो सर्वोत्तम कविता के विचारक हैं, उनमें से हैं। मुक्तिबोध, जयशंकर प्रसाद ने भी कविता के सम्बन्ध में अपने विचार प्रकट किये। फिर ऐसा क्यों सन् साठ के बाद ही हुआ कि अधिकांश कवियों ने यह काम नहीं किया। दूसरा कौन विचार करेगा? लेकिन जब मैंने लिखना शुरू किया तब ऐसा नहीं था। और अभी भी बीच-बीच में ऐसा होता है। अधिकांश कवि नहीं लिखते हैं। निराला का एक लेख है—विचार कविता का ज्ञान-कांड है। यह जो कविता का ज्ञान-कांड है इसके बिना कविता सम्भव नहीं है। निराला कहते हैं कि हिन्दी का और भी विकास हुआ होता, अगर यहाँ कविता के सम्बन्ध में विचार करने की नयी-नयी सरणियाँ होतीं। एक कवि यह काम भी करता है और उसे यह करना जरूरी भी है। नहीं तो पाठक कविता के साथ नहीं चलेंगे। निराला ने हमें सिखाया कि एक वाद-विवाद हो, विचार-विमर्श हो। निराला ने जो विवाद किया, वह दुर्लभ है और वह विवाद आज अनुप्राणित करता है। यह निराला का जो हिन्दी-कविता का, बांग्ला-कविता का विशेषकर संस्कृत-कविता का अपना अध्ययन था—यह उनकी सबसे बड़ी पूँजी थी।

मुझे लगता है निराला ने अपने समय की सबसे बड़ी आलोचना दी, एक क्रिटिक तैयार की। कविता को अगर सार्थक होना है, अगर जीवन में उसका कोई भी स्थान

है, तो अन्ततः उसे जीवन का क्रिटिक ही होना होगा। अन्ततः उसे अपने समय की आलोचना होना ही होगा। अपने इस दायित्व से कविता बच नहीं सकती। निराला उन कवियों में हैं जो निरन्तर जीवन की, अपने समय की, अपने समय की राजनीति की और उन्हीं के शब्दों को लेकर कहें तो उनकी कविता समय की सूचनाओं से सम्पृक्त है। समय की सूचनाओं से सम्पृक्त होकर अपने समय की तीव्रतम आलोचना निराला की कविता करती है। हमारी दृष्टि में उनकी प्रेम कविताएँ भी यही करती हैं। 'राम की शक्ति पूजा' भी। प्रेम से ज्यादा बड़ा विद्रोह और क्रान्ति—सब कुछ को बदलनेवाली शक्ति और कोई दूसरी होती नहीं। विलास सम्भव है, काम के अनेक रूप सम्भव हैं, लेकिन एक पुरुष का स्त्री से प्रेम—जिस प्रेम में सम्पूर्ण समर्पण, सम्पूर्ण त्याग हो, वह दुर्लभ होता है। और यह अपने समय की सबसे बड़ी आलोचना होती है, क्योंकि यही सबसे दुर्लभ होता है। यह अकारण नहीं है कि दुनिया के अधिकांश काव्य, महाकाव्य, उपन्यास—ये सब स्त्री-पुरुष के सम्बन्ध और अन्ततः प्रेम के बारे में लिखे गये। उसी से हम किसी समय को जान पाते हैं। उस समय प्रेम क्या था, उसकी स्थिति, गुणवत्ता क्या थी, वह कैसा था, किस अवस्था में था। बाकी नये पत्ते की कविताएँ, सब जानते हैं—बिल्कुल सामाजिक आलोचना है। कई बार कविता के सामने यह ख़तरा होता है कि कविता छोटे-छोटे प्रसंगों में जाती है, और कविता, जीवन का जो चौथाई है—हाशिया है, वहीं तक रह जाती है और वह जीवन की आलोचना होने से कतराती है। ऐसी कविताएँ लिखना सुगम है, पाठकों के बीच जल्दी लोकप्रिय भी होती हैं, लेकिन एक कवि का, किसी भी कलाकार का काम अपने काल का क्रिटिक तैयार करना है। निराला हमें यहाँ फिर शिक्षा देते हैं कि यह काम कैसे किया जाए। मैं उनकी धार्मिक कविताओं को पढ़ता हूँ, उनकी धार्मिक कविताएँ मुझे बहुत प्रिय हैं। उनकी धार्मिक कविताएँ मुझे बहुत उद्वेलित करती हैं। आखिर ये उद्वेलन क्यों? तो मुझे लगता है कि निराला की इन कविताओं में जीवन से जो प्रेम है, और जो पीड़ा की अभिव्यक्ति है—मन का समाहार करो विश्वाधार, गहन कण्टित जटिल मग चले पग निखिल, गया है हृदय हिल। यह जो हृदय का हिलना है और कंटकों से भरे हुए रास्ते पर चलते हृदय का जो यह दुःख का पारावार है, इसे निराला ने अपनी कविताओं में अभिव्यक्ति दी। ठीक है, इसके लिए धर्म में विश्वास करना, ईश्वर में विश्वास करना कोई ज़रूरी नहीं है। लेकिन इस गहराई के साथ जीवन की इस पीड़ा को भोगना, उसे व्यक्त करना यह एक महान कवि का काम है। कविता में अन्ततः जो मनुष्य का पक्ष है, वही आता है।

मनुष्य का पक्ष, पीड़ित मानवता का पक्ष, जिसे निराला ने इलाहाबाद के पथ पर देखा था। वह दृष्टि **जो मार खा रोई नहीं** यह जो पंक्ति है—**मार खा रोई नहीं** इसमें समूची पीड़ा घनीभूत हो जाती है।

निराला ने अपनी कविता में जीवन के प्रत्येक क्षण का समावेश किया। निराला के लिए कुछ भी कविता से बाहर नहीं है। जब मैं अपने कुछ प्रिय कवियों के बारे

में सोचता हूँ, तो तत्काल हमें दो ही नाम याद आते हैं—एक शेक्सपियर दूसरे निराला। ये दोनों ऐसे कवि हैं जिनके लिए जीवन का कुछ भी अस्पृश्य नहीं है,. ..कुछ भी कविता से बाहर नहीं है। वे सब कुछ को कविता में बदल सकते हैं। वैसे दो-तीन उदाहरण जो मुझे अभी याद आ रहे हैं। एक है—

ढेले गड़ने वाले थे
घुल गये।

इसमें निराला जो ग्रीष्म के बाद बारिश होती है, उसे व्यक्त करते हैं। एक विजय लक्ष्मी पण्डित से सम्बन्धित कविता है, जिसमें वह कहते हैं—

जैसे बहुत प्यासे को पानी लग जाय, ऐसा मुझे लगा तुझे देखकर। यह एक अद्भुत बिम्ब है। यानी एक साधारण अनुभव को इतनी उदात्तता तक उन्होंने पहुँचाया है। और ऐसे कि जैसे उनके राडार लगातार खुले होते हैं। कुछ भी ओझल नहीं होता, सब कुछ को वह समेटते हैं। इसी तरह उनका अधूरा उपन्यास जो है, उसकी एक पंक्ति है—**'औरतें रात भर मसान-सी जागती रहीं।'** तो निराला जीवन के प्रत्येक क्षण को कविता में बदलते हैं। और फिर जहाँ से मैंने बात शुरू की थी—ग़ालिब का मशहूर शेर—**खेल बच्चों का हुआ दीद-ए-बीना न हुआ**। तो निराला के पास वह आँख थी, जो कतरे में समन्दर को देख लेती थी। और इसीलिए यह आँख दीदः-ए-बीना थी। और यह आँख, जो हमारे लिए भी आँख है—**सघनतम की आँख बन मेरे लिए**। शमशेर ने लिखा—

भूलकर जब राह जब जब राह भटका मैं,
तुम्हीं झलके हे महाकवि
सघनतम की आँख बन मेरे लिए।

शमशेर तो एक रास्ते पर थे—कभी-कभी भटकते होंगे, लेकिन हम-जैसे लोग जिन्हें रास्ता कभी मिला ही नहीं और जो लगातार रास्ते की ही खोज में हैं, उनके लिए तो निराला सघनतम की सबसे तेज आँख हैं।

(हिन्दी साहित्य सम्मेलन, इलाहाबाद में प्रस्तुत मौखिक वक्तव्य)

पन्त का अवदान

किसी रचनाकार के अवदान को समझने का एक तरीका यह भी हो सकता है कि देखा जाये कि बाद के युग में, यानी अपना समय बीत जाने के बाद भी, वह किन कारणों से तथा किन सन्दर्भों में याद किया जाता है। कोई रचनाकार महत्त्व का भागी होता ही इसलिए है कि उसने कुछ नया रचा है जो पहले से नहीं था, और अपनी पैतृक सम्पत्ति में कुछ नया जोड़ा है। यही उसका अवदान माना जाता है। लेकिन थोड़े अन्तराल के बाद उसका यह अवदान, जो कभी बिल्कुल नया और अपूर्व रहा होगा, संयुक्त उत्तराधिकार में समाहित कर लिया जाता है। पन्त जी लिखते हैं—'द्विवेदी युग के कवियों के काव्य सौष्ठव से हमारे युग को, जिसका श्रीगणेश प्रसाद जी से होता है—न काव्य के रूप निर्माण के सम्बन्ध में विशेष प्रेरणा मिली, न भावना और दर्शन के सम्बन्ध में'। इसके बावजूद जैसा कि हमेशा ही होता है, द्विवेदी युग के कवियों का अवदान भी उस भाषा-सम्पदा में सम्मिलित हो चुका होगा जिसकी स्मृति बाद में क्षीण हो गयी। पन्त जी का अवदान भी हमारे लिए अविभाजित कुटुम्ब की सम्पदा का अंग बन चुका है। 'पल्लव' के प्रकाशन के साथ हिन्दी कविता में जो नया तत्त्व जुटा और इससे जो उलट-फेर हुआ वह अब इतिहास का विषय है। लेकिन आज इस शताब्दी के अन्त में पन्त की कविता और उनकी चिंताएँ किस प्रकार अपनी निजता और पृथकता में भी प्रासंगिक हैं, यह देखना और समझना फलप्रद होगा।

पन्त जी लिखते हैं—'मेरा जन्म 1900 में 20 मई को हुआ, इस प्रकार बीसवीं सदी के साथ ही मैं बड़ा हुआ हूँ'। बीसवीं सदी के साथ ही बढ़ने वाले इस कवि के सन्दर्भ में यह देखना दिलचस्प होगा कि उनके अवदान के कौन से अंश आज भी जीवित और वृद्धिमान हैं। कौन से तत्व इस शताब्दी को लाँध कर भी अपनी वजह से हमारे लिए महत्त्वपूर्ण बने रह सकते हैं। इस दृष्टि से देखने पर जो थोड़ा-बहुत मैं समझ पाया हूँ, वही सामने रख रहा हूँ।—

'पल्लव' के 'विज्ञापन' में पन्त जी कहते हैं—'वास्तव में जो शब्द स्वस्थ और परिपूर्ण क्षणों में बने हुए होते हैं उनमें भाव तथा स्वर का पूर्ण सामंजस्य मिलता है, और कविता में ऐसे ही शब्दों की आवश्यकता भी पड़ती है'। फिर 'भूमिका' में उनका

कथन है—'कविता के लिए चित्र भाषा की आवश्यकता पड़ती है, उसके शब्द सस्वर होने चाहिए'। पन्त जी का आग्रह था वाक् और अर्थ की संपृक्ति पर। अनेक उदाहरणों से उन्होंने इसे पुष्ट करने का यत्न किया है। उनमें एक उदाहरण है 'मरुदाकाश' तथा 'मरुताकाश' का। पन्त जी लिखते हैं—'मुझे 'मरुदाकाश' ऐसा लगा जैसे आकाश में धूल भर गयी हो, या बादल घिर आये हों—इसलिए मैंने उसके बदले 'मरुताकाश' लिखना ही उचित समझा'। जिससे उनके अनुसार निश्चय ही स्वच्छ आकाश का बोध होता है। **त** और **द** ध्वनि से होने वाले अर्थ-परिवर्तन को पन्त जी ने बहुत सूक्ष्मता से प्रस्तुत किया है। ध्वनि और अर्थ के इस अन्योन्याश्रय सम्बन्ध की अनुभूति के बिना शायद किसी भी काल में कविता सम्भव नहीं। इसे पढ़ते हुए मुझे कुमार गंधर्व की एक बात याद आयी जो उन्होंने कबीर के सन्दर्भ में कही है—'निर्भय निर्गुन गुन रे गाऊँगा' में गायन का सम्पूर्ण प्रभाव **भ** के उच्चारण पर निर्भर है। पन्त जी ने एक संगीतकार की सूक्ष्मता के साथ हमारी भाषा के शब्दों और ध्वनियों को पहचाना। हर बार जब वाक् और अर्थ की संपृक्ति का प्रश्न उठेगा, पन्त जी के शब्द-व्यवहार को याद किया जाएगा। 'काव्य संगीत के मूल तन्तु स्वर हैं, न कि व्यंजन,' पन्त जी के इस आग्रह से हम सहमत-असहमत हो सकते हैं क्योंकि काव्य संगीत भी अर्थानुसार भिन्न-भिन्न हो सकता है, लेकिन जिस अंतरंगता से उन्होंने शब्दों और अर्थों की चर्चा की है वह हमें विस्मय से भर देता है। कैसे भिन्न-भिन्न शब्द 'एक ही पदार्थ के भिन्न भिन्न स्वरूपों को प्रगट करते हैं', इसे सीखने के लिए पन्त-काव्य एक अनिवार्य पाठ है जैसे कि आगे चल कर शमशेर का काव्य।

इसी से जुड़ी हुई एक बात और है पन्त की कविता अपने सर्वोत्तम क्षणों में, वस्तुओं या स्थितियों की आंतरिक लय को, उनमें निहित नाद को व्यक्त करती है—ध्वनियों और शब्दों का ऐसा समुच्चय, जो एक भाव-विशेष का धारक बन जाता है। पन्त की श्रेष्ठ कविताएँ वो हैं जहाँ वर्णन महत्त्वपूर्ण नहीं है, विवरण या विचार-विमर्श नहीं है, बल्कि भाव-विशेष के लिए एक ध्वनि-संयोजन की निर्मिति है। तत्काल जो कविता ध्यान में आ रही है, वो है 'एक तारा' जहाँ अंत में केवल एक प्रभाव, एक धब्बा शेष रह जाता है। अभी की हिन्दी कविता में इंगित या 'सजेशन' का यह तत्त्व कम है। पन्त की कविता, श्रेष्ठ कविता, 'सजेशन' की कविता है; उन्हीं का शब्द लेकर कहें तो 'रोमहास' की कविता है।

पन्त की कविता ने प्रकृति को नयी महिमा दी। लेकिन उनकी कविता को प्रकृति की कविता कहना उसके महत्त्व को कम करने के बराबर होगा। जैसा कि पन्त जी ने स्वयं एक जगह कहा है, उनके लिए 'समग्र प्रकृति' एक चेतन शक्ति है। उन्हीं के शब्दों में 'एक अखण्ड भावना की व्यापकता' यहाँ मिलती है। उनकी कविता 'जीवन की मांसल हरियाली' की कविता है। सुमित्रानन्दन पन्त 'जीवन

शोभा के गायक' है। वह केवल 'पर्वत प्रदेश' के ही कवि नहीं हैं, हालाँकि पहली बार पन्त जी तथा बर्थ्वाल जी की कविताओं में पर्वत और घाटी का सौन्दर्य इतने विश्वास और विपुलता से प्रगट होता है। लेकिन मुझे जो कविताएँ सबसे अधिक आकर्षित करती हैं, वे हैं 'ग्राम्या' की कविताएँ, जैसे 'ग्राम श्री', जहाँ सम्भवतः पहली बार पालक, धनिया, मटर, टमाटर, अमरूद, अरहर, आलू, गोभी, बैंगन, मूली को प्रतिष्ठा मिलती है। 'ग्राम श्री' हमारी भाषा की अपूर्व निधि है। अभी इस कविता को पढ़ते हुए एक बार फिर मैं चकित रह गया। अपने जीवन के निकट सम्बन्धियों को इस ममत्व के साथ बहुत कम निरखा गया है। पन्त जी ने प्रकृति के उदात्त तथा दैनन्दिन सौन्दर्य को एक साथ व्यक्त किया है। उनकी प्रकृति सरल, सौम्य और प्रायः द्वन्द्वहीन है, मुक्तिबोध की प्रकृति से भिन्न। पन्त के यहाँ प्रकृति किसी भाव या चरित्र का उपलक्ष्य नहीं है। वह अपने आप में स्वतन्त्र और पूर्ण है। एक ऐसा चित्र, जिसकी कोई किनारी या फ्रेम नहीं है। प्रकृति किसी मानवीय व्यापार की पृष्ठभूमि नहीं है। प्रकृति और मनुष्य, दोनों आमने-सामने अपने आदिम रूप में उपस्थित हैं, निष्काम भाव से। लेकिन मेरा अनुभव है कि पन्त की इन कविताओं को पढ़ते हुए उल्लास के साथ-साथ गहरी उदासी और अकेलेपन की अनुभूति होती है। पन्त की प्रकृति-संकुलता हमें बहुत अकेला छोड़ देती है।

पन्त जी एक जगह कहते हैं—'मेरा काव्य भू-जीवन, लोकमंगल तथा मानव मूल्यों का काव्य है'। उनकी कविताएँ निश्चय ही भू-जीवन के कुछ सर्वथा अछूते प्रसंगों को प्रस्तुत करती हैं। कविता को वह शिखर से उतार कर साधारण जीवन के बीच भी ले गये। सौन्दर्य का यह कवि अपनी कविता को एकाधिक बार 'काली नारकीय छाया' के बीच भी ले गया। 'दो लड़के,' 'धरती कितना देती है', 'वह बुड्ढा' जैसी कविताएँ पन्त के एक भिन्न स्वभाव को प्रगट करती हैं। मुझे याद आता है कि फणीश्वरनाथ रेणु के 'मैला आँचल' के एक आरंभिक संस्करण के आवरण पर पीछे पन्त जी की कविता का यह अंश छपा था—

भारत माता
ग्राम वासिनी!
खेतों में फैला है श्यामल
धूल भरा मैला-सा आँचल...

रेणु ने 'मैला आँचल' नाम वहीं से लिया। क्या इसे केवल संयोग माना जाए अथवा इस बात का प्रमाण भी कि कोई धारा भीतर ही भीतर बहती रही है पन्त से रेणु और फिर आज तक? पन्त काव्य में 'जीवन के प्रति एक गम्भीर आश्चर्य भावना' के साथ-साथ 'मानव मंगल' की कामना भी निरन्तर प्रबल रही है। पन्त जी ने लगातार काव्य की लोकधर्मिता पर बल दिया है। नयी कविता की आलोचना ही यह कह कर की कि उसमें 'मानवता तथा लोकमांगल्य से दूर का भी सम्बन्ध

नहीं'—'मांगल्य जो बहुमुखी मानव-सत्य की एकमात्र कसौटी है'। और छायावाद की परिभाषा करते हुए कहा कि 'छायावाद मानव मंगल का काव्य है'। यह भी कहा कि 'छायावाद के उद्भव को मैं मानव जीवन की समृद्धि के लिए एक अनिवार्य ऐतिहासिक आवश्यकता मानता हूँ'। पन्त जी ने निरन्तर लोक का पक्ष लिया, यह आज फिर से कहना ज़रूरी है। मुक्तिबोध ने पन्त पर लिखे एक निबन्ध में कहा भी है—'एक पन्त जी ही हैं (निराला जी के अतिरिक्त) जो अपनी विशुद्ध ऐतिहासिक अनुभूति के फलस्वरूप जनता के साथ हैं।'

पन्त जी ने अपने विकास-क्रम को यानी 'साहित्यिक जीवन के चार कठिन मोड़ों' को बहुत सटीक ढंग से व्यक्त किया है—

> "पल्लव युग के सामने खड़ी बोली को कविता का माध्यम बनाने तथा नवीन (छायावादी) काव्य-अभिव्यंजना को स्वीकृति मिलने का प्रश्न था। 'आधुनिक कवि' के प्रकाशन के समय 'युगवाणी-ग्राम्या' की भावना-धारा के रूप में भारतीय आदर्शवादी आध्यात्मिक परम्परा के अंचल में वैज्ञानिक यथार्थवाद को बाँधने का प्रश्न था। 'उत्तरा' के सम्मुख नवीन सांस्कृतिक चेतना की सुनहली किरण के प्रकाश में भौतिक वास्तविकता का अभिनव मूल्यांकन करने की समस्या थी। और 'चिदम्बरा' में पश्चिम के युद्धोत्तर सांस्कृतिक ह्रास तथा मध्यवर्गीय बुद्धिवादियों के व्यक्तिवाद से अतिरंजित हिन्दी के प्रयोगवादी साहित्य के सम्मुख विश्व-मानवता के व्यापक धरातल पर नवीन समूहीकरण के मूल्यों पर प्रकाश डालने का प्रश्न रहा है।"

इस प्रकार हम देखते हैं कि पन्त जी के सामने हमेशा एक निश्चित, पूर्वनिर्धारित कार्यक्रम या लक्ष्य रहा है। कविता के लिए इस तरह की पूर्वधारणा कहाँ तक मुफ़ीद है, यह अलग प्रश्न है। लेकिन उनकी कविता की विचार-सरणियाँ स्पष्ट हैं। 'युग की मुख्य प्रवृत्तियों से' उनका काव्य सर्वदा ही सम्बद्ध रहा है। उनके विचारों में परिवर्तन होते रहे और तद्नुरूप उनकी कविता के विषय भी बदलते रहे। लेकिन यहाँ पर एक सवाल महत्त्वपूर्ण है, पन्त जी के ही सन्दर्भ में नहीं, हर युग की कविता और हर कवि के सन्दर्भ में—वो सवाल है विचार और कविता के आपसी सम्बन्ध का। विचार किस तरह से कविता में आते हैं या काव्य-वस्तु बनते हैं, यह विचारणीय है। मुक्तिबोध ने पूर्वोक्त निबन्ध में इस पर सूक्ष्मता से विचार किया है। मुक्तिबोध लिखते हैं—'विचार जब तक स्वानुभूति के अंगार में कुन्दनवत् न चमके तब तक उनमें वह शक्ति उत्पन्न नहीं हो सकती, जिसके बिना वे न केवल श्रीहीन हो जाते हैं वरन् पंगु भी'। कविता किसी विचार की संगत मात्र नहीं करती। पन्त जी का काव्य, विशेषकर बाद का काव्य, हमारे लिए यह प्रश्न भी उपस्थित करता है कि विचार और कविता का सम्बन्ध कैसा

होता है, कैसा होना चाहिए। निश्चय ही कविता में विचार दो बिन्दुओं के बीच की सबसे छोटी दूरी नहीं है। मुक्तिबोध के उस निबन्ध को ध्यान में रखते हुए हम इसी से लगा एक और सवाल पूछते हैं, न सिर्फ पन्त जी के सन्दर्भ में बल्कि हर कवि के सन्दर्भ में, कि कब और क्यों, किस परिस्थिति में काव्य की घड़ी टल जाती है, 'मुहूर्त निकल जाता है, किन्तु काव्य चलता रहता है, यूँ ही, यूँ ही।' कविता और विचार का सम्बन्ध तथा कविता के मुहूर्त का प्रश्न हमेशा ही महत्त्वपूर्ण होता है और जब कभी इन पर विचार होगा, पन्त की कविता एक अनिवार्य सन्दर्भ की तरह उपस्थित रहेगी।

पन्त जी से एक और बात सीखने की है। वह है उनकी निर्भीकता और बौद्धिक दृढ़ता। 'पल्लव' की भूमिका से लेकर अपने अन्तिम निबन्धों तक उन्होंने अपने सौम्य स्वभाव के विपरीत निरन्तर विरुद्ध भावों, विचारों तथा सौन्दर्यबोध पर आक्रमण किये। कहीं कोई रियायत न की, न ही कोई क्षमादान किया। अपने आदर्शों तथा मूल प्रतिज्ञाओं से इतनी दृढ़ता से प्रतिबद्ध रह कर ही वह इतनी लम्बी अवधि तक कवि कर्म में सन्नद्ध रहे। यह 'गीत विहग' 'आत्मा के पावक' को 'देह तृणों के लघु दोने में' धारण किये रहा। आत्मा का वह पावक हमारे जीवन तथा काव्य के लिए आज भी ईंधन की आपूर्ति कर रहा है। अगली शताब्दी में भी करेगा। भले ही कवि को लगता रहे—

'पूर्ण नहीं कर सका अभी तक मैं प्रणिहित कवि कर्म धरा पर।'

(इलाहाबाद संग्रहालय में प्रस्तुत आलेख)

महादेवी

'भाव की न आवृत्ति सम्भव है न अनुकरण, किन्तु विचार अनन्त बार प्रत्यावर्तित होने तथा अनूदित होने की क्षमता रखता है।'

—महादेवी वर्मा (दो शब्द, **संकल्पिता**)

महादेवी के इस कथन से प्रेरित होकर मैंने भी अपनी भाषा की इस महान कवयित्री के विचारों, विशेषकर साहित्य सम्बन्धी विचारों, को प्रत्यावर्तित करने का प्रयत्न किया है।

महादेवी के 'चिन्तन की बौद्धिक प्रक्रिया' के क्षणों का अध्ययन करते हुए मैंने जानने की कोशिश की है कि कैसे एक बड़े कवि का मस्तिष्क काव्य-भूमि के बाहर सक्रिय रहता है और किस प्रकार कविता की जड़ें विचार-भूमि से बद्ध रहती हैं या विचार-भूमि में विचरण करती हैं।

आधुनिक काल के प्रायः प्रत्येक महत्त्वपूर्ण कवि ने कविता के अतिरिक्त पर्याप्त वैचारिक तथा आलोचनात्मक लेखन भी किया है। आधुनिकता का एक लक्षण विचार की अपरिहार्य उपस्थिति एवं आत्म-विश्लेषण भी है। छायावाद के सभी चार बड़े कवियों ने विपुल वैचारिक लेखन किया है। भाव एवं हृदय-पक्ष पर विशेष आग्रह के बावजूद इनका वैचारिक लेखन अपनी तीव्रता, सन्नद्धता और विपुलता से हमें विस्मित कर देता है। और इसकी प्रेरणा केवल आत्म-रक्षा नहीं है। अपनी रचना के पक्ष में, अपने मूल्यों के पक्ष में समर्थन एकत्र करने की कोशिश से पृथक् यह अपने समस्त रचना-व्यवहार को समझने, कविता के नेपथ्य को आलोकित करने एवं अपनी सम्पूर्ण परम्परा को आत्मसात् कर नये प्रतिमान गढ़ने की कोशिश भी है। इतना ही नहीं, इन सभी कवियों ने—प्रसाद, पन्त, निराला, महादेवी ने—भारतीय दर्शन की परम्परा पर भी गहराई से विचार किया है। 'विस्तृत नभ का कोई कोना/मेरा न कभी अपना होना' या 'गूँजता उर में न जाने/दूर के संगीत सा क्या' या—

महका है गुलाब उसी से यहाँ, उसे पा के प्रसन्न बतास रही
कुछ गन्ध छिपाए है पंकज भी कुछ चम्पक फूल के पास रही
उसे पाकर ही हैं उमंग भरे कोई फूल-कली न उदास रही
हम बाग़-वनों में जहाँ पहुँचे, सब ओर तुम्हारी सुवास रही

या

यह घटा घिरती रही पर भूमि पर बरसी नहीं
इस विपिन में तप्त एक निदाघ ही छाया हुआ है....

जैसी पंक्तियाँ केवल भाव-पुंज या हृदय का उच्छ्वास नहीं हैं। इनके पीछे बहुत गहरी वैचारिक एवं दार्शनिक सत्ता तथा बौद्धिक उद्वेलन है। इस 'नीर भरी दुःख की बदली' का नभ बहुत व्यापक है।

इनके भाव-प्रसार को समझने के लिए नेपथ्य के विचार-प्रसार को भी जानना जरूरी है।

महादेवी के चिन्तन का क्षेत्र बहुत विस्तृत है। भाषा, भारतीय संस्कृति, वाङ्मय, राष्ट्रीयता, परिवेश, समाज, साहित्यकार का व्यक्तित्व और अभिव्यक्ति, हिन्दी रंगमंच, अभिनय कला, पत्र-जगत से लेकर मेरी साहित्य-यात्रा, छायावाद, रहस्यवाद, गीति-काव्य, यथार्थ और आदर्श और कवीन्द्र तथा निराला तक चिन्तन का यह वर्ण-क्रम फैला हुआ है। भारतीय वाङ्मय तो महादेवी तथा सभी महान छायावादी कवियों के लिए हस्तामलकवत है। महादेवी के विचारों की दृढ़ता तथा पक्षधरता कई बार अचम्भित कर देती है—'हम पौराणिक राम को नहीं जानते, तुलसीदास के राम को जानते हैं'—और मस्तिष्क की सर्वग्राही उदारता भी—जब भारतीय संस्कृति के विश्लेषण के क्रम में अचानक हमें लेनिन का एक उद्धरण (अंग्रेजी और हिन्दी अनुवाद में) अनुमोदन सहित मिलता है—'हमें, जो सुन्दर है उसे ग्रहण करना, आदर्श के रूप में स्वीकार करना और सुरक्षित रखना चाहिए चाहे वह पुराना हो...'।

महादेवी कविता का शब्दवार विश्लेषण कम करती हैं, लेकिन जो भी पंक्तियाँ वह उद्धृत करती हैं वे कविता के श्रेष्ठतम उदाहरण होते हैं।

महादेवी का काव्य और काव्य-चिन्तन सामाजिक और लौकिक है—'अलौकिक रहस्यानुभूति भी अभिव्यक्ति में लौकिक ही रहेगी'। महादेवी का गद्य विचारप्रवण गद्य है—बहुत बारीकी से, संयम और धैर्य के साथ एक पर एक परतें खोलता हुआ, एक से दूसरे लक्ष्य की ओर बढ़ता, प्रत्येक वक्तव्य को सोदाहरण पुष्ट करता। इस गद्य में कहीं भी न तो हिचक है, न दुविधा न धुँधलापन—जो कि कई बार उनकी कविताओं में मिलता है। यह स्फटिक की तरह स्वच्छ और ठोस गद्य है—सम्मोहन से भरा।

'मेरी साहित्य-यात्रा : कविता के सन्दर्भ में' निबन्ध महादेवी के कवि-व्यक्तित्व की कुछ मूल प्रतिज्ञाओं को प्रस्तुत करता है। अन्य छायावादी कवियों की भाँति

महादेवी ने भी ब्रजभाषा से ही काव्य-रचना आरम्भ की और समस्या-पूर्ति से होते हुए आधुनिकता के सोपान तक की यात्रा की। महादेवी बार-बार कहती हैं—'छन्द मानो मेरे मन के बहुत निकट है;' 'कविता एक प्रकार, मेरे लिए आत्मा की अभिव्यक्ति भी है और पूजा अर्घान भी है।' इस निबन्ध में एक अद्भुत वाक्य आता है—'हम अपने शरीर में न जाने अपने कितने पूर्वजों का अंश लेकर घूम रहे हैं'। लेकिन महादेवी के लिए वह शरीर ज्यादा महत्त्वपूर्ण है जहाँ पूर्वजों के अंश आश्रित हैं। इस शरीर की सुरक्षा में ही पूर्वजों की भी सुरक्षा है और यही निजता कवि का व्यक्तित्व है। महादेवी ने कभी यह निजता नहीं छोड़ी—'मैंने अपना छन्द टूटने नहीं दिया'। 'मुझसे जहाँ ठहरा गया, वहाँ मैं ठहरी। मैंने प्रयत्न भी नहीं किया कि लोग मुझको प्रगतिशील मानें या न मानें। यह चिन्ता मैंने कभी नहीं की। इसी तरह प्रयोगवादी आन्दोलन आया तो उसमें भी मैंने चिन्ता नहीं की। ...मैं वही कहती रही हूँ जो मैंने कहा। एक ही दिशा है।'

ऐसी दृढ़ता दुर्लभ है। महादेवी आगे कहती हैं— 'हम चाहे जिसमें विश्वास करें; लेकिन मनुष्य में तो विश्वास करें। मैं किसी कर्मकांड में विश्वास नहीं करती। गंगा को बहुत चाहती हूँ। ...लेकिन आँखों में जो गंगा है उसे और ज्यादा चाहती हूँ।...मुक्ति को नहीं, इस धूल को अधिक चाहती हूँ।...' यह लौकिकता ही महादेवी का आधार है।

बड़े निस्पृह भाव से महादेवी बताती हैं—'हमारे युग में अर्थ का कोई प्रश्न ही नहीं था। जिस युग में हम लोगों ने लिखा—निराला जी ने या पन्त जी ने या हमने—तब अर्थ का कोई प्रश्न ही नहीं और यश के लिए भी हम कोई आकुल नहीं थे। हमें कोई आलोचक नहीं मिला था। आलोचक जो थे वे हमारे विरोध में ही कहते थे।'

सम्भवतः यह भी एक कारण रहा हो कि महादेवी समेत सभी छायावादी कवियों ने अपनी रचना के समर्थन में भी आलोचना लिखी। वे अपने मूल्यों-आदर्शों के लिए निरन्तर संघर्ष करने वाले रचनाकार थे। महदेवी का निबन्ध 'छायावाद' इस दृष्टि से भी उल्लेखनीय है। बहुत निपुणता, संयम और बौद्धिक तीक्ष्णता के साथ महादेवी छायावाद को व्याख्यायित करती हैं, उसके पक्ष में समर्थन हासिल करती हैं और रणनीतिक कौशल के बावजूद कभी भी उदात्त का साथ नहीं छोड़तीं।

छायावाद को एक सामाजिक घटना मानते हुए महादेवी कहती हैं कि 'एक दीर्घकाल से कवि के लिए, सम्प्रदाय अक्षयवट और दरबार कल्पवृक्ष बनता आ रहा था', लेकिन परिवर्तन हुए और 'परिवर्तनों के उस समारोह में काव्य, ऐश्वर्य की कठिन रेखा पार कर जीवन की सरल व्यापकता में पथ खोजने लगा'। अक्षयवट और कल्पवृक्ष से पृथक् कविता जीवन की कड़ी भूमि में उतरी।—'आज तो कवि, धर्म के अक्षयवट और दरबार के कल्पवृक्ष की छाया बहुत नीचे छोड़ आया है। परिवर्तनों के

कोलाहल में काव्य जब से मुकुट और तिलक से उतर कर मध्य वर्ग के हृदय का अतिथि हुआ तब से आज तक वहीं है और सत्य कहें तो कहना होगा कि उस हृदय की साधारणता ने कवि के नेत्रों से वैभव की चकाचौंध दूर कर दी और विषाद ने कवि को धर्मगत संकीर्णताओं के प्रति असहिष्णु बना दिया।'

महादेवी बतलाती हैं कि 'छायावाद के जन्म का मूल कारण' मनुष्य के इस स्वभाव में छिपा हुआ है जिसके अनुसार वह 'बंधनों से ऊबकर उनको तोड़ने में अपनी सारी शक्तियाँ लगा देता है' ।—'स्वच्छन्द-छन्द में चित्रित उन मानव-अनुभूतियों का नाम छाया उपयुक्त ही था और मुझे तो आज भी उपयुक्त ही लगता है' ।

महादेवी आगे कहती हैं—'छायावाद स्थूल की प्रतिक्रिया में उत्पन्न हुआ, अतः स्थूल को उसी रूप में स्वीकार करना उसके लिए सम्भव न हुआ; परंतु उसकी सौन्दर्य दृष्टि स्थूल के आधार पर नहीं है, यह कहना स्थूल की परिभाषा को संकीर्ण कर देना है।... इसी से छायावाद के सौन्दर्य द्रष्टा की दृष्टि कुत्सित यथार्थ तक भी पहुँच सकी।' स्थूल को भी समान आदर देने का आग्रह महत्त्वपूर्ण है। लेकिन यह आग्रह न तो तथाकथित इतिवृत्तात्मकता के लिए आग्रह है, न 'यथार्थवाद' के लिए। एक महत्त्वपूर्ण अंश है—'उदाहरण के लिए हम एक महान और एक साधारण चित्रकार को ले सकते हैं। महान पहले यह जान लेगा कि किस दृष्टिकोण से एक वस्तु अपनी सहज मार्मिकता के साथ चित्रित की जा सकेगी और अब दो-चार टेढ़ी-मेढ़ी रेखाओं और दो-एक रंग के धब्बों से ही दो क्षण में अपना चित्र समाप्त कर देगा, परन्तु साधारण एक-एक रेखा को उचित स्थान पर बैठा-बैठा कर उस वस्तु को ज्यों-का-त्यों कागज पर उतारने में सारी शक्ति लगा देगा। यथार्थ का पूरा चित्र तो पिछला ही है, परन्तु वह हमारे हृदय को छू न सकेगा। छू तो वही अधूरा सकता है, जिसमें चित्रकार ने रेखा-रेखा न मिलाकर आत्मा मिलाई है।'

यह उद्धरण बहुत महत्त्वपूर्ण है। इससे स्वयं महादेवी तथा सभी बड़े छायावादी कवियों की काव्य-प्रक्रिया को समझने में सहायता मिलती है। यह उन पर लगाये गये अनेक आक्षेपों का उत्तर भी है। सर्वोपरि यह कविता मात्र के प्रति लगाये गये आक्षेपों का उत्तर है। साथ ही, कवि की दुनिया में भी कविता लिखने की अनेक व्याप्त शैलियों में से उस शैली का समर्थन है जो प्रच्छन्न यथार्थवाद तथा अमूर्तन को अपनाती है। महादेवी कहती हैं कि यह 'पलायनवाद' नहीं है। बल्कि 'छायावाद आज के यथार्थ से दूर जान पड़ने पर भी भारतीय काव्य की मूल प्रेरणाओं के निकट है 'प्रकृति पर चेतन व्यक्तित्व का आरोप कल्पनाओं की समृद्धि, स्वानुभूत सुख-दुःख की अभिव्यक्ति इस काव्य की ऐसी विशेषताएँ हैं जो परस्पर सापेक्ष रहेंगी' ।

इसके साथ महादेवी भारतीय काव्य की मूल प्रेरणा की पहचान करती हैं। अपने अनेक निबन्धों, विशेषकर भारतीय वाङ्मय पर लिखे अपने निबन्धों में महादेवी विस्तार और सूक्ष्मता से इन प्रेरणाओं और तत्त्वों की पहचान करती हैं। उनका कहना

है—'प्रकृति को संगिनी के रूप में ग्रहण करने की प्रवृत्ति इतनी भारतीय है कि वह उत्कृष्ट काव्य से लेकर लोक तक व्याप्त हो चुकी है।...छायावाद में यह **सर्ववाद** अधिक सूक्ष्म रूप पा गया है।' **सर्ववाद** महादेवी का प्रिय पद है। 'सर्ववाद के निकट कोई वस्तु अपने आप में न बड़ी है न छोटी, न लघु है न गुरु'। यह भी महत्त्वपूर्ण टिप्पणी है जो सम्पूर्ण श्रेष्ठ कविता का सिद्धान्त प्रस्तुत करती है—आदिकाल से लेकर अब तक—और जो बरबस लुक्रेटियस की पुस्तिका 'द रेरम नेचुरा' की याद दिला देती है। महादेवी कहती हैं कि तत्कालीन राष्ट्रीय जागरण भी इस प्रवृत्ति के उत्तरोत्तर विकास में सहायक हुआ जिसके कारण 'छाया-युग के सर्ववाद ने नारी-सौन्दर्य के प्रति भी कवि की दृष्टि में वही पवित्र विस्मय और उल्लास भर दिया...'। महादेवी के अनुसार, भारतीय कविता का एक अन्य प्रमुख तत्त्व है 'स्वानुभूतिमयी अभिव्यक्ति' जो वेदगीतों, संस्कृत और प्राकृत काव्यों, निर्गुण काव्य, सगुण-भक्तों के गीति-काव्य और सरल लोकगीतों तक में सर्वत्र विद्यमान है। इसी सन्दर्भ में महादेवी कल्पना की चर्चा करते हुए कहती हैं—'कल्पना के सम्बन्ध में यह समरण रखना उचित है कि वह स्वप्न से अधिक ठोस धरती चाहती है'। यहाँ एक बार फिर महादेवी का आग्रह इहलौकिक और पदार्थमयता पर है जो भारतीय काव्य के मूल तत्त्व भी हैं। यह भारतीयता किस प्रकार भाषा, शब्द-चयन और बिम्बों में व्यक्त होती है, इसका उदाहरण देते हुए महादेवी कहती हैं—'परमतत्त्व हिरण्यगर्भ है, समुद्र रत्नाकर है, सूर्य दिन का मणि है, अग्नि हिरण्यकेश है, पृथ्वी रत्नप्रसू, हिरण्यगर्भा वसुन्धरा आदि संज्ञाओं में जगमगाती है। इसका सम्पूर्ण कोष स्वर्ण रजत के रंगों से उद्भासित और असंख्य रूपों से समृद्ध है।' इसके बाद एक दिलचस्प टिप्पणी है—'इस समृद्धि का श्रेय यहीं की धरती को दिया जा सकता है। उत्तरी ध्रुव के जमे हुए समुद्र को कोई रत्नाकर की संज्ञा देने की भूल नहीं करेगा, बर्फीली ठंडी धरती को कोई वसुन्धरा कह कर पुलकित न होगा।' यानी कविता के ये तत्त्व केवल लौकिक ही नहीं, ठेठ भौगोलिक भी ठहरते हैं।

महादेवी के अनुसार, 'भारतीय कविता का एक महत्त्वपूर्ण तत्त्व है **करुणा**। करुणा हमारे जीवन और काव्य से बहुत गहरा सम्बन्ध रखती है। वैदिक काल में एक ओर आनन्द-उल्लास की उपासना होती थी और दूसरी ओर इस प्रवृत्ति के विरुद्ध एक करुण-भाव भी विकास पा रहा था'। 'करुण-भाव के प्रति कवियों का झुकाव भारतीय संस्कार के कारण है, पर उसे और अधिक बल सामयिक परिस्थितियों से मिल सका।' पुनः, 'राष्ट्र की विषम परिस्थितियों ने भी छायायुग की करुणा में एक रहस्यमयी स्थिति पायी जैसे परमतत्त्व से तादात्म्य के लिए विकल आत्मा का क्रन्दन व्यापक है, वैसे ही, राष्ट्र तत्त्व की मुक्ति में अपनी मुक्ति चाहने वाली राष्ट्रात्मा का विषाद भी विस्तृत है।... स्वयं छायावाद तो करुणा की छाया में सौन्दर्य के माध्यम से व्यक्त होने वाला भावात्मक सर्ववाद ही रहा है और उसी रूप में उसकी उपयोगिता है। इस रूप में उसका किसी विचारधारा या भावधारा से विरोध नहीं, वरन् आकर्षण

ही अधिक है, क्योंकि भाषा, छंद, कथन की विशेष शैली आदि की दृष्टि से उसने अपने प्रयोगों का फल ही आज के यथार्थवाद को सौंपा है।'

महादेवी सर्ववाद एवं सामंजस्य के पक्ष में हैं। जैसाकि उन्होंने कहा है—'पिछले अनेक वर्षों की विषम परिस्थितियों ने हमारे जीवन को छिन्न-भिन्न कर डाला है। कलाकार यदि उस विभाजन को और छोटे-छोटे खंडों में विभाजित करता रहे, तो वह जीवन के लिए एक नया अभिशाप सिद्ध होगा। उसे सामंजस्य की ओर चलना है। अतः जीवन की मूल प्रवृत्तियाँ, उनके सांस्कृतिक मूल्य, उन मूल्यों का आज की परिस्थिति में उपयोग आदि का न रहने पर उसकी यात्रा भटकना मात्र भी हो सकती है।'

महादेवी का साहित्य-चिन्तन हमें आज भी उन प्रवृत्तियों, मूल्यों और आज की परिस्थितियों में उनके उपयोग का ज्ञान कराता है। हालाँकि कहीं भी उनके स्वर में शिक्षक अथवा अभिभावक का भाव नहीं मिलता। हमेशा अपनी बात रखते हुए, तर्क करते हुए किसी मंतव्य पर पहुँचने का यत्न मिलता है। लेकिन कई बार वह अपने विचार कठोरतापूर्वक भी रखती हैं। जैसे 'संसार में सबसे अधिक दंडनीय वह व्यक्ति है जिसने यथार्थ के कुत्सित पक्ष को एकत्र कर नरक का आविष्कार कर डाला' और इस प्रकार वह 'एकांगी यथार्थवादी काव्य' का विरोध करती हैं। महादेवी हर प्रकार की एकांगिकता का विरोध करती हैं। रामायण और महाभारत के एक तुलनात्मक विवेचन में उनका यह निरीक्षण महत्त्वपूर्ण है—'रामायण काल के यथार्थ के पीछे जो सामंजस्यपूर्ण निर्माण का आदर्श था, वही जीवन को सब अग्नि-परीक्षा से अक्षत निकाल लाया, पर महाभारत काल की, व्यक्तिगत विरोधों में खंडित और अकेली यथार्थ-दृष्टि कोई सृजनात्मक आदर्श नहीं पा सकी जिसके सहारे उसका न्यायपक्ष उस ध्वंस युग के पार पहुँच जाता'।

इसीलिए खंडित, इकहरी, एकांगी यथार्थ-दृष्टि त्याज्य है। इसीलिए किसी यथार्थ-दृष्टि के साथ। 'स्वप्न-दृष्टि' का भी होना जरूरी है। इसीलिए 'मस्तिष्क को हृदयमय और हृदय को मस्तिष्कमय' होना जरूरी है। (ये पद मुक्तिबोध के ज्ञानात्मक संवेदन और संवेदनात्मक ज्ञान की याद दिलाते हैं)।

और अपने हर कथन, हर निष्कर्ष के समर्थन में महादेवी भारतीय दर्शन या काव्य की परम्परा का आश्रय लेती हैं। उनका एक महत्त्वपूर्ण निबन्ध है 'रहस्यवाद' जिसमें वह 'रहस्यवाद की भारतीय परम्परा' पर सूक्ष्मता से विचार करती हैं तथा ईसाई एवं सूफी रहस्यवाद के साथ इसकी तुलना भी करती हैं। केवल बीस पृष्ठों का यह निबन्ध रहस्यवाद पर लिखे सर्वोत्तम सिद्धान्त-ग्रन्थों से तुलनीय है। रहस्यवाद की परिभाषा करते हुए महादेवी कहती हैं—'जब प्रकृति की अनेकरूपता में, परिवर्तनशील विभिन्नता में कवि ने एक ऐसा तारतम्य खोजने का प्रयास किया, जिसका एक छोर किसी **असीम चेतन** और दूसरा उसके **ससीम हृदय** में समाया हुआ था, तब प्रकृति

का एक एक अंश एक अलौकिक व्यक्तित्व लेकर जाग उठा। परन्तु इस सम्बन्ध से मानव हृदय की सारी प्यास न बुझ सकी, क्योंकि मानव सम्बन्धों में जब तक अनुराग-जनित आत्म-विसर्जन का भाव नहीं घुल जाता, तब तक वे सरस नहीं हो पाते और जब तक यह मधुरता सीमातीत नहीं हो जाती, तब तक हृदय का अभाव नहीं दूर होता। इसी से इस अनेकरूपता के कारण पर एक मधुरतम व्यक्तित्व का आरोपण कर उसके निकट आत्मनिवेदन कर देना, इस काव्य का दूसरा सोपान बना जिसे रहस्यमय रूप के कारण ही रहस्यवाद का नाम दिया गया।' इस सम्बन्ध में महादेवी आगे कहती हैं कि **'रहस्यवाद आत्मा का गुण है, काव्य का नहीं'** तथा 'अरूप-रूप की अभिव्यक्ति लौकिक रूपकों में ही तो सम्भव होगी' अथवा 'अलौकिक आत्मसमर्पण को समझने के लिए भी लौकिक का सहारा लेना होगा'। सूफी रहस्यवाद की चर्चा के उपरान्त महादेवी की टिप्पणी है–'हिन्दी काव्य में रहस्यवाद वहाँ से आरम्भ होता है, **जहाँ दोनों ओर के** तत्त्वदर्शी एक असीम आकाश के नीचे ही नहीं, एक सीमित धरती पर भी साथ खड़े हो सकें।' यह बहुत महत्त्वपूर्ण टिप्पणी है–। 'अतः दोनों ओर की विशेषताएँ मिल कर गंगा-यमुना के संगम से बनी त्रिवेणी के समान एक तीसरी काव्य धारा को जन्म देती हैं।' महादेवी इस **तीसरी काव्यधारा** का अनुमोदन करती हैं। इस दृष्टि से भारतेन्दु से पहले की सौ वर्षों की उर्दू कविता को भी परखा जा सकता है।

इसके आगे महादेवी कहती हैं–'भारतीय रहस्यचिन्तन में एक विशेषता और है। उसके समर्थक हर बार क्रान्ति के स्वर में बोलते रहे हैं। रूढ़िग्रस्त धर्म, एकरस कर्मकांड और बद्धमूल अन्धविश्वास के प्रति वे कितने निर्मम हैं, जीवन के कल्याण के प्रति कितने कोमल हैं और विचारों में कितने मौलिक हैं, इसे उपनिषद् काल की विचारधाराएँ प्रमाणित कर सकेंगी। जीवन से उनका ऐसा कोई समझौता सम्भव ही नहीं जो सत्य पर आश्रित न हो।' रहस्यवाद के इस क्रान्तिकारी चरित्र ने भारतीय काव्य को अपरिमित दृढ़ता दी है। और इसका आरंभिक स्रोत ईशावास्य उपनिषद् है जहाँ धर्म की दुर्लंध्य प्राचीरें और कर्मकांड की दुर्गम सीमाएँ पार कर मुक्त आकाश में गूँजनेवाला रहस्यद्रष्टा कवि स्वर हमें चौंका देता है–

यस्मिन् सर्वाणि भूतान्यात्मैभूद्विजानतः।
तत्र को मोहः कः शोकः एकत्वमनुपश्यतः ॥

(जो मनुष्य आत्मा का स्वाभाव जानता है, जो सब भूतों में उसकी व्याप्ति का ज्ञान रखता है, उस एकत्व द्रष्टा के लिए मुक्ति कैसी, खिन्नता क्यों?) लेकिन महादेवी पुनः लौकिकता की ओर लाटती हैं और कहती हैं–'बुद्धि के ऐसे सूक्ष्म स्तर पर भी तत्त्वदर्शक जीवन की यथार्थता नहीं भूलता, अतः इसी उपनिषद् में कुर्व्वन्नेवेहि कर्माणि जिजीविषे...में हम पाते हैं–'यहाँ कर्म करते हुए जीने की इच्छा कर। हे मनुष्यत्व का अभिमान रखनेवाले! तेरे लिए अन्य मार्ग नहीं है, नहीं है।'

कबीर के प्रति अपनी श्रद्धा निवेदित करते हुए महादेवी का एक मार्मिक वाक्य है–'हिन्दी के रहस्यवाद के अर्थ के साथ कबीर में ऐसे क्रान्ति-दूत के दर्शन होते हैं, जिसने जीवन के निम्नतम स्तर को ऊँचाई बना लिया, अपनी अशिक्षा को आलोक में बदल दिया और अपने स्वर से वातावरण की जड़ता को शत-शत स्पंदनों से भर दिया।'

हिन्दी कविता की इस महान् परम्परा से छायावाद का सम्बन्ध जोड़ते हुए महादेवी कहती हैं–'युगों के उपरान्त छायावाद के प्रतिनिधि कवितयों ने भी इस विचारधारा का विद्युत स्पर्श अनुभव किया और यह न कहना अन्याय होगा कि उन्होंने उस परम्परा को अक्षुण्ण रखा। अनेक क्रूर विरोधों और विवेकशून्य आघातों के उपरान्त भी उनमें कोई दीनता नहीं, जीवन से उनका कोई सस्ता समझौता नहीं और कल्याण के लिए उनके प्रतिनिधि कवि अपने सम्बन्ध में यही सुनना पसन्द करेंगे। लेकिन सबके भाग्य में यह नहीं होता।

'गीति-काव्य' निबन्ध में महादेवी एक बार फिर कबीर को याद करती हैं और यह सुनकर हमें सुखद विस्मय होता है कि 'कबीर के निर्गुण-गीतों ने ज्ञान को फिर गेयता देने का प्रयास किया है' फिर यानी उपनिषदों और थेर गाथाओं के बाद।

महादेवी ने गीत की बहुत सुन्दर परिभाषा दी है–

'सुख-दुःख की भावावेशमयी अवस्था विशेष का गिने-चुने शब्दों में स्वर-साधना के उपयुक्त चित्रण कर देना ही गीत है।' इस निबन्ध में कई अद्‌भुत वक्तव्य मिलते हैं, जैसे 'आज हमारा हृदय ही हमारे लिए संसार है' या 'गीतों में उतना ही यथार्थ लिया जाता है, जितना भाव को भारी न बना दे' या 'जो असंख्य व्यक्तियों के दुःख में अपना दुःख खोकर बोलता है, उसके कण्ठ में असीम बल रहना अनिवार्य है।

'संकल्पिता' में 'भारतीय वाङ्मय पर एक दृष्टि' शीर्षक से सात निबन्ध हैं। इनमें भारतीय वाङ्मय के विकास-क्रम का अध्ययन तो है ही, साथ ही अनेक विषयों पर विचार मिलते हैं। जैसे, एक विषय है–साहित्य की उपयोगिता। इसे कई कोणों से प्रकाशित किया गया है। महादेवी लिखती हैं–'इतिहास ने अनेक बार प्रमाणित किया है कि जो मानव समूह जिस सीमा तक अपनी धरती से तादात्म्य कर सका है वह उसी सीमा तक अपनी धरती पर अपराजेय रहा है'। और इस तादात्म्य के अनेक साधनों में विशिष्ट साहित्य है। किसी भूमि-खण्ड पर किस मानव समूह का सहजात अधिकार है, इसे जानने का पूर्णतम प्रमाण उसका साहित्य ही है। विशेषतः धरती से संस्कारगत आत्मीयता बिना हुए कवि उसके वन, नदी, पर्वत आदि के सम्बन्ध में गाता नहीं। इससे अनेक अन्य सूत्र निकल सकते हैं। छायावाद की प्रकृति कविता इस दृष्टि से प्राथमिकतः अपनी धरती से तादात्म्य यानी राष्ट्रभक्ति की कविता भी है। इसी से जुड़ा प्रश्न यह भी है कि क्या विजेता जातियाँ प्रकृति-प्रेम की कविता लिख सकती हैं?

महादेवी फिर लिखती हैं—'किसी मानव समूह को, उस समस्त परिवेश के साथ तत्वतः जानने के लिए जितने माध्यम उपलब्ध हैं, उनमें सबसे पूर्ण और मधुर उसका साहित्य ही कहा जाएगा।' यह साहित्य की अपनी उपयोगिता है जो इसे धर्म या दर्शन से पृथक् महत्त्व प्रदान करती है। क्योंकि 'दर्शन पूर्ण होने का दावा कर सकता है, धर्म अपने निर्भ्रान्त होने की घोषणा कर सकता है, परन्तु साहित्य मनुष्य की शक्ति-दुर्बलता, जय-पराजय, हास-अश्रु और जीवन-मृत्यु की कथा है। यह मनुष्य रूप में अवतरित होने पर स्वयं ईश्वर को भी पूर्ण मानना अस्वीकार कर देता है।' साहित्य की महत्ता में ऐसा दृढ़ विश्वास विरल है।

इसके अतिरिक्त साहित्य का एक और महत्त्वपूर्ण कार्यभार है। 'मनुष्य सामाजिक प्राणी होने के कारण अपने समानधर्मा व्यक्तियों के सुख-दुख से किसी सीमा तक सुखी या दुःखी होता है, परन्तु इस सहानुभूति का मार्ग स्वानुभूति के मार्ग के समान सरल नहीं है। कभी स्वार्थों के संघर्ष के कारण, कभी अनभ्यास से, कभी अतिशय अहं के कारण और कभी जीवन के प्रति विशेष वीतरागिनी दृष्टि के कारण, हमारी रागात्मक वृत्तियाँ कुंठित हो जाती हैं। साहित्य इन रागात्मक वृत्तियों को जाग्रत करता है और व्यक्ति में सम-भाव उत्पन्न करता है। साहित्य की यह विशिष्ट उपादेयता हर युग में पहचानी गयी है। यही कारण है कि 'साहित्य सबका है और सबके लिए रहेगा—कथ्य की दृष्टि से भी, भाषा की दृष्टि से भी' जबकि 'दर्शन, दर्शनशास्त्रियों या दर्शन के जिज्ञासुओं के लिए लिखा जाएगा, अर्थशास्त्र अर्थशास्त्रियों तथा अर्थशास्त्र के जिज्ञासुओं के लिए। यही स्थिति ज्ञान-विज्ञान की अन्य शाखाओं के लिए अनिवार्य रहेगी। परिणामतः इनके लिए एक विशेष पारिभाषिक शब्दावली निर्मित होती गयी है।' साहित्य सबके लिए है। डब्लू. एच. ऑडेन ने क्षोभ के साथ लिखा है कि कविता ही ऐसी विधा है जिसके बारे में जो चाहे सो कोई भी वक्तव्य दे सकता है और यह माँग कर सकता है कि उसे समझ में आए। जबकि गणित के प्रश्नों पर केवल गणितज्ञ ही विचार करेगा और दर्शन के प्रश्नों पर केवल दार्शनिक। महादेवी बिना किसी दुविधा के साहित्य के सार्वजनिक चरित्र को स्वीकार करती हैं। इसीलिए उनकी दृष्टि में साहित्य एक 'व्यापक सामाजिक कर्म है—जीवन के परिष्कार और परिवर्तन के हर अध्याय में साहित्य के चिन्ह हैं। अतः उसे व्यापक सामाजिक कर्म न कहना अन्याय होगा।' समाज के सभी सदस्यों में सम-भाव उत्पन्न करके साहित्य व्यक्तिगत स्वार्थ और समष्टिगत स्वार्थों में सन्तुलन बनाता है। महादेवी ने **संस्कृत समाज** की अकाट्य परिभाषा दी है—'व्यक्तिगत स्वार्थ और समष्टिगत स्वार्थों में संघर्ष की सम्भावना जिस सीमा तक कम होती जाती है उसी सीमा तक हम किसी समाज को और उसके सदस्यों को संस्कृत कहते हैं।'

जीवन तथा साहित्य के अधिकांश पक्षों पर महादेवी के विचार नवीन और

रूढ़िमुक्त तथा कई बार विद्रोही भी हैं। छन्द के सम्बन्ध में भी उनका स्पष्ट मत है कि 'कवि यदि अपनी भाव-सृष्टि को वहन करने के लिए छन्द को उपयुक्त समझता है तो छन्द में रूपायित करे; छन्द बन्धन से मुक्ति को उपयुक्त समझता है, निर्बन्ध रहने दे।' इसी प्रकार साहित्य में साधारण चरित्रों के विकास के सन्दर्भ में उनकी टिप्पणी है कि 'साधारण चरित्रों को प्रमुखता मिलना अधिक सामाजिक विकास और विस्तृत दृष्टिकोण की अपेक्षा रखता था।' महादेवी इस बात को भी ध्यान से देखती हैं कि वेद काल में भी उलूक, दादुर, श्वान, ऊखल आदि विषयों को काव्य में स्थान मिला—'किसी अन्य युग के काव्य में जिन्हें स्थान मिलना कठिन है, उन विषयों को भी छन्दायित करने में ऋषि की प्रतिभा कुण्ठित न हुई।' इसी से जुड़ी बात यह भी है कि हमारे आदि कवि वाल्मीकि ने पहली बार धरती की बेटी को मान दिया—'प्रथम बार मानव ने देवताओं को सिंहासनच्युत कर दिया। वाल्मीकि की चेतना मनुष्य की विजय-घोषणा के लिए एक ऐसे श्रेष्ठ मानव की उद्भावना करती है, जिससे अपने लिए उसे किसी लौकिक या पारलौकिक दान की न अपेक्षा है, न आवश्यकता'। 'वे रामकथा द्वारा मनुष्य की श्रेष्ठता और महत्ता को वाणी देना चाहते हैं।'

भारतीय वाङ्मय के महत्तम रत्नों में महादेवी थेर एवं थेरी गाथाओं को भी स्थान देती हैं। परन्तु यहाँ भी वह दर्शन एवं काव्य के बीच के फाँक पर उँगली रखती हैं। बौद्धदर्शन जीवन के प्रति अनासक्ति का दर्शन है, परन्तु उससे प्रेरित कविता घोर आसक्ति की कविताएँ हैं।—भारतीय प्रतिभा प्रकृति के प्रति सनातन रागमयी है। इसका निश्चित प्रमाण इन वीतराग भिक्षुओं की गाथायें हैं। वेदकालीन कवि-ऋषि तो प्रकृति के प्रति साधिकार राग रखता है, क्योंकि वह उसे माया या भ्रान्ति नहीं मानता। जीवन के दुःखमय दर्शन की न उसने खोज की है और न उस दुःख से मुक्ति की कामना उसकी जानी-पहचानी है। इसके विपरीत बौद्ध भिक्षु सौन्दर्य को नश्वर और भ्रान्ति मानता है। उसके निकट जीवन दुःख का दूसरा नाम है। न मधुर संगीत पर मुग्ध होने का अधिकार रखता है, न सुन्दर चित्र की रंगरेखाओं में स्वयं को भुला सकता है। परन्तु प्रकृति ने उसकी समस्त साधना पर विजय पा ली है।

—द्रुमाली फूलों के भार से लदी है, सब दिशाएँ सौरभ से उच्छ्वसित हो उठी हैं और फलों को स्थान देने के लिए पल्लव झड़ रहे हैं। हे वीर, यह हमारी यात्रा का मुहूर्त है।

प्रकृति का ऐसा सूक्ष्म निरीक्षण, उसके विविध रूपों के साथ मन का ऐसा लगाव और उसकी ऐसी सहज रागमयी अभिव्यक्ति, इन गाथाओं को हमारे हृदय के निकट ले आती है। जिस धरती के जीवन से मुक्त होने की साधना है, वही अपने विविध रूपात्मक सौन्दर्य से ऐसी साधना की शक्ति देती है। यह एक महान क्षण है काव्य की विजय का, लौकिकता की विजय का, जीवन की विजय का। महादेवी ने अपनी

गहन अन्तर्दृष्टि से इस क्षण का अनुमान किया था।

ऐसी ही सूक्ष्म अन्तर्दृष्टि दुःखान्त कथानकों के विषय में मिलती है। अक्सर दुःखान्त कथानकों के अभाव पर टिप्पणी की जाती है और कई बार इसी आधार पर भारतीय नाटक को हेय ठहराया जाता है। लेकिन महादेवी के अनुसार, 'दुःखान्त कथानकों के विषय में प्राचीन कलाविदों के विचार हमारे विचारों से भिन्न थे। उनकी दृष्टि में जो कुछ सुन्दर, सत्य और कल्याणमय था उसका नाश सम्भव ही नहीं था; उसे अमरता का चिरन्तन अधिकार भी था...शकुन्तला की मृत्यु या उसके चिर वियोग से नाटक चाहे दुःखान्त होता चाहे नहीं, परन्तु सौन्दर्य और सत्य में हमारे विश्वास की अवश्य ही दुःखमय मृत्यु हो जाती।'

महादेवी के साहित्य सम्बन्धी निबन्धों को पढ़ते हुए मुझे लगता रहा कि हमारे पूर्वजों ने कितना बड़ा तप किया था। वे लगातार संघर्ष करते रहे। कुछ भी बिना प्रश्न किये स्वीकार नहीं किया। कविता और जीवन में अपना अटूट विश्वास बनाये रखा और महान सृजन में सन्नद्ध रहे। छायावाद के इन चार कवियों का सृजन तो महान है ही, उनका चिन्तन और आलोचनात्मक विवेक भी महान है। भारतीय दर्शन और काव्य की ऐसी गहरी समझ बाद में विरल होती गयी। एक बार फिर मुझे लगता है कि बड़े विचारशील मस्तिष्क के बिना बड़ी कविता भी सम्भव नहीं।

उन्हीं के शब्दों में कहें तो, महादेवी वर्मा की कुछ पंक्तियाँ लेकर उनका परिचय देना, कुछ बूँद जल लेकर समुद्र का परिचय देने के समान हो जाता है।

'पर यह सत्य है कि हम अपनी छोटी गंगाजली में जितना जल भर लेते हैं उतना ही तो गंगा में नहीं होता।...हम अपनी परिमित प्राप्ति से ही अपरिमित प्राप्य की ओर संकेत करते हैं।

(इलाहाबाद संग्रहालय में प्रस्तुत महादेवी स्मृति व्याख्यान)

भारतीय स्वतन्त्रता आन्दोलन और सुभद्रा कुमारी चौहान

हर पत्थर पर लिखा जहाँ
बलिदान लक्ष्मीबाई का
कौन मूल्य है वहाँ सुभद्रा
की कविता-चतुराई का?

बहुत शालीनता और विनम्रता के साथ सुभद्रा जी ने स्वतन्त्रता आन्दोलन के बलिदानियों की तुलना में अपनी कविता को 'कविता-चतुराई' बताकर मूल्यहीन घोषित किया है। लेकिन स्वयं भी सपरिवार स्वतन्त्रता आन्दोलन में सक्रिय रहने वालीं सुभद्रा जी की कविता का स्थान निश्चय ही स्वतन्त्रता सेनानियों के बलिदान से तुलनीय है। 'स्वतन्त्रता-महायज्ञ' में सुभद्रा जी की रचनाओं का योगदान अमूल्य है। उनकी कविता अपने युग के सर्वाधिक पवित्र एवं उद्दाम उद्वेग की स्वाधीनता की आकांक्षा से अनुप्राणित है। स्वतन्त्रता की आकांक्षा अपने विविध रूपों में मानव-जीवन के विभिन्न क्षेत्रों तथा सम्बन्धों में व्यक्त होती है। 'मुक्तिबोध' का पद लेकर कहें तो 'कवि कार्यकर्ता' सुभद्रा जी की रचनाओं में मुक्ति की यह आकांक्षा बहुत व्यापक रूप में व्यक्त हुई है—विदेशी दासता से राष्ट्र की मुक्ति से लेकर स्त्री-मुक्ति, दलित-मुक्ति और एक "सरल काव्य-सा सुन्दर जीवन" जीने की आकांक्षा तक। इसलिए उनकी कविता गहरे मानवीय प्रेम और ऊष्मा की कविता है, साहस, संकल्प और विश्वास की कविता है :

सुख भरे सुनहरे बादल
रहते हैं मुझको घेरे
विश्वास मुझे साहस हैं
जीवन के साथी मेरे।

सुभद्रा जी की यह मार्मिक निजता ही उनकी उद्बोधनात्मक कविताओं को भी निरा भाव या विचार-उच्छ्वास नहीं बनने देती। उनकी राष्ट्र-प्रेम की कवितायें बहुत गहरे अर्थों में मानव-प्रेम की कवितायें हैं। 'मेरी टेक' शीर्षक कविता में वह कहती हैं :

निर्धन हों धनवान, परिश्रम उनका धन हो
निर्बल हों बलवान, सत्यमय उनका मन हो।
हों स्वाधीन गुलाम, हृदय में अपनापन हो
इसी आन पर कर्मवीर तेरा जीवन हो।

अपनी आरम्भिक कविताओं से लेकर अपनी अन्तिम कविता तक सुभद्रा जी की कविता की यही टेक है।

'वीरों का कैसा हो वसंत' उनकी अति प्रसिद्ध कविताओं में है। सुभद्रा जी कहती हैं :

भूषण अथवा कवि चन्द नहीं,
बिजली भर दे वह छन्द नहीं,
है कलम बँधी, स्वच्छन्द नहीं
फिर हमें बतावे कौन? हंत!

लेकिन सुभद्रा जी की कलम कभी बँधी नहीं रही, हमेशा स्वच्छन्द और निर्भीक रही और अनवरत भारतवासियों को बताती और जगाती रही। 1857 का प्रथम स्वाधीनता संग्राम उनकी कविताओं में और कहानियों में निरन्तर उपस्थित रहता है। वह संग्राम स्मृति नहीं, वरन् उपस्थिति है सुभद्रा जी के लिए, जो लगातार चेतना के द्वार खटखटाता रहता है। 'ताँगेवाला' शीर्षक कहानी में एक ताँगेवाला तात्या टोपे के नदी पार करने की घटना इस तरह बताता है जैसे वह अभी कल रात घटी हो। उसी कहानी में एक 'पगली स्त्री' का ज़िक्र आता है जो "सन् सत्तावन के गदर के समय सम्राट बहादुरशाह" की कोई भटकी हुई बेग़म भी हो सकती है जो 'न जाने कितने वर्षों से इसी तरह गाती है, रोती है, हँसती है पर आज तक कोई उससे बात नहीं कर सका है।' इसी पगली स्त्री का आर्त्तनाद सुभद्रा जी की रचनाओं में यहाँ से वहाँ तक गूँजता है और साथ ही प्रतिरोध की झंकार भी जिसकी सर्वोत्तम अभिव्यक्ति 'झाँसी की रानी' कविता में होती है। 'झाँसी की रानी' हमारी भाषा की महान कविताओं में शामिल है। इतिहास, वर्तमान, जीवन-अनुभव और लोक-संगीत के संयोग से सुभद्रा जी ने जिस शौर्यमय गाथा की रचना की है वह अपने कलात्मक सौष्ठव के कारण भी अद्वितीय है। सम्पूर्ण भारतीय स्वाधीनता संग्राम की शक्ति यदि कहीं किसी एक कविता में एकत्र कर दी गई है तो वह है सुभद्रा कुमारी चौहान की 'झाँसी की रानी'। ऐसा बल, ऐसी क्षिप्रता, करोड़ों कंठों का ऐसा सामूहिक समवेत स्वर, लय की ऐसी द्रुत-विलम्बित बुनावट अन्यत्र दुर्लभ है। एक ही पद में सुभद्रा जी अनेक लयों का जिस बारीकी से समायोजन करती हैं वह विलक्षण है :

'उदित हुआ सौभाग्य, मुदित महलों में खुशियाली छाई,
किन्तु कालगति चुपके-चुपके काली घटा घेर लाई।'

पहली पंक्ति की तेज़, धमकती हुई लय अचानक मद्धिम होकर गिरती हुई ठहर जाती है और इसके बाद फिर वही उत्ताल तरंगें। यह एक कविता हमारे स्वाधीनता आन्दोलन के मूल उद्वेग तथा उसके गौरवशाली इतिहास, वर्तमान संकल्प और भावी विजय की अमर गाथा है। ध्यान देने की बात यह भी है कि इस संग्राम का नायकत्व एक स्त्री के हाथ में है जो स्वयं अनेक स्तरों पर राजनीतिक, सामाजिक, पारिवारिक और निजी जीवन में भी स्वाधीनता के लिए संघर्षरत है।

सुभद्रा जी सामाजिक जीवन के सभी पक्षों और सभी मानव-सम्बन्धों को स्वतन्त्रता आन्दोलन से जोड़ देती हैं। चाहे वह भाई-बहन का सम्बन्ध हो, या पति-पत्नी का, या मित्र का। ऐसा नहीं कि बाकी सारे भाव या इच्छाएँ तिरोहित हो जाती हों। वे भी सक्रिय रहती हैं—विशेषकर उनकी कहानियों में—लेकिन प्रायः स्वतन्त्रता की आकांक्षा ही सर्वोपरि सिद्ध होती है। 'राखी की चुनौती' में वह कहती हैं :

कि माता के बंधन की लाज है तुमको
चुनौती यह राखी की है आज तुमको।

अथवा

'राखी' कविता में :

डर है कहीं न मार्शल-लॉ का
फिर से पड़ जावे घेरा
ऐसे समय द्रौपदी जैसा
कृष्ण सहारा है तेरा।
बोलो, सोच-समझकर बोलो
क्या राखी बँधवाओगे?
भीर पड़ेगी, क्या तुम रक्षा
करने दौडे आओगे?
यदि हाँ, तो यह लो मेरी
इस राखी को स्वीकार करो
आकर भैया, बहन सुभद्रा
के कष्टों का भार हरो।

यहाँ 'सुभद्रा' नाम के आ जाने से कविता में अतिरिक्त मार्मिकता आ जाती है। इसी प्रकार 'विदा' कविता में :

याद भूल जाना मेरी
उस आँसू वाली मुद्रा की
कर लो अब स्वीकार बधाई
छोटी बहन सुभद्रा की।

'सुभद्रा' शब्द इन कविताओं के सार्वजनिक पक्ष को निजता प्रदान करता है जहाँ स्वाधीनता आन्दोलन महज एक राजनीतिक कार्रवाई नहीं वरन् एक पारिवारिक अनुष्ठान बन जाता है। 'विदाई' शीर्षक कविता की इन दो पंक्तियों का गहरा असर पड़ता है :

कटे तीसों करोड़ ये शीश/न तजना तुम स्वराज की टेक।

यहाँ तीसों करोड़ शीश का कटना इतना जीवन्त और बेधक चित्र खींचता है कि कविता नारा होकर भी हृदय में उतर जाती है। शमशेर की पंक्ति याद आती है—"लेकर सीधा नारा कौन पुकारा।" राजनीतिक कविताओं में ऐसी निजता और मार्मिकता बिना गहरी संलग्नता और प्रतिबद्धता के सम्भव नहीं।

'सुभद्रा जी की सफलता का रहस्य' निबन्ध में मुक्तिबोध की टिप्पणी बहुत महत्त्वपूर्ण है। मुक्तिबोध कहते हैं कि सुभद्रा जी की राष्ट्रीय कविताओं में न तो उस प्रकार का ओज है, न कल्पना-जगत में शान्ति प्राप्त करने वाली इच्छा से अनुशासित नाश-स्वप्न उनके काव्य में दिखायी देता है। राष्ट्रीय संग्राम में सक्रिय भाग लेने वाली कवयित्री का राष्ट्रीय काव्य जीवन-प्रसंगों की भूमिका को लेते हुए मानवीय हो गया है। वह हिन्दी की वीर काव्य-परम्परा—जिसमें उत्साह, भय और ध्वंस का वर्णन रहता है—का अनुगमन नहीं करता, न व्यक्ति के ध्वंस-स्वप्नों के इच्छित विश्वास पर ही चलता है। सुभद्रा जी के राष्ट्रीय काव्य का सबसे बड़ा गुण है—उनकी जन-साधारण मानवीयता। राष्ट्र-प्रेम की श्रेष्ठ कविता बिना 'मानवीयता' के सम्भव नहीं। गर्जन-तर्जन और फेनिल हुंकारों से भरी तुकबन्दियाँ राष्ट्र-प्रेम को धारण नहीं कर सकतीं क्योंकि वहाँ राष्ट्र के जीवन से, जीव-जगत से प्रेम का लेशमात्र भी अभिव्यक्त नहीं होता। सुभद्रा जी की राष्ट्रीय कविता सम्पूर्ण राष्ट्र की, जन-साधारण की कविता है। हिन्दी भाषा के प्रति निवेदित एक कविता है 'मातृ मन्दिर में' :

मुझ-सी एक एक की बन तू
तीस कोटि की आज हुई।
हुई महान, सभी भाषाओं
की तू सरताज हुई।
मेरे लिए बड़े गौरव की
और गर्व की है यह बात।
तेरे ही द्वारा होवेगा
भारत में स्वातन्त्र्य प्रभात।
तू होगी आधार, देश की
पार्लमेंट बन जाने में।
तू होगी सुख-सारे देश के
उजड़े क्षेत्र बसाने में।

तू होगी व्यवहार, देश के
बिछड़े हृदय मिलाने में।
तू होगी अधिकार, देश भर
को स्वतान्त्र्य दिलाने में।

यह अपनी मातृभाषा के प्रति प्रेम की तथा उस प्रेम की उदात्तता की अभिव्यक्ति है जो प्रेम संकीर्ण, स्वार्थग्रस्त अथव हिंस्र नहीं वरन् 'देश के बिछड़े हृदय' मिलाने का साधन है। यह 'एक एक' का भी प्रेम है और 'तीस कोटि' का भी जो देश की 'पार्लमेंट' का आधार भी होगा। सुभद्रा जी का राष्ट्र-प्रेम किसी के प्रति घृणा या हिंसा पर आधारित नहीं है। वह प्रेम तथा करुणा से सिंचित तथा त्याग एवं उत्सर्ग के भावों से अनुप्राणित है। यहाँ कांग्रेस केवल एक दल नहीं बल्कि 'कांग्रेस मैया' है—"आ मैया कांग्रेस! हमारी आकांक्षा की प्यारी मूर्ति।" यह उस कविता की पंक्ति है जो सुभद्रा जी ने 1920 में नागपुर में होने वाले कांग्रेस अधिवेशन के स्वागत में लिखी थी। इसी करुणा के उद्रेक से सुभद्रा जी ने 'विस्मृत की स्मृति' जैसी मार्मिक कविता लिखी 'सागर ज़िले के रतौना नामक ग्राम में कसाईखाना बनाने के लिए सरकार की घोषणा होने पर।' यहाँ भी किसी के प्रति कहीं भी न तो द्वेष है, न मालिन्य, है तो केवल करुणा जो निष्कलुष और उज्ज्वल है। सुभद्रा जी ने 'हींगवाला' जैसी कहानी में काबुली पठान का अविस्मरणीय चित्र भी खींचा।

सुभद्रा जी के लिए स्वतन्त्रता की आकांक्षा निरी राजनीतिक या सामाजिक आकांक्षा नहीं है। वह तो सारे मानव-सम्बन्धों और परिवार और मनुष्य की निजी अस्मिता से जुड़ी हुई है। सम्भवतः यही कारण हो कि सुभद्रा जी की कविता में हमें पहली बार घर-परिवार, बाल-बच्चे, पति-पत्नी, भाई-बहन के चित्र मिलते हैं। बच्ची के रोने से लेकर पुत्र-वियोग तक अनेक प्रसंगों पर कविताएँ मिलती हैं। लेकिन सुभद्रा जी ने सबसे ज़्यादा रचनाएँ, विशेषकर कहानियाँ, स्त्रियों की मुक्ति के बारे में लिखी हैं। राष्ट्रीय स्वतन्त्रता आन्दोलन की चर्चा इस प्रसंग के बिना अधूरी रहेगी।

सुभद्रा जी ने स्त्री-स्वतन्त्रता के सभी प्रश्नों पर विचार किया। स्त्री की स्वतन्त्रता उनकी रचनाओं का प्रमुख विषय है। जहाँ वह स्त्री-पुरुष सम्बन्ध, परिवार में स्त्री की स्थिति, आर्थिक स्वाधीनता आदि अनेक पक्षों पर विचार करती हैं। उनकी अनेक कहानियों में पर-पुरुष-प्रेम के प्रसंग मिलते हैं। एक जगह वह लिखती हैं—"भला किसी स्त्री का कोई पुरुष मित्र भी हो सकता है?" एक और प्रश्न है—"कहानियों की तरह क्या प्रेम का अंत विवाह में ही होना चाहिए वसंत?" और यह भी कि 'फूलशय्या' की रात को "उसके पति होते हुए भी मनोहर आज तो उसके लिए पर-पुरुष ही थे"। और स्त्री-दुर्दशा का एक कारुणिक उल्लेख—"उँह,

मर गयी तो मर भी जाने दो, स्त्री ही तो थी। कल तीसरी आ जायेगी।" स्वाधीनता के इस सवाल को सुभद्रा जी 'मँझली रानी' कहानी में थोड़ा आगे ले जाती हैं। इस कहानी की नायिका जब घर छोड़कर बाहर आ जाती है तो तय करती है कि वह कांग्रेस की स्वयंसेविका बन कर जीवन बिताएगी। वह कांग्रेस कार्यालय जाती है। लेकिन वे उसे लेने से इनकार करते हैं—"पूछा कि मेरे पास किसी कांग्रेस कमिटी का प्रमाण पत्र है?" यानी एक स्वतन्त्र स्त्री के लिए स्वतन्त्रता आन्दोलन में भी जगह मिलनी मुश्किल है।

बाद की कविताओं में सुभद्रा जी का स्वर रुँधा और स्याह होने लगता है। "सरल काव्य-सा सुन्दर जीवन हम सानन्द बिताते हों" की साध पूरी होती नहीं लगती। न तो अब जीवन उतना सरल लगता है, न उसका सहचर काव्य ही। 'परिचय' शीर्षक कविता में सुभद्रा जी कहती हैं—"इस लुटे हुए जीवन में अब तो लालित्य नहीं है।" आशा, विश्वास और उल्लास का स्थान कम होने लगता है। पहले की ऐसी उत्फुल्ल पंक्तियों मैं

जिधर निकल जाती हूँ
मधुमास उतर आता है

के स्थान पर अब हमें ये पंक्तियाँ मिलती हैं :

हँस-हँस कर यहाँ निराशा भी अपने खेल दिखाती
धुँधली रेखा आशा की पैरों से मसल मिटाती।

और उनकी अन्तिम कविता दलित-मुक्ति के प्रश्न को उठाती है। यानी सुभद्रा जी के लिए राष्ट्र की स्वाधीनता का अर्थ है—राष्ट्र के निम्नतम जन की स्वाधीनता—चाहे वह पुरुष हो या स्त्री या दलित। इस कविता में सुभद्रा जी कहती हैं—

मैं अछूत हूँ, मन्दिर में आने का मुझको अधिकार नहीं है।
...यह निर्मम समाज का बन्धन और अधिक अब सह न सकूँगी
यह झूठा विश्वास प्रतिष्ठा झूठी इसमें रह न सकूँगी
ईश्वर भी दो है, यह मानूँ,मन मेरा तैयार नहीं है
किन्तु देवता यह न समझना तुम पर मेरा प्यार नहीं है।

और वह एक नया स्वर है। केवल विदेशी दासता से मुक्ति नहीं, वरन् निर्मम समाज के बन्धनों से मुक्ति, झूठे विश्वास और झूठी प्रतिष्ठा से मुक्ति ताकि 'भारत में स्वातन्त्र्य प्रभात' वास्तव में लाया जा सके। सुभद्रा जी की यह अन्तिम कविता दासता के सबसे मज़बूत दुर्ग पर आक्रमण करती है। उनकी कविताओं के चरण छोटे हैं। कम मात्राओं वाली पंक्तियाँ हैं। लेकिन इस अन्तिम कविता की पंक्तियाँ अधिक मात्राओं वाली हैं, लय संयमित किन्तु दृढ़ और गठन गद्य के बहुत करीब।

भारतीय काव्य में राष्ट्रीय स्वातंत्र्य आंदोलन के जो अग्रणी स्वर हैं उनमें सुभद्रा कुमारी चौहान का स्वर भी है। लेकिन उनकी कविता उस आन्दोलन की

चेतना का संवाहक मात्र नहीं है बल्कि उसे विस्तार और गहराई देती है और आज भी, स्वाधीन भारत में भी, वह हमारी चेतना को मुक्ति की नयी आकांक्षा से उद्विग्न कर देती है। उनका महत्त्व केवल ऐतिहासिक नहीं, सार्वकालिक है। उन्हीं की पंक्ति लेकर कहें तो–

दिखा गयी पथ सिखा गयी
हमको जो सीख सिखानी थी।
तेरा स्मारक तू ही होगी
तू खुद अमिट निशानी थी ॥

(सुभद्राकुमारी चौहान की जन्म शताब्दी के उपलक्ष्य में नैनीताल में साहित्य अकादेमी और कुमाऊँ विश्वविद्यालय द्वारा आयोजित संगोष्ठी में पठित आलेख)

'तारसप्तक' और नेमिजी की कविता

1943 में प्रकाशित 'तारसप्तक' आज भी हिन्दी कविता का अनिवार्य सन्दर्भ बना हुआ है। बाद की कविता को 'तारसप्तक' के किसी-न-किसी कवि ने निरन्तर प्रभावित किया है, सर्वाधिक मुक्तिबोध ने। नेमिजी की गहरी मित्रता मुक्तिबोध से रही। उन्होंने 'मुक्तिबोध रचनावली' का भी संपादन किया जो अपने आप में प्रतिमान है। 'तारसप्तक' की परिकल्पना में भी, जैसा कि बाद के उल्लेखों ने स्पष्ट किया, उनकी प्रमुख भूमिका थी। आलोचना और रंगकर्म में भी उनका योगदान महत्त्वपूर्ण माना गया पर इन सबके बीच जो चीज सबसे कम लक्षित रही, वह है उनकी कविता। कम लिखते हुए भी उनके दो संग्रह 'तारसप्तक' के बाद आये। और दोनों में कुछ कविताएँ ऐसी अवश्य हैं जो सहृदय पाठकों को बार-बार याद आएँगी—

आज मैं शायद अलग एकान्त अपना पा गया हूँ
राजपथ से भटक फिर परिचित डगर पर आ गया हूँ

अथवा

ठिठका हुआ है सन्नाटा
जैसे किसी क्लोज-अप में दो चेहरे, ओठ
एकदम छूते-से, फिर भी अलग

उनकी कविता में एक ऐसी बात है जो 'तारसप्तक' के बाकी कवियों में नहीं है। कुछ ऐसी भी हैं जो सहज ही उस काल-विशेष अथवा उस समूह-विशेष की भी है—'इकहरी पूँजी है यह और साझे की भी'।

जब हम साझे की तलाश करते हैं तो पाते हैं कि नेमिचन्द्र जैन (हालाँकि 'तारसप्तक' के प्रथम संस्करण में केवल 'नेमिचन्द्र' ही छपा है; सन् तिरसठ में 'नेमिचन्द्र जैन') के परिचय में लिखा है 'मार्क्सवादी और कम्युनिस्ट भी' जैसा कि भारतभूषण अग्रवाल के परिचय में भी है; और फिर बीस साल बाद दोनों ही घोषित करते हैं 'आज कम्युनिस्ट नहीं हूँ'। मुक्तिबोध और रामविलास शर्मा के परिचय में ऐसा कुछ नहीं है पर ये दोनों मार्क्सवादी के रूप में ख्यात हुए। लेकिन जो बात अधिक महत्त्वपूर्ण है वो है अपने समय और समाज और कवि-कर्म की ऐसी समझ जो मुक्तिबोध,

नेमिचन्द्र जैन और अज्ञेय—तीनों को एक क्षण में साझे पीढ़े पर बिठाती है और फिर तीनों के निष्कर्ष, मार्ग तथा गन्तव्य अलग-अलग हो जाते हैं।

मुक्तिबोध अपने वक्तव्य में कहते हैं, 'इन्दौर में प्रथमतः ही मुझे अनुभव हुआ कि यह सौन्दर्य ही मेरे काव्य का विषय हो सकता है'। नेमिजी भी 'सौन्दर्य का आकर्षण' और 'सौन्दर्यानुभूति की अभिव्यक्ति' पर ज़ोर देते हैं। लेकिन जो इससे अधिक साझा है वह है—अपने समय में कवि और कविता की समस्या की मिलती-जुलती पहचान और समझ। मुक्तिबोध कहते हैं, 'मैं कलाकार की स्थानान्तर गामी प्रवृत्ति पर बहुत ज़ोर देता हूँ। आज के वैविध्यमय, उलझन से भरे, रंग-बिरंगे जीवन को यदि देखना है, तो अपने वैयक्तिक क्षेत्र से एक बार तो उड़कर बाहर जाना ही होगा। बिना उसके, इस विशाल जीवन समुद्र की परिसीमा, उसके तट-प्रदेशों के भूखंड, आँखों से ओट ही रह जाएँगे। कला का केन्द्र **व्यक्ति** है, पर उसी केन्द्र को अब **देशव्यापी** करने की आवश्यकता है।...'

नेमिजी भी आज के समय में श्रम विभाजन के कारण (और 'श्रम विभाजन' पद तीन बार आता है) कवि-व्यक्तित्व के खंड-खंड होने तथा हर एक आदमी की जिन्दगी एक इकाई बन जाने का उल्लेख करते हैं और बताते हैं कि 'समस्या इसी से है कि बिना सचेष्ट नागरिक, वास्तवदर्शी हुए कवि अधिक काल तक कवि नहीं रह सकता' और 'जिस दिन **व्यक्ति**, कवि सचेष्ट भाव से इस युगों पुराने संस्कारगत आन्तरिक विरोध को सुलझाकर अपनी चेतना को पूर्ण रूप से **सामाजिक** बना सकेगा, उस दिन कविता फिर अपने प्रकृत रूप में निखर उठेगी।'

मुक्तिबोध के दो पद 'व्यक्ति-देशव्यापी' तथा नेमिजी के दो पद 'व्यक्ति सामाजिक' लगभग समान हैं। दोनों की ही दृष्टि में (सन् 1943 में) मूल समस्या और उसका निदान लगभग एक-सा है—व्यक्ति को व्याप्ति देने का।

अज्ञेय भी 'व्यक्ति-सत्य' और 'व्यापक-सत्य' की 'दो पराकाष्ठाओं' की चर्चा करते हुए कहते हैं, 'जीवन की बढ़ती हुई जटिलता के परिणामस्वरूप व्यापकता का घेरा क्रमशः अधिकाधिक सीमित होना चाहता है' और व्याख्या करते हुए बताते हैं कि 'यह आज के कवि की सबसे बड़ी समस्या है' क्योंकि 'वह **व्यक्ति सत्य** को **व्यापक सत्य** बनाने का सनातन उत्तरदायित्व अब भी निबाहना चाहता है'। तीनों ने समस्या के रूप में व्यक्ति तथा सामाजिक, या देशव्यापी अथवा व्यापक के परस्पर द्वंद्व को पहचाना। लेकिन अज्ञेय **'व्यक्ति सत्य'** को ही **'व्यापक सत्य'** बनाना चाहते हैं जबकि नेमिचन्द्र जैन और मुक्तिबोध 'व्यक्ति चेतना' को 'पूर्ण रूप से सामाजिक' अथवा 'देशव्यापी' बनाना चाहते हैं (सन् 1943 में)।

आज भी हिन्दी कविता की एक मुख्य चिन्ता यह द्वंद्व है। मुक्तिबोध ने अपनी कविता तथा विचार में इसे जिस प्रकार से हल किया अर्थात् कविता की व्यापकता

इतना बढ़ाकर कि 'आत्म-संवेदन समाज के व्यापकतर छोर' छूने लगे (सन् तिरसठ के वक्तव्य से) वह आज भी हमारा पथ-प्रदर्शक है। लेकिन नेमिजी के विचार बदल गए।

सन् तिरसठ के संस्करण में नेमिजी का जो वक्तव्य है उसका अन्त इन वाक्यों से होता है—'मैं मानता हूँ कि कवि को अपने सिवाय किसी का प्रवक्ता नहीं होना चाहिए।. ..केवल अपने प्रति सच्चा रहकर ही सम्भव है कि किसी क्षण में वह किसी बृहत्तर सत्य से साक्षात्कार करके उसका प्रवक्ता भी बन सके।' अर्थात् 'पूर्ण रूप से सामाजिक' होने की आकांक्षा का स्थान अब 'केवल अपने प्रति सच्चा' होने ने ले लिया और 'प्रवक्ता' शब्द भी शायद कवि-कलाकार से अधिक राजनीतिक दलों के लिए उपयुक्त हो। ख़ैर! मुक्तिबोध लगातार कला के केंद्र-व्यक्ति-को 'देशव्यापी' करते गये जबकि नेमिजी ने उस केन्द्र को व्यक्ति-शून्य में अपसरित करना श्रेयष्कर समझा। जैसे कि अज्ञेय ने, हालाँकि काल के साथ 'दुहरे सम्बन्ध' की बात वह करते रहे। यह वह सूत्र है जो शायद हमें कवियों के विकास को समझने में सहायता करे। नेमिजी ने अगर बाद में लिखना कम कर दिया तो इसका एक कारण शायद यही अपसरण हो।

सवाल उठता है कि क्रौंच-वध से क्षुब्ध होने वाले वाल्मीकि किसके प्रवक्ता थे? 'आइ हैव सफर्ड विथ दोज हूम आइ सा सफर' कहने वाले शेक्सपीयर और 'आइ सिंग अन् मैस' गाने वाले ह्विटमैन किसके प्रवक्ता थे? यह अपना प्रसार ही है समाज के व्यापकतम छोर तक, व्यक्ति सत्य को व्यापक सत्य बनाने का उद्यम नहीं, बल्कि कलाकार की स्थानान्तरगामी प्रवृत्ति जो उसे 'प्रवक्ता' बना देती है। इस प्रकार सन् तैंतालिस से सन् तिरसठ तक आते-आते नेमिचन्द्र जैन और अज्ञेय के निष्कर्ष लगभग समान हो गये, जबकि मुक्तिबोध अकेले एक नये, भिन्न, जीवित रास्ते पर चले। हालाँकि नेमिजी की कविता में यह प्रयत्न मिलता है। बाद की कविताओं में भी इसकी लालसा मिलती है, कृष्ण बलदेव वैद के साथ लम्बे साक्षात्कार में।—

हो रही हैं पुतलियाँ धुँधली अनवरत चेष्टा से
देखने की

'तारसप्तक' में नेमिजी की कविताएँ हैं उनमें से कई आज भी अपने विशिष्ट स्वर के कारण हमें प्रभावित करती हैं। जैसा कि नेमिजी कृष्ण बलदेव वैद से बात करते हुए कहते हैं, 'कविता लिखना अपने को जैसे गहराई से खँगालने का काम है'; 'तारसप्तक' की कविताओं में भी अपने को उस गहराई से खँगालने के कुछ प्रमाण मिलते हैं, अपने से बाहर जाने के यत्न भी और सौन्दर्य की अनाघ्रात छवियाँ भी :

आगे गहन अँधेरा है, मन रुक जाता है एकाकी
अब भी है टूटे प्राणों में किस छवि का आकर्षण बाकी

अथवा

डूबती निस्तब्ध सन्ध्या,

ग्रीष्म की तपती दुपहरी, प्रबल झंझावात के
पश्चात्
सुनसान शान्त उदास सन्ध्या

जैसी सुगठित पंक्तियाँ जिस संवेदना को व्यक्त करती हैं वह छायावाद काल की याद दिलाने के बावजूद अपनी प्रांजलता और निर्मिति में सर्वथा नई हैं। 'वसन्त रजनी की दूध भरी छाया' अथवा 'और थककर चूर दिन सोने लगा है' या 'भयानक शीत के, हिम के, अचानक खुल गए हैं द्वार कब-कब के रुके' हिन्दी भाषा के नए संस्कार की द्योतक हैं। ऐसी मादक तीव्रता स्वयं 'तारसप्तक' की कविताओं में कम मिलती है। 'इस क्षण में' शीर्षक कविता में 'सायरन' शब्द का व्यवहार जिसे ज्येष्ठ कवि श्री केदारनाथ सिंह ने लक्ष्य किया था—

आज उचटा-सा हृदय,
सायरन बज जाये उसके बाद
निर्जन शून्य सड़कों-सा निभृत, निस्संग, खाली
व्यर्थता की स्याह-सी बेमाप चादर से
अभी ज्यों ढँक गया हो शून्य जी का प्रान्त

यहाँ 'सायरन' केवल एक नए शब्द का प्रयोग भर नहीं है बल्कि इसके साथ एक सर्वथा नए आधुनिक भावबोध के आगमन का संकेत भी। बल्कि पूरी कविता दो भिन्न भावबोधों के बीच के द्वंद्व के तौर पर भी पढ़ी जा सकती है, आधुनिक और पारम्परिक, हालाँकि अन्ततः पारम्परिक ही प्रबल दीखता है।

ऐसी ही एक अन्य कविता है 'व्यर्थ', जहाँ आभ्यंतर का घटना-क्रम अधिक प्रामाणिकता से प्रस्तुत हो सका है—

हो रही हैं पुतलियाँ धुँधली अनवरत चेष्टा से
देखने की
गहन की अस्पष्टता को चीरकर अपना विलंबित
लक्ष्य
जो कि मानो व्यंग्य से,
उपहास से,
निर्मम,
सरकता जा रहा है
दूर,
दूर तक
अनुल्लंघ्य अभेद तम में से
अचानक ही डरी-सी, काँपती, धीमी किसी आवाज़-सा ही
दूरतम...

यहाँ जिस धैर्य और सूक्ष्मता से भाव-सूत्र को उघारा गया है वह 'तारसप्तक' की सम्भवतः किसी दूसरी कविता में नहीं मिलता। यह लगभग बाद के मुक्तिबोध की याद दिलाती है। नेमिजी की कविता इस दिशा में इस स्वर पर भी बढ़ सकती थी। इसका अन्त भी भव्य है–

आज मैं बस व्यर्थ हूँ
सुनसान में निर्जन खड़े ऊँचे महल-सा

बाद में 'एकान्त' की कुछ कविताओं में यह सघनता मिलती है जिसे लक्ष्य कर शमशेरजी ने सहज ही कहा था–

क्ला सि क क
वि
ने मि
...
सं श य य स्व र
सा धे
सं य त्
क वि
ने मि

नेमिजी के कवि के गठन में क्लासिकी तत्त्व भी हैं, ऐसा 'तारसप्तक' की उनकी कविताओं से भी लगता है, हालाँकि वे बहुत कम हैं, केवल दस। लेकिन उनका मूल स्वभाव रोमानी है ('उड़ चला गगन में अपने आतुर पंख खोल')। 'कवि गाता है' जैसी कविता आत्म से बाहर निकलने की कोशिश जरूर है, परन्तु वह उनका भाव-सत्यापित स्वर नहीं है। उनमें प्रभाकर माचवे या भारतभूषण अग्रवाल जैसा व्यंग्य या विडम्बना बोध भी नहीं है, न गिरिजाकुमार माथुर जैसी तरलता या ध्वनि बोध या रामविलासजी वाला ग्राम-अनुभव। लेकिन नेमिजी की कविता में जो तत्त्व है–'भीतर मन को देखने की क्षमता'–वो बाकी सब में उस समय तक कम ही है। इसीलिए अपने सर्वोत्तम क्षणों में उनकी कविता न तो 'उच्छ्वास है, न पैटर्न'। परन्तु उस तत्त्व का 'पथ' 'प्रशस्त' न हो सका। बाद के दोनों संग्रह अपने आकस्मिक सौन्दर्य से हमें चकित जरूर करते हैं। लेकिन 'संक्रांति काल के कवि' से हमें ज्यादा उम्मीद थी। इसके बावजूद महत्त्वपूर्ण यह है कि बिना 'तारसप्तक' के, बिना नेमिचन्द्र जैन की कविताओं और वक्तव्यों के (यहाँ मैं सन् तिरसठ के वक्तव्य को भी ध्यान में लाना चाहता हूँ **जिसमें साहित्येतर 'भ्रष्टता' और 'संकीर्णता' पर प्रहार है, जो आज भी भिन्न कारणों से प्रासंगिक है)** पिछले साठ साल की कविता पर कोई भी चर्चा पूरी नहीं होगी। नेमिजी के ही वक्तव्य से एक पंक्ति तोड़कर

कहें तो 'उनकी उपलब्धि चाहे जो हो, पर वे स्वतन्त्र रूप में ही अपने काव्य का पथ खोजते और बनाते रहे हैं'–

और यह अकुंठित विश्वास
कि जीवन में केवल प्रवंचना ही नहीं है
अन्तर की अकिंचनताएँ प्रतिष्ठित
सहयोगियों की कुटिलता ही नहीं है,
किसी क्षणिक सिद्धि के दम्भ में
शिखर की छाती कुचलने को उद्यत
बौनों का अहंकार ही नहीं है–
जीवन में और भी कुछ है।

मलयज की डायरी : अप्रकाशित का प्रकाश

> डायरी मेरे लिए एक दहकता हुआ जंगल हो, एक तटस्थ घोंसला नहीं जिसमें अपने पर घुसेड़ मैं जब चाहूँ, चुपके पड़ा रहूँ। डायरी मेरे कर्म की साक्षी हो, मेरे संघर्ष की प्रवक्ता हो यही मेरी सुरक्षा है—डायरी के कोरे पृष्ठों पर अंकित शब्दों में नहीं, उन पर जलती आग के बीच।
>
> —मलयज (डायरी—3:127)

मलयज की डायरी की सबसे अच्छी समीक्षा तो यही होती कि मैं पूरी डायरी यहाँ उद्धृत कर देता यानी तीन जिल्दों वा चार खण्डों में 15 जनवरी 1951 से लेकर 9 अप्रैल, 1982 तक फैले कुल 1479 पृष्ठों को फिर से यहाँ उतार देता। जो डायरी मलयज के सम्पूर्ण कर्म की साक्षी है, उनके सभी संघर्षों की प्रवक्ता—उसका प्रत्येक शब्द पवित्र है और अनिवार्य है। यह डायरी उस यन्त्र की तरह है जो शरीर पर बँधी-बँधी हृदय की प्रत्येक धड़कन को, और धड़कनों के अन्तराल को, टाँकती रहती है। लगभग सोलह साल की उम्र से लेकर मृत्यु के ठीक पहले तक मलयज ने अपने समस्त मानसिक आवेश यहाँ दर्ज किये हैं, सारे 'आध्यात्मिक संघर्ष'(32, खण्ड-3)। लिखते हैं :

> ...पर सोचता हूँ यह लिखना क्या मात्र आत्माभिव्यक्ति के लिए है? क्या यह सही नहीं कि लिखते रहने के दरमियान ही मैंने अपने लिए कई वस्तुओं की खोज की है? अपने को पहचाना है? और उस पहचान के लिए अलग से कुछ ऐसा निर्मित भी किया है जिसे सामने रखकर उससे अपनी तुलना करूँ और परखूँ? (पृष्ठ 169; खण्ड-2)

इस डायरी में मलयज की कविताएँ हैं, कहानियाँ और स्केच और आलोचनात्मक टिप्पणियाँ और रेखाचित्र भी—

> अपनी ढेरों कविता मैंने डायरी में बहाई हैं।...मुझे लगता है मन की बातें कहना आज अपने को ख़तरनाक ढंग से एक्सपोज़ करना है।(32;3)

फिर भी मलयज ने यह ख़तरा उठाया—

> कितनी आसानी से तारीखें बदलती जाती हैं और वही मैं हूँ जो इनका बदलना लिखता जाता है—बिल्कुल वही मैं, तारीखों को बदलता हुआ।(364-2)

मलयज ने तारीखों को केवल दर्ज ही नहीं किया, उन्हें बदला भी, बार-बार। ख़ुद भी बदलते और साहित्य की तारीखों को भी बदलते। मलयज की डायरी हिन्दी साहित्य के तीन दशकों के नेपथ्य का दस्तावेज है और खुद उनके निरन्तर विकास का अभिलेख। यहाँ कुछ भी पूर्व निश्चित नहीं है, सब कुछ निरन्तर बदलता हुआ—

वे मुझे पूर्व निश्चित मान कर न चलें, बल्कि एक सम्भावना कानें (42; 3)

डायरी के अन्तिम पन्नों तक कुछ अप्रत्याशित की सम्भावना बनी रहती है और यह केवल संयोग नहीं है कि डायरी का अन्तिम दाखिला (9 अप्रैल, 82 का) एक कविता है जो हमेशा ही एक सम्भावना बनी रहती है—

लिखो तभी जब संकट में हो
चीज़ें सब हिली हुई हों
ज़मीन सरकी हुई थिर कुछ भी नहीं
एक साँस भीतर एक बाहर बीच में
हलचल, जिसमें कोई तरतीब नहीं
बक्से उलट दिए गए चीज़—बस्ता बाहर
एक खुलापन, जिसको सब घूर सकें
एक नंगापन जिसमें देख सकें सब
अपने दुखी क्रुद्ध विकृत चेहरे।
खँडहर, जिसकी दरारें सब कोई
पढ़ सके सम्बन्ध कोई स्थापित कर सके
जो कहीं न छपा, न बिका हो
लिखो वह सम्बन्ध, जो संकट से बचा हो
वह सिली-सिलाई किताब नहीं
जो बैठी है शब्दों के भीतर मैल सी
संकट में होना धार में होना है
किनारा है उथलापन
जहाँ मिलेगी तुम्हें अकेली सूखी चमक
घातक है वह जो तिड़क रहा है
जल-जल कर भीतर उसके लिए
जो गाढ़े काले धुएँ सा उबलकर आ रहा है बाहर
उसके लिए

मलयज ने सब कुछ लिखा, निर्ममतापूर्वक निःसंकोच। अपने बारे में, माँ-पिता-परिवार के बारे में, मित्रों के बारे में, अपने समय और साहित्य के बारे में—'एक खुलापन जिसको सब घूर सकें'—कुछ भी छिपाया नहीं। क्या मलयज सब

कुछ प्रकाशित कर देते? जो भी हो, तीनों जिल्दों को आद्योपान्त पढ़ने पर जो व्यक्तित्व अभरता है वह अत्यन्त तेजस्वी है—संघर्षशील, सख़्त और ईमानदार। एक ऐसी दुर्लभ मेधा, जो किसी भी प्रश्न की तह तक जाती हैं, एक-एक रेशे को खोलती, किसी पूर्वाग्रह की रक्षा के लिए विवश नहीं, बल्कि पहले के सोचे समझे हुए को भी तोड़ती-काटती और मिट्टी-चट्टान को तब तक कोड़ती जाती जब तक सत्य के जल का स्पर्श न मिल जाये। मुक्तिबोध के बाद ऐसी विचार-तीव्रता, ऐसा संवेदनात्मक ज्ञान और ऐसी निस्पृह उत्कण्ठा मुझे कहीं और न मिली। मलयज की यह डायरी सरेस-पत्र पर लिखी डायरी है जो छूने वाले को भी रगड़ कर स्वच्छ कर देती है, जिसका एक-एक कण आपको बेचैन करता है—विशेषकर तीसरे खण्ड का अन्तिम अंश, जीवन के अन्तिम अंश की कौंध।

तो मैं इसकी समीक्षा कैसे करूँ? अच्छा होगा, एक-एक जिल्द के बारे में लिखता जाऊँ क्रम से, पृष्ठवार। पहली जिल्द : खण्ड : एक में पहला दाखिला 15 जनवरी, 1951 का है। तब वे सिर्फ 16 साल के थे। पहली पंक्ति है—'आशा और निराशा!' और यह पहली पंक्ति मानो आगे आने वाली सभी पंक्तियों का सारांश सरीखी लगती है। जीवन में आशा और जीवन से निराशा—इन्हीं दो ध्रुवों के बीच यह यात्रा चलती है। भाषा पुरानी है, प्रचलित—'लेकिन क्या सोचा भी वेदना कितनी मधुर होती है, कितनी लुभावनी?' लेकिन इन आरम्भिक वर्षों में भी मलयज कुछ बुनियादी सवालों पर भी विचार करते हैं—'ईश्वर के प्रति अब उतनी श्रद्धा नहीं रह गयी।' और बिल्कुल आरम्भ में ही मृत्यु का अनुभव—'हाय! कौन जानता था कि मेरी प्यारी बहन गुल्लू इतनी जल्दी हम सब से मुँह मोड़ लेगी'(10 अप्रैल, 51)। मलयज को शुरू में ही अहसास हो गया था : 'अपने से अलिप्त रह कर आत्म-निरीक्षण, अपने गुण-दोषों की परख, अपने स्वभाव का उलट-फेर और उसका औचित्यानुचित्य निर्धारित करने की शक्ति...'(8 अक्टूबर, 51)। तभी वह कह सके—

> मेरा जीवन नदी की उस धारा के समान है जिसकी गति में वेग नहीं
> (2 नवम्बर, 51)

मलयज शुरू से ही बुनियादी प्रश्नों पर सोचते चलते हैं—ईश्वर की सत्ता, सुख और आनन्द, मानव की रागात्मक और विरागात्मक प्रवृत्तियाँ, मन इत्यादि। एक प्रश्न लेते हैं और उसका विश्लेषण करते हैं—

> क्या हम स्पष्टता, सजीवता और एकाग्रता नहीं चाहते? यह एक प्रश्न है और इसी के साथ एक दूसरा प्रश्न भी जुड़ा हुआ है—क्या हमारे चारों ओर के वातावरण में एक भिन्नता-संगठन का अभाव तथा उसके प्रति हमारी वृत्तियों की अचेतनता और असूक्ष्मता नहीं है? (2 दिसंबर, 51)

पूरे वर्ष की समीक्षा करते हुए कहते हैं—

> जहाँ तक मेरा सम्बन्ध है, पिछले वर्ष के मध्य से कोई अज्ञात चेतना मेरे जीवन का स्पर्श करती आ रही है। (1 जनवरी,42)

अगले वर्ष के बारे में दर्ज है—'पिछले वर्ष को दो भागों में बाँट सकता हूँ। जनवरी से अप्रैल तथा अक्तूबर से दिसम्बर तक का प्रयाग का जीवन और मई से सितम्बर तक मसूरी का जीवन! मेरा प्रयाग का जीवन एक उस छोटे तालाब के समान है...। मसूरी का जीवन शरद के आकाश की भाँति...।' इसी पृष्ठ पर कहते हैं—

> जीवन के पिछले तीन वर्षों से ऐसा अनुभव होने लगा मानो कोई ताकत मेरे जीवन से खिलवाड़ कर रही है, कोई ऐसी चीज़ है जो मुझको मिटा देना चाहती है। लेकिन साथ ही यह सत्य और भी अधिक विश्वस्त रूप से समझने लगा हूँ कि कोई दूसरी ताक़त भी है जो मुझको ऊपर उठा रही है, जो मुझको गिर जाने पर सहारा देती है, जो मुझे विरोधों का सामना करने को ललकारती है। क्या वह **आत्मा की आवाज़** है?(31 दिसम्बर, 53)

मलयज अब 'आत्मा की आवाज़', अब अपनी आवाज़ पाने लगे हैं। अगले वर्ष की समाप्ति पर उन्हें फिर लगता है—

> इस वर्ष का जीवन भी संघर्षपूर्ण रहा—शारीरिक और मानसिक, दोनों रूपों से। पहले वर्ष की अपेक्षा परिस्थितियाँ अधिक उलझी हुईं और गम्भीर, जिसने जीवन-दर्शन को समूचे रूप में प्रभावित किया। मन की भावनाओं में अत्यधिक उफान आये किन्तु कुछ तो परिस्थितियों ने और कुछ **आत्मा की सजग आवाज़ ने उन सब पर एक झीना किन्तु दृढ़ आवरण डाल दिया।** (1 जनवरी, 1955)

'आत्मा की आवाज़' अब **सजग** भी हो रही है। 'कैशोर कचास' धीरे-धीरे ख़त्म हो रही है। और जैसा कि डॉ. नामवर सिंह कहते हैं :

> डायरी मलयज की बनती है 1946-47 से, और उस समय उसके स्वभाव की पहचान बन जाती है।

यह स्वभाव, आत्मा की यह आवाज़ अब कविताओं में भी स्पष्ट सुनायी पड़ती है।

इस स्वभाव की अथवा आत्मा की निजी आवाज़ को पाने की पहली महत्त्वपूर्ण अभिव्यक्ति है 25 मई, 57 की एक टिप्पणी, जहाँ मलयज 'प्रतीक' की चर्चा करते हुए कहते हैं, 'इस सम्पूर्ण को थोड़े में समेट लेने की अनुभूति ही उन प्रतीकों को जन्म देती है।' फिर कहते हैं : '...जीवन का मूल-स्वर क्या है? सुख? उत्साह? आनन्द? प्रेरणा? या वेदना?' खुद ही उत्तर देते हैं :

> किन्तु प्रश्न यह नहीं है। प्रश्न है, जीवन को दृष्टि कौन अधिक देता है क्योंकि वही जीवन को आगे बढ़ाता है। तब मुझे लगता है कि वेदना

ही वह दृष्टि है जो हमें—हमारे अहं को और हमारे जीवन को एकता प्रदान करती है...**सृजन एकता में ही है।**

आगे भी 30 अक्टूबर, 57 को कहते हैं—

मुझे कुछ रचना है।... वह रचना एक कशिश होगी, एक सन्दर्भ होगी जो मुझे और मेरे टूटे हुए अंशों को आपस में मिलायेगी, मुझे **अखण्ड बनायेगी**। मेरा यही स्वप्न है।

इसीलिए

कलात्मक अनुभूति का विस्तार व्यक्तित्व की खोज है (16 दिसम्बर, 1957)

डायरी में अब साही, भारती, रघुवीर सहाय, शमशेर सब आने लगते हैं। उनसे होने वाली बातों के अक्स डायरी में मिलते हैं। 'शमशेर जी कितना जोर देते हैं सीखने पर। तो सीखना यह है कि—किस तरीके से अपनी कविता को सीमित होने से बचाया जाय, न सिर्फ ये, बल्कि कैसे उसकी दिशाओं का विस्तार किया जाय'। कहीं 'साही के एक वाक्यांश' के आधार पर टिप्पणी है तो कहीं 'रघुवीर सहाय के वक्तव्य के आधार पर'। कहीं भारती से असहमत होते हुए, '...आखिर काव्य सृजन का रॉ मेटेरियल भी तो यही जीवन का बाह्य अथवा भौतिक प्रभाव है। केवल अन्तःप्रकृति पर काव्य-सृजन की प्रक्रिया के लिए भरोसा करने के कई खतरे हैं...वही भूलें जो एक बार छायावादी काव्य में हो चुकी हैं' (16 दिसम्बर, 1957) अब कविता के सवाल ज़्यादा आने लगते हैं। कविता में वह स्वर अब बिल्कुल स्पष्ट है, मलयज का निजी स्वर—

नहीं...नहीं—मैं ज्योतिषी नहीं हूँ :
यात्री हूँ
गली से क्षितिज तक जाने वाले पथ का

ये वो गलियाँ हैं 'जहाँ शाम कितनी जल्दी हो जाती है'। साहित्य और कविता के सम्बन्ध में कुछ बहुमूल्य विचार बाद के पृष्ठों में मिलते हैं। 31 जनवरी, 59 की एक लम्बी टीप में मलयज लिखते हैं—'और मैं समीक्षा को सृजनात्मक चीज़ मानता हूँ।...एक समीक्षक सही माने में कृतिकार के साथ मिलकर कृति के आन्तरिक मूल्य और उन मूल्यों की ओर इंगित करने वाली दिशा का अध्ययन करता है।...स्पेंग्लर का एक वाक्य याद आ रहा है, द लिटररि आर्ट फार्म ऑफ द फ़्युचर वुड बि क्रिटिसिज्म।' इसी टीप में आगे कहते हैं—

क्या अजीब बात है कि लोग आंचलिकता को—विशेषकर कविताएँ—एक उपलब्धि समझते हैं। क्योंकि इससे उन्हें एक ताज़गी महसूस होती है। इस आंचलिकता को कितने गलत मानों में इन्टरप्रेट किया जाता है : नये ताज़े शब्द, प्रकृति बिम्ब, जनपदीय भाषा आदि, गोकि ये केवल

माध्यम हैं—**आंचलिकता ख़ुद एक माध्यम है।** असल चीज़ तो व्यक्ति के वे ही संघर्ष, अनुभव और संवेदनाएँ हैं। मानवीयता। इनसे रिक्त होकर केवल आंचलिक उपादानों के बल पर पैदा की गई ताज़गी घिस सकती है। ताज़गी नये मानव-सन्दर्भों के नयी सामंजस्यों में होती है और इसमें आंचलिकता एक बहुत शक्तिशाली माध्यम हो सकता है। और एक विकासशील कवि-कलाकार की आन्तरिक उपलब्धि माध्यम नहीं, उस माध्यम से सम्पृक्त वे मानवीय सम्भावनाएँ ही हैं जो उसकी विशिष्ट रचना-प्रक्रिया का अभिन्न अंग हैं।

आज भी यह टिप्पणी कितनी महत्त्वपूर्ण है। जैसा कि हम आगे भी देखेंगे, मलयज का ज़ोर लगातार काव्य की अन्तर्वस्तु पर है। मलयज इतने इत्मीनान से बात करते हैं, भीतर दूर तक जाकर लम्बे-लम्बे वाक्यों में :

इत्मीनान से और ऊँचे दर्जे की, इतनी कि तबीयत में एक गरमाहट आ जाती है, जैसे हम दोनों ने मिलकर कोई अंगीठी सुलगाई हो (पृष्ठ 372)

2 मार्च, 58 को मलयज सोचते हैं—

काव्य व्यक्तित्व तीन प्रकार के होते हैं। पहला वह जो बदलते युग के मानव-मूल्यों से अपने विकास की संगति बिठा लेता है...। दूसरे वह जो सम्पूर्ण रूप में अपने को आगे ले चलने में अशक्य होते हैं...तीसरे वे होते हैं जो अपने समय के आगे कभी नहीं बढ़ते।...किसी भी काल में एकाध ही में तीनों प्रकार के व्यक्तित्व मिलते हैं।

18 मई, 58 को—

संघर्ष आज तीन स्तरों पर घटित हो रहा है। 1. आर्थिक संघर्ष, 2. आन्तरिक जीवन की सार्थकता का संघर्ष, 3. आत्माभिव्यक्ति का संघर्ष।

यहाँ सहज ही मुक्तिबोध की याद आती है। यह मानते हुए भी कि 'यथार्थ की सब अनुभूतियाँ, अनुभूतियों के एकाधिक स्तर, अपने अनगढ़ रूप में काव्य के विषय नहीं होते—हो सकते' मलयज को लगता है कि 'आज के सामाजिक सन्दर्भ में जितने प्रकार के भाव-बोध, सौन्दर्य-बोध विकसित हो रहे हैं उतने सम्भवतः कभी नहीं थे, परन्तु इन सबको ट्रुलि डेपिक्ट करने वाली भाषा अभी नहीं बन पायी है।' इसीलिए 'आज नई कविता की समस्या भाषा की समस्या है' (पृष्ठ 402, खंड-1)

प्रगीतात्मकता या लिरिसिज़्म के सम्बन्ध में उनकी दृष्टि महत्त्वपूर्ण है। मलयज बताते हैं कि विक्टर ह्यूगो ने किसी भी संस्कृति में उसके विकास की अवस्था में कला—विशेषतः साहित्य की तीन दशाओं का उल्लेख किया है। ये तीन दशायें क्रमशः लिरिकल, इपिक तथा ड्रामेटिक हैं। मलयज की यह बात बहुत महत्त्वपूर्ण है कि—

लिरिसिज़्म की वैयक्तिकता का एक स्तर ऐसा अवश्य है जो आज भी हमें उससे जोड़ देता है : शायद आदिम मानव की भावनायें हमारे भीतर अब भी विरासत के रूप में उपलब्ध हैं। लिरिसिज़्म सनातन है, अर्थात यदि इसे हम साहित्य के विकास की प्रथम पूर्णावस्था मानें तो वह इस ड्रामेटिक काल की पूर्णावस्था में भी विद्यमान है।...वरन आज का लिरिसिज़्म एक जटिल, मर्माहत, कुंठित संवेदना का उपादान है जो जीवन और सत्य के प्रोज़ायिक पक्ष को उभारता है और यही कारण है, आज का लिरिसिज़्म हमें तिलमिला देता है, उसमें एक पैथस है जो मूलतः नितान्त वैयक्तिक होते हुए भी प्रोज़ायिक पक्ष की कलेक्टिव रियलिटी के भाव-बोध को लिए है उससे संघटित है। (26 दिसम्बर, 1958)

मलयज की डायरी में अब अनेक कवियों का ज़िक्र मिलता है। अज्ञेय, सर्वेश्वर और मुक्तिबोध भी। अज्ञेय ने खंजन चिड़िया के पद चिह्न दिखलाये। और मुक्तिबोध–'मुक्तिबोध जी बहुत साधारण हैं और बहुत बड़े हैं'। मुक्तिबोध का कथन–'ख़राब कविता लिखते हुए मत डरो, तभी तुम अच्छी कविता लिखोगे'। अब यह डायरी एक सजग, आत्म चेतस कवि की डायरी है, कविताओं, कविता की समस्याओं से भरी हुई डायरी।–

कविता मेरे लिए मेरी अपनी पहचान है। मेरा स्वयं का व्यक्तित्व, जिस पर मुझे निगाह रखनी होती है। कविता की समस्यायें स्वयं मेरी ही समस्यायें हैं। मुझे अपनी कविता से जूझना होगा खुद अपने निस्तार के लिए। (22 मार्च, 59)

मलयज की डायरी में सबसे ज़्यादा ज़िक्र शमशेर का है। इसकी शुरुआत 57 से ही हो जाती है और अन्त तक मिलती है। यह डायरी जितना मलयज को समझने के लिए ज़रूरी है, उतना ही शमशेर को समझने के लिए भी। यह भी लगता है मलयज के मन में लगातार एक राग-विराग जैसा भाव रहा शमशेर के प्रति, शायद। 'शमशेर जी के साथ कई घंटे कटे...आज की बैठक अधिक आत्मीय सी...इतने आत्मीय हैं।' (27 फरवरी, 59) फिर–'इधर मैं शमशेर से नहीं मिलना चाहता। वे सारे द्वंद्वात्मक संघर्ष को केवल फार्म और टेक्नीक के समाधान और परिष्कार में डुबो देना चाहते हैं... ।' (29 जुलाई, 59) मलयज ने शमशेर की एक महत्त्वपूर्ण बात नोट की है–

सामान्य जनता और कवि की बात उठ गयी तो उन्होंने कहा कि मेरे सामने कवियों की तीन कोटियाँ हैं इस सवाल से जूझने के लिए। पहले वर्ग में वे कवि हैं जो सामान्य जनता के लिए ही लिखते हैं।...दूसरे वर्ग में वे कवि हैं जो व्यक्तित्व के विशिष्ट स्तर को अपने काव्य का केन्द्र

समझते हैं।...तीसरा वर्ग महान कलाकारों का होता है जो व्यक्तिगत रूप से विशिष्ट होते हुए भी सामान्य जनता तक पहुँच रखता है, जैसे—गेटे, शेक्सपीयर, तुलसीदास। (पृष्ठ 459 खंड-1)

सन् उनसठ की डायरी में परिमल गोष्ठियों के कई वर्णन हैं। 9 अगस्त, 59 को 'मानव-मूल्य और साहित्य' पर परिचर्चा हुई। इसकी विस्तार से चर्चा है। मलयज सबकी बात पर विचार करते हैं। फिर 5 सितम्बर को 'लघु-मानव' परिगोष्ठी होती है। मलयज कहते हैं, 'मैं समझता हूँ, लघु-मानव की स्थापना आज के अनिश्चत और दिग्भ्रम में भटकने वाले मानव की वेदना को चियर अप करने के लिए ही है।' (पृष्ठ 500) पुनः—'लघु-मानव की विचारधारा का आधारभूत सत्य मुझे इस सामान्य मानव के प्रति आग्रह का दृष्टिकोण ही लगता है।' (पृष्ठ 506) परिमल की इन गोष्ठियों ने मलयज को निश्चय ही बहुत समृद्ध एवं उद्वेलित किया तथा विचार को उसके अन्तिम छोर तक ले जाने के लिए भी प्रेरित किया। उनकी एक स्वगत जैसी टिप्पणी है—'ये योरूपियन साहित्य दिमाग़ पर बोझ डालकर मौलिकता नष्ट कर देता है। 'अपना' आधार छीन लेता है। अपना आधार भारतीय ही होगा।' (पृष्ठ 616) और एक दिलचस्प नोट : 'मुझे कालिदास ग्रन्थावली अब खरीद लेनी चाहिए।' आगे 14 अगस्त, 60 को लिखते हैं—

नयी कविता में व्याप्त मुख्य स्वर है सेल्फ पिटि का अर्थात् 'हाय बेचारा मैं।' यह नई कविता की सम्भावनाओं और शक्ति को सीमित कर देता है। क्योंकि सेल्फ़ पिटि का भाव स्थायी नहीं है। यह अनुभूति को झूठा बना देता है।

पहले खंड में एक ज़िक्र डॉ. नामवर सिंह का भी है। 'कल नामवर जी से बात करते-करते हफ़्तों पहले कही उनकी एक बात याद आती है (शमशेर जी से) 'मैं कवि को केवल अपना हृदय दे सकता हूँ, सहानुभूति नहीं।'...यह दृष्टिकोण एक इंटेग्रेटेड पर्सनालिटी वाला व्यक्ति ही रख सकता है...कितना क़न्विंसिंग और सही।' (पृष्ठ 572) मलयज विजयदेव नारायण साही के बारे में कहते हैं—

साही के पास प्रखर दृष्टि है और वह बहुत ईमानदार हैं।...उनमें एक चीज़ और है—अपनी सार्थकता का ज्ञान और उसके प्रति दृढ़ता और विश्वास। (पृष्ठ 606)

डायरी के पहले खंड का ज़िक्र तब तक पूरा नहीं होता जब तक दो बातें और न कह दूँ। पहली तो यह कि मलयज ने जिस कवि को अपनी एक कविता का विषय बनाया वह निराला है और यह आकस्मिक मात्र नहीं है। दूसरी बात—मलयज ने एक अद्‌भुत टिप्पणी की है—

शादीशुदा व्यक्ति अधिक होस्टाइल होता है। किसी भी स्त्री को देखने में उसकी दृष्टि बड़ी तीव्र और परिमित हो जाती है, जैसे कि वह स्त्री के

अंग, कोण, बनावट से भली भाँति परिचित हो चुका होता है। इसलिए उसमें वह सहज, पवित्र झिझक नहीं होती जो कुँवारों में होती है। (पृष्ठ 548)

मलयज की डायरी को पढ़ना कविता, कहानी, आलोचना पढ़ने के सुख से अलग प्रकार का सुख है। इसका एक कारण शायद यह हो—मलयज 9 अक्टूबर, 60 को रामस्वरूप चतुर्वेदी को उद्धृत करते हैं—

डायरी, यात्रा-विवरण या संस्मरण जैसी अ-शास्त्रीय चीज़ें आज इसलिए अधिक प्रिय हो रही हैं क्योंकि उनके पाठक को कम-से-कम अटेन्शन देने की सुविधा प्राप्त है और अधिक से अधिक आत्मीयता वह इन चीज़ों में पाता है...कम-से-कम मानसिक स्ट्रेन द्वारा...अधिक-से-अधिक रागात्मकता या कि लगाव।

लेकिन इतना ही नहीं। मलयज की डायरी हमारे समय के एक जाज्वल्यमान मस्तिष्क का नेपथ्य है।

सूर्यास्त के एक थमे हुए क्षण की कथा हो तुम
और दुनिया के तमाम घरों से निकलता अलसाया धुआँ
हूँ मैं—
मैं
रोटी पक जाने तक के रास्तेवाले बटोहियों का हमसफ़र
तुम्हें तकता हुआ।

डायरी का दूसरा खंड शुरू होता है 1 जनवरी 1961 से—'यह कैसा नया वर्ष है जो आज पहले ही दिन अवसाद बनकर मन पर छाता जा रहा है...यह कैसा घना निरन्ध्र अवसाद मन में घिर गया है। इतना कोमल और नाज़ुक कि कोई तेज़ आवाज़, कोई शोख़ चेहरा भी उसे जैसे छील देता है, खरोंच पैदा कर देता है, और तबीयत डूबने लगती है।' और फिर अगले ही पृष्ठ पर 5 जनवरी को, 'जब मैं बहुत दुखी होता हूँ तब कितने अपने लगते हो, मेरे शहर।' पहला खंड 'आशा और निराशा' के सम्मिलित स्वर से शुरू हुआ था। इस खंड में अवसाद का भाव ज़्यादा गहरा और व्यापक है। 'जीवन को सम्पूर्णता में लो।' मलयज अब बहुत स्थिर भाव से अनुभवों-अनुभूतियों का रेशा-रेशा अलग करते हैं, अपने को भी निर्ममतापूर्वक निरन्तर परखते हुए, प्रश्नों को उनकी तार्किक परिणति तक ले जाने—'एक आतशी शीशा मेरे पास है। मेरी आँखें अन्धी हैं और मैं नहीं जानता कि सूरज का रुख़ किधर है। लगता है, मैंने उस आतशी शीशे का रुख अपनी तरफ़ मोड़ दिया।' (पृष्ठ 476) ख़ुर्दबीन और आतशी शीशा—कई बार दोनों एक ही तो होते हैं।

इस खंड में साहित्यकारों पर भी अनेक महत्त्वपूर्ण टिप्पणियाँ मिलती हैं। सबसे पहली टिप्पणी 26 जनवरी, 61 को विपिन अग्रवाल पर मिलती है—

विपिन अग्रवाल 'नये' माने जाते हैं। लेकिन उनमें वह संघर्ष—अन्तः संघर्ष कहाँ? यानी व्यक्तित्व का या बाह्यपक्ष—बौद्धिक चेतन पक्ष—आगे बढ़ता है और भावनात्मक रूप से, संस्कार से आदमी पिछले किसी युग का हो और एक संघर्ष की स्थिति में हो। अधिकांशतः आज सभी नये कवि इस संघर्ष की स्थिति में हैं...।

इसके बाद शमशेर का एक पूरा पत्र नवागढ़, दुर्ग से लिखा हुआ। मलयज की डायरी एक माने में शमशेर की डायरी है। शमशेर लिखते हैं—'मैं एक साहित्य-स्रष्टा के रूप में यद्यपि अपने को बहुत अकेला, बहुत अकेला, महसूस कर रहा हूँ,... विशाल एकाकी निर्जन द्वीप पर कोई एकाकी वृक्ष, और अन्धकार में—जो शायद धीरे-धीरे घट रहा है?' आगे फिर शमशेर की ही आवाज़ में—'ज़रा रुकिए : एक बड़े मज़े का ख़याल आया है। अभी आपने लिखा 'ऐनक'। इस शब्द की लिखावट से ही लगता है, यानी जिस क्रम और प्रकार में रेखायें घूमकर सीधी-तिरछी वग़ैरह होकर आकार लेती हैं उससे ही ऐसा लगता है कि जो वस्तु इन रेखाकृतियों द्वारा जतायी गयी है वह ऐनक के अलावा और दूसरी कुछ नहीं है। यानी इस शब्द के अर्थ में नहीं, इसके आकार में ही वह वस्तु छिपी हुई है जिसे ऐनक कहा जाता है। वैसे ही 'टिकटिक' लिखिये और हू-ब-हू सुनिये...आकृति द्वारा अर्थ-ध्वनि का यह बोध हर शब्द के बूते की बात नहीं : यह संयोग कभी-कभी ही घटित होता है।' (पृष्ठ 188) मलयज मानते हैं कि शमशेर का 'क्लैसिसिज़्म और कम्युनिज़्म की ओर एक साथ आकर्षित होना बिल्कुल एक सहज परिणति है और दिलचस्प भी। शमशेर जी के कम्युनिस्ट संस्कारों से उनकी काव्य सम्बन्धी इस धारणा को बल मिलता है। काव्य में वैयक्तिक अराजकता (प्रयोगशीलता?) को वे बर्दाश्त नहीं कर सकते। वे खोज से अधिक उपलब्धि को महत्त्व देते हैं—'बात बोलेगी हम नहीं।' मलयज फिर कहते हैं—'शमशेर लिप्त होकर भी अलिप्त हैं। कला के प्रति पूर्णतः समर्पित होकर भी, मानव अनुभूतियों के सहज धर्म के प्रति समर्पित हैं। सिर्फ़ कवि बने रहने से उन्हें संतोष नहीं होता। वे आदमी भी बने रहना चाहते हैं।' (पृष्ठ 486)

शमशेर के बारे में एक और दिलचस्प टिप्पणी है—

कुछ जमकर लिखने के नाम पर शमशेर के सामने पहले एक मेज़ आती है करीने से लगी साफ़-सुथरी व्यवस्थित मेज़—जिसके आगे वे अपने लिखने का दफ़्तर खोल सकें। मेज़-कुर्सी और दफ्तर का व्यवस्थित माहौल, शान्ति और एकान्त, ज़रूरत की दो-चार चीजें नज़दीक सुलभ और इन सबको बाहर के लिए बन्द और अभेद्य कर देने वाला एक दरवाज़ा, जिसे सिर्फ भीतर से ही खोला-बन्द किया जा सके। (पृष्ठ 454)

मलयज साही से भी बहुत प्रभावित थे। डायरी के पहले खंड में भी और इस में भी—'कल शाम कॉफ़ी हाउस में साही जी से स्फूर्तिप्रद भेंट। साही जी के लिए

दिल में इज़्ज़त कई गुना बढ़ गयी। और वह इसलिए कि खुद अपने लिए अपनी निगाहों में इज़्ज़त करने का एक नया पाठ मिला' (5 अगस्त, 61)। ऐसी ही एक 'प्रेरणास्पद भेंट' विपिन जी से जिससे 'कई स्लम्बरिक थॉट्स को खुराक मिली' जैसे यही कि क्रिएटिव 'इंटेलिजेंस से समृद्ध व्यक्ति अपने को प्रत्येक स्थिति में खड़ा करके देख सकता है—एक पेड़ के साथ एक पेड़ जैसा, एक मूर्ख के साथ एक मूर्ख जैसा, एक कलाकार के साथ एक कलाकार की तरह। प्रेमी के साथ प्रेमी की तरह। यही तो कलाकार की सफलता मानी जाती है। शेक्सपीयर इसीलिए न महान् कलाकार है कि वह अपने प्रत्येक पात्र में अपने को खड़ा कर देता है। यानी अपने को उस पात्र के अनुभव के साथ इंटेग्रेट कर देता है...।' पुनः 'समस्या होती है आटिस्ट के सामने—अपनी अनुभूति और बढ़ते हुए ज्ञान-विज्ञान के बीच **इंटिग्रेशन** की।' (पृष्ठ 43) पहले खंड के शुरू में ही 'सृजन **एकता** में ही है' मलयज ने सोचा था—वह सूत्र अभी तक विकसित होता चल रहा है। जिस तरह एक रचनाकार की अखंड दृष्टि होती है, पहली रचना से अंतिम तक व्याप्त, वैसे ही आलोचक की भी एक अखंड दृष्टि (या विवेक) होती है, ऐसा हम देख रहे हैं।

29 जुलाई 63 को डॉ. जगदीश गुप्त के सन्दर्भ से मलयज एक महत्त्वपूर्ण विचार करते हैं। प्रसंग यह है कि 'डॉ. गुप्त ने आलोचना के नवांक में कहा है कि प्रयोगवाद का जन्म प्रगतिवाद की कुक्षि से हुआ है।' मलयज कहते हैं—

> यह धारणा प्रायः प्रचलित और मान्य-सी हो गयी है कि छायावाद के यथार्थ से दूर, पलायनवादी जगत के मुकाबले प्रगतिवाद अपने नये-नये विषयों के साथ काव्य में यथार्थवाद का प्रतिनिधि बनकर आया। किन्तु यह कोई मानने को सम्भवतः तैयार न हो कि वह तथाकथित वैयक्तिक अहंवादी कुंठाग्रस्त 'प्रयोगवाद' अधिक यथार्थोन्मुख था यद्यपि उसने अपनी दृष्टि धरती, रोटी और किसान से हटाकर पुनः मानव-मन पर ही केन्द्रित कर ली।...बात केवल इतनी है कि प्रयोगवाद का यथार्थवाद संवेदना और राग स्तर पर व्यक्ति की मानव-मूल्यों के परीक्षण और उनसे उलझाव का परिणाम है, वह प्रगतिवाद की तरह मानव-समस्या को एक ऊपरी नारे का रूप लेकर तटस्थ नहीं रह पाता।...यथार्थवाद का यह नया मानवीय रागात्मक और सार्थक स्तर पहले-पहल प्रयोगवाद में ही देखने को मिलता है जिसका प्रौढ़ और अधिक विकसित रूप हमें नयी कविता में दिखायी देता है। यहाँ यह भी स्पष्ट है कि यथार्थ का कोई वाद नहीं रह गया है, वह शिराओं में प्रवाहित होने वाला रक्त बन गया है—नयी कविता की प्रेरणा ही वह है।

प्रगतिवाद, प्रयोगवाद और नयी कविता के बीच सम्बन्ध को एक भिन्न तरीके से यहाँ देखा गया है। इसी सिलसिले में मलयज सूत्र रूप में कहते हैं—'जीवन किसी

भी मिथ से बड़ा है।' मलयज का आग्रह यथार्थ पर है, जीवन पर है, मानवीयता पर है।—'रचनात्मकता का एक अनिवार्य तत्त्व है **मानवीयता**।...रचनात्मकता एक सम्पूर्ण व्यक्तित्व की माँग का प्रतिफल है।' 'कैलस' होकर क्या रचना की जा सकती है?' (पृष्ठ 243)। इसी प्रकार 'जीवन तभी तक है जब तक जीने की इच्छा है और जीने की इच्छा के मानी हैं जीवन न जीने की इच्छा का विरोध : एक संघर्ष, अतः एक 'नाटक'। (पृष्ठ 244) यानी 'उस जीने की भी क्या लज़्ज़त, जिसे आप मनचाहे ढंग से तोड़-मोड़ न सकें? क्षण-क्षण में उठाया गया हमारा सचेत कदम ही वास्तविक जीवन—जीवन कोई पानी की स्वयमेव बहती धारा नहीं है, वह बिन्दुओं का आकर्षण, घर्षण और उकेलन है जिसमें जल का अणु-अणु अपनी सक्रियता में भाग लेता है।' (पृष्ठ 247) 'जब जीवन को हम 'जीने' लगते हैं (गुज़ारते नहीं) तब हम अपनी नियति का निर्माण करते होते हैं। जब हम जीवन 'जीते' होते हैं तब उस नियति के निर्माण में प्रतिक्षण 'निर्णय' लेते होते हैं।' (पृष्ठ 249) और ये 'निर्णय' कुछ मूल्यों के अनुसार होते हैं तथा कुछ मूल्यों को जन्म देते हैं। इसलिए मलयज दूधनाथ सिंह से सहमत हैं कि भारत में 'मूल्य सब टूट नहीं गये हैं वरन् टूटते जाने की प्रक्रिया में हैं।' इसीलिए कविता से भी महत्त्वपूर्ण हैं मूल्य, जिनकी खोज आलोचना को करनी होती है—

> सच्चे काव्य-तत्त्व का आज इस कदर ह्रास हो गया है कि कविता में कभी-कभी उन चीज़ों की उपस्थिति पाकर उसे प्रशंसा का भाजन बना लिया जाता है जो उसमें अनिवार्यतः तो होनी ही चाहिए—जैसे अनुभूतियों की सच्चाई। कविता अपने अनुभूति-पक्ष द्वारा किन मूल्यों की खोज कर रही है...इस बात की तरफ़ न कवि और काव्य-पाठक का ही ध्यान जाता है। (पृष्ठ 199)

यानी अनुभूति की सच्चाई से ज्यादा महत्त्वपूर्ण है—**मूल्यों की खोज।**

मलयज चिन्तन के इस क्रम को आगे बढ़ाते हुए संस्कृति, संकट आदि प्रश्नों पर विचार करते हैं।

> संस्कृति मूल्यों की चेतना का संश्लिष्ट नाम है। एक संस्कृति तभी तक जीवित मानी जाएगी जब तक वह हमें मानव-मूल्यों के प्रति आश्वस्त करती है।...मूल्यों के झूठे पड़ जाने से सांस्कृतिक क्राइसिस उत्पन्न होती है। ऐसी क्राइसिस की स्थिति में जीवन के किसी एक रूप को पकड़कर उसका सरलीकरण करना एक सकारात्मक कदम हो सकता है, लेकिन इससे सांस्कृतिक पुनर्गठन नहीं होता...**मूल्य-रचना और संस्कृति का पुनर्गठन आपस में सह सम्बन्धित है।** (पृष्ठ 259)

इसलिए 'क्राइसिस का मात्र साक्षी होना पूर्ण आधुनिकता नहीं है।...क्राइसिस से बाहर निकलने का एकमात्र रास्ता है—जीवन से जूझना। नये लेखक को (यानी क्राइसिस की चेतना जिसमें तीव्रतम है।) जीवन के प्रति **कर्मयुक्त सम्पृक्ति** ही बचा

सकती है।' (पृष्ठ 261) और **कर्म** का अर्थ? यह बोध कि 'जीवन' प्रदत्त वस्तु नहीं है, बल्कि वह हमारी चेष्टा का ही अस्तित्ववान होना है—हम जीवन बनाते हैं अपने लिए (पृष्ठ 203) मलयज लगातार 'संकट' और देश में व्याप्त 'सांस्कृतिक संकट' के बारे में सोचते चलते हैं। कृष्णनाथ के एक लेख पर प्रतिक्रियास्वरूप कहते हैं—'संकट उस स्थिति को कहते हैं जब स्थापित मूल्यों के आदर्श और उनके प्रचलित व्यवहार के अर्थ में अन्तर और कभी-कभी विरोधाभास आ जाता है। जब सच्चाई, न्याय, प्रेम, करुणा, सेवा, निःस्वार्थता आदि मानवमूल्य केवल आदर्श मात्र रहे जाते हैं (पृष्ठ 272)।' ऐसी स्थिति में यानी संकट की स्थिति में क्या 'शुद्ध कविता की चर्चा' उचित अथवा असम्भव है? मलयज का दृढ़ उत्तर है, नहीं।

> पहले के लोग शुद्ध कविता की चर्चा कर लेते थे, आज वैसा करना यन्त्रणादायक लगता है। पहले वह बेईमानी नहीं थी, आज वह बेईमानी लगती है। साहित्य और कला को गर्भ के शिशु की तरह भीतर ही भीतर पोषण प्रदान करने वाले जीवन के सच्चाइयों के उन मूल प्रश्नों की मात्र साहित्य के सन्दर्भ में, चुनौती से कतरा कर हम साहित्य चर्चा के थोथे चने बजाते हैं। कहने को तो अस्तित्ववाद और कामू-सार्त्र की समझ हमारे पास है पर उन सक्रिय राजनीतिक और नैतिक क्रियाशीलताओं की पृष्ठभूमि के यथार्थ को ठीक समझने पर हमारा कितना आग्रह है, जो कामू-सार्त्र को जीवित लेखक बनाता है।

मलयज आगे कहते हैं—

> इधर पिछले दिनों कथा समारोहों, सम्मेलनों की काफी धूम रही...यही सवाल पूछा जाता है क्या लिख रहे हैं...साहित्य और सिर्फ़ साहित्य की चर्चा होती है...कोई नहीं पूछता किस समस्या पर चिन्तन कर रहे हैं या देशव्यापी अन्य सवाल...क्या हम सचमुच ही शुद्ध लेखक हो गये हैं?...जब तक इस सांस्कृतिक जड़ता को तोड़ा नहीं जाता कविता में कोई सार्थक अन्तर नहीं आ सकता। (पृष्ठ 405)

इसी सन्दर्भ में मलयज रघुवीर सहाय के उस प्रश्न का ज़िक्र करते हैं जो कि वह नये लेखकों से करते थे—

> एक रचनाकार के रूप में आप क्या किसी प्रकार के क्राइसिस का अनुभव करते हैं, यदि हाँ, तो यह क्राइसिस क्यों है, किस चीज़ को लेकर है? (पृष्ठ 438)

क्या यह सवाल आज भी वाज़िब नहीं है?

डायरी के इस खंड में कुछ महत्त्वपूर्ण लेखकों पर टिप्पणियाँ तो हैं ही, कुछ महत्त्वपूर्ण गोष्ठियों के विवरण तथा मुलाक़ातों का भी जिक्र है जिससे तत्कालीन साहित्यिक वातावरण का पता चलता है। सर्वाधिक उल्लेख परिमल की गोष्ठियों का

है। पढ़ कर लगता है कि तब का वातावरण कुछ अधिक तापमय, स्फूर्तिप्रद और खुला-खुला था, मतभेदों के बावजूद खूब आवाज़ाही थी। दिलचस्प है कि भारत-चीन युद्ध के समय इस पर परिमल ने भी गोष्ठी की जिसमें लक्ष्मीकान्त वर्मा ने कविताएँ सुनायीं। 'हिन्दी साहित्य सम्मेलन में भी चीनी आक्रमण से उत्पन्न संकट पर विचार करने और अपना कर्त्तव्य निश्चित करने के लिए हिन्दी के लेखकों की एक सभा'। देशभक्तिपूर्ण 'उद्‌बोधनात्मक तुकबन्दियों' को कल्पना, ज्ञानोदय और नई कहानियों ने भी छापा—'किन्तु उन्हें वहाँ देखकर एक प्रश्न-सा खड़ा हो गया मुझमें'—'उदारतापूर्वक दान दीजिए' या 'स्वर्णबाँड खरीदिये' या 'रक्त-दान दीजिए'—'प्लीज़ डोनेट जेनरसली'—'इस वाक्य को देखकर मुझे अपने देश के व्यापक जीवन में विपर्यय का एकदम से अहसास होने लगता है—एक ओर बड़े-बड़े पूँजीपति और दूसरी ओर एक घिसटते हुए जीवन को बरकरार रखने के लिए जूझती, पिसती, टूटती जनता...और यह वाक्य एक नश्तर की तरह इन दोनों के बीच कौंध जाता है और उसकी कौंध में वर्गों में बँटी मानवता और उसका वैषम्य और संघर्ष और इनसे उत्पन्न व्यंग्य विपर्यय सब रोशन हो जाते हैं।' (पृष्ठ 171) अब यदि ऐसे ही अवसरों पर लेखकों की बैठक नहीं होती या साहित्य की पत्रिकाएँ ऐसे विज्ञापन नहीं छापती हों क्या अर्थ लगाया जाय?

ऐसी ही एक अन्य गोष्ठी का ज़िक्र है 24 जनवरी 67 को मेक्सम्युलर भवन में 'भाषा और राजनीति' पर एत्सनबर्गर और नामवर सिंह के विचार। मलयज लिखते हैं—

> एत्सनबर्गर ने ठीक ही कहा कि एक अच्छा प्रतिबद्ध लेखक हो सकता है और एक बुरा प्रतिबद्ध लेखक भी हो सकता है। पार्टी के प्रति प्रतिबद्धता जब लेखक के लिए अपनी रचनात्मकता की ज़िम्मेदारी से पलायन का साधन बन जाती है तब भी ख़राब प्रतिबद्ध लेखक होता है। एक अच्छा प्रतिबद्ध लेखक कभी अन्तिम सत्य की बात नहीं करता।

नामवर जी के बारे में एक दिलचस्प टिप्पणी है—

> पहले मैं उनको अवसरवादी समझता था, एक विद्वान और चालाक अवसरवादी। पर अब मुझे यह भी लगा है कि साहित्यिक मूल्यों के लिए उनकी चिन्ता सच्ची है, वे वास्तव में कोई विचार-मूल्य तलाश कर रहे हैं...एक निर्मम विचारक के नाते वे आज की अराजक स्थिति में बलपूर्वक कोई दिशा-संकेत फेंकना चाहते हैं...।

इस डायरी में अनेक लेखकों के बारे में मलयज की राय मिलती है। प्रभाकर माचवे, जो एक 'ख़ानाबदोश कवि' हैं और मुक्तिबोध 'आत्मा के ख़ानाबदोश'। 'सर्वेश्वर के दर्द का मूल स्रोत उनकी आन्तरिकता पर पड़ती हुई चोट'। कृष्ण बलदेव वैद में 'कला का सही मर्म'। मलयज ने विस्तार से भाषा, समीक्षा, अन्तर्विरोध, काल, सत्य आदि प्रश्नों पर विचार किया है। डायरी उनका घर थी, अन्तिम आश्रय। इसी

के छत्ते में वह सारा मधु एकत्र करते हैं—

मेरे जीवन की अर्थवत्ता और किसी में नहीं यदि मैं कुछ सृजन न करूँ,

लिखना मेरे लिए साँस लेना है। (पृष्ठ 358)।

रानीखेत, द्वाराहाट से लेकर मदुई गाँव तक—मलयज की डायरी उन जगहों का नक़्शा है और उन यात्रा-पथों का नक़्शा भी जिससे होकर मलयज गुज़रे। ऐसे ही में दिल्ली आये और शमशेर के साथ बस में एक मकान देखने जाते हुए नोट किया—बस से में देखी गयी दीवार की एक इबारत : क़ब्रिस्तान...'सब भाइयों के इस्तेमाल के लिए'। (पृष्ठ 312) यह भी नोट किया—रात का खाना बना लिया है और इतना कि तीन वक़्त तक आसानी से चल जाएगा। इससे तबीयत में एक निश्चिन्तता आ गयी है। अब जो चाहे, सो पढ़ूँ। (पृष्ठ 442) और आख़िर में 'जीवन-संग्राम से भागने वाले के लिए एक ज़रूरी हिदायत' :

भागते समय हमेशा आगे देखो, पीछे मुड़-मुड़ कर संग्राम-भूमि की ओर

कभी मत देखो, बस, आगे देखते हुए भागते जाओ, भागते जाओ...मुड़कर

पीछे मत देखो। नहीं तो पत्थर बन जाओगे...। (31 जुलाई, 69)

डायरी की तीसरी ज़िल्द—जिसमें तीसरा खंड है और छोटा-सा चौथा खंड भी। पहली तारीख़ है 31 जनवरी, 1971। पहली पंक्ति में पीले होते पेड़ों का ज़िक्र। अजीब संयोग है। और पहले ही सफ़े पर शमशेर जी। शुरू से आख़ीर तक। एक बार फिर। पूरी डायरी चढ़ते बुख़ार की तरह आवेग, ताप और तीव्र अहसासों से भरी है। शारीरिक, मानसिक, पारिवारिक संघर्ष उद्वेलन। और साहित्य की बढ़ती भीड़। किताब का छपना। मुलाक़ातें। और भीतर-भीतर—

अभी तो मुझे इस शरीर को सम्भाल कर रखना है, इसमें फिर कीड़े उभर आये हैं। जिन कीड़ों को मरा हुआ समझे बैठा था वे बीस साल बाद भुरभुरी मिट्टी को फोड़ते हुए जैसे फिर प्रकट हो गये हैं। मेरी साँस को काट कर छोटा कर देने वाले कीड़े। इन कीड़ों से नए सिरे से फिर निबटना होगा। पर इस बार का निबटना कितनी भिन्न परिस्थितियों में है। जुए कन्धों में डाले, गृहस्थी का खेत जोतते हुए इन कीड़ों से निबटना है। (24 अक्टूबर 74) और गृहस्थी का खेत जोतते हुए इन कीड़ों से निबटते हुए मलयज ने एक-एक 'चौकी' की लड़ाई को दर्ज़ किया। हर मोर्चे पर लड़ते हुए। बीस साल पहले जब 'सन् 50 से 56 तक के छः वर्ष जीवन स्थगित रहा' था तब 'रानीखेत के उन दिनों की मैंने कोई डायरी नहीं रखी, तथ्य को ग्रहण कर उसे टाँकने की तटस्थता तो मुझमें थी ही नहीं' (पृष्ठ 118)। लेकिन अब वह तटस्थता हासिल है और सम्पृक्ति भी। 'मुझे सिर्फ तथ्य लिखने हैं—भावनाओं के तथ्य। देखो, रचना करना ही बदलना है किसी चीज़ को। अगर बदलना न हो तो रचना क्यों की जाय। रचना की प्रक्रिया में चीज़ें वे नहीं रहतीं जो कि वे होती हैं, बल्कि कुछ की कुछ हो जाती हैं।' (21 फरवरी 82)।

मलयज का निजी संघर्ष जीवन जीने का संघर्ष। क्या सब मुश्किलों की जड़ यह है कि मेरे सिर्फ़ एक फेफड़ा है? (10 अप्रैल, 80) 'पैसे की बेहद तंगी। अंडे के लिए कोई गुंजाइश नहीं, उसी से अतिरिक्त इनर्जी का वह कोष पिछले दिनों बना था पर बच्चों की ज़रूरत मुझसे ज़्यादा है। मुन्ना भी बिना अंडे के चल रहे हैं, उस ग़रीब को दो जून दूध भी मयस्सर नहीं हो पा रहा है। सरोज को शायद ही कभी...।' (8 दिसम्बर, 78) मलयज ने लिखा है—'ये पृष्ठ मेरी रचना के न सही, रचना-उन्मुख मन के न सही, मेरी भावमुक्ति के गवाह ज़रूर बनेंगे। तथा वस्तु।' लेकिन ये पृष्ठ मलयज की सम्पूर्ण रचनाशीलता के गवाह हैं। मलयज का जो व्यक्तित्व बना, जैसा विकास हुआ उसके मूल में उनका यही जीवन और संघर्ष था। जीवन की जो समझ और साहित्य की व्याख्या थी, वह भी इसी जीवन में रोपा हुआ था। अकारण नहीं है कि डायरी के अन्तिम पृष्ठों में मुक्तिबोध की कविता का संग-साथ है, मार्मिक विश्लेषण; अमीरी, ग़रीबी, मार्क्सवाद, सफलता, असफलता की इतनी गहरी समझ।

27 जुलाई, 80 को दर्ज है—

> अपने स्वर्गवास के दस महीने पहले प्रेमचन्द ने...लिखा—मैं किसी ऐसे महापुरुष की कल्पना नहीं कर सकता, जो अत्यन्त धनवान हो।...बहुत मुमकिन है कि मेरे दिमाग़ की यह हालत इसलिए हो कि मैं स्वयं अपनी ज़िन्दगी में असफल रहा। अगर मेरे पास बैंक की अच्छी रक़म होती, तो मैं भी दूसरों की तरह का होता।...लेकिन मैं इस बात से खुश हूँ कि मेरे स्वभाव ने और मेरे भाग्य ने मेरी मदद की और मेरी क़िस्मत ग़रीबों के साथ जुड़ गयी। इससे मुझे आध्यात्मिक राहत मिलती है।

7 अगस्त, 80 को मलयज लिखते हैं—

> प्रेमचन्द ने...मुक्तिबोध ने ग़रीबी को ग्लोरिफाई नहीं किया—उसका कोई सौन्दर्यशास्त्र नहीं रचा—बल्कि उसे संघर्ष के हथियार के रूप में इस्तेमाल किया—इस तरह कि उसे अमीरी के ख़िलाफ बलपूर्वक एक स्पृहणीय मूल्य की तरह स्थापित किया। ग़रीबी में एक अकूत शक्ति है क्योंकि ग़रीब बहुत हैं, अमीर कम—इसलिए ग़रीब के साथ होना मानवीय होना है।...जब तक विश्व का नक़्शा नहीं बदल जाता (मनुष्य और दुनिया इसी यूटोपिया पर कायम है और रहेगी।) तब तक ग़रीबी के साथ रहना है...जो ग़रीब के साथ नहीं है वह प्रत्यक्ष या अप्रत्यक्ष तौर पर अमीर के साथ है।...आज अमीर बनना ग़रीबी को पैदा करना, उसे पनपाना है।...एक व्यक्ति भी अपने निर्णय से—अपने अमीर बनने के निर्णय से—कई-कई ग़रीब पैदा करता है। आज अमीर होना एक अराष्ट्रीय कर्म है।

इसलिए

> ...सम्भावना वहीं है। उसी तथ्य में, अनलंकृत, धूल-भरे तथ्य में, भूरी-भूरी

> ख़ाक धूल में। प्रेमचन्द में। सतह में। सतह से उठते हुए आदमी में। मुक्तिबोध। उस आदमी की जिजीविषा में, जीजिविषा यानी न्यूनतम साधनों के बल पर भी जिन्दा रह सकने की ताक़त और साहस और मर्दानगी (तिथि वही)

और सहसा यह पढ़कर थोड़ा आश्चर्य होता है–'व्यवस्थावादियों के लिए मार्क्सवाद सबसे बड़ी ब्लासफ़ेमी है। व्यवस्थावादियों के लिए बदलने की इच्छा–बदलने का दर्शन–मानव नियति के प्रति सबसे बड़ी ब्लासफ़ेमी है। (21 दिसंबर, 80)

फिर 11 जनवरी, 1981 को–

> सतह से उठता आदमी।...सतह का आदमी ही क्या भारत का औसत आदमी नहीं है?...मानवता, मानव-समूह, जन। मुक्तिबोध का आदमी यही औसत आदमी है।...हाँ, मुक्तिबोध ने हमेशा वर्गबोध को...एक शपथ की तलवार की तरह अपने सीने पर रखा। वर्गबोध जैसे एक कसौटी हो जीवन-संघर्ष को अर्थ देने के लिए।

फिर 19 फरवरी, 81 को–

> यह भड़कीली संस्कृति, मुक्तिबोध की कविता में कहीं ड्राइंग रूम संस्कृति है तो कहीं उठाईगीर संस्कृति। इस संस्कृति की सफलता मुक्तिबोध को नहीं चाहिए।...यह एक ऐसा वर्ग समय है जिसमें प्रत्येक सफलता के पीछे एक हत्या छुपी हुई है, हर तड़क-भड़क के पीछे आत्मा का विराट सूनापन। जो मारा जाएगा वह कमज़ोर होगा, निहत्था होगा, दौड़ में कहीं पीछे छूट गया होगा। आज हम एक ऐसे वर्गसमय में रह रहे हैं जिसमें अकेले आगे बढ़ना एक अमानवीय कर्म है।

इसीलिए

> मानव सम्पर्क व्यक्ति की सबसे बड़ी शक्ति है, जो मानव सम्पर्क से हीन है वह डरा हुआ है, डरा हुआ रहेगा। (11 मार्च, 82)

ये मलयज के कुछ निष्कर्ष हैं जो उनके अपने अनुभवों, चिन्तन और जीवन-संघर्ष के सारांश स्वरूप हैं। डायरी के अन्तिम पृष्ठों से लगता है कि मलयज अपने लेखक ढूँढ़ चुके थे–प्रेमचन्द, मुक्तिबोध और रामचन्द्र शुक्ल में। शमशेर तो आशीर्वाद की तरह साथ थे ही लगातार। अज्ञेय का ज़िक्र कई बार आता है :

> ...इस कृत्रिम भाषा का सर्वोत्कृष्ट उदाहरण अज्ञेय हैं। अपनी ज़मीन से कटे, सिर्फ़ आधुनिक। देश की ठोस संस्कृति की धूल-मिट्टी–हवा पानी से रहित, एक अस्वाभाविक भाषा और चिंतन में जीते। अज्ञेय को जो देसी लेखक कहता है वह कितनी बड़ी भूल करता है...।(16 मई, 80)

और मलयज 'भारतीयता' पर भी विचार करते हैं। ये उस आदमी के विचार हैं जिसके लिए 'अब से कविता का मतलब साँसों के एक गट्ठर को निचोड़ लेना

है।' (5 मार्च, 80) 'गोदान' पढ़ते हुए उन्हें लगता है 'यह सिर्फ़ धनिया नहीं बोल रही, एक आम ग़रीब खेतिहर औरत नहीं बोल रही, उसके माध्यम से भारतवर्ष का इतिहास, इस देश के सच का इतिहास, उस इतिहास का एक गहन मर्मस्पर्शी टुकड़ा बोल रहा है।' (26 जनवरी, 80) मलयज को लगता है कि 'प्रगतिशीलों ने देसीपन का सिर्फ नारा उठाया, उसका न अन्वेषण किया, न उसके लिए कुदाल चलायी।' (पृष्ठ 251) 'मुझे यह साफ़ दीख पड़ रहा है कि आज त्रिलोचन, केदार अग्रवाल और नागार्जुन की 'भारतीयता' को लेकर हम नहीं चल सकते—इनकी भारतीयता में बौद्धिक ऊर्जा की कमी है, नितान्त कमी है, ये हद से हद लिरिकल क़िस्म के भारतीय हैं। इनमें टकराहट नहीं है...हमें रामचन्द्र शुक्ल की भारतीयता चाहिए, प्रेमचन्द की भारतीयता चाहिए, गाँधी जी की भारतीयता चाहिए जिनमें एक ओर अपनी ज़मीन का विवेक था तो दूसरी तरफ़ पश्चिम से टकराने की अदम्य बौद्धिक ऊर्जा थी, ललकार और उससे टकराने का खुलापन—त्रिलोचन की भारतीयता जैसा बँधा-बँधापन उनमें न था...।' (पृष्ठ 269) फिर कहते हैं—

> भारतीयता क्या है? अपने देश और लोगों की भरपूर पहचान। इसमें संस्कार भी हैं और वर्तमान परिवेश भी, और दोनों के बीच अनेक स्तरों पर पैदा हुए टकराव और संकट भी। अपने देश और उसके लोगों की पहचान का दावा वह आदमी नहीं कर सकता जो समय बोध में एक जगह ठहर गया है। बुद्धिवाद हमें इस ठहराव से आगे निकालता है।...(पृष्ठ 287)

भारतीयता के ही सन्दर्भ में वह रमेशचन्द्र शाह की एक बात का समर्थन करते हैं—

> शाह ने...अज्ञेय से कहा था कि हम जो हिन्दी-साहित्य का काव्य के गुण अथवा मूल्य यथा, शब्दों की मितव्ययिता, काव्य संयम, संतुलन आदि हमारी अपनी साहित्यिक प्रतीतियों और अनुभवों से नहीं उपजे हैं। ये पश्चिम के साहित्य-अनुभव की प्रक्रिया से जन्मी अवधारणाएँ हैं। हमारा अपना भारतीय अनुभव तो हमें एक्सट्रीम्स की ओर ले जाता है, भावुकता, असन्तुलन, भावातिरेक : भाव केन्द्रों से उपजी, न कि बुद्धि केन्द्रों से उपजी हमारी अनुभव सत्तायें और उनसे बनने वाले हमारे साहित्य के मूल्य...। (पृष्ठ 259)

यानी मलयज साहित्य के नये मूल्यों की खोज में लगे थे, अन्त तक। हर अवधारणा को जाँचते-परखते और खुद भी बदलते।

मलयज औसत भारतीय लेखक थे। पारिवारिक। गृहस्थ। मुक्तिबोध की तरह ही। माँ-पिता सब साथ। 'जलती हुई चमड़ी के नीचे भरा हुआ पानी।' 'बाबू जी आये। महुई से लाया हुआ मिर्चे का अचार ज़बान पर रखा तो लगा मातृभूमि का

स्पर्श किया है' (पृष्ठ 98) 'दोपहर को माँ के पेशाब में सने कपड़े साफ़ किए' (पृष्ठ 148) और फिर–'माँ का देहावसान–प्रातःकाल'। (13 सितम्बर, 80)

इस ज़िल्द में इतने लेखकों का ज़िक्र है। इतने प्रसंग। कुछ का ज़िक्र कर रहा हूँ यहाँ। 13 फरवरी 78 को मलयज त्रिनाले के सेमिनार में गये और चिले के चित्रकार माटा साहब का व्याख्यान सुना। लिखते हैं–

> कलाकार को उन्होंने मछली और परिवेश को पानी बताया। अगर पानी गन्दा हो जाये तो साफ़ करने की ज़िम्मेदारी भी मछली की ही है।...सिर्फ़ सेब का फल देखना अधूरी दृष्टि है। सेब का बीज भी सेब ही है... पश्चिम की दृष्टि मृत्यु पर निगाह केन्द्रित रखती है...यानी फल जो कि सड़ेगा–जीवन पर नहीं जो बीज है...। हैमलेट जब अपने हाथ में नर खोपड़ी लेकर यह विचार करता है कि 'टु बि ऑर नॉट टु बि' तो अगर उसकी जगह मैं होऊँ तो हाथ में बजाय खोपड़ी के अंडा रखूँ।

एक क़िस्सा त्रिलोचन जी की मार्फ़त 4 जून 78 का।

> आजमगढ़ में पुराने समय एक संत गोविन्द साहब हो गये हैं। पलटूदास उनके पास गये और बोले कि आप मुझे अपना शिष्य बना लीजिए। गोविन्द साहब ने कहा, "अच्छा, लेकिन पहले एक परीक्षा हो लेना ज़रूरी है। मैं छिप जाता हूँ, तुम मुझे खोजो।" इसके बाद गोविन्द साहब एक छोटी मछली बनकर अपने आश्रम के तालाब में छिप गये। पलटू साहब फ़ौरन जाल बन गये और मछली को पकड़ लिया। इस पर गोविन्द साहब ने कहा, "तुम छिपो और मैं तुम्हें खोजूँगा।" पलटू छिप गये पर गोविन्द साहब उन्हें ढूँढ़ते रह गये, न पा सके। तब उन्होंने पुकारा, "पलटू, बाहर आ जाओ, मैं हार गया।" पलटूदास प्रकट हो गये। तब गोविन्द साहब ने पूछा–"तुम कहाँ छिपे थे?" पलटू ने जवाब दिया कि मैं जल बन गया था और तुम्हारे तालाब में छिपा था।

एक आखिरी क़िस्सा और। मलयज और शमशेर पुस्तक मेले गये।

> बचते-बचाते भी शमशेर जी ने 20-25 रुपये की किताबें खरीद डालीं। इनमें एक भारत भर की सड़कों का नक़्शा था। काफ़ी देर तक शमशेर जी उस नक़्शे में दुर्ग जिले में नवागढ़ का नाम ढूँढ़ते रहे जहाँ उनके छोटे भाई तेजबहादुर चौधरी रहते हैं।...(पृष्ठ 28, खंड-4)

इस डायरी में अज्ञेय, निर्मल वर्मा, रामविलास शर्मा, नामवर सिंह, भवानीप्रसाद मिश्र, नेमिचन्द्र जैन, विश्वनाथ त्रिपाठी, नित्यानन्द तिवारी, कृष्णा सोबती, अशोक वाजपेयी, वीरेन्द्र कुमार जैन, श्रीराम वर्मा, शिवकुटी लाल वर्मा, रघुवीर सहाय, विनोद भारद्वाज आदि अनेक लेखकों के प्रसंग हैं। लेकिन ऐसा लगता है कि मलयज की सर्वाधिक घनिष्ठता शमशेर के बाद रमेशचन्द्र शाह से ही

रही। उनके पत्रों का इन्तज़ार, ज़िक्र, चर्चा, विमर्श। मलयज ने सबके बारे में जो ठीक समझा, वही लिखा। अलग से वह जानने योग्य है। यह डायरी हिन्दी साहित्य के सबसे सघन वर्षों की साक्षी है। अनेक आकस्मिक टिप्पणियों से भरी ये ज़िल्दें हमें रोक लेती हैं, हमें चुप कर देती हैं। यह सही है कि डायरी में दर्ज टिप्पणियाँ यदि रचना-सामग्री हैं तो उस रूप में प्रायः अपने अयस्क रूप में रहती हैं यानी कच्चा माल और यदि समीक्षा-सामग्री हैं तो प्रायः उनमें एक तदर्थता का भाव रहता है। लेकिन कई बार ये टिप्पणियाँ ज़्यादा अर्थ खोलती हैं, आपात-निकास को भी सहज मार्ग की तरह इस्तेमाल करतीं। दुनिया के बड़े लेखकों की डायरी, रोजनामचा की शक्ल में या कन्फ़ेशन की शक्ल में या संस्मरणों की शक्ल में, पृथ्वी के 'प्राकृतिक मानचित्र' की तरह होती हैं, नेचुरल, नदी, पहाड़, समुद्र, खाई, घाटी, रेगिस्तान सब बिना किसी सीमा-विभाजन के। मलयज की डायरी भी वैसी ही है। निर्दोष, द्वेषहीन। केवल अपने हृदय और मस्तिष्क की धड़कनों-तरंगों का ख़ाका, ग्राफ़। इनके आधार पर कोई अन्तिम साहित्यिक निष्कर्ष शायद नहीं निकाला जा सकता। लेकिन इनका आधार हमें हमारे ही अनुभवों-निष्कर्षों को सहेजने में मदद करेगा। जैसे त्रिलोचन कहते हैं—'कविता वह है जो आदमी को चुप कर दे। तुलसी का 'मानस' और सूर का सूर सागर पढ़-सुनकर हम वाह-वाह नहीं करते, जो करे उसकी शक्ल बड़ी बदसूरत नज़र आएगी।' (पृष्ठ 188, 3)। या 'शमशेर के सर्वहारापन में भी एक तरह का आभिजात्य है।...उनकी स्वयं की इच्छा होती है चुपचाप बैठे रहें।' या फिर 'कविता को समझने का यह शमशेर का अनुभव सिद्ध तरीका है—टेक्स्ट को बार-बार पढ़ना, नोट्स लेना, अंशों को अंडरलाइन करना, उन पर हाशिये पर उनके कमेण्ट लिखना।' (पृष्ठ 186) और यह छोटी-सी बात—'शमशेर को अपनी माँ की मरण-तिथि अभी भी याद है—सन् 20' (पृष्ठ 169)

मलयज ने आलोचना के विषय में भी कई महत्त्वपूर्ण सूत्र दिये हैं। 2 सितम्बर, 79 को लिखते हैं—

> हमें रचनावरोध का सूत्र आलोचना में नहीं, आलोचना के बाहर ढूँढ़ना होगा। उसी तरह आलोचना की सार्थकता, उसकी भूमिका, आलोचना के भीतर नहीं, स्थितियों की चीरफाड़, जाँच-पड़ताल की साहित्यिक निष्पत्ति के भीतर नहीं, आलोचना के बाहर ढूँढ़नी होगी। अभी तक आलोचना और रचना अपने भीतर ही अपनी मुश्किलों का निदान और उपचार ढूँढ़ते रहे हैं। अब दोनों को ही अपने वृत्त से बाहर आना होगा। उस दिक् और समय और उन्हें जीवन्त करने वाले कर्म में जो जीवन की असंख्य चुनौतियों की तरह ही अनन्त फैला हुआ है।

5 सितम्बर, 79 को मलयज लिखते हैं—

रामचन्द्र शुक्ल ने 'कविता क्या है' नामक निबन्ध के शुरू में ही एक वाक्य लिखा—"मनुष्य अपने भावों, विचारों को लिए-दिये दूसरों के भावों और विचारों और व्यापारों के साथ कहीं मिलता और कहीं लड़ता हुआ अन्त तक चला चलता है और इसी को जीना कहते हैं।" यह जीवन की परिभाषा तो है ही, पर ग़ौर से देखिए क्या इसमें आलोचना की परिभाषा भी नहीं है? और क्या रचना की भी नहीं?

और यही तो मलयज की डायरी भी है। तीनों ज़िल्दों और चारों खंडों में।

डायरी का सम्पादन किया है डॉ. नामवर सिंह ने। प्रस्तुति ज्योत्स्ना मलयज जी की है। पुस्तक में कई सुन्दर रेखाचित्र भी हैं। कविताएँ भी। और अंग्रेजी में भी टिप्पणियाँ आदि।

अन्त में वाल्टर व्हिटमैन की यह पंक्ति : कामरेडो, दिस इन नो बुक, हू टचेज़ दिस टचेज़ अ मैन।

केदारनाथ सिंह की कविता

श्री केदारनाथ सिंह के इस नये संग्रह पर लिखने से अच्छा होता कि मैं इस संग्रह की एक-एक कविता पर अलग-अलग लेख लिखता या फिर उनके सम्पूर्ण काव्य-जगत पर एक पुस्तक। क्योंकि यहाँ तक आते-आते केदार जी की कविता इतना सांद्र, संश्लिष्ट और विपुल हो चुकी है कि प्रत्येक कविता स्वतन्त्र विचार-विमर्श की अधिकारिणी लगती है तथा अब एक स्पष्ट जीवन-दृष्टि भी स्पष्ट उभर कर आ चुकी है। सत्तर के हो चुके केदार जी के पास अब जीवन के बारे में स्वअर्जित दृष्टि और मंतव्य-निष्कर्ष हैं, जीवन और कविता के बारे में। 'जासूस-डायरी' अब सार्वजनिक है। यह संग्रह अपने समय का 'आईना' है, और कवि के आभ्यंतर का 'दीप' भी। अब यहाँ सौम्यता और संभार के साथ-साथ एक बेचैनी है, 'आग पर चलने' की तड़प। और प्रत्येक कविता का अपना अनूठा गठन है। सहोदर होकर भी वे अलग-अलग हैं। और भाषा और शब्दों के साथ ऐसी अन्तरंगता है जो लम्बी साधना के बाद भी विरले ही नसीब होती है। 'अभी बिल्कुल अभी' से लेकर अभी तक केदार जी की जो काव्य-यात्रा है, उसके सभी चरणों की छाप तो यहाँ है ही, साथ ही उन सब से अलग एक 'श्वेतिमा' है, परिपक्वता, एक 'भरा भरा-सा पन'। और एक बिल्कुल नया तत्त्व भी, विनोद वृत्ति, अस्फुट हास्य। और अब कविता का मुख अपने घर-गाँव की तरफ है जैसे कोई पूरी दुनिया घूम कर वापस अपने घर की चौखट पर बैठा हो, निढाल पर आश्वस्त।—'कवि जी आओ घर चलें रैन भई एहि देस'।

संग्रह की पहली ही कविता 'आईना' मानो पूरे संग्रह का और स्वयं कवि का घोषणापत्र है—

> मैं उनकी तरफ से बोल रहा हूँ
> जो चले गये हैं काम पर
>
> ....
>
> और यद्यपि इस छोटे से घर का
> एक छोटा-सा गवाह हूँ
> पर जब भी बोलता हूँ

लगता है, बोल रहा हूँ उस चिउँटी की तरफ़ से
जो बच गयी थी अकेली
नागासाकी में
....
और देखिए न मेरी मुस्तैदी
कि मैं **सबकी ओर से** बोलता हूँ
और बोलता हूँ अपने भीतर की पूरी सच्चाई के साथ
पर मेरे नेक निर्माता ने मुझे दी नहीं अनुमति
कि कभी बोल सकूँ, **अपनी तरफ़ से**

लेकिन हर बड़े और प्रतिनिधि कवि की तरह केदारनाथ सिंह भी **सबकी ओर से** और साथ-साथ **अपनी तरफ** से बोलते हैं। यह द्विगुभाव ही, यह दुरुखापन ही कविता की शक्ति है। केदार जी की कविता इसी कारण 'आईना' भी है और 'दीप' भी (डब्लू. बी. यीट्स का बिम्ब लेकर कहें तो)—बाहर को प्रतिबिम्बित और भीतर को प्रकाशित करती। और इसी विनम्र प्रतिज्ञा के साथ शुरू होती है 'पानी की प्रार्थना' जो पानी के ब्याज से पृथ्वी पर जीवन के ध्वंस की और पूँजी के निर्बाध लोलुप प्रसार को इंगित करती है। केदार जी की कविताएँ 'इंगित' की कविताएँ हैं, 'विस्फार' की नहीं। इस पूरी कविता की गति पानी की तरह तरल और क्षिप्र है—लगातार बहती हुई, पर अन्त तक जाते-जाते बाधित, अवरुद्ध क्योंकि अब 'तल पर कचरा' है। केदार जी की हर कविता की अब अपनी अलग लय है, अलग-अलग मनोदशा और स्वभाव के अनुसार। कविता का आरम्भ भी नाटकीय है—

प्रभु
मैं—पानी-पृथ्वी का
प्राचीनतम नागरिक

और फिर जीवों के कंठ में तृप्ति की अनेक ध्वनियाँ—

एक जानवर आया हकासा-पियासा
और मुझे पीने लगा चभर-चभर
इस अशिष्ट आवाज़ के लिए
क्षमा करें प्रभु
यह एक पशु के आनन्द की आवाज़ थी

यहाँ कविता के निष्कर्षों (जो स्थूल अर्थ में पारिस्थितिक भी लग सकते हैं) से अधिक महत्त्वपूर्ण है (और जीवन्त भी) वह प्रक्रिया, जो जल के जीवन की सार्थकता और इस प्रकार पृथ्वी पर स्वयं मनुष्य की नियति पर आशंका व्यक्त करती है। यह एक नयी बिल्कुल अदेखी परिस्थिति है पृथ्वी के जीवन में। अब तक की कविता जल के सौन्दर्य के समारोह की कविता थी, अब यह उसके 'जल कर राख' हो जाने की

त्रासदी का शोक है। एक कवि अपने काव्य-काल में ही दो भाव-ध्रुवों से टकराये, ऐसा कम होता है। यह एक बिल्कुल नयी दुनिया है जहाँ जल अपना स्वभाव खो रहा है और मनुष्य अपना घर-बार, अपनी इयत्ता। यहाँ मनुष्य का विस्थापन केवल भौगोलिक नहीं बल्कि भावात्मक और आन्तरिक भी है। 'त्रिनिदाद' इसी विस्थापन की कविता है—

तो क्या मैं भी डायस्पोरा हूँ?
कहीं अपने समय के किसी त्रिनिदाद में
एक अजब आप्रवासी!

और इस कविता का सबसे विकट क्षण वो है जब 'बगल वाले आदमी की गहरी उदास कैरेबियन आँखों' और 'उसकी आवाज़ में एक मूर्च्छना तथा किसी भूली हुई सुदूर भोजपुरिया धुन की' खनक के बाद ये पंक्तियाँ आती हैं—

उसने बताया उसके पुरखे उदयपुर से थे
जो कहीं बिहार में है
पर उसकी बात को काटते हुए
जब मैंने धीरे-से कहा—उदयपुर बिहार में नहीं
राजस्थान में है
वह हो गया उदास
और एकदम निहत्था!

एक गलत स्मृति का मतलब एक पूरे जीवन का घाटा।

'घोंसलों का इतिहास' भी विस्थापन की इसी त्रासदी का थोड़ा भिन्न और तिर्यक् आख्यान है—

इसलिए अच्छा यही होगा
कि घोंसलों को छोड़ दिया जाए पेड़ पर ही
जहाँ अपनी छोटी-सी गरिमा में
झूलते रहें वे
इतिहास के दूसरी तरफ

लेकिन यहाँ कहना ज़रूरी है कि अब केदार जी की कविता के एक तने से अनेक टहनियाँ फूटती हैं—'और अपने में सम्पूर्ण एक घर था/वह आदमी के घर का भूला हुआ पूर्वज;' 'सच यही है कि बाज़ार में मिलते नहीं घोंसले/वहाँ सिर्फ पिंजड़े मिलते हैं'; 'क्या राष्ट्रों की तरह/अलग अलग होता है घोंसलों का इतिहास भी'—ये सब एक ही कविता के अलग-अलग टुकड़े हैं जो मूल अर्थ से घूम कर भी उसे ही पुष्ट करते हैं। यह कहना वैसे कम कहना होगा कि यह कविता किसी खास विषय पर है। शायद किसी भी श्रेष्ठ कविता के बारे में ऐसा कहना उचित नहीं होता। जैसे, 'बुद्ध से' जैसी कविता, जो अनेक कालों-अवधियों में एक साथ आती-जाती अपने समय की कठोर आलोचना भी है और बुद्ध के दर्शन पर शंका भी, नितान्त निजी

एवं निपट सार्वजनिक भी; आसक्त और विरक्त; और सबके ऊपर एक गहरी करुणा, जो पाठक को रोमांचित कर देती है। कविता की थिर, गम्भीर लय और कुछ शब्दों—भंते, थेरी, जेतबन, पुरबा, भेड़ का दूध और ज्वार की रोटी, मृगदाव, महाभिषग, निर्वाण—से जाग्रत पुरातन स्मृतियों की बुनावट इसे विलक्षण बना देती है। अनेक कालों में आवा-जाही त्रिनिदाद में भी है और पांडुलिपियों में भी—

और अब यहाँ सारा समय एक जगह इस तरह है
कि आपको लगेगा जैसे ब्रह्मसूत्र
पढ़ रहा है मुक्तिबोध को
और शाकुन्तल का हिरन
कुछ कह रहा है पद्मावत के तोते से...

और फिर 'बर्लिन की टूटी दीवार को देखकर' में भी और 'ट्रेन में कविता,' 'अपनी ख़बर', 'दिनचर्या इन दिनों' में और अनेक स्थलों पर। यहाँ तक कि छन्दों के प्रयोग में भी वही संचरण है—एक काल से दूसरे काल में, एक स्मृति-लोक से दूसरे में आने-जाने का सहज योग। छन्द में लिखने का एक फल यह भी है कि आप कई कालों में एक साथ उपस्थित होते हैं। छन्द में लिखने या न लिखने का निर्णय कई बार काल की हमारी चक्रीय या रैखिक अवधारणा पर भी निर्भर है। खैर! तो केदार जी 'पूस की रात : पुनश्च' में भी प्रेमचन्द, महाभारत और समकालीन समाज को एक साथ मिलाते हैं। यह कोई काव्य-तकनीक नहीं है बल्कि जीवन को उसकी समग्रता, उसके सम्पूर्ण प्रवाह में देखने का यत्न है। जैसे, 'पिता के जाने पर' सरीखी मार्मिक कविता में उस विराट खालीपन को व्यक्त करने के लिए लगातार मामूली बातों के होने के बयान दबे हुए रुदन को और भी व्यग्रता से प्रकट करता है। पहले नल में पानी आया, फिर अखबारवाला आया, फिर डाकिया आया, फिर कोई पंडित आया और अन्त में 'मुखाग्नि'—क्रम उलट दिया जाता है, नहीं 'होना' इन 'होनों' से उभरता है और एक लम्बी हूक पूरी कविता में दबी हुई चलती है। जो है और जो नहीं है सब मिल कर इस जीवन को पूरा करते हैं—

झुका हुआ बैठा हूँ
मोमबत्ती के सामने
और पूरी कर रहा हूँ वह कविता
जिसे लिखना शुरू किया था किसी पुराने कवि ने
शायद सदियों पहले
और देखता हूँ कि नीम अँधेरे में
मैंने यही तो किया है
कि हटा दिया है कोई हलन्त्
हटा दी है कहीं बिन्दी

उलट दिया है कोई विशेषण
उड़ा दी है कोई तिथि
और तुर्रा यह—
कि मैंने कविता की है

यही तो हर कवि पूरी परम्परा के साथ करता है, कुछ संशोधन, जो कि कविता है। और व्यक्ति का जीवन भी वास्तव में एक हल्का सा संशोधन ही तो है अब तक के जीवन का। जो जितना बड़ा है उसका संशोधन भी उतना ही बड़ा। और यह न केवल अतीत का बल्कि वर्तमान का भी संशोधन होता है—

यह सदियों का खेल था
जिसे पल भर में होना था

जब केदार जी आग पर चलने के करिश्मे के बारे में यह टिप्पणी करते हैं तो यह केवल वहीं तक सीमित नहीं रहती; यह कविता का खेल भी है और जीवन का भी। इस संग्रह में पानी, आग, हवा, मिट्टी जैसे प्राथमिक तत्त्वों की अधिकता अकारण नहीं है। यह मूर्त्तता है, पुनः कविता के उद्गम का अन्वेषण, उन प्राथमिक तत्त्वों का, जिनसे यह जीव-जगत बना है और मनुष्य और मनुष्य की कविता भी।

लेकिन यह अखंड जीवन लगातार क्षतिग्रस्त हो रहा है। अनेक दीवारें हैं, विभाजन, युद्ध और हिंसा। यही वह क्षण है जब केदारनाथ सिंह की कविता में राजनीति सीधे प्रवेश करती है। उनकी कविता पर राजनीति की छाया पड़ती रही है, पर सीधे-सीधे राजनीति कम आयी है। यहाँ वे सारे परहेज टूट गये हैं। वैसे भी कविता के लिए न तो कोई पथ्य है, न अनुपान। लेकिन एक बार फिर यह कहना ज़रूरी है कि केदार जी कभी भी अराजनीतिक कवि नहीं हैं। उनकी राजनीति ऊपरी सतह की, संसद या चुनाव तक की नहीं है। वह उन कारकों की खोज करते हैं जो मनुष्य के जीवन को नष्ट कर रहे हैं। गहरा प्रेम हमेशा आपको प्रतिबद्ध बना देता है। जीवन से गहरा प्रेम ही केदार जी के स्वर को अब कठोर भी बना रहा है।—

और अब जबकि वह नहीं है
हिन्दी का यह कवि
नतमस्तक खड़ा है उसकी शोकसभा में
जिसमें कोई शरीक नहीं
और पूछना चाहता है समूचे राष्ट्र से
कि इस कविता से बाहर
क्या कोई जगह नहीं
जहाँ रखी जा सके एक भी ईंट
घुरहुवा के नाम पर उस कभी न बनने वाले
स्मारक की नींव में?

केदार जी प्रश्न करते हैं, केदार जी पूरी स्वाधीनता को अस्वीकृत करते हैं और उसके पक्ष में खड़े होते हैं जो सबसे कमजोर है, घुरहुवा। पूरे संग्रह में एक विषाद है, गहरा दुःख और संताप जो सहसा इन पंक्तियों में फूट पड़ता है–

सिर्फ चीख़ने पर मालूम होता है
ध्रुपद में आज भी कितनी जान है

कुछ पाठकों को लग सकता है कि यह केदार जी का पूर्व परिचित स्वर नहीं है, शायद उतना विश्वस्त भी नहीं, परन्तु महत्त्वपूर्ण यह है कि यह भी उन्हीं का स्वर है जो शेष स्वरों को नया अर्थ प्रदान करता है। 'रात की आवाज़े' उस मुहाने पर बसी कविता है जहाँ निजी एवं बाह्य एक दूसरे से मिलते हैं। 'चींटियों की रुलाई' भी इसी कोटि की कविता है–

मैं तो बस इस शहर की
लाखों लाख चींटियों की मूक रुलाई का
हिन्दी में अनुवाद करना चाहता हूँ

यह ऐसा समाज है जहाँ 'इतने बड़े शहर में अब इतनी भी जगह नहीं कि एक गर्भवती चींटी कहीं रख दे अपना अंडा'। इस 'छोटे-से शहर' में क्या 'ईश्वर' के लिए कोई जगह है (ब्रेख्त के नाटक पर आधारित एक कविता में)–

पर अरे, ये बत्तियाँ क्यों बुझने लगीं
सारे घरों की?
यह सारा शहर चुप क्यों है?
ये उदास क्यों पड़े हैं मन्दिरों के घंटे?

यह कैसा जश्न है 'बस्ती के उस छोर पर' जहाँ लोग एक काले गदबदे सूअर को घेर कर गोलाई में खड़े हैं और 'सूअर चीखे जा रहा है' बुरी तरह? और इस सारी हिंसा और विध्वंस के बीच जो सबसे उपेक्षित और दलित हैं वे पूरी गरिमा के साथ खड़े हैं जैसे कि 'दिल्ली में बबूल' जो 'अपनी उदासी के बीच भी खड़ा था तन कर' और जिसके सामने 'कितनी हास्यास्पद थी मेरी सारी सहानुभूति'। और तब लगता है कि 'एक साधु, एक फकीर, एक भिक्षुक ही दे सकता है साथ जीवन की लम्बी उदास यात्रा में'। ऐसे विनाशकारी समय में स्वयं को अधिक से अधिक बचाने और जीते चले जाने का क्या मतलब है? 'शीर्षासन' एक ऐसी कविता है जहाँ नैतिक, राजनैतिक और सौन्दर्यात्मक, सभी पक्ष एक साथ मिलते हैं और कविता का अंत तड़तड़ा देने वाले प्रश्न से होता है–

तो क्या इस दौर में
सिर्फ इतनी-सी बात के लिए
कि मेरी धमनियों में बहता रहे मेरा खून अबाध
मुझे भी शीर्षासन करना होगा?

केदार जी की कविता में ऐसे तेज, तल्ख क्षण कम रहे हैं। लेकिन यहाँ तक आते-आते उनकी कविता में रंग गाढ़े होने लगते हैं। तिक्तता, बेचैनी और हदों को तोड़ने की व्यग्रता बढ़ी है–

अन्त में लिखूँगा कि पृथ्वी के एक छोटे-से
नागरिक के नाते मेरा सुझाव है
कि हो सके तो हर धड़कन के साथ
एक अदृश्य तार जोड़ दिया जाए
कि एक को प्यास लगे
तो हर कंठ में ज़रा-सी बेचैनी हो
अगर एक पर चोट पड़े
तो हर आँख हो जाए थोड़ी-थोड़ी नम
और किसी अन्याय के विरुद्ध
अगर एक को क्रोध आए
तो सारे शरीर
झनझनाते रहें कुछ देर तक

टेक्नोलॉजी के ग्लोबल इंटरकनेक्टिविटि के बरक्स यह मनुष्यता का सार्वभौमिक एकतारपन है। कविता इसी सामूहिकता और एकात्मता को स्थापित करती है।

इसीलिए कविता हर वस्तु, हर अनुभव, हर जीवन-क्षण को एक सूत्र में पिरोती चलती है। इसीलिए यहाँ कुछ भी बाह्य या त्याज्य नहीं है।

केदार जी की कुछ कविताओं का अलग से भी ज़िक्र ज़रूरी है जिसमें एक कविता तो है 'शहरबदल' और दूसरी 'नया गाँव की बत्ती'। दोनों ही विलक्षण अनुभवों की कविताएँ हैं। एक में यदि 'उस छोटे से शहर' का 'महाजीवन' है तो दूसरे में एक छोटे से आदमी का बड़प्पन। ऐसा कहकर मैं दोनों के ही आन्तरिक सौन्दर्य को कम कर रहा हूँ। इन्हें पूरा का पूरा पढ़ना ज़रूरी है। केदार जी की कविताएँ 'असम्भव सारांश'(पद श्री आशुतोष दूबे का है) की कविताएँ हैं। एक जगह आता है–

और चप्पल फटकारते हुए
चल दिया पडरौना–उसी शहर में, जिसके नाम का उच्चारण
एक लड़की को लगता था ऊँट के कोहान की तरह

अब यह एक खास बात है। शमशेर जी ने कहीं कहा है कि 'ऐनक' कहने से आकार के घुमाव का जो एहसास होता है वह 'चश्मा' कहने में नहीं। तो कोई शब्द, कोई ध्वनि कैसे इतना चित्रमय हो जाती है, कैसे वह कई रूपाकारों और बिम्बों को जाग्रत कर देती है, यह केदार जी के इस संग्रह से भी जाना जा सकता है।–'वह लम्बा-सा घुमावदार छन्द, जो सिर्फ एक ऊँट के चलने में होता है'। 'लुखरी' और 'अँगोछा' परिष्कृत हिन्दी और लोकभाषा के सम्बन्धों को भी दर्शाते हैं जो कि केदार

जी की एक प्रमुख चिन्ता रही है, लेकिन उससे अलग भी वे 'मरकाना,' 'मिलारेपा,' 'ठीकरा' जैसे शब्दों के साथ एक पूरे जीवन-खंड का पर्याय बन जाते हैं।

'ठीकरा' अद्भुत कविता है जो मनुष्य और खेत और वह सब कुछ जो खेत का अंश है यानी सम्पूर्ण सत्ता के पारस्परिक सम्बन्धों की पड़ताल है। और 'एक अधूरी कविता' की ये शानदार पंक्तियाँ–

देखो न इन पक्षियों को-दुनिया में कितनी कम जगह
घेरते हैं वे–शायद उससे भी कम
जितना उनके नाम घेरते हैं शब्दकोश में

यहाँ 'वास्तव' और भाषा के बीच जो परेशान करनेवाला द्वन्द्व है, वास्तव के निरन्तर संकुचित होते जाने का जो बोध है वह अनायास, अयाचित प्रगट हुआ है।

जीवन के कुछ सहज, आकस्मिक क्षण 'तू फू और ली पै' 'लुखरी' 'खरहे' और 'बारिश में स्त्री' जैसी कविताओं में भी उभर कर आते हैं' जहाँ विनोद वृत्ति भी है और कौतूहल भी, जिसकी कोई तत्काल-व्याख्या ज़रूरी भी नहीं। जैसे, 'बारिश में स्त्री का भीगना' कविता है जिसके अंत में आता है–

एक तृप्त मेढक
बारिश के बीच टर्राना भूल कर
अवाक् देखे जा रहा था
इस समूचे दृश्य को

अगर इसका 'विखंडन' किया जाय तो फिर वह लोककथा भी याद आएगी 'सुन्दरी और मेढक' वाली। साथ ही, यह बरसात के पूरे दृश्य का, एक स्त्री के तन के भीगने का चित्र है जहाँ मेढक भी एक अपरिहार्य पात्र है। केदार जी में रोमान तो है ही, अब मांसलता भी है।

'ताल्सताय और साइकिल' भी इसी तरह की एक अनूठी कविता है जहाँ साइकिल चलाना सीखते ताल्सताय के गिर पड़ने का ज़िक्र है, एक मामूली-सा प्रसंग जो केदार जी के हाथों पड़ कर मनुष्यता के सम्पूर्ण विकास का मनोरंजक आख्यान बन जाता है; साथ ही, इस बात का दृष्टांत भी कि महानता हमेशा बेध्य भी होती है, कहीं पर बेहद विवश और भंगुर। मसलन, बच्चे का यह कहना कि "बापू' यह शब्द/ दो अक्षरों से मिल कर बना है/'बा'+'पू'/'बा' चलो ठीक है पर 'पू' हमें ज़्यादा आनन्द देता है/ पता नहीं क्यों" महानता और उसकी गरिष्ठता को आत्मीय तथा सुपाच्य बना देता है। केदार जी के यहाँ अब 'भोलापन' भी 'अनुभव'-जनित है।

अब मैं उन कविताओं का उल्लेख करूँगा जिन्होंने अपने सम्मोहन से मुझे सबसे ज्यादा तंग किया है–'मोड़ पर विदाई,' 'लहरतारा,' 'तीन दोहे,' 'वह कुशीनगर की एक शाम,' 'पतझड़' और 'क्रिकेट'। इनमें पहली चार कविताएँ छंद में हैं जिनका गठन देखते ही बनता है। पतझड़ एक ऐसी कविता है जो उत्तर भारत

के पतझड़ का, 'मेरी मिट्टी के ठेठ भोजपुरिया पतझड़' का ऐश्वर्यशाली चित्र है, 'हाँ एक विरल पतझड़'। यह ठेठ भारतीय कविता है। और क्रिकेट दो होनी-अनहोनी के बीच की कहानी है। 'इन्तज़ार' को इस तरह 'खेल खेल में' प्रस्तुत किया गया है कि यह खेल गम्भीर होने लगता है—और 'मैं इंतज़ार कर रहा हूँ' का बारम्बार कहा जाना, क्रिकेट के अन्तिम रोमांचक क्षण और भारत की पराजय और फिर भी किसी अनहोनी उम्मीद का इन्तज़ार—क्या अब इन्तज़ार बेमानी है, क्या वह सचमुच नहीं आएगी? क्या एक पराजय दूसरे का भी शकुन है? यह एक विरल कविता है।

अब जो चार कविताएँ छन्द में हैं उनके बारे में सिर्फ यही कह सकता हूँ कि ये हमारी भाषा, जो इतनी महान और सम्पन्न है, की अमूल्य निधि हैं। कविता पढ़ने का जो अनिर्वचननीय सुख अपनी भाषा में और केवल अपनी भाषा में मिलता है, वही यहाँ मिलेगा। बार-बार पढ़ने का उल्लास तुकों का आकस्मिक मेल, लय की अप्रत्याशित लहर, किसी भूले हुए गीत या पद की याद, अनेक कविता-स्मृतियों की प्रतिध्वनि—सारे दल-पत्र एक ही वृंत पर संयोजित। वह 'कुशीनगर की एक शाम' में तीसरी पंक्ति, 'था' शब्द से शुरू होती है जो स्वयं एक आघात-सा है, और अनेक बार उसकी धौंकती उपस्थिति पूरी कविता को एक प्राचीनता तो देती ही है, साथ ही अतीत से वापिस वर्तमान को इंगित भी करती है। फिर उसके समृद्ध ब्योरे। इसी तरह 'तीन दोहे', अमीर खुसरो की मशहूर पंक्ति की पुनर्व्याख्या करती है—बाजार के इस दौर में जब पाठक भी विदेश जा रहे हैं यानी अँग्रेजी की शरण में, केदार जी कहते हैं—

श्रोता कब के उठ गये, पाठक चले विदेश
कवि जी आओ घर चलें, रैन भई एहि देस

इतने लम्बे काव्य-श्रम के बाद हिन्दी का कवि ऐसा क्यों सोचता है? पूरे संग्रह में लगातार कवि स्वयं अपनी एवं कविता की पड़ताल भी करता चलता है।

अकारण नहीं है कि स्वयं कविताओं में कवि का नाम केदारनाथ सिंह कई बार आता है। एक आशंका, आत्म-सजग आशंका है।

लेकिन जिस कविता ने मुझे सबसे अधिक अपने पाश में जकड़ा वह है 'लहरतारा'। जिसका बनना बिल्कुल आकस्मिक है, वैसे ही जैसे 'पेड़ पर पत्तियाँ आती हैं' उतना ही नैसर्गिक और हठात। किसी भी कवि में ऐसी चीजें कम ही होती हैं क्योंकि वे लगभग स्वतःस्फूर्त होती हैं।

अबकी काशी में देखा मैंने
अनन्त के बराबर एक छोटा-सा पल

यह पूरी कविता भी वैसी ही है—अनन्त के बराबर एक छोटा-सा पल।

श्री केदारनाथ सिंह की यह नवीनतम कविता-पुस्तक न केवल समकालीन हिन्दी

कविता बल्कि सम्पूर्ण हिन्दी कविता के संसार में एक अनुपम काव्य-सृष्टि के रूप में समादृत होगी। केदार जी अब हमारे बड़े कवि हैं। मिलारेपा ने ठीक कहा था—

दुनिया की सबसे सुन्दर प्रार्थना
एक मकई के दाने में निवास करती है।

केदार जी प्रार्थना तो नहीं करते, पर उस मकई के दाने को जानते हैं। उनकी कविता भी मकई का एक दाना ही तो है। आमीन!

कुँवर नारायण की आलोचना

आज और आज से पहले कुँवर नारायण के साहित्य सम्बन्धी लेखों का पहला और प्रतिनिधि संकलन है। लेकिन यह केवल साहित्य-आलोचना नहीं है। वास्तव में यह पुस्तक साहित्य-विचार और चिन्तन का पुंज है। यहाँ हम अपने समय के एक सर्वाधिक तीक्ष्ण और बहुमुखी मस्तिष्क को स्पन्दित-पल्लवित होते देख सकते हैं–'एकदिशात्मक, बेलोच और इत्मिनानी दृष्टिकोण न अपना कर, एक निरीक्षक और विवेचक की तरह अपने समय और समाज पर चौकन्नी नज़र रखे हुए'। इस पुस्तक को पढ़ने का मतलब है बीसवीं शताब्दी के विचार-व्यूहों एवं काव्य-धमनियों से होकर गुजरना। अत्यन्त सतर्कता तथा धीरता के साथ कुँवर जी ने साहित्य और दर्शन के कुछ प्राथमिक प्रश्नों पर विचार किया है।

पुस्तक के आरम्भ में भूमिका के तौर पर 'कुछ बातें' शीर्षक से कुँवर जी अपनी मूल प्रतिज्ञायें प्रस्तुत करते हैं और उनके मिस बीसवीं शताब्दी का आकलन भी–'लगभग एक किताब की तरह समाप्ति पर है बीसवीं शताब्दी'। इस भूमिका में वह कहते हैं–'इस सदी में हमारे जीवन, विचारों और धारणाओं पर विज्ञान सम्मत शब्दावली और उसकी चिन्तन-पद्धति का व्यापक असर रहा है' और 'इस सदी के दो सबसे प्रभावशाली आन्दोलन–आधुनिकता या आधुनिकतावाद और मार्क्सवाद–सारे मतभेदों के बावजूद इस मायने में एक हैं कि बिना वैज्ञानिक दृष्टिकोण की दुहाई दिये वे अपनी-अपनी वैधता सिद्ध नहीं कर पाते'। कुँवर जी कहते हैं कि वैज्ञानिक दृष्टिकोण 'मनुष्य के स्वत्व, उसके व्यक्तित्व का सर्वथा अस्वीकार नहीं तो उसकी उपेक्षा अवश्य है'। आगे, 'मार्क्सवाद में व्यक्ति,'व्यक्तिवाद' के रूप में तिरस्कृत है और उसका व्यक्तित्व मात्र आर्थिक-सामाजिक तथ्यों का नतीजा है'। लेकिन क्या यह भी सच नहीं कि आधुनिकतावाद ने ही बीसवीं सदी में व्यक्ति की गुह्यतम कंदराओं को इतना अधिक रौशन किया? विज्ञान में हुए बाद के अन्वेषणों ने भी 'सब्जेक्ट' की भूमिका को स्वीकृति दी है। जहाँ तक मार्क्सवाद का प्रश्न है तो वह मानता है कि मनुष्य का व्यक्तित्व जो आज आर्थिक-सामाजिक तथ्यों का मल-मात्र रह

गया है उससे उसकी **मुक्ति** जरूरी है ताकि मानवीय स्वत्व को पाया जा सके। यहाँ कुँवर नारायण मार्क्सवाद के प्रति चालू धारणाओं को ही व्यक्त कर रहे होते हैं।

भारतीय राजनीति पर विचार करते हुए कुँवर जी कहते हैं कि आज उस आत्मबल और आत्मसम्मान का अभाव है जो नैतिकता को दृढ़ आधार दे सके। इसीलिए, 'साहित्य और राजनीति के बीच गठबंधन का रिश्ता वांछनीय नहीं' ताकि साहित्य 'अपने समय और समाज पर चौकन्नी नज़र रख सके'। उनका कहना सही है कि 'भारत जैसे देश में, जहाँ सदियों से अनेक जातियाँ' अनेक धर्म, अनेक भाषाएँ, अनेक संस्कृतियाँ, अनेक परम्पराएँ साथ रहते आये हैं, और आगे भी रहेंगे, वहीं अलगाववाद को रेखांकित करने वाला कोई भी प्रचार ख़तरनाक है'।

अपने आलोचनात्मक पक्ष को स्पष्ट करते हुए कुँवर जी लिखते हैं,'समीक्षा जब भी यह विवेक खो देगी कि एक साहित्यिक रचना सबसे पहले कलाकृति है, महज एक कार्यक्रम नहीं, समीक्षा की अपनी साख कमज़ोर पड़ जायेगी'—इसीलिए, 'उसमें यह विवेक निहित मानना चाहिए कि साहित्य-समीक्षा किसी बड़ी विचारधारा या अध्ययन-प्रणाली की प्रतिध्वनि मात्र होकर न रह जाये'। हालाँकि एक जगह वह यह भी कहते हैं कि 'साहित्य समीक्षा नितान्त साहित्यिक मामला नहीं है'।

भूमिका के अन्त में कुँवरनारायण साहित्य और जीवन के अपने निजी चुनाव के बारे में बताते हैं—'मैं मानता हूँ कि जीवन द्वंद्वमूलक है—जब मैंने साहित्य को चुना तो यह बाकी सबका नकार या उससे पलायन नहीं था : अपने विशिष्ट क्षेत्र का चुनाव था, और उसी के माध्यम से पूरे जीवन से सामना था। कोई भी कविता या रचना अगर किसी-न-किसी स्तर पर जीवन से इस गहरी बावस्तगी का एहसास नहीं करा पाती तो उसमें कहीं कुछ कमी है, वह कमज़ोर है।...जीवन को हम किस तरह परिभाषित करते हैं—असली चुनाव यहाँ करना है।...मैं इस कोशिश को प्राथमिकता देता हूँ क्योंकि यहीं से इस आत्म-संस्कृति, इस मानवीय संवेदना का विस्तार, सम्भव है कि हम समष्टि का अलग एक नगण्य स्थूल हिस्सा मात्र नहीं, सम्पूर्ण समष्टि-चेतना से अविभाज्य हैं'। व्यक्ति और समष्टि का यही अंतस्सम्बन्ध कुँवर जी की कविता की भी मूल चिन्ता है और साहित्यालोचना की भी। इस पुस्तक के अनेक निबन्ध व समीक्षाएँ अलग-अलग तरीके से इसी सम्बन्ध का पुनः-पुनः आविष्कार करती हैं—अलग-अलग मार्गों से 'घर लौटना', जैसे—कभी परम्परा के परिप्रेक्ष्य में तो कभी वर्तमान या भविष्य के सन्दर्भ में।—'जिस तरह निजी अत्यन्त उदार अर्थों में सामाजिक या सार्वभौमिक हो सकता है, उसी तरह सामाजिक अत्यन्त संकुचित अर्थों में बिल्कुल निजी भी हो जा सकता है। अतः निजी और सामाजिक के बीच बुनियादी विरोध न मानकर निजी के साधारणीकरण की समस्या को ही कला की मूल समस्या मानने में प्राचीनों का यह मत ठीक लगता है कि श्रेष्ठ काव्य-रचना वही है जिसमें **परस्य न परस्येति ममेति न ममेति च** वाली स्थिति हो।'

अपने पहले निबन्ध में उन्होंने भारतीय परम्परा की जीवन्त 'पुनर्व्याख्या' की है। 'मैं यह महसूस करता हूँ कि भारतीय परम्परा का सार और नमनशीलता उसकी निरन्तरता में उतनी नहीं जितनी कि उसकी स्वाभाविकता, शान्तिप्रियता और विचार मिश्रण की प्रवृत्तियों में निहित है'। यह स्वीकार करते हुए कि 'मुझे तो हिन्दुत्व के दार्शनिक और नैतिक पक्ष आकर्षित करते हैं,' कुँवर नारायण कहते हैं—'भारतीय संस्कृति के विषय में उसी प्रकार एक धर्म के रूप में सोचना कठिन है जबकि यूरोपीय संस्कृति के विषय में ईसाइयत के रूप में सोचना सहज है'। लेकिन क्या ईसाइत सम्पूर्ण यूरोपीय संस्कृति को व्यक्त करती है? क्या स्वयं ईसाइयत एक अखंड धारणा है? क्या शेक्सपीयर, गोयथे, तॉल्स्तॉय, बाल्ज़ाक ईसाई लेखक कहे जा सकते हैं? ख़ैर! कुँवर जी आगे कहते हैं कि 'भारतीय इतिहास के किसी विशिष्ट युग को बहुजातीय तथा बहु-संस्कृति अर्थ से भिन्न किसी अन्य अर्थ में विशिष्ट रूप से भारतीय नहीं कहा जा सकता।' वह सावधान करते हैं कि 'परम्परा या इतिहास पर अतिरिक्त बल देना विरुद्ध फलदायक हो सकता है और वर्तमान पर ऋणात्मक दबाव डाल सकता है'।

कुँवर नारायण ने आधुनिकता पर सूक्ष्मता से और विस्तार में विचार किया है। यहाँ अनेक ऐसे सूत्र मिलते हैं जिन पर आगे बात करने की ज़रूरत है। 'इस सदी के पूरे सोच पर बुनियादी असर डालने वाले तीन विचारकों—मार्क्स, फ्रायड और आइन्सटाइन को लें तो विज्ञान और आधुनिकता के बीच का वह उदात्त अंतःसम्बन्ध स्पष्ट हो जाएगा जो आज के मनुष्य के सामाजिक, आर्थिक, नैतिक तथा काल और वस्तुसापेक्ष स्थिति को एक बिल्कुल तर्कमूलक या रैशनल धरातल पर रखकर समझने की कोशिश है।.... इनके विचारों की यूनिवर्सेलिटी जो है वह मुझे आधुनिकता का एक महत्त्वपूर्ण अंग लगता है'। साथ ही वह आधुनिकता के 'क्वेश्चनिंग एटिट्यूड' को, 'निर्णयात्मक न होकर, थोड़ा संशयात्मक होना' को मूल्यवान मानते हैं। इसीलिए उनका मानना है कि 'साहित्य किसी एक पक्ष की वकालत न होकर दो या दो से भी अधिक पक्षों की अदालत है। इस अदालत का न्यायप्रिय, सन्तुलित, निष्पक्ष और मानवीय होना मैं बहुत ज़रूरी समझता हूँ'। यहाँ मेरे मन में सवाल उठता है कि क्या अदालत बिना कोई निर्णय लिए उठ जायेगी?

कुँवर जी आगे लिखते हैं—'एक बड़ा साहित्य विभिन्न विचारों की वैधता के लिए खुद प्रमाण होता है, अपनी प्रामाणिकता का आधार दूसरे विचारों या किसी विचारधारा को नहीं बनाता। शेक्सपीयर या कबीर या तुलसीदास का साहित्य किसी एक विचार का पुष्टीकरण नहीं है : वह पूरे जीवन की सच्चाई है जिससे किसी विचार की वैधता सिद्ध होती है।' कुँवर जी मार्क्सवाद के सम्बन्ध में भी मानते हैं कि 'एक महत्त्वपूर्ण विचार की राजनीतिक परिणति जो भी हो उसके मूल्यवान तत्त्वों को अस्वीकार नहीं किया जाना चाहिए।' कुँवर जी की पूरी पुस्तक में हमें विचार और चिन्तनमात्र के प्रति

गहरा आदर और सदाग्रह मिलता है जो आज दुर्लभ है। 'साहित्यालोचना के जनतान्त्रिक सन्दर्भ' इसी सदाग्रह का विस्तार है। वह स्पष्ट कहते हैं, 'ऐसी किसी भी व्यवस्था में समालोचना या समीक्षा का वैज्ञानिक और नैतिक विकास न हो पाना स्वाभाविक है जहाँ विचार प्रगट करने की पूरी छूट न हो'। साथ ही, यह भी सही है कि 'जहाँ सभी तरह की आलोचना की छूट हो, आलोचना कभी-कभी महत्त्वहीनता की हद तक गिर जा सकती है'। भारतीय चिन्तन प्रक्रिया के विषय में उनका मत है कि उपनिषद के शाब्दिक अर्थ में भी गुरु-शिष्य के बीच संवाद का भावार्थ निकलता है। इस संवाद पद्धति में विचार विनिमय की जनतांत्रिक जड़ें हैं। और यह मुझे बिल्कुल तर्कसंगत लगता है कि भारतीय समीक्षाशास्त्र के विकास की मूल मानसिकता—शास्त्रार्थ और खंडन मंडन की आवश्यकता को पूरी तरह आत्मसात किए हुए विकसित हुई।' मार्क्सवादी आलोचना के बारे में उनका विचार है कि 'यह धारणा गलत है कि इधर की मार्क्सवादी दर्शन से आगृहीत साहित्यालोचना आर्थिक, राजनीतिक और सामाजिक सरलीकरणों से आगे नहीं बढ़ी।... इधर की मार्क्सवादी समीक्षा का खासा दबाव भी किसी रचना को एक सांस्कृतिक कला-तथ्य (कल्चरल आर्टिफेक्ट) मानकर उसकी व्याख्या पर रहा है।' कुँवर जी का दृढ़ मत है कि समालोचना की जगह 'बौद्धिक स्वतन्त्रता और निष्पक्षता के बगल में होनी चाहिए'। वह यह भी मानते हैं—'समाज और राजनीति को लेकर साहित्य कभी भी निरपेक्ष नहीं रहा'। इसलिए, 'समालोचना के इस अधिकार पर अंकुश नहीं लगाया जा सकता कि वह एक साहित्यिक रचना की विश्लेषण व्याख्या तो करे, मगर उन विषयों पर अपनी कोई स्वतन्त्र राय न दे जिन्हें रचनात्मक साहित्य उठाता है'। निबन्ध के अन्त में जनतन्त्र और समालोचना के सम्बन्ध को और भी खोलते हुए कुँवर जी कहते हैं, 'आज ऐसी व्यवस्थाओं की कमी नहीं जो अपने को जनतांत्रिक कहती हैं : कमी अगर है तो ऐसी मानसिकताओं की जो जनतान्त्रिक हों।....जनतन्त्र में तमाम तानाशाह पैदा हो जाते हैं और उनमें कुछ की चलती है।...अक्सर इस तरह की ताकतों के उभरने के पीछे धर्मांधता या धार्मिक किस्म की मतान्धता का हाथ रहता है जो यदि रोकी न जाय तो समाज के पूरे जीवन में प्रवेश करती जाती है'। कुँवर जी हमें सचेत करते हैं कि 'साहित्य तथा अन्य कलाओं का एक काम इस तरह की प्रवृत्तियों को निरुत्साहित करना भी है'। साथ ही, कुँवर जी निरन्तर इस बात पर बल देते हैं कि 'साहित्य को अपनी **निजता** की रक्षा करनी है, राजनीति में अपसरित नहीं हो जाना है'। 'साहित्य भाषा में मनुष्य की पूरी चेतना का स्पन्दन है। राजनीतिक चेतना उससे ऊपर नहीं है, उसमें है।' तथा 'एक साहित्यकार हमेशा राजनीति में भी और राजनीति के बाहर भी मनुष्यता के वृहत्तम आशय को केन्द्र में रखता है।' साहित्य की स्थिति ऐसी हो कि वह राजनीतिक संस्कृति को समृद्ध भी करे और ज़रूरत पड़ने पर उस पर नैतिक दबाव भी डाल सके। सिकन्दर

की छाया से डायग्नीज़ की धूप ज्यादा महत्त्व रखती है। और कुँवर जी का यह निष्कर्ष महत्त्वपूर्ण है कि 'यह एक समाज की शक्ति और स्वतन्त्रता का सही अर्थों में द्योतक है कि वह चेतना के कितने विभिन्न स्तरों पर समृद्ध है और कितने विभिन्न स्तरों पर एक भाषा में उन्हें प्रगट कर सकने की सामर्थ्य है।'

पुस्तक के अगले खंडों में कुँवर जी कुछ पुस्तकों तथा लेखकों पर विचार करते हैं। इस सम्बन्ध में प्रसाद, निराला, अज्ञेय तथा मुक्तिबोध पर लिखे उनके निबंध अलग से विस्तृत विवेचन की माँग करते हैं। जैसे, प्रसाद के बारे में उनका मंतव्य, 'प्रसाद के साहित्य में मुझे जो कमी महसूस होती है वह कला की नहीं, कला और जीवन के बीच घनिष्ठता की है'।

अज्ञेय पर उनकी टिप्पणी, 'विषय की दृष्टि से अज्ञेय का काव्य कुछ परिचित मानसिक अवस्थाओं को व्यक्त करने वाले शब्दों से संकेतित होता है' तथा 'असाध्य वीणा' की लय की उनकी व्याख्या महत्त्वपूर्ण है रघुवीर सहाय पर लिखते हुए उनका यह सोचना महत्त्वपूर्ण है कि 'एक कवि ज़रूरी नहीं कि अपने समय की कविता या अपने बाद की कविता पर एक बड़ा प्रभाव बने ही'। कुँवर जी ने कविता की या कविता खंडों की शब्द-दर-शब्द व्याख्या नहीं की है, लेकिन कविता के अपने मार्मिक पाठ के चिन्ह हर जगह अंकित जरूर किए हैं। कविता और कवियों के सम्बन्ध में उनके विचार अलग निबन्ध का विषय हैं। सर्वेश्वर, रघुवीर सहाय, नागर जी, यशपाल पर लिखे उनके संस्मरण अविस्मरणीय हैं।

कुँवर नारायण दुर्लभ अन्तर्दृष्टि से भारतीय चिन्तन, काव्य शास्त्र और कविता के वर्तमान का विश्लेषण करते हैं। आज वह हमारी भाषा के उन थोड़े-से विद्वानों में हैं जो एक साथ भारतीय एवं पाश्चात्य विचार-सरणियों पर, विभिन्न कला आन्दोलनों एवं दार्शनिक पद्धतियों तथा काव्य की सूक्ष्मताओं पर इतनी धीरता एवं निस्संगता से विचार कर सकते हों। वह जो भी कहते हैं पूर्ण निष्ठा एवं अन्दरूनी अपरिहार्यता से कहते हैं। उनको पढ़ना स्वयं को ऊर्जा-चालित करना है, अपने मस्तिष्क और चेतना को सुदूर के समस्त विद्युत स्रोतों से जोड़ देना है।

हमारे समय का एक बिम्ब

राजेश जोशी और उनके सहोदर कवियों के पहले संग्रह सन् उन्नीस सौ अस्सी के आस-पास आये। इनकी कविताओं ने तत्कालीन हिन्दी काव्य-मुहावरे में बहुत कुछ जोड़ा और घटाया। इतनी बात तो लगभग हर कोई मानेगा कि इनके प्रकाशन के बाद हिन्दी कविता का दृश्य वही नहीं रह गया जो अब तक था। यहाँ तक कि इन्होंने पिछली कवि-पंक्तियों में भी कुछ परिवर्तन किये। ये सारे परिवर्तन क्या थे, कैसे थे, अभी इस पर बहुत कहने का अवकाश नहीं है। फिर भी कुछ बातें कहना इसलिए ज़रूरी है कि उनको ध्यान में रखे बिना बाद की कविता पर विचार करने में नहीं बनेगा।

स्वयं राजेश जोशी के काम को समझने के लिए यह ज़रूरी है। पहला काम तो इन कवियों ने यह किया कि कविता को निपट वक्तव्य होने से रोका। कोई बात सीधे-सीधे कह दी जाय—चाहे वह राजनीतिक बात हो या आध्यात्मिक या भावनात्मक—इसके बदले प्रयत्न रहा कि उस भाव-दशा को व्यक्त किया जाय, उस भाव-दशा को प्रसूत करने वाली वस्तु-स्थिति को अंकित किया जाय और इसके लिए समतुल्य बिम्ब की खोज की जाय। छोटी से छोटी घटना को उसके व्यापकतम प्रसार में देखा जाय जैसे कोई वैज्ञानिक देखता है या जैसा ग़ालिब ने कहा है, 'कतरे में दरिया को देखा जाय।' दूसरी बात यह कि कविता राजनीति के बाह्य चर्म या केवल ऊपरी भाग को छू कर सन्तुष्ट न हो जाय; ज़रूरी है कि राजनीति को गहराई से समझा जाय क्योंकि राजनीति जीवन के प्रत्येक अंश को प्रभावित तथा बहुत कुछ निर्मित करने लगी है।

इसलिए इनकी कविता बहुत गहरे अर्थों में राजनीतिक आशय की कविता है, प्रतिपक्ष तथा प्रतिरोध की कविता है, भीतरमार की कविता है, केवल फेनिल उच्छ्वासों की नहीं। तीसरी बात यह कि कविता को सम्पूर्ण जीवन का संवाहक बनना है, जीवन का सम्पूर्ण एवं संश्लिष्ट बिम्ब—और इसके लिए भाषा के समस्त धन को खर्च करना ज़रूरी है। और भी बातें हैं। लेकिन अभी मेरी समझ से ये तीन मुख्य काम हैं जो राजेश जोशी की कविता तथा उनके सहोदर कवियों की कविता ने करने की कोशिश की। कहाँ तक सफल हुए, यह अलग बात है। और ये काम भी कोई घोषणा-पत्र बनाकर प्रतिज्ञा करके उन्होंने नहीं किया। शायद उस समय इसे लेकर वे बहुत सचेत भी नहीं थे। ये काम होते चले गये। और इसीलिए इनकी कविता ने एक नया स्वाद, नया

स्थापत्य और नयी काव्य दृष्टि प्रस्तुत की जिसे सहृदय पाठकों का भी पर्याप्त समर्थन मिला और कविता एक बार फिर साधारण पाठक के पास गयी। आगे, यानी बाद के बीस वर्षों में इन कवियों का कैसा विकास हुआ, स्वयं ये अपनी आरम्भिक निश्छलता एवं प्रतिबद्धता का कितना निर्वाह कर सके, इनके निजी जीवन-आचरण में क्या-क्या परिवर्तन हुए, यह विचार का विषय है। लेकिन एक बात लगभग तय है कि इन कवियों ने बिना किसी अपवाद के—आज भी न तो अपना वैचारिक पक्ष छोड़ा, न सत्ता-व्यवस्था का कल-पुर्ज़ा बने। एक बात और कि ये अपने अपने ढंग से विकसित होते रहे; अच्छे-बुरे बदलाव इनकी कविता में आते गये और आज भी ये निरन्तर सक्रिय हैं। अपनी काव्य-दृष्टि तथा काव्य-व्यवहार की रक्षा में इन्होंने दृढ़तापूर्वक वैचारिक तथा आलोचनात्मक लेखन भी किया। संक्षेप में यही इनका काम है और इनमें राजेश जोशी की भूमिका भी अग्रणी है।

'दो पंक्तियों के बीच' राजेश जोशी का चौथा संग्रह है। इस तरह उन्होंने अपने प्रतिद्वन्द्वियों की बात झुठला दी जो कहते थे कि ये एक-डेढ़ संग्रहों के कवि हैं। राजेश जोशी का नवीनतम संग्रह एक कवि की अभ्यास-पुस्तिका मात्र नहीं है, यह श्रेष्ठ कविताओं का संग्रह है, जीवन को और अपने समय को समझने की, उसकी सबसे नयी कोशिकाओं को बिल्कुल नये ढंग से व्यक्त करने की कोशिश।—

'दो पंक्तियों के बीच' की कविताओं को पढ़ते हुए राजेश की पिछली कविताएँ भी याद आती हैं। 'उस प्लम्बर का नाम' पढ़ते हुए बरबस बिजली सुधारने वाले मज़दूरों की याद आती है। 'पीठ की खुजली' वाली कविता पढ़ते हुए करमकल्ले वाली कविता याद आती है। यानी वहाँ बहुत कुछ ऐसा है जो राजेश के पिछले अनुभवों के मेल में है, उसका बढ़ाव है और इससे लगता है कि कवि ने अपनी भूमि नहीं छोड़ी है। कविता के सारे तल्ले अन्त तक इसी भूमि पर उठते जाते हैं। राजेश ने निरन्तर उन लोगों के बारे में लिखा है जो सबसे कमज़ोर और सताये हुए लोग हैं, जो समाज की धुरी है—लेकिन जो समाज के लिए जितना ही जरूरी हैं, समाज की दिलचस्पी उनमें उतनी ही कम है। राजेश की कविता ऐसे लोगों से आबाद है, चाहे वे मज़दूर हों, चाहे स्त्रियाँ, चाहें मुसीबतजदा कवि-कलाकार। 'बिजली सुधारने वाले मज़दूर' ऐसे जीवन का प्रतिनिधि बिम्ब है और ऐसा ही है वो 'प्लम्बर' जिसका नाम गृहपति भूल गया है पर जो गृहिणी को याद है क्योंकि गृहिणी स्वयं ऐसा ही एक बिम्ब है जिसकी गृहस्थी पर समूची दुनिया टिकी है और खुजलाती हुई पीठ जिस के सहारे के बिना कितना असहाय हो जाती है। 'यवनिका गिरती है' का कलाकार और 'शोकगीत' का पात्र और 'उसकी जीत' का मृत मित्र, 'घर की याद' का फटेहाल शिक्षक सब उसी श्रेणी के लोग हैं जिनका एक प्रतिनिधि बिम्ब है 'खोड़ला गाँव'। एक कविता है 'दृश्य और बिम्ब' जिसमें नए मॉडल की एक चमचमाती कार धीरे-धीरे सरकती हुई एक विकलांग बच्चे को डरा रही है—'यह एक दृश्य है, जो

हमारे समय के बिम्ब में बदल रहा है'। किस तरह जो बलवान हैं वे सबसे कमजोर को कुचल रहे हैं—राजेश की कविताओं के अनेकानेक दृश्य इसी वास्तविकता के बिम्ब हैं। उनकी हर कविता, हर श्रेष्ठ कविता, पूरे समय की कविता है, इन्हीं संघर्षरत, कुचलने से अपने को बचाते लोगों की उदात्तता की कविता। बहुत प्रेम और कई बार रुँधे गले से राजेश ने इन चरित्रों का सृजन किया है— मिट्टी के चेहरे, दरकते-फूटते, पर आग में पकते हुए। कुछ विद्वान कहते हैं कि राजेश की कविताओं में संघर्ष नहीं है, संघर्ष करते लोग नहीं हैं। इसका मतलब क्या है? पहली बात तो यह कि कविता कुछ विद्वानों की मंशा की आदेशपूर्ति नहीं होती। फिलहाल इसे मुल्तवी भी कर दें तो पाते हैं कि जो लोग युद्ध से जीवित लौट आये हैं उनके मुताबिक युद्ध-भूमि में हमेशा लड़ाई ही नहीं होती रहती, कई बार तो लगता भी नहीं कि यह युद्ध-भूमि है, लेकिन युद्ध हमेशा जारी रहता है यहाँ तक कि यह युद्ध हमारे खाने की थाली तक फैला होता है। ऐसी ही बात संघर्ष के साथ भी है। संघर्ष तो लगातार चल रहा है—इसका संकेन्द्रण या परिणति किसी ख़ास घटना या क्षेत्र में, किसी ख़ास क्षण में हो सकती है, फिर भी वह उपसंहार या अन्त नहीं है। लेकिन ये सारे लोग, जो जिन्दा रहने के लिए लड़ रहे हैं (जैसे 'घर की याद' का मास्टर), जो कुचलने से बचने के लिए लड़ रहे हैं (जैसे वो विकल-अंग बच्चा'), जो होश खोकर भी राजा को गाालियाँ बक रही है ('क्यों रोई वो')—ये सब संघर्ष के ही दृश्य हैं। हर साँस एक संघर्ष है, हम अक्सर इस बात को भूलते हैं, लेकिन दमे का रोगी कभी नहीं भूलता। जो 'इत्यादि' हैं वे नामकरण के लिए संघर्ष कर रहे हैं। और इनके विरोध में वे सब हैं, 'बर्बरों से भी अधिक बर्बर' आततायी। 'अहद होटल' का ध्वस्त होना भी इसी बर्बरता और हिंसा का दृश्य है। छुरेबाजी की घटना तो बस एक बहाना है—वो सब कुछ, जो लोगों को एक साथ जमा करता हो, जो लोगों में प्रेम और दोस्ती बढ़ाता हो, आज सबसे ज्यादा चोट उसी पर पड़ रही है। इस संग्रह की कविताएँ उतनी तेज और मुँहफट नहीं हैं जितनी पिछले संग्रह की, जैसे 'वे मारे जाएँगे' या 'धर्म के विरुद्ध हैं' जैसी कविताएँ जो तत्काल प्रचलन में आ गई थीं। कोई भी सच्चा कवि हमेशा एक जैसा नहीं लिखता—वह कोई ट्रैक्टर का टायर नहीं है कि हमेशा एक जैसी धारियाँ छोड़ता जाए। इस संग्रह की कविताओं में धीरता अधिक है, सावधानी से समझने और बोलने का यत्न। चलते हुए भी जमीन को थाहते रहना ज़रूरी है। 'बड़ी उम्र में कार चलाना' इस काव्य-व्यवहार को अच्छी तरह दर्शाती है। दुर्घटनाओं से बचते हुए दूरियाँ तय करना—वैसे भी आसान काम नहीं है। 'बड़ी उम्र में... बचना चाहते हैं हम किसी भी नये काम को सीखने से, किसी भी नये जोखिम से'। यह स्वयं कवि की नैतिक साहसहीनता का स्वीकार नहीं है। कुछ विद्वान समझते हैं कि कविता में 'मैं' का अर्थ स्वयं कवि होता है। लेकिन नहीं। 'मैं' का अर्थ है हर कोई। जैसा मैंने शुरू में कहा, यह तो एक भाव स्थिति है, एक संश्लिष्ट

बिम्ब, जिसको समझना पाठक की जिम्मेवारी है। कवि सचमुच यह नहीं कह रहा कि बड़ी उम्र में नये काम को सीखने से, किसी नये जोखिम से बचना चाहिए। नहीं, वह इसके ठीक उल्टा कह रहा है। पूरी कविता इस वक्तव्य की काट है। यह कविता मनुष्य के जीवट की कविता है, साथ ही जीवन के सम्मान की, सावधानी और गलतियों से सीखते चलने की कविता है। इसे हम अनेक तरह से, अनेक स्तरों पर और अनेक सन्दर्भों में पढ़ सकते हैं। यहाँ कार चलाना केवल कार चलाना नहीं है। राजेश की कविता ने इस बीच यह विशेष गुण अर्जित किया है कि वह सिर्फ एक अनुभव या प्रसंग से बद्ध होकर नहीं रह जाती, वरन् उसका प्रसार अब अनेक सन्दर्भों में सम्भव है, बहुत बार तो बिल्कुल भिन्न स्थितियों में—यानी एक दृश्य बिम्ब में बदलता जाता है और फिर उस बिम्ब की अनेक छवियाँ अन्यत्र लहलहाती हैं। उसकी जो श्रेष्ठ कविताएँ हैं उनका एक स्थानिक मान होता है और एक स्वतन्त्र मान भी।

राजेश अपने समय में हो रहे परिवर्तनों को, लगातार जटिल होते जा रहे जीवन को, लगातार मुश्किल होते जा रहे जीने को बेहतर बनाने के प्रयत्नों को समझते हैं और उनकी कविताएँ इस बात की तस्दीक करती हैं कि हम पूर्वनिर्धारित कार्यक्रमों के अनुसार न तो जीवन में चल सकते हैं, न कविता में। यह बहुत तेज़ी से बदलता हुआ समय है—'जब तक मैं एक अपील लिखता हूँ...अपील की ज़रूरत खत्म हो चुकी होती है'। ऐसे समय में क्षत-विक्षत जीवन-अंशों को कविता की अमरता प्रदान करना बहुत कठिन है। और राजेश जोशी का काम यही है। इसके लिए उन्होंने कुछ बिल्कुल नये क्षेत्रों का भी स्पर्श किया है। ऐसे अनुभव भी अब उनके यहाँ आते हैं जिन्हें उनकी कविता पहले छोड़ देती थी। जीवन-नदी की पेटी से नयी भूमि को निकाल पाना एक कवि की परीक्षा होती है। राजेश ने इस संग्रह में कुछ नयी भूमि भी अर्जित की है। **चित्र में लड़की की उम्र, रेस्त्राँ में इंतज़ार, अधूरी इच्छा, पानी की आवाज़** ऐसी ही कविताएँ हैं। 'चित्र में लड़की की उम्र' बहुत तनी हुई कविता है, ज्वर के बढ़ते तापक्रम के से स्वर में, मानव-सम्बन्ध की एक जटिल, गुम्फित स्थिति को आख्यायित करती। 'रेस्त्राँ में इंतज़ार' भी बेचैनी से भरी हुई कविता है। 'यवनिका गिरती है' स्वयं राजेश की कविताओं में पृथक है जो जीवन-मृत्यु के द्वन्द्व का, व्यक्ति के न रहने पर उसकी रिक्तता का सृजन करती है। यह कविता राजेश का एक शिखर है। 'परछाईं' और 'किसी दूसरे मुल्क में' अनूठे शिल्प की कविताएँ हैं। देखकर आह्लाद होता है कि कई बार सीधे सपाट बोलने वाले राजेश जान-बूझकर ऐसी कविता रचते हैं जिसकी ख़ूबसूरती ही वस्तु को लगातार दूर हटाते जाने से उपजती है। और वास्तविकता से बनायी गयी यह दूरी हमें उतनी ही तीव्रता से वास्तविकता का एहसास भी कराती है। राजेश ने अनेक शिल्पों, प्रविधियों का व्यवहार किया है, उनके यहाँ अनेक स्वर हैं—स्वगत भी है, एकालाप भी, संवाद भी

और वृन्द-गान भी। इसलिए राजेश की भाषा कच्चे बाँस या बेंत की तरह लचीली है जिसमें उसकी अपनी साँस की नमी के साथ-साथ भोपाल शहर की अपनी बोली की नमी भी निरन्तर मौजूद रहती है।

राजेश जोशी के काव्य-स्वर की एक विशेषता यह भी है कि उनका कोई एक साँचाबद्ध स्वर नहीं है—आद्योपांत स्थिर, अपरिवर्तनशील, डाँटने से लेकर पुचकारने तक एक ही स्वर-त्वरा—ऐसा नहीं है। राजेश किसी निपुण अभिनेता की तरह अनेक स्वर-लहरियों का सृजन करते हैं। इसीलिए उनके यहाँ इतनी विविधता है, इतनी भूमिकाओं में उतरने की साहसिकता—और ऐसा इसलिए कि कविता केवल वक्तव्य नहीं है, केवल कथन नहीं, विचार या भाव का, वह उस जीवन-स्थिति की पुनर्रचना है जो तदनुकूल सम्यक् भाव को जाग्रत करे। राजेश की कविता वक्तव्य से अधिक एक रूपक या नाटक होती है, जिसके अनेक पात्र हैं और अनेक स्वर। राजेश की कविता सच्चे माने में एकवचन के विरुद्ध जीवन के बहुवचन की कविता है अथवा वैसा होने का उपक्रम है।

राजेश जोशी अक्सर कविता में भाषा के 'कौतुक' और 'खिलंदड़ापन' का ज़िक्र करते हैं। इधर कुछ टिप्पणियाँ भी उन्होंने लिखी हैं इस बारे में। शुरू से ही एक चपलता उनकी भाषा में है, यथार्थ की 'हदों' को पार कर 'स्वप्न' के 'बेहद' में जाने की इच्छा। इस संग्रह में यह हठ कुछ प्रबल हुआ है, खास कर आरम्भ में दी गयी कुछ कविताओं में। 'अदृश्य परछाईं', 'बेहद के इस अरण्य में कुलाँचें', 'बेचैन आत्माएँ भटकती हुईं' जैसे पद तो हैं ही, साथ साथ 'चाँद के बारे में,' 'धरती के इस हिस्से में', 'नींद में', 'चप्पलें' जैसी कविताएँ भी हैं जहाँ कविता अतीन्द्रिय होने लगती है। यह सही है कि कविता पंक्तियों में नहीं, पंक्तियों के बीच होती है जैसा कि अँग्रेजी का चालू मुहावरा है; लेकिन यह भी सही है कि दो पंक्तियों के बगैर बीच की कोई जगह बन भी नहीं सकती। राजेश जब यथार्थ के अंतर्विरोधों, द्वन्द्वों, जटिलताओं, मानव-स्वभाव, चरित्रों के आभ्यन्तर का संधान करते हैं तब तक तो उनकी कल्पनाशीलता अपनी शक्ति भर कार्यरत रहती है; जब वे मनोगत वक्तव्यों पर उतर आते हैं तब यथार्थ को काव्य में बदलने का यत्न कम, एक स्थानापन्न, आभासी काव्य-कौशल अधिक दीख पड़ता है जो असतर्क पाठक को चकमे में डाल दे। यथार्थ से ज़्यादा अजूबा कुछ भी नहीं और इस अजूबे को कला में बदलने से बड़ा कौतुक कोई दूसरा नहीं। यदि 'यवनिका गिरती है' **कवि-कल्पना** का उदाहरण है तो 'दो पंक्तियों के बीच' **कपोल-कल्पना** का नमूना। सारे महल हवा में बनते हैं, लेकिन सारे महल हवाई नहीं होते। राजेश जिधर मन उधर हो आयें, ठीक ही है। कवि को हर तरफ, हर गली में जाना चाहिए, मन को मारना ठीक नहीं। लेकिन उनका अपना स्वर वह नहीं है। जो ध्वनियाँ उनकी हैं, उन्हें हमेशा पुकारेंगी—

वे चरागाह में खो गयी गायें हैं जो रास्ता तलाशती हुई एक दिन आ जाती हैं वापस और बन्द दरवाज़ों के बाहर रँभाती हैं।

भिखारी ठाकुर : भिखारी से भीख

बात सन् सड़सठ की है। मैं दसवीं कक्षा में पढ़ता था। हसन बाजार में। पुराने शाहाबाद जिले में, जो अब भोजपुर में पड़ता है। रोज की तरह इस शाम भी हम यूँ ही छोटी लाइन के किनारे बैठे थे और गप-शप कर रहे थे। तभी मेरे दोस्त को किसी ने आवाज दी, 'चल, भिखरिया आइल बा...'। और वह दौड़ा। फिर कई तरफ से आवाजें आयीं। मैं भी दौड़ा-दौड़ा घर गया। चप्पल पहनी। पैसा लिया और स्टेशन आ गया, जो बगल में ही था। तब तक स्टेशन पर काफी लोग जमा हो गये थे। गाड़ी आयी और हम अगले स्टेशन, पीरो, उतरे जहाँ भारी मजमा था मैदान में। रात थी। पेट्रोमेक्स जल रहे थे। बड़ा शामियाना था। और लउर (लम्बी लाठी) लिए गाँव-जेवार से लोग चले आ रहे थे। खूब भीड़ थी। भोजपुरी सम्मेलन था, जिसमें भिखारी ठाकुर भी आये थे और उन्हीं के नाम पर इतनी भीड़ जमा हो गयी थी। जो जहाँ था, वहीं से चल पड़ा। मैंने केवल नाम सुना था। नाम की महिमा थी।

भीड़ इतनी थी कि मंच पर बैठे लोगों को देख पाना मुश्किल था। मैं आगे बढ़ता गया। काफी नजदीक। भिखारी ठाकुर मंच पर लाये गये। दोनों हाथ जोड़कर उन्होंने प्रणाम किया। और भारी हूह हुआ। स्वागत का शोर। तालियाँ। ठेलमठेली। वह बैठे थे। वृद्ध। जर्जर। पगड़ी बाँधे। कन्धे पर अंगोछा। चश्मा। बैठे-बैठे ही उन्होंने रामचरित मानस की कुछ चौपाइयाँ सुनायीं। अपना कुछ नहीं सुनाया। थक गये थे। यही मेरा पहला दर्शन था, श्री भिखारी ठाकुर का। पहला और अंतिम। किसी भी बड़े कवि का पहला दर्शन।

लेकिन तब मैं जानता नहीं था कि वह कवि हैं और बड़े कवि हैं। उनकी शोहरत थी। नाटकों के कारण। 'बिदेसिया' नाटक के कारण खास तौर से, जिस पर फिल्म भी भोजपुरी में बन चुकी थी। और उनके नृत्य-गान के कारण। पिछली पीढ़ी के जिन लोगों ने उनको देखा-सुना था, वे पागल थे उनके लिए। प्यार से उन्हें, और आदर से, 'भिखरिया' कहते थे। मैं जितना देख सुन सका, उतना काफी था। कवि सम्मेलन शुरू हो गया और मुझे अंतिम गाड़ी पकड़ कर घर लौटना था दोस्तों के साथ। तब मैं सचमुच नहीं जानता था कि मैं अपने जीवन में पहली बार बड़े कवि के दर्शन कर रहा हूँ। यह तो मैंने बाद में समझा, जब मैंने उनके नाटक पढ़े।

भिखारी ठाकुर के नाटक मूलतः समस्या प्रधान हैं। घर-परिवार-कुटुम्ब के मूल्यों की रक्षा का भाव उनमें है। पतनशील आधुनिकता का विरोध है। स्त्रियों की पीड़ा है और अधिकांश नाटकों में माँ का उदात्तीकरण है। माँ का प्रेम उनके नाटकों का केन्द्र बिन्दु है। भिखारी ठाकुर के नाटक आधुनिक गद्य नाटक नहीं हैं। भिखारी ठाकुर बहुत कुछ संस्कृत नाटककारों की तरह, या कहें शेक्सपीयर की तरह, गद्य तथा पद्य, दोनों का पुरकस व्यवहार करते हैं। जब कभी भावों में तीव्रता आती है, उद्वेलन बढ़ता है, तब गद्य का स्थान पद्य या गीत ले लेते हैं। और यह सब खाँटी भोजपुरी में चलता है। कभी-कभी कोई संवाद खड़ी बोली में भी आता है, प्रायः शहराती लोगों के या किसी कृत्रिम अथवा बुरे चरित्र के, जैसे वह साधु जो ठग है, हिन्दी बोलता है। अचानक हिन्दी संवाद देख कर झटका लगता है। लेकिन भिखारी ठाकुर के लिए हिन्दी एक 'बाहरी भाषा' की तरह काम आती है। उनके नाटकों में 'समाजी' भी हैं, जो यूनानी नाटकों के कोरस का स्थान लेते हैं और नाटकों की खाली जगह को जोड़ने, उन पर टिप्पणी करने अथवा व्याख्या करने का काम करते हैं। 'समाजी' नाटक के बाहर का चरित्र है, सब कुछ देखने वाली आँख। उनके नाटकों में बहुत गीत होते हैं, नृत्य-गान भी। दोहे-चौपाइयाँ भी। मुख्यतः गाँव के गरीब लोगों, दुखियारों के भाव इनमें लोकगीतों की शैली में प्रगट हुए हैं। यह सही है कि कई बार उनके नाटकों में चरित्र बहुत उभर कर सामने नहीं आते क्योंकि उनका स्वभाव गीतात्मक है। उनके सोचने का तरीका भी मूलतः एक कवि का तरीका है। मुझको लगता है कि बिना पद्य या कविता के नाटक अधूरा होता है। उसमें वो शक्ति नहीं होती, जो काव्य नाटकों में होती है क्योंकि कविता द्वारा जो सान्द्रता, जो घनत्व सम्भव है वह बाहर छूट जाता है। कविता जीवन के ताड़ वृक्ष पर ऊपर टँगी लबनी है, जिसमें सारा रस इकट्ठा होता रहता है। भिखारी ठाकुर के नाटकों की मूल परिकल्पना, उनका विकास, उनका चरित्र काव्यात्मक है। इस सन्दर्भ में मैं उनके एक नाटक 'गबरघिचोर' का उदाहरण दे रहा हूँ। यह नाटक 'गबरघिचोर' अपनी व्यंजना में ब्रेख़्त के महान नाटक 'द कॉकेशियन चॉक सर्किल' से तुलनीय है। ब्रेख़्त ने निश्चय ही यह कथा लोक से ली है, जैसे लोर्का ने और शेक्सपीयर ने भी कई बार ली है। तो इस नाटक में एक पुरुष है **गलीज** जो परदेश में रहता है। उसकी पत्नी है **गलीज बहू**। पति की अनुपस्थिति में उसका सम्बन्ध गाँव के 'आवारा युवक' **गड़बड़ी** से होता है जिससे उसे एक पुत्र होता है जिसका नाम है—**घिचोर**। अब गलीज घर आता है और घिचोर को अपना पुत्र मान कर उसे बाहर ले जाना चाहता है, जिसका विरोध **गड़बड़ी** करता है और कहता है कि **घिचोर** उसका बेटा है। **घिचोर** की माँ कहती है कि बेटा उसका होना चाहिए। प्रश्न है कि बेटा किसका हो? पूरा नाटक तीन काव्य-बिम्बों का संयोग है। गड़बड़ी कहता है—मैंने एक मनी बैग पाया, उसमें अपना पैसा डाला, अब जिसका मनी बैग है वह आता है, वह कहता है बैग पैसा

समेत मेरा है, मैं कहता हूँ सिर्फ बैग तुम्हारा है, पैसा तो मेरा है। यानी मनी बैग गलीज बहू। पैसा घिचोर। गलीज कहता है—मेरा कुम्हड़ा है, उसकी लतर दूसरे के छप्पर पर चली गयी, कुम्हड़ा दूसरे के छप्पर पर फल गया, लेकिन कुम्हड़ा तो है मेरा ही यानी दूसरे का छप्पर गड़गड़ी, लतर गलीज बहू, कुम्हड़ा घिचोर। गलीज बहू कहती है—मेरे पास पाँच सेर दूध है, उसमें किसी ने जरा सा जोर न डाला, तो दही उसका कैसे, वह तो मेरा है। यानी गलीज बहू दूध, जोरन गड़बड़ी, दही घिचोर। पंच को फैसला करना है कि घिचोर किसे दिया जाय। पूरा नाटक तीन बिम्बों के अकाट्य तर्क पर आधारित है। ऐसा गठा हुआ काव्य-नाटक कम देखने में आता है। भिखारी ठाकुर के अन्य नाटकों में भी कई बार झोल मिलता है, अधूरापन भी। लेकिन 'गबरघिचोर' कविता की अनन्य शक्ति से सम्पन्न नाटक है जो जीवन के, स्त्री-पुरुष-संतति के मूल सम्बन्ध वाले प्रश्न को उठाता है। जैसे प्रेमचन्द अपनी कहानी 'बालक' में तथा ब्रेख़्त 'द कॉकेशियन चॉक सर्किल' में उठाते हैं। कविता की शक्ति ने ही भिखारी ठाकुर को इतना बड़ा नाटककार बना दिया। मुझे तो लगता है कि पिछले डेढ़ सौ वर्षों के हमारे कालजयी नाटक हैं—'अन्धेर नगरी' और 'गबरघिचोर'। **अंधेर नगरी** को तो उचित सम्मान मिला और मिल रहा है। **गबरघिचोर** को अभी उचित ध्यान मिलना बाकी है। जिस लोक ने शेक्सपीयर, लोर्का और ब्रेख्त के नाटकों को आधारशिला दी, वही लोक भिखारी ठाकुर की भी आधारशिला है। और भिखारी ठाकुर उस लोक की आधारशिला पर निर्मित अमर गुम्बद—

हिय बीच राखऽ हरदम घनश्याम
कुतुबपुर के कहत भिखारी हजाम।

'गाना उहे ह जेह में मालिक के नाम होय। नकल तमासा उहे चीज़ ह जेह में धर्म के चर्चा होय।' धर्म यानी मानव-धर्म।

चिरंजीव दास की कविता

चिरंजीव दास जी की कविताओं को पढ़ना मेरे लिए नये दरवाजों के खुलने जैसा रहा। दुर्भाग्य है कि पहले कभी दास जी की कविताएँ न पढ़ पाया। अनुवाद भी नहीं। रायगढ़ वासी मुकुटधर पाण्डेय जी की कविताएँ मुझे बहुत प्रिय रहीं। उनकी कविताओं से सीखा भी। बाद के प्रगतिवादी दौर का एक स्रोत मुकुटधर पाण्डेय की कविताएँ भी हैं। चिरंजीव दास की कुछ कविताओं को पढ़ते हुए मुझे बरबस मुकुटधर जी की भी याद आती रही। जिस तरह मुकुटधर पाण्डेय ने 'खोमचेवाला' सरीखी कविताओं से एक नयी काव्य-धारा का सूत्रपात किया जिसका उत्तरोत्तर विकास निराला और नागार्जुन-त्रिलोचन से होते हुए आज की कविता तक हो रहा है उसी तरह चिरंजीव दास जी की कतिपय कविताएँ भी हैं जैसे 'लकड़हारा', 'चरवाहा', 'मछुआ' या मुंडा-बाला, जो सन् 1943 के आस-पास लिखी गयी थीं जब ऐसी कविताओं का चलन नहीं था। दास जी ने दैनन्दिन प्रसंगों पर क्लासिक उठान वाली कविताएँ लिखीं। ये कविताएँ निरा वर्णन नहीं हैं। इनमें अनेक संघनित भाव-बिन्दु हैं, अचम्भित कर देने वाले विपुल बिम्ब और लय की ऐसी योजना, जो विषय की क्षुद्रता तथा महानता, दोनों को एक साथ अभिव्यक्त करे। 'चरवाहा' कविता की पंक्ति 'जहाँ बड़ की साँवली और घनी ठंडी छाँह' में 'साँवली' हठात् 'मुक्तिबोध' की याद दिला देती है जिनकी कविताएँ बाद की होंगी। और 'मछुआ' कविता की पंक्तियों—'बिजली कँप कँप देती फेरा' अथवा 'जहाँ पर दिखा फेन के दाँत/ मृत्यु-सी हँसती काली रात'—में कुछ ऐसा है जो निराला का स्मरण कराती है। और 'लकड़हारा' की 'अभी सब नींद की निश्चिन्त जड़ता में पड़े रुँध' या 'हवा से करते हुए ज्यों होड़' शमशेर के गोत्र से मिलती हैं; और फिर यह अनूठा दृश्य :

> अभी इतना भोर
> आखिरी अँगड़ाइयाँ ले सके कुछ ही ढोर
> बिल्लियों की अभी न खुली आँख
> वे पड़ी हैं जहाँ चूल्हों में गरम है राख
> बकरियाँ हैं ठंड के कारण रहीं सब काँप
> पेट के नीचे दबा बच्चे पड़ीं चुपचाप

नागार्जुन के समकक्ष है। और ये सारे उद्धरण उन कविताओं से हैं जो सन् 1940 के आसपास लिखी गयीं।

चिरंजीव दास जी तीक्ष्ण संवेदन और गहन इंद्रियबोध के आधुनिक कवि हैं। भाषा के किंचित् अनगढ़पन के उपरांत भी उनकी शब्दावली बिल्कुल नयी और अप्रत्याशित है। 'चींटियाँ निकल काली लकीर-सी खींचें' कितना नया निरीक्षण है, कितनी नयी उक्ति। इसी प्रकार 'समझता हूँ विश्व में जिसने हृदय दाहा/प्रथम कवि था व्यथित कोई चरवाहा' में **दाहा** शब्द का प्रयोग इतना हठात् और नवीन है। शायद यह इसलिए भी सम्भव हुआ कि दास जी मूलतः उड़िया भाषी थे, संस्कृत और छत्तीसगढ़ी के मर्मज्ञ भी। मातृभाषा से इतर किसी भाषा में लिखने से स्वाभाविक रूप से एक साहसिकता भी आती है जो कवि को नवोन्मेष के लिए भी उकसाती है। लेकिन साथ ही छत्तीसगढ़ी का भी गहरा ज्ञान उन्हें था। एक स्थान पर वह कहते हैं 'लोकभाषा के शब्दों को ग्रहण करके हिन्दी समृद्ध तथा पुष्ट होगी'। 'सर्दियों में कुड़कुड़ाते/और रह-रह भाफ निज मुँह से उड़ाते' में **कुड़कुड़ाते** और **भाफ** दोनों ही उसी काव्य-दृष्टि के परिणाम हैं। 'ढिक् ढिक्' शीर्षक कविता अपनी बनावट में साहसी है। यह एक 'भैंसागाड़ी' की कविता है जिसकी समूची गति और चालन को भी छोटी-बड़ी-टूटी पंक्तियों के माध्यम से पकड़ा गया है। कभी-कभी उत्तर-छायावाद का आभास देती कविता में भी कुछ ऐसा तत्त्व मिलता है जो सर्वथा नया है और जो भाव की विश्वसनीयता को बढ़ा देता है—

देव! गला आया मेरा भर,
थकी उँगलियाँ हैं वीणा पर,
शिथिल शिराएँ, मन श्रम-जर्जर,
देह की कौन कहे?

यहाँ निराला की 'आराधना' दौर की कविताओं का-सा स्वर है जबकि यह कविता भी लगभग उसी काल की है।

चिरंजीव दास जी की एक कविता का उल्लेख अलग से आवश्यक है। यह कविता है 'घोड़े'। इसे पूरा पढ़ना ज़रूरी है। हिन्दी में सम्भवतः ऐसी कविताएँ इस विषयवस्तु पर बहुत कम ही हैं, इतनी चपल, ऊर्जामयी और अर्थ की अनेक छटाओं से सम्पन्न। 'चमक से इनकी भर गयी हैं दिशाएँ/गन्ध से हवाएँ...हिनहिनाते अनन्तकाल की ओर'। ऐसी ही एक और कविता है 'अभी हाल में तुम मिली'।

दास जी ने अपने समाज के सबसे कमजोर लोगों को अपना प्रेम और आदर दिया। चाहे वह 'मुंडा-बाला' हो चाहे 'वृद्धा' चाहे 'मजदूरों की झोंपड़ियाँ' या 'गाँव की नयी बहू'। 'मजदूरों की झोंपड़ियाँ' जैसी कविता तब दुर्लभ थी। इन्हीं दलित, उपेक्षित जन के पक्ष में उद्घोष है यह पंक्ति—'होड़ कर लेगी तड़ित से यह मृदुल खग-जाति'। इसीलिए तो वह कह सके—

एक जन्मभूमि विधान

मानव सब रे समान

....

कौन यहाँ रे अहरिजन

क्या ब्राह्मण क्या हरिजन

एक विश्व के परिजन

एक हार एक जीत

चिरंजीव दास जी की कविता संस्कृत, उड़िया, छत्तीसगढ़ी और हिन्दी के सर्वोत्तम तत्त्वों के मेल से बनी है। संस्कृत कविता ने उनके भाव-जगत को सौष्ठव दिया तो छत्तीसगढ़ी ने एक धुरी। उड़िया भाषी होने के कारण हिन्दी को बरतने की एक सर्वथा नयी भंगिमा यहाँ मिलती है। और सर्वोपरि यह कि दास जी की कविता हिन्दी काव्य-गंगा की वह धारा है जो जन-संकुल, मन्दिर-वेदियों से दूर हरित प्रान्तर में पुलकित-प्रवाहित होती रही। उनकी कविता को आज पढ़ कर मैं चकित हूँ और सम्पन्न।

मेरे मर जाने के बाद
जहाँ मैं गड़ूँ
गाने दो कोयल को नव
जीवन-वैभव
भर वन भर में स्वर-संतान।
मेरे झर जाने के बाद
जहाँ मैं पड़ूँ
बहने दो मारुत को खिला
नवल पल्लव
जीर्ण पत्र का गा अवसान।

चिरंजीव दास जी की कविता जीर्ण पत्र नहीं, नवल पल्लव है, हमारा जीवन-वैभव।

'जीवन' जी की कविता

रामजीवन शर्मा 'जीवन' जी को पहली बार हाजीपुर में देखा था। एक कवि सम्मेलन में जाना हुआ था। वहीं उनके दर्शन हुए। उनका काव्य-पाठ भी सुनने का सौभाग्य मिला। यह बात 1980 के आसपास की होगी। उसके बाद एक बार फिर उनके दर्शन हुए थे, सम्भवतः पटना में। उनकी कुछ कविता पुस्तकें भी पढ़ीं। 'अट्टहास' और 'छींटाकशी' (जहाँ तक याद है)। उनकी ख्याति हास्य-रस के कवि के रूप में थी। लेकिन मैंने जितना पढ़ा उससे लगा कि 'जीवन' जी सम्पूर्ण जीवन के कवि हैं। उनमें तल्खी थी, रंज था और हँसी-हँसी में मार गिराने का अद्भुत कौशल भी था। शुरू से ही कविता का एक काम शत्रुओं से बदला लेना रहा है, पर्चे लिख कर, उनका मजाक बना कर, आक्रमण करके तथा हँसी से बेध कर। 'जीवन' जी ने भी यह काम किया, जैसे निराला ने किया था, भारतेन्दु और नागार्जुन ने किया। बिना गहरी नैतिक प्रतिबद्धता तथा पक्षधरता के विपक्षी मूल्यों पर आक्रमण प्रभावकारी नहीं हो सकता।

'जीवन' जी स्वाधीनता आन्दोलन के मूल्यों के सिपाही थे। 'नवयुग का निर्माण देख लो' इन्हीं मूल्यों की जोरदार अभिव्यक्ति है—

कलाकार को घास न मिलती
गधे चबाते पान देख लो
नवयुग का निर्माण देख लो

अथवा ये पंक्तियाँ, जो बरबस नागार्जुन की भी याद दिलाती हैं—

जुग जुग जिओ हमारे राजा
हम सब भूखों मरें भले ही
तुम खाओ सिलाव का खाजा

ये हँसी की कविताएँ नहीं हैं। ये उन लोगों की कविताएँ हैं जो दुःख में हैं— गहरी करुणा से ये निकली हैं। हास्य-व्यंग्य के नेपथ्य में रुदन है।

अमीर तो सदा सुखी
गरीब को बचाइये
स्वराज्य तो मिला प्रभो
सुराज्य अब दिखाइये

'जीवन' जी ने अनेक छन्दों में रचना की। उनके छन्द सहज ही कंठ पर चढ़ जाते हैं। लोक-शिल्प का भी उपयोग किया जैसे इस पद में—

जयपुर जाकर क्या-क्या देखा
जो न कभी देखा था, देखा

यहाँ 'डोमकच' के शिल्प का प्रच्छन्न उपयोग किया गया है। भाषा तो उन्हें सिद्ध थी ही, वे भावों की विविधता के भी धनी थे। मुझे उनकी प्रकृति परक कविताएँ बहुत प्रिय हैं जो कई बार अपने निर्दोष सौन्दर्य से बर्थ्वाल जी तथा पन्त जी का स्मरण करा देती हैं—

ये करमी के फूल गुलाबी
श्वेत और मटमैले
कितने मादक कितने मोहक
हैं पानी पर फैले—

इसी तरह एक और कविता है जो बज्जिका में है 'फागुन आएल'। यहाँ क्रियाओं की शक्ति का अद्भुत प्रदर्शन मिलता है—

रंग सोनहुला जौ पर छैलक
गोहुओं पर ऊ **दखल जमैलक**
तिसियों अब कुछ कुछ **करिआयल**
कटहर में भी लेंढ़ा लागल
ओकरो मनुआ में रस जागल
बुढ़वा पाकड़ भी **कोढ़िआयल**
फागुन आएल, फागुन आएल

दखल जमाना, करिआना, कटहर में भी रस का जगना, और बूढे पाकड़ का भी प्रस्फुटित होना—ऐसे सुन्दर चित्र, इतनी सज्जा के साथ कम ही मिलते हैं।

उनकी ये पंक्तियाँ मुझे बहुत घेरती हैं—

सुन लो मित्रो, किस्सा सारा
मैं क्यों हारा? कैसे हारा?

'मैं क्यों हारा कैसे हारा' इतने निस्पृह भाव से, एक बड़े पराजय को, बिना किसी चीत्कार के, प्रस्तुत करती हैं। यह हास्य की नहीं, गम्भीर त्रासदी की कविता हैं जो हास्य-रस के कवि से सुनकर हमें और भी अधिक तीव्रता से बेधने लगती हैं।

आज 'जीवन' जी नहीं हैं लेकिन उनकी कविताएँ हमारे साथ है। उनमें कुछ ऐसा भी है जो भंगुर है, जो तात्कालिक था। और बहुत कुछ ऐसा भी है जो हमें बार बार पुलक से भर देता है। खुशी है कि उनके दाय को समकालीन कवि-लेखक स्वीकार कर रहे हैं।

चरण लोप हो गये
चरण चिह्न शेष हैं...

कवि नेरुदा

जब पाब्लो नेरुदा ने लिखना शुरू किया तब दक्षिण अमेरिका एवं स्पेनी भाषा में आधुनिकतावाद का जोर कम हो चला था। रुबेन दारियो, जिनसे आधुनिकतावाद की शुरुआत मानी जाती है, भी अब बदल रहे थे। अब उनकी कविता में 'प्रकाश और अग्नि से धधकते' स्पेनी भाषी दक्षिणी अमेरिका का नया जीवन प्रगट हो रहा था। पहले विश्व युद्ध ने भी इस भावना को तेजी दी कि सबकी कोई एक या एक जैसी संस्कृति नहीं है, न ही सबका एक ही कला आन्दोलन जिसकी मध्यस्थता आधुनिकतावाद करे। इसके अलावा यूरोप में घनवाद, भविष्यवाद, दादावाद, अतिवाद, सृजनवाद और अंततः अतियथार्थवाद के आन्दोलनों ने युद्ध के पहले के कला-सिद्धान्तों तथा तर्क-पोषित आधुनिकतावाद पर दुहरा प्रहार किया। इसी विशेष क्षण में पाब्लो नेरुदा दृश्य पर आये।

दक्षिणी चिले के नैसर्गिक लोक से चल कर नेरुदा चिले की राजधानी सन्तइयागो में आये। दक्षिणी चिले का यह घने वनों और असंख्य जीवों से भरा संसार अन्त तक नेरुदा के साथ रहा। अनेक वर्षों तक जन्मभूमि से दूर रहते हुए भी पिता के साथ घूमा हुआ बचपन का वह घना लोक उन्हें घेरे रहा :

मैंने पहले-पहल जो देखा
वे पेड़ थे और दर्रे
फूलों की लपटें ऐश्वर्य का बर्बर प्राचुर्य
....
मेरा बचपन बना है भीगे जूतों के चमड़े से
जंगल में गिरे पेड़ के टूटे तने से...

शुरू से ही नेरुदा की कविता अत्यन्त गहन इंद्रियबोध की कविता रही है। शुरू से ही ऐसा लगता है मानो यह संसार था और नेरुदा थे; सब कुछ को अपनी सारी इन्द्रियों, सम्पूर्ण देह से ग्रहण करते हुए जैसे सृष्टि को पहली बार पहले मनुष्य ने देखा हो। किसी भी भाषा में ऐसे कवि विरल ही होते हैं। नेरुदा ने मस्तिष्कीय आधुनिकतावादी कविता के बरक्स एक संवेगमयी कविता का सृजन किया। उनकी पुस्तक 'बीस प्रेम कविताएँ और एक गीत उदासी का' ने कविता प्रेमियों के दिल

को जीत लिया। यह देह की कविता है, मांसल, धड़कती हुई। देह भी प्रकृति है, उतार-चढ़ाव, नदी-पर्वतों से भरी हुई। कविता एकदम शरीर से सटी हुई है, यह स्वयं एक अंकुर है, मिट्टी से फूटती और कवि भी जैसे कोई पौधा है धरती में रोपा हुआ और स्त्री मिट्टी का शंख है जिसके भीतर पृथ्वी गा रही है :

मैं तुम्हारे साथ वही करना चाहता हूँ
जो वसन्त चेरी वृक्षों के साथ

नेरुदा की कविता सभी ऋतुओं, रोपनी-कटनी और फूलों-फलों से लदी हुई है। उनकी कविता में एक ब्रह्माणडीय चेतना है, सृष्टि के साथ एकमएक होने का एहसास, जो स्थिरांक की तरह शुरू से अन्त तक उनकी कविता में बना रहता है। आगे जब कभी, जैसे 'रिहाइश' या 'रेजिडेन्सिया' में उन्होंने विस्थापित होते संसार का अनुभव किया, तब भी ऐन्द्रिकता ने उन्हें स्थिर रखा, 'दो पाँवों की सममिति; मुँह, बाँहें, चेहरा, चमड़ी, दाँत और केश और स्त्रियाँ और ठोस प्राकृतिक वस्तुएँ। और प्रेम। नेरुदा से एक बार पूछा गया कि कौन-सा शब्द सबसे सुन्दर है, तो उन्होंने जवाब दिया, वही जो सबसे ज़्यादा घिसा-पिटा और बर्बाद हो चुका है—'प्रेम'—इसे चाहे जितनी बार लिखो-बोलो, चाहे जितना दुरुपयोग करो, इससे अच्छा कुछ भी नहीं। इस वक्तव्य की जड़ उनके निजी जीवन में भी है। यह नेरुदा का सहज आन्तरिक पदार्थवाद है जो सभी तरह के अमूर्त्तन, संकीर्णता और मस्तिष्कवाद की काट है।

अगले चरण का प्रतिनिधित्व 'अनन्त मनुष्य का जोखिम' (1925) करता है जब नेरुदा अपनी नैसर्गिक अभिव्यक्ति पाते हैं। अब न तो तुक अपरिहार्य है, न छन्दों का गरिष्ठ बंधन, न पारम्परिक वर्णनात्मक शैली या वाक्यों की तार्किक विराम-चिह्न युक्त व्यवस्था। अब वह सीधे भाषा को उठाते हैं जैसी कि वह है, और उस सब को छोड़ देते हैं जो उनके भीतर से उठते भाव-ज्वार को रुँधे या बाँधे। अब वह भीतर से बाहर की ओर जाते हैं, अपने उसी भरे-पूरे रंग-बिरंगे संसार की ओर—

मैं एक मधुमक्खी को चक्कर काटते देखता हूँ
और अब वह नहीं है मोम के पाँवों वाली छोटी मक्खी
तुम्हारी उड़ान फिर शुरू होती है और मैं अपना माथा
विवश झुकाता हूँ

यहाँ तक आते-आते नेरुदा ने एक ऐसी शैली विकसित कर ली जो वस्तुओं, भाव-विचारों के सीधे-सीधे अधिग्रहण पर आधारित है, मनुष्य की भावनात्मक जरूरतों के लिए, न कि उसकी वैचारिक जुगाली के लिए, जो ऊपर से विच्छिन्न और असंगत लगते हुए भी भीतर-भीतर भाव-दशा या मन की दशा से जुड़ी हुई है। 'रिहाइश' या 'रेजिडेन्सिया' तक आते-आते हम पाते हैं कि कोई स्थिर, पूर्वनिश्चित रूपाकार अब नहीं रह गया है, दाली की पिघलती घड़ी की तरह। यह एक बेतरतीब दुनिया है जिसमें सब कुछ गड्डमगड्ड हो रहा है। इस दुनिया को व्यक्त करने के लिए, जो

सन् 1930 के इर्द-गिर्द की दुनिया है, नेरुदा अनेक तरह के प्रतीकों, बिम्बों, रूपकों को इकट्ठा करते हैं और बेतहाशा बोलते जाते हैं, टूटती साँस से, आधे-अधूरे वाक्यों में, लड़खड़ाती लय में। यह अतियथार्थवाद के उत्थान का भी काल है जिसका गहरा असर नेरुदा पर भी था। लेकिन तब भी, अतियथार्थवादियों से बिल्कुल अलग नेरुदा की कविता में साफ पहचाने जाने योग्य भौतिक, ऐंद्रिक चीजें मौजूद थीं। यहाँ अतियथार्थवाद का स्वप्नमय धुँधलापन एवं आधिभौतिकता तो थी, पर साथ ही वस्तुओं, ठोस जगत की पदार्थमयता मौजूद थी—

फिर
मैं सुनता हूँ, धुएँ में आग की तरह,
धरती के लट्ठे से फुनगती आग
दलपत्रों से घिरा प्रकाश
                और धरती को बाँटती
गेहूँ की नदी में सूर्य फिर छूता है मेरा मुँह
ज्यों कब का दफ्न आँसू बन जाय बीज।

उसी समय नेरुदा को यह भी लग रहा था कि अतार्किक दर्शन और तदनुकूल काव्य-बोध अपने समय की ज़रूरतों और अनुभवों के मेल में नहीं हैं। इसी अतार्किकता और अनियन्त्रित मनोवेग सिद्धान्त ने यूरोप में फासिज्म को आधार दिया था। नेरुदा ने लिखा, 'दुनिया बदल गयी है और इसलिए मेरी कविता भी'। अपने स्वाभाविक पदार्थ-बोध के कारण नेरुदा अब तक उस समूचे प्रलाप, अलगाव, विच्छेद, अकेलापन और अनस्तित्व के प्रचलित मुहावरों से बचे रहे थे। पर इतना ही पर्याप्त नहीं था।

तभी उनके जीवन में और मनुष्यता के जीवन में एक 'अनहोनी' घटी। सन् 1936 और 1939 के बीच स्पेन के गृह-युद्ध के अनुभवों ने नेरुदा पर बहुत गहरा प्रभाव डाला। भौतिक वस्तुओं के अतिरिक्त मनुष्य के जीवन और मानव-सम्बन्धों के भौतिक आधार को पकड़ना ज़रूरी था :

बाकी सबकी तरह
मेरा भी हाथ घायल है
और मेरे भीतर भी वही रंज है

तथा

जेनरलों
दगाबाजों
देखो मेरा मरा हुआ घर
देखो मेरा टूटा स्पेन
ओ हुँड़ारो, तुमसे हुँड़ार भी नफरत करे!

नेरुदा को लगा कि वह अब सबसे अलग नहीं हैं, बल्कि सबके साथ जुड़ गये हैं—पदार्थ के आकस्मिक संयोगों की तरह नहीं, बल्कि सजग इच्छा से जीवित लोगों के साथ। अब केवल संवेग और इन्द्रियबोध नहीं, बल्कि अपनी सम्पूर्ण इयत्ता एवं इच्छाशक्ति से वह परिचालित थे जिसने उन्हें पीड़ित एवं संघर्षशील जनता के साथ एक कर दिया था। लेकिन जिस घटना ने उन पर सबसे गहरा असर डाला वह थी प्रिय कवि और मित्र लोर्का की हत्या और कुछ ही समय बाद फासिस्टों के हाथों दूसरे प्रिय कवि-मित्र मिगुएल हर्नांदेज की हत्या।

तुम पूछते हो मेरी कविता में कहाँ हैं लिलाक के फूल
और पॉपी की पंखुड़ियों से सजा अध्यात्म
और बारिश की लगातार पट-पट
छिद्रों और पक्षियों से भरती
तुम पूछोगे मैं क्यों नहीं करता सपनों और पक्षियों की बातें
जन्मभूमि के महान् ज्वालामुखियों की कथाएँ
तो आओ, और देखो सड़क पर खून
आओ और देखो
सड़क पर खून!
आओ और देखो सड़क पर
खून!

नेरुदा ने बिल्कुल करीब से मानव विरोधी फासिस्टों और मानव-पक्षी प्रगतिशील जनतांत्रिक और कम्युनिस्ट शक्तियों को गुत्थमगुत्था देखा। इतने प्यारे, मासूम इन्सान और कवि लोर्का की हत्या हो सकती है? कोई लोर्का का भी दुश्मन हो सकता है! नेरुदा बदल चुके थे। उनकी कविता बदल चुकी थी। और वापिस जब वह चिले लौटे तो कम्युनिस्ट पार्टी में शामिल हो गये। यहाँ से नेरुदा की कविता में बड़े बदलाव शुरू हुए। अब उन्हें एक नयी ऊष्मा का बोध हुआ, मनुष्यमात्र के साथ, पीड़ितों और संघर्षरत लोगों के शरीर की गर्मी का एहसास हुआ जिनके बीच वे जाने लगे, जिन पालदारों-खदान मजदूरों के बीच कूट के डब्बे पर खड़े हो कविता सुनायी और फिर तो उन्होंने पूरे चिले में 'अपनी कविता के बीजों को छींट दिया'। उनको लगा कि 'रोटी और कविता में सबका हिस्सा होना चाहिए' कविता ऐसी हो—

जो काम आ सके
धातु और अन्न की तरह

और तब उन्होंने घोषणा की :

मैं इसलिए नहीं लिखता कि किताबों में कैद हो जाऊँ
बल्कि साधारण राहगीरों के लिए जिन्हें चाहिए
चन्द्रमा और जल और रोटी

और शराब और स्कूल और गिटार और अपने औजार

अब नेरुदा चाहते हैं कि उनकी कविता सादा और सुगम हो :

सरलता
मेरे साथ रहो, मेरे जन्म में मदद दो
फिर से बताओ मैं कैसे गाऊँ

और नेरुदा याद करते हैं कि कैसे 'कविता आरम्भ से ही गीत तथा पर्चेबाजी रही है', अपने हृदय को खोलती और दुश्मनों पर वार करती। नेरुदा यह भी याद करते हैं कि मनुष्य की मुक्ति अक्सर खून से होकर निकली है, लेकिन हमेशा, हर बार गीतों से होकर। नेरुदा की कविता में यह गीतात्मकता और दुश्मनों पर वार करने की ताकत कभी कम नहीं हुई। 'कैटो जेनरल' और उसके बाद की कविताओं में यह खास तौर से दिखायी पड़ता है। कई बार तो उनकी कविता पर्चा या पोस्टर बन जाती है। लेकिन ऐसे मौकों पर भी काव्यात्मक तीव्रता कम नहीं होती क्योंकि यह किसी प्रेरणा या काव्य-शक्ति के अभाव के कारण नहीं बल्कि स्वतः आन्तरिक निर्णय के कारण, काव्य-शक्ति के उसी दिशा में मुड़ जाने के कारण घटित होता है। और यह भी कि यह कोई केवल कलागत निर्णय नहीं है, केवल सोच कर तय किया गया काम नहीं है, बल्कि यह नेरुदा की सम्पूर्ण जीवन-प्रणाली से जन्मा है। नेरुदा ने स्पेनी गृहयुद्ध में भाग लिया, अपने सबसे प्रिय दोस्तों की मौत देखी, स्पेनी शरणार्थियों को चिले पहुँचाने में रात-दिन एक किया, दुनिया भर के प्रगतिशील लेखकों-कलाकारों को एकजुट करने में लगे, अपनी आरामदेह नौकरी छोड़ी, कम्युनिस्ट पार्टी में शामिल हुए, भूमिगत रहे, पुलिस के दबोचों से बचते बचाते बीहड़ जंगल-दर्रों को पार करते मातृभूमि के बाहर निर्वासन की जिन्दगी कबूल की और जीवन के इन्हीं निर्णयों के कारण मृत्युशय्या पर भी उन्हें चैन न मिला जहाँ चिले की अमेरिका परस्त फौजी हुकूमत ने उनका घर तोड़ डाला, पानी-बिजली काट दी और मृत्यु की रात के रतजगे में केवल तीन-चार लोग, उनकी पत्नी, उनकी बहन और एक-दो और लोग ही शामिल हो सके। फौजी प्रतिबंध और आतंक के बावजूद उनकी शवयात्रा प्रतिरोध में बदल गयी। तो नेरुदा का जीवन ही उनके काव्य के बदलावों और चरित्र का निर्धारक था। हृदय और मन जैसे घूमा, कविता की सूर्यमुखी भी वैसे ही घूम गयी। कभी नेरुदा ने कहा था—'ज़रूरी क्या है? ज़रूरी यही है कि तुम वैसा ही और वही लिखो जो तुम उस समय अपना जीवन जीते हुए महसूस कर रहे हो। मैं किसी भी काव्य-प्रणाली में विश्वास नहीं करता—न प्रतीकवाद, न यथार्थवाद, न अतियथार्थवाद...'।

'कैण्टो जेनरल' और 'माच्चू पिच्चू के शिखर' नेरुदा की जीवन-दृष्टि के सर्वाधिक विस्तृत ब्रह्माण्डीय मानचित्र हैं जहाँ दक्षिणी अमेरिका का जीवन और उस जीवन में मनुष्य की उपस्थिति केन्द्र में है। यदि कोई एक निरन्तर धारा नेरुदा की कविता में है तो वह बचपन से लेकर अब तक का उनका अपना जीवन, अपनी धरती

में उसकी जड़ें और सहज, सहजात पदार्थबोध। क्षिति, जल, पावक, गगन और समीर उनकी कविता के प्राथमिक अवयव हैं। और उनकी कविता इन्हीं तत्त्वों का गुणगान है। उनकी कविता जीवन का बधावा है, मृत्यु पर जीवन की विजय के गीत। नेरुदा की बाद की कविता में मृत्यु के भी अनेक प्रसंग उपस्थित हैं, ख़ासकर पौरुषग्रंथि की गम्भीर बीमारी के बाद; लेकिन ध्यान देने की बात है कि नेरुदा के यहाँ न तो जीवन किसी एक व्यक्ति का है न मृत्यु, यह केवल जीवन है या मृत्यु-सतत- एक ऐसा अविराम जीवन-चक्र, जिसमें मनुष्य भी है, घड़ियाल के बच्चे भी, पेड़ों की कीड़ा-खायी छाया भी, कुमुदनी और रात भी और हजारों-हजार लोग भी जो एक कंठ से बोल रहे हैं–

मैं अभी तैयार नहीं हूँ मृत्यु के लिए,
अभी इस वक्त ज्वालामुखियों के दिन
मैं जा रहा हूँ बहुलता और जीवन की ओर

साथ-साथ यह भी

मृत्यु, सबकी मालिक, ने अक्सर मुझे इशारे किये हैं जिसे
आँख ने कभी देखा नहीं जैसे लहर के नमक को नहीं देखा
पर पानी पर ठहरे अदृश्य स्वाद ने बताया

लेकिन यह आध्यात्मिक आधुनिकतावादियों से बिल्कुल भिन्न जीवन-दृष्टि है–न कोई विलाप, न समर्पण, केवल एक सतत वाक्य, जिसमें मृत्यु भी है विराम-चिन्ह की तरह, अगले वाक्य की शुरुआत। यही कारण है कि नेरुदा ने रिल्के, आंद्रे ज़ीद तथा टी.एस.इलियट और आक्तेवियो पाज़ जैसे लेखकों पर आक्रमण भी किया। आक्तेवियो पाज़ से उनका बिगाड़ भी हो गया जब पाज़ ने सोवियत संघ और कम्युनिस्टों के विरुद्ध फ़ौजी हुकूमतों का पक्ष लिया। नेरुदा ने ऐसे कवियों को 'स्वर्गिक कवि' कहा–

आखिर कहाँ पहुँचे तुम ज़ीदपंथी रिल्केपंथी
बुद्धि-व्यापारी, रूढ़िवादी-झूठे अस्तित्ववादी गुनी-ओझा
अतियथार्थवादी मक्खियाँ सड़ी लाश पर भिनभिनातीं
....

यह दो सौन्दर्य और जीवन-दृष्टियों की लड़ाई थी। नेरुदा ने ह्विटमैन को प्यार किया और उनसे सीखा और नाज़िम हिकमत के दोस्त रहे। नेरुदा पर भी आक्रमण हुए। शायद ही उनके किसी समकालीन पर इतना आक्रमण हुआ। निकानोर पार्रा ने सही कहा है–'नेरुदा को खारिज करने के दो ही तरीके हैं, या तो आप उन्हें पढ़ो ही मत, या फिर बुरी नीयत से पढ़ो'। जिस आलोचक ने उनकी पहली पुस्तक के प्रकाशन में सहायता की थी वही उनका दुश्मन भी हो गया। लेखकों का एक समूह जीवन भर उनका पीछा करता रहा। हर नये संग्रह के बाद कहा गया, नेरुदा चुक

गये; पिछला अच्छा था, यह खराब। हर पुरस्कार का विरोध हुआ और कलावादियों ने उन पर गोबर भरी बाल्टी उँड़ेली। नेरुदा के संस्मरणों की किताब में एक खंड है—'कविता भी काम है' जिसे हर कवि और हर पाठक को जरूर पढ़ना चाहिए। नेरुदा की कविता के बारे में अक्सर कहा जाता है कि वह विषम है, यानी या तो बहुत अच्छी है या बहुत खराब। निकानोर पार्रा ने जवाब देते हुए कहा था—'ठीक है प्रिय पाठको, पर पर्वत ऐन्डीज भी तो विषम है।' नेरुदा ने लगातार अपने को नया किया क्योंकि उनका जीवन लगातार नया होता रहा, कई बार स्वयं न चाहते हुए भी, परिस्थितिवश । उनकी कविता सम्पूर्ण चिले और दक्षिणी अमेरिका के इतिहास और मिथक और दैनन्दिन जीवन का संधान है। बाद के 'ओड्स' में भी जहाँ वह वस्तुओं को उस तरह देखते हैं जैसे उन्हें पहली बार देखा जा रहा हो या 'एसट्रावेगेरियो' में भी जो तकनीकी रूप से अधिक जटिल है, उनकी सभी पुस्तकें प्रकृति और मनुष्य का यशोगान हैं, जीवन की स्तुति में रची ऋचाएँ, उनकी सारी कविता वास्तव में प्रेम-कविता है—अणु-परमाणु से लेकर कँटीले तारों, निंबुओं, चन्द्रमा, बिल्लियों, पियानो, छापेखानों, मनुष्य, जीवन और कविता की प्रेम-कविता। उनकी कविता 'सर्वभक्षी' है। 'यहाँ कुछ भी न छोड़ने की कला है'। वह मांस और हड्डी के कवि हैं। ठोस जगत के, ठोस जीवन के कवि। उन्होंने कलम से नहीं, अपनी पूरी देह से कविता लिखी। इसीलिए यहाँ कुछ भी छूटा नहीं है। इसीलिए नेरुदा की खोज 'अशुद्ध कविता' की खोज है—

> 'जिसे हम खोज रहे हैं वह ऐसी कविता हो : हाथ के इस्तेमाल से घिसी हुई, जैसे क्षार से, पसीने और धुएँ से लथपथ, जिससे कुमुदनी और पेशाब की गन्ध आती हो, उन सभी तरह के कारोबार से सराबोर, जो हम रोज जिन्दा रहने के लिए करते रहते हैं, एक ऐसी अशुद्ध कविता जैसे हमारे रोज के पहने हुए कपड़े, शोरबे के दाग़ वाले, या हमारे कुछ लजा देने वाले कामों के दाग वाले, हमारी झुर्रियाँ, हमारा चौकन्नापन और सपने, निरीक्षण और भविष्यवाणियाँ, प्रेम और घृणा की घोषणाएँ, लोरी और जंगली जानवर, मुठभेड़ों के आघात, राजनीतिक प्रतिबद्धताएँ, इनकार और संशय, स्वीकार और यातनाएँ...जो चीज़ों की गन्ध से नाक-भौं सिकोड़ते हैं वे एक रोज कीचड़ में औंधे मुँह गिरेंगे।'

नेरुदा ने नोबल पुरस्कार ग्रहण करते हुए अपने वक्तव्य में कहा था—'मैंने किताब पढ़ कर कविता लिखना नहीं सीखा...कवि कोई छोटा देवता नहीं है जिसे कोई रहस्यमय नियति दूसरे काम-धन्धों में लगे लोगों के ऊपर वरण कर लेती है। मैंने अक्सर कहा है कि सबसे अच्छा कवि वह है जो रोज हमारी रोटी बनाता है : सबसे नजदीकी नानबाई या रोटी पकाने वाली जो कभी यह नहीं सोचती कि वह कोई देवी है। वह अपना मामूली काम करती जाती है, आटा गूँधने से लेकर लोई

बनाने और चूल्हे में डाल उसे सुनहरा-भूरा होने तक पकाने और फिर परोसने का काम, एक भाईचारे के नाते। और अगर कवि भी इस साधारण बात को समझ कर काम करे तो कविता भी एक बृहत् कार्य का हिस्सा बन जाएगी, एक साधारण या जटिल संरचना का हिस्सा, जो सामाजिक जीवन को बनाती है, जो उन स्थितियों को बदलती है जो मनुष्यमात्र को घेरे रहती हैं और जो मनुष्य को वापिस सौंपती हैः रोटी, सत्य, शराब और सपने...।' इसीलिए नेरुदा कहते थे कि 'कविता हर काल में विद्रोही रही है; कविता विद्रोह है; वसन्त विद्रोह है।'

नेरुदा की एक कविता है—

मुझे बस पाँच चीज़ें चाहिए
एक तो प्यार बेहद।
दूसरा, पतझड़
मैं रह नहीं सकता देखे बिना पत्तों को
झरते और गिरते वापस धरती पर।
तीसरा है जाड़े की गम्भीरता
मुझे प्रिय है बारिश, और भयंकर ठंड में
आग का आगोश।
और चौथा, ग्रीष्म
तरबूज-सा गोल-मटोल।
और पाँचवीं तुम्हारी आँखें
मेरी प्रिय माटिल्डा।

आज नेरुदा नहीं हैं। पर उनकी कविता है। उनकी वो अधूरी लड़ाइयाँ हैं। सपने हैं। पेड़, जंगल, फूल, फल और ऐन्डीज पर्वत और समुद्र और करोड़ों-करोड़ लोग हैं।

अपने सफर में जब कभी
किसी सेब चुराते लड़के को देखो
और एक बहरे बूढ़े को जो अकार्डियन लिये हो
समझो मैं हूँ
वह लड़का, वे सेब, वह बूढ़ा।

और जीवन के किसी भी पल, किसी भी मुहूर्त में जब कभी तुमको अपने अलावा किसी की भी ज़रूरत हो तो नेरुदा को याद करो—

'मनुष्य घुल जाता है समुद्र में नमक के दाने-सा'।

(यह निबन्ध नेरुदा की कविता-पुस्तकों, संस्मरण की पुस्तक, नेरुदा की अदम फाइन्सटाइन लिखित जीवनी (ए पैशन फॉर लाइफ), तथा लुइ मोन्गियो के निबन्धों पर आधारित है। चूँकि अँग्रेज ी अनुवाद के जरिये ही नेरुदा के काव्य से परिचय है, इसलिए यह निबन्ध न तो पूरी तरह प्रामाणिक है, न पूरा। इसे केवल एक विनम्र श्रद्धांजलि ही माना जाए।)

कविता के नये प्रतिमान

(1968-2008)

'पूर्वप्रतिष्ठापित योजनासु मूलप्रतिष्ठाफलमामनन्ति'

'कविता के नये प्रतिमान' का प्रकाशन 1968 में हुआ था। आज लगभग चालीस साल बाद इसे दुबारा पढ़ते हुए लगता है कि श्रेष्ठ कविता की तरह श्रेष्ठ आलोचना भी समय के साथ बढ़ती चलती है और अपने युग की आवश्यकताओं को पूरा कर लेने के बाद भी नये युगों की आवश्यकताओं का नये सिरे से सामना करती हुई पुनर्नवा होती है। यह भी लगता है कि कालजयी, क्लासिक कृतियों में भी जिस प्रकार तत्कालीन युग की मिट्टी लगी ही रह जाती है—जैसे 'रामचरितमानस' या 'डिवाइन कॉमेडी' सरीखी कृतियों में भी—उसी प्रकार आलोचनात्मक कृतियों में भी बहुत कुछ ऐसा होता है जो तत्कालीन संदर्भों से छुड़ाया नहीं जा सकता, जिस पर तब की तारीख और डाकखाने की मुहर होती है। यह भी लगता है कि आलोचना की आयु-रेखा बहुत कुछ आधार-रचना की आयु-रेखा पर निर्भर करती है; जिस रचना को आलोचना ने अपना नीड़ बनाया है उसकी क्षमता पर ही अंततः आलोचना की भी क्षमता निर्भर करती है, और इस प्रकार रचना-आलोचन सहजीवन के उदाहरण बन जाते हैं। यहाँ 'कविता के नये प्रतिमान' और मुक्तिबोध एक जीव-युग्म बनाते हैं।

पूरी पुस्तक पढ़ कर जो बात सबसे ज्यादा याद आती है वो यह है—जीवन बदलता है, बदलते जीवन को कवि-चेतना चिन्हित करती है, तदनुसार कविता बदलती है, वह नयी बात कहती है, उसके उपकरण नये होते हैं और जो रुचि बदली हुई नयी कविता का साथ नहीं दे पाती, वह विरोध में खड़ी होती है और तब एक पाठक जो इस नयेपन को नये जीवन के साथ जोड़ कर देख रहा होता है वह नयी कविता के पक्ष में हाथ उठाता है। 'कविता के नये प्रतिमान' उसी नयी कविता और उस नये जीवन के पक्ष में उठा हुआ हाथ है—'हाथ उठाने' के जितने भी अर्थ हमारी भाषा में हैं, उन सभी अर्थों में। 'कविता के नये प्रतिमान' उस 'जड़ीभूत सौन्दर्याभिरुचि' पर आक्रमण करती है,

कविता के नये उपकरणों की विशद पहचान और व्याख्या करती है और कविता को वापिस वहाँ ले जाकर रोपती है जहाँ से वह उगी थी—यानी 'परिवेश' या 'वास्तविकता' अर्थात् जीवन। बहुत कुछ धान की खेती की तरह दुहरी रोपनी। आकस्मिक नहीं कि 'कविता क्या है' तथा 'रस' जैसे विषय से शुरू होकर यह पुस्तक 'परिवेश और मूल्य' पर समाप्त होती है क्योंकि जो बदल रहा है उसकी पहचान गलत यानी 'व्यक्तिपरक-आत्मपरक' भी हो सकती है तथा संगत यानी 'वास्तविक' भी हो सकती है। 'कविता के नये प्रतिमान' नाम से लगता है जैसे हमें प्रतिमानों की कोई फेहरिस्त मिलेगी या कोई कसौटी जिस पर किसी भी काव्य-आभूषण को रगड़ा जा सके। लेकिन 'जिन्हें एक बने बनाये स्पष्ट प्रतिमान से प्रयोजन है' उन्हें निराशा ही हाथ लगेगी। प्रत्येक पाठक को अपने 'प्रतिमान', अपने 'मूल्य', अपना 'सत्य' स्वयं कमाना पड़ता है और 'हर एक को मूल्यों के लिए खुद कीमत चुकानी पड़ती है'। यह पुस्तक उस कमाने के संघर्ष का उदाहरण है, प्रतिमान, और काव्य-प्रेमियों के लिए एक दिशा-निर्देश। यहाँ कोई सूत्र नहीं है। सूत्र तो स्वयं कविता देती है—

"मुक्तिबोध वस्तुतः 'कल होने वाली घटनाओं की कविता' ही नहीं लिख रहे थे, बल्कि उस कविता के भावी काव्य-सिद्धान्त के सूत्र भी फेंक रहे थे"। यह पुस्तक उन्हीं विकीर्णित सूत्रों को चुनने का उपक्रम है। और यहाँ ऐसा कुछ भी नहीं कहा गया है जिसके लिए कम-से-कम एक काव्य-प्रमाण भी न दिया गया हो। पहले कविता, फिर कोई निष्कर्ष। एजरा पाउण्ड का मशहूर वाक्य है—तुम्हारे हर चेक को नगद राशि का समर्थन चाहिए। यदि कोई विचार चेक है, तो कविता-पंक्तियाँ नगद राशि। पूरी पुस्तक कविताओं की तीक्ष्ण 'व्यावहारिक आलोचना' से समृद्ध है। कविता ही नहीं, कविता में प्रयुक्त आकस्मिक शब्दों तक की निःशस्त्र कर देने वाली मीमांसा—'ढ' नहीं 'ट'। और कविता के सम्मुख वो भी समकालीन कविता के सम्मुख, ऐसी विनम्रता, ऐसा आदर-भाव दुर्लभ है। विश्व-आलोचना के इतिहास में ऐसे क्षण विरल हैं, जब समकालीन, वर्तमान कविता को आधार बना कर कविता के प्रतिमानों की खोज की गयी हो— पूर्वजों द्वारा संचित धन के आधार पर नहीं अपनी ही कमायी हुई 'दो वक़्त की रोटी' के बल पर। लेकिन ये प्रतिमान विगत की उपेक्षा करके नहीं, वरन् विगत के समस्त दाय का उपयोग करते हुए हासिल किये गये हैं। प्राचीन संस्कृत काव्य शास्त्र, समकालीन हिन्दी कविता, और पश्चिमी सौन्दर्यशास्त्र, सब एक साथ चलते हैं—क्योंकि यह 'सहयोगी प्रयास' है। एक बार फिर यह महसूस होता है कि 'इतर' से बिना किसी सतत संवाद तथा संघर्ष के 'आत्म' भी ठीक-ठीक प्रगट नहीं हो सकता। समकालीन पश्चिमी आलोचना से ऐसा घनिष्ठ सम्बन्ध स्फूर्तिदायक है। वो भी तब जब साथ में भारतीय परम्परा का समस्त ज्ञान भी सार्थक हो। शायद यह भी एक कारण हो कि 'कविता के नये प्रतिमान, में जहाँ कहीं श्रेष्ठ कविता को रेखांकित किया गया है वह अचूक है—'असहमत होना

खतरे से खाली नहीं'—और हर बार रोशनी कविता के शब्दों से चलकर भीतर 'कथ्य' तक, 'वास्तविकता' तक उतरती जाती है। पश्चिम की 'नयी आलोचना' आदि ने जिन सूक्ष्म उपकरणों का व्यवहार किया है उनका सधे हाथों व्यवहार करते हुए 'कविता के नये प्रतिमान' प्रमाणित करती है कि ज्ञान के क्षेत्र में कुछ भी वर्जित नहीं।

पूरी पुस्तक में एक क्षण के लिए भी रोशनी कविता से, कविता के पाठ या शब्दों से, हटती नहीं—जिस तरह धावक या तैराक के साथ-साथ, उसी गति, उसी व्यग्रता से खोज-खबर (मॉनिटरिंग) वाली गाड़ी दौड़ती है, उसी प्रकार कविता के साथ-साथ आलोचना। और पूरी किताब पढ़ चुकने के बाद निश्चय ही मेरे जैसा एक औसत पाठक अपने कुछ प्रिय कवियों यथा मुक्तिबोध, रघुवीर सहाय, नागार्जुन, त्रिलोचन, शमशेर, केदार को तथा कविता-मात्र को सम्भवतः पहले से ज्यादा समझ सकता है। इसी तरह, जो कविता अच्छी नहीं है उसे भी पहले से ज्यादा सुगमता से पहचान सकता है। कहा जा सकता है कि 'कविता के नये प्रतिमान' का उप-शीर्षक है 'कविता कैसे पढ़ें'। पूरी पुस्तक कविता को ठीक से पढ़ने का उपक्रम है।

××× और यह उपक्रम आरम्भ होता है पहले ही अध्याय से—'कविता क्या है'—यानी कविता को पहचानने की कोशिश से, कविता की खोज से; कवि के लिए जो 'अभिव्यक्ति' की खोज है वही प्रकारांतर से आलोचक के लिए 'कविता' की खोज है। और कविता की यह खोज 'पुराने सिद्धान्तों' के माध्यम से नहीं हो सकती। 'छायावादी संस्कारों में पले जो आलोचक अनुभूति को स्थायी भाव का पर्याय समझते हैं, वे बदली हुई परिस्थिति में भी कवि से केवल उन स्थायी भावों के अनुरूप अधिक-से-अधिक नये वस्तुविधान और रूपविधान की ही अपेक्षा रखते हैं।... वे यह भूल जाते हैं कि कवि-कर्म शास्त्र-निरूपित कुछ गिने-चुने स्थायी या संचारी भावों को उद्धृत करना नहीं, बल्कि नयी वास्तविकता से उत्पन्न होने वाली वृत्तियों को उजागर करना है।...नये कवि की समस्या इस रूप को ही भाव में रूपान्तरित करने की है, प्राप्त भाव को रूप देने की नहीं।' यानी नयी वास्तविकता नयी वृत्तियों, नयी 'काव्यानुभूति', को जन्म देती है। इसे समझे बिना नयी कविता के **नयेपन** की पहचान सम्भव नहीं। और इसीलिए नये प्रतिमान की जरूरत होती है। 'जिन्हें हम पुराने प्रतिमान कहते हैं वे वस्तुतः पुराने संस्कार हैं।' 'कविता के वास्तविक मूल्यांकन में बौद्धिक स्तर पर स्वीकृत सिद्धान्तों की अपेक्षा बद्धमूल संस्कार अधिक निर्णायक भूमिका अदा करते हैं।' ये संस्कार 'प्रच्छन्न व्यतीत लेखन' द्वारा सम्पोषित पुराने प्रतिमानों से बने होते हैं। डॉ. नामवर सिंह श्री सियारामशरण गुप्त द्वारा विवेचित एक उदाहरण उद्धृत करके अपनी बात रखते हैं। आज भी और हर काल में मूल प्रश्न यही है—कविता कहाँ है—'शुष्को वृक्षस्तिष्ठत्यग्रे' में अथवा 'नीरस तरुरिह विलसति पुरतः' में? यदि उत्तर है—'नीरस तरुरिह...' तब मामला समाप्त है। यदि उत्तर

है—'शुष्को...' तो फिर प्रश्न होता है कि वहाँ क्यों और कैसे? क्योंकि वह वास्तविक है। लेकिन व्यवहार में उत्तर इतना आसान नहीं होता। इसलिए 'कविता के मूल्यांकन के सन्दर्भ में पद्धति के बिना प्रतिमानों की चर्चा निरर्थक है'। 'शुष्को...' इसलिए श्रेष्ठ है कि वहाँ 'वस्तु' की 'मौलिकता' सुरक्षित है पूरी पंक्ति, एक एक शब्द, ध्वनि के विश्लेषण से यह स्पष्ट है, जैसा कि विस्तार से गुप्त जी ने दिखलाया है। नामवर सिंह कहते हैं, 'प्रस्तुत शब्दों से आरम्भ करके विविध अर्थ-सरणियों पर क्रमशः संचरण करते हुए सम्भाव्य कथ्य तक पहुँचने में आलोचक को जो आयास होता है उसी से वह कवि की शब्द-साधना का भी अनुमान करता है और तदनुसार मूल्यांकन भी करता है।... इस प्रकार यह सतर्क विश्लेषण-पद्धति केवल पद्धति नहीं बल्कि मूल्यांकन का अनिवार्य अंग है—स्वतः एक मूल्य है।' नामवर सिंह ने ऐसी अनेक कविताओं का विश्लेषण करके दिखलाया है कि भाषा की इतिवृत्तात्मकता, तनावहीन भाषा, निरावेश तथ्य कथन से ग्रस्त होने के बावजूद इन्हें इनकी प्रगट 'आस्था' के कारण सराहा गया जो कि गलत है। 'जो आलोचक कविता में अर्थवान शब्द की समस्त सम्भावनाओं की खोज किये बिना ही एक सामान्य वक्तव्य या सन्देश के आधार पर किसी कविता पर मूल्य-निर्णय देने का दावा करता है वह कविता का आलोचक नहीं है, न होगा।' आवश्यक है कविता की निजी इंटिग्रिटी की रक्षा, कविता के स्वधर्म की पुनः प्रतिष्ठा। इसके लिए आवश्यकता पड़ने पर इंग्लैंड-अमरीका की नव्य आलोचना के साथ ही अपनी परम्परा के रस-सिद्धान्त की भी सहायता ली जा सकती है 'जिसके मूलाधार में प्रतिष्ठित अर्थ-मीमांसा' विशेष रूप से उल्लेखनीय है। अर्थ-मीमांसा के अन्तर्गत 'सर्वत्र और सदैव ध्यान काव्यगत शब्दों पर रहता है और विश्लेषण-प्रक्रिया उन शब्दों के पारस्परिक सम्बन्धों तथा उनसे उत्पन्न होने वाले अर्थ की ध्वनि-तरंगों के सुदूरतम विस्तार को पकड़ने की दिशा में प्रयत्नशील रहती है।' प्रतिमान की सत्ता ठेठ मूल्यांकन की प्रक्रिया में है। मूल्यांकन की प्रक्रिया से अलग सूत्रों में निचोड़ कर रखा हुआ प्रतिमान काव्य का प्रतिमान नहीं, गल्ला तोलने का बाट या कपड़ा नापने का गज है। मूल्यांकन की इसी प्रक्रिया में 'उर्वशी' को लेकर एक ही विचारधारा के दो लेखकों के दो परस्पर भिन्न मत सामने आये। यदि मुक्तिबोध मानते हैं कि 'उर्वशी में स्वाभाविकता के स्थान पर शब्दजाल और आडम्बर' है, तो रामविलास शर्मा के अनुसार 'दिनकर जी उदात्त भावनाओं के कवि हैं'। यहाँ विचारधारा और आस्वाद के प्रश्न पर अलग से विस्तारपूर्वक चर्चा हो सकती है। पर नामवर जी तत्काल यही कहते हैं कि 'यह व्यक्तिगत रुचि-भेदमात्र नहीं बल्कि दो भिन्न सुसंगत मूल्य-प्रणालियों का अन्तर है, जिनके सीधे टकराव में सार्थक एवं प्रसंगानुकूल मूल्यों के विकास की सम्भावना निहित है। सम्प्रति नयी पीढ़ी ने मुक्तिबोध में रचनात्मक सम्भावना का पुनराविष्कार कर प्रमाणित कर दिया है कि उस टकराहट में मुक्तिबोध की ही दिशा ठीक थी।' इसी प्रकार 'मुक्तिबोध

का कामायनी : एक पुनर्विचार केवल 'कामायनी' को फैंटेसी के रूप में देखने का कलावादी प्रयास-भर नहीं, बल्कि उस फैंटेसी में निहित जीवन-मूल्यों की समीक्षा करते हुए नये मूल्यों की व्याख्या का मूल्य परक विवेचन है।' यहाँ भी आग्रह जीवन-मूल्यों पर है। 'तारसप्तकः इतिहास की आवृत्ति' शीर्षक अध्याय कविता के नये प्रतिमान की खोज की दिशा में अतिरिक्त महत्त्व का अधिकारी है। तारसप्तक के पुनर्मुद्रण को अवसर मान कर लिखे गये इस अध्याय में बहुत स्पष्ट तरीके से नामवर सिंह ने हिन्दी कविता में विकसित दो भिन्न, परस्पर विरोधी प्रवृत्तियों को उजागर करते हुए मुक्तिबोध-नागार्जुन-त्रिलोचन-शमशेर की रचनाओं को आगे रखा है।—'तारसप्तक के प्रकाशन से चार-पाँच वर्ष पूर्व तारसप्तक के कवियों के अतिरिक्त केदारनाथ अग्रवाल, शमशेर बहादुर सिंह, त्रिलोचन, भवानी प्रसाद मिश्र जैसे अनेक समर्थ कवि नये ढंग की काव्य रचना कर रहे थे'।...'सामान्यतः 1938 को इस परिवर्तन की विभाजक रेखा मान सकते हैं।... इस युग के मिजाज़ का सबसे महत्त्वपूर्ण पक्ष है **यथार्थवादी रुझान** जिसे जयशंकर प्रसाद 'हंस' में प्रकाशित 'यथार्थवाद और छायावाद' शीर्षक निबन्ध में रेखांकित कर चुके थे और 'अपने ढंग से' उसे परिभाषित भी किया था—'राजसत्ता का कृत्रिम और धार्मिक महत्त्व व्यर्थ हो गया और साधारण मनुष्य, जिसे पहले लोग अकिंचन समझते थे, वही क्षुद्रता में महान दिखलायी पड़ने लगा। उस व्यापक दुःख-संवलित मानवता को स्पर्श करने वाला साहित्य यथार्थवादी बन जाता है'। नामवर सिंह कहते हैं, 'इसी दौर में प्रगतिशील साहित्य का आन्दोलन पैदा हुआ, जिसका जोर सबसे ज़्यादा यथार्थवाद पर था। प्रगतिशील साहित्य की इस यथार्थवादी भूमिका की उपेक्षा करके 1938 के संक्रमण-युग को समझना असम्भव है।' डॉ. सिंह आगे कहते हैं, 'वस्तुतः छायावादी नैतिक विजन का जादू टूटने पर हृदय और बुद्धि के अलगाव के रूप में मन का जो विभाजन हुआ उससे उत्पन्न 'रिक्तता' और 'संकट' की चुनौती 1938 के आसपास के सभी कवियों के सामने थी। काव्य के स्तर पर इस संकट से उबरने के दो ही रास्ते थे : या तो इस संकट की गम्भीरता को स्वीकार कर समूचे द्वन्द्व को पूरी नाटकीयता के साथ काव्य-रूप दिया जाये या फिर इस संकट को 'संकट' के रूप में मानने से एकदम इनकार किया जाये। बौद्धिक युवा कवि पहला रास्ता चुनें, इससे पहले बच्चन आदि उत्तरछायावादी कवि दूसरा रास्ता अपना चुके थे।...' इस प्रकार उत्तरछायावादी भँवर से कविता को निकाल कर उसे **समकालीन परिवेश** के लिए प्रासंगिक बनाने का जो श्रेय सामान्यतः 'तारसप्तक' को दिया जाता है, उसकी शुरुआत 1938 के आसपास ही हो चुकी थी।

इसके विपरीत 'तारसप्तक' में जहाँ 'राहों के अन्वेषण' की बात की गयी थी, दूसरा सप्तक में बल आत्म-अन्वेषण पर आ गया। दूसरा सप्तक में 'व्यक्ति-सत्य' को 'वस्तु-सत्य' की दिशा में विस्तृत करने की अपेक्षा रागात्मकता के द्वारा 'तथ्य'

को 'सत्य' बनाने पर बल है। और इस तरह 'तारसप्तक' की परम्परा को आत्मनिष्ठ मोड़ दे दिया गया। स्पष्टतः डॉ. सिंह आत्मनिष्ठता के विरुद्ध वस्तुनिष्ठता तथा व्यक्ति-सत्य की अपेक्षा वस्तु-सत्य को महत्त्व दे रहे हैं। साथ ही, स्वाधीनता प्राप्ति के तत्काल बाद की परिस्थिति का विवेचन करते हुए कहते हैं कि 'इस वातावरण में जो भी विसंवादी स्वर निकला अपने आप डूब गया।... किसी भी प्रकार के आलोचनात्मक स्वर के लिए गुंजाइश न रही। केदारनाथ अग्रवाल, नागार्जुन, त्रिलोचन ही नहीं, मुक्तिबोध की आवाज़ भी इस सृजन-क्षण में डूब गयी। स्वाधीनता की पहली लहर में कुछ ऐसा लगा जैसे नवरोमानवाद का पुनरुत्थान हो रहा है।... किन्तु इस युग का श्रेष्ठ एवं सार्थक कृतित्व वह है जो इस भ्रम से कम-से-कम ग्रस्त था अथवा एकदम मुक्त था।...मुक्तिबोध के कृतित्व का महत्त्व इसी भ्रम मुक्ति में है, और जैसा कि बाद के पुनराविष्कार से प्रमाणित हुआ, मुक्तिबोध भ्रम के इस लम्बे दौर में सतत जाग्रत रहे।'

डॉ. नामवर सिंह लिखते हैं, "मुक्तिबोध की स्पष्ट धारणा थी कि 'नयी कविता के क्षेत्र में भी, दो दल तैयार हो रहे हैं—एक दल वह है जो उच्च मध्य-वर्ग का अंग है; दूसरे वे हैं जो निचले गरीब मध्यवर्ग से सम्बन्धित हैं। उनकी वर्गीय प्रवृत्तियाँ न केवल उनके काव्य में वरन् साहित्य-सम्बन्धी उनके सिद्धान्तों में भी परिलक्षित होती हैं'। इसलिए मुक्तिबोध ने इस निचले गरीब मध्यवर्ग से सम्बन्धित नयी कविता के भावबोध का डटकर पक्ष-समर्थन भी किया।..."

डॉ. सिंह कवि केदारनाथ सिंह के एक निबन्ध को उद्धृत करते हैं—'अपने अन्य समकालीन कवियों की परिधि से मुक्तिबोध का काव्य यदि कुछ अलग या कटा हुआ-सा दिखायी पड़ता है तो इसलिए कि उन्होंने सृजन के स्तर पर कला के संघर्ष को अस्तित्व के संघर्ष से एकाकार कर लिया था।'

और इसी के साथ 'कविता के नये प्रतिमान' पुस्तक का पहला खंड समाप्त होता है। कविता क्या है, रस-सिद्धान्त जैसे प्रसंगों से चलकर यह खंड निचले गरीब मध्यवर्ग के समर्थक मुक्तिबोध के पक्ष-समर्थन पर समाप्त होता है। आत्मग्रस्तता, व्यक्ति-सत्य, आत्मान्वेषण के विरुद्ध आत्म-विस्तार, वस्तु-सत्य, सत्य-अन्वेषण और जनपक्षधरता को कविता के नये प्रतिमान का आधार बनाकर डॉ. नामवर सिंह ने एक नये आलोचना-पक्ष का आरम्भ किया। आज इतने वर्षों बाद इसे पढ़ते हुए एक बार फिर उसी दुर्धर्ष संगर का अनुभव होता है—क्या आज भी वही 1938 या 1968 जैसी स्थिति नहीं है? क्या आज भी उच्च वर्गीय प्रवृत्तियाँ काव्य के मूल्यांकन को निर्देशित कर एकाधिकार के लिए प्रयत्नशील नहीं हैं? और निचले गरीब मध्यवर्ग के पक्ष की शक्तियाँ? 'कविता के नये प्रतिमान' को आज पढ़ने का अर्थ है अपने को उसी संघर्ष से जोड़ देना जो मुक्तिबोध एवं उनकी पीढ़ी ने किया जिसका विजय-घोष है यह पुस्तक।

×××

'कविता के नये प्रतिमान' का दूसरा खंड काव्य के विभिन्न अवयवों का निरीक्षण करते हुए प्रतिमानों की खोज करता है। अनेक प्रचलित एवं रूढ़ धारणाएँ ध्वस्त होती हैं। बहुत सावधानी से, एक निपुण सर्जन की तरह, एक-एक शिरा-धमनी को बचाते हुए यह आन्तरिक परीक्षण किया गया है। 'काव्यभाषा और सृजनशीलता' इस खंड का पहला अध्याय है जिसका पहला वाक्य अज्ञेय जी के एक उद्धरण से शुरू होता है—'काव्य के जो भी गुण बताये जाते या बताये जा सकते हैं, अन्ततोगत्वा भाषा ही के गुण हैं'। इस तरह काव्य-भाषा को मूल्यांकन के मूलाधार के रूप में स्वीकार किया गया है। 'वर्ड्स ऑन द पेज' को पहला एवम् अंतिम आधार मान कर भाषा का विश्लेषण करके ही सम्पूर्ण कविता का फल बताया जा सकता है। 'इस दृष्टि से प्राचीन आचार्यों की एक विशेषता का उल्लेख प्रासंगिक है। किसी कविता में उन्हें यदि रस-दोष दिखायी पड़ा तो उन्होंने उस दोष का सम्बन्ध भाषा के स्तर पर भी उद्घाटित किया। बल्कि यह कहना अधिक संगत होगा कि भाषागत दोष की प्रकृति ही रसदोष नियामक मानी गयी।' 'आलोचना के क्षेत्र में इससे यह निष्कर्ष निकला कि यदि भाषा कवि के अनुभव और ज्ञान का साधन है तो कविता की भाषा का विश्लेषण करके उसके अनुभव की शक्ति को भी मापा जा सकता है।' अर्थात् अज्ञेय जी के शब्दों में 'कविता ही कवि का परम वक्तव्य है।' इसलिए किसी कविता में प्रगट 'भाषिक शैथिल्य बौद्धिक शैथिल्य का प्रमाण है जिसकी परिणति नैतिक शैथिल्य में होती है।' आज पुनः हमारे आलोचकों को याद कराने की जरूरत है कि उनका कार्य-क्षेत्र प्राथमिकतः 'पन्ने पर शब्द' हैं और उसी को मूल आधार मानते हुए मूल्यांकन करना उचित होगा।

इसी से लगी हुई बात बोलचाल की भाषा से सम्बन्धित है। यह मान्यता कि 'कविता की भाषा का आधार बोलचाल की भाषा होनी चाहिए, वह केवल भाषागत स्वाभाविकता अथवा स्थूल प्रकृतिवादी प्रवृत्ति का ही सूचक नहीं, बल्कि उसके साथ कवि का एक गम्भीर नैतिक साहस जुड़ा हुआ है, जिसके अनुसार अपने आसपास की दुनिया में हिस्सा लेते हुए ही कविता को इस दुनिया के **अन्दर** एक दूसरी दुनिया की रचना करना आवश्यक हो जाता है'। यह बात आज की हिन्दी कविता को एक बार फिर याद करनी चाहिए। वास्तव में भाषा और भाषा में होने वाला प्रत्येक काम जो कविता करती है अंततोगत्वा कवि की **दृष्टि** से तै होता है। इसलिए कविता के भाषिक संगठन के किसी भी पक्ष को लेकर हम कवि की मूल दृष्टि, नैतिक-वैचारिक जो भी कहें, तक पहुँच सकते हैं। और इस दृष्टि के निर्माण में सबसे महत्त्वपूर्ण भूमिका स्वयं कवि के जीवन-अनुभवों की होती है। 'कविता के नये प्रतिमान' ने हर जरूरी मौके पर इसे रेखांकित किया है—'गहरे अर्थ में आज के जीवन के स्पन्दन की तलाश भाषा के भीतर से निचुड़ते हुए रक्त की तलाश है' (शमशेर जी का उद्धृत कथन)।

बोलचाल की भाषा का आग्रह ही कविता में 'सपाटबयानी' के लिए भी जिम्मेवार

है। 'सपाटबयानी का यह आग्रह वस्तुतः गद्य-सुलभ जीवन्त वाक्य विन्यास को पुनः प्रतिष्ठित करने का प्रयास है जिसके मार्ग में बिम्बवादी रुझान निश्चित रूप से बाधक रहा है।' यहाँ विरोध बिम्ब-निर्माण का नहीं, **बिम्बवाद** का है—नागार्जुन की प्रसिद्ध कविता 'अकाल और उसके बाद' का विश्लेषण करके डॉ. नामवर सिंह दिखलाते हैं—'क्या यह सब केवल सूक्ष्म पर्यवेक्षण और यथार्थ-चित्रण मात्र है? वास्तविकता के मर्म की यह आन्तरिक पहचान कोई नैतिक दृष्टि नहीं? एक मूर्तिमत्ता यह भी है, किन्तु तथाकथित बिम्बवादी मूर्तिमत्ता से कितनी अलग।' इसी क्रम में आगे वह त्रिलोचन पर भी टिप्पणी करते हैं—'नयी कविता के उत्कर्ष-काल में भी प्रवाह-पतित होने का खतरा उठाकर एक कवि धारा के विरुद्ध वाक्य विन्यास की रक्षा के लिए आवाज बुलन्द करता रहा,...इस भाषा के आग्रह के पीछे वही दृष्टि है जिसके कारण सातवें दशक के कवि आज सपाटबयानी पर उतरने को विवश हैं'। और यह भी कि 'अनुमानतः यह वही भाषा है जो कबीर-सूर-तुलसी आदि भक्त कवियों में मिलती है'। इसमें दो बातें ध्यान खींचती हैं। पहली तो यह कि जो भी तत्त्व या साधन वास्तविकता को धुँधला या ओझल करे वह त्याज्य है और इसीलिए सपाट बयानी भी स्वीकार है क्योंकि वह 'वास्तविकता से बचने' की गुंजाइश नहीं देता। दूसरी बात है नागार्जुन-त्रिलोचन का उल्लासमय स्वीकार। यह सही है कि 'कविता के नये प्रतिमान' में केन्द्र में मुक्तिबोध हैं, लेकिन जो सर्वाधिक उज्ज्वल अंश हैं इस पुस्तक में वो कवि-रूप में नागार्जुन-त्रिलोचन-शमशेर-केदार-रघुवीर सहाय के लिए ही सुरक्षित हैं। ऐसा कहने का मतलब यह नहीं कि नागार्जुन-त्रिलोचन आदि के लिए जबर्दस्ती कोई रियायत अथवा डॉ. सिंह के लिए कोई अतिरिक्त अंक बटोरने की मंशा है। नहीं, उसकी कोई जरूरत नहीं है क्योंकि पुस्तक का पूरा संगठन ही भिन्न है, परिप्रेक्ष्य ही भिन्न है। फिर भी कहना इसलिए जरूरी है कि अक्सर यह बात सभा-सोसायटी में उठायी जाती है और पुस्तक को पढ़कर वस्तुगत रूप से जो तथ्य मिलते हैं उनका उल्लेख आवश्यक है।

इसी बिम्बवाद तथा बिम्ब-स्वार्थ ने कविता की पूरी संरचना, ऑर्गेनिक संघटन, से ध्यान हटाकर पाठकों-श्रोताओं को एक टुकड़े बिम्ब पर लहालोट हो जाने को बाध्य किया। डॉ. नामवर सिंह ने पुनः 'संरचना' के महत्त्व पर बल देने के लिए शुरू में ही निराला को उद्धृत किया है—'...इनकी कला इनके सम्पूर्ण में है, खण्ड में नहीं...'। 'तोड़ती पत्थर' कविता के स्वयं निराला कृत विश्लेषण सामने रखकर डॉ. सिंह कहते हैं...'...निराला ने आधुनिक हिन्दी कविता में काव्य-संरचना का जो पथ प्रशस्त किया, वह आलोचना के क्षेत्र में मूल्यांकन की पद्धति के लिए भी आवश्यक औजार है'। 'कविता का कथ्य उसकी संरचना से अविच्छिन्न रूप से जुड़ा हुआ है'। 'संरचनागत दोष वस्तुतः काव्यानुभूति का दोष है।' इसी सिलसिले में छोटी और लम्बी कविता के भेद की व्याख्या करते हुए डॉ. नामवर सिंह अमरीकी आलोचक आइवर विण्टर्स को उद्धृत करते हैं—'छोटी कविता और लम्बी कविता में दो काव्य सिद्धान्तों का अन्तर

है। छोटी कविता मूलतः प्रगीत कविता है जबकि लम्बी कविता नाटकीय कविता है। नाटकीय कविता अरस्तू द्वारा निरूपित कार्य का अनुकरण सिद्धान्त पर आधारित होती है जबकि प्रगीत कविता में सारा बल अनुचिन्तन पर होता है...'। यहाँ आकार अन्तिम निर्णायक नहीं है क्योंकि 'असाध्य वीणा अपने आकार की लम्बाई के बावजूद एक प्रगीत है' जैसे कि हिन्दी की अधिकांश तथाकथित लम्बी कविता। डॉ. सिंह का कहना है कि 'प्रगीत कविता कविता का पर्याय हो गयी और प्रगीत का प्रतिमान कविता का प्रतिमान हो गया। परिणामस्वरूप जो लम्बी कविताएँ इस दायरे में नहीं आती थीं, अपने आप तिरस्कृत हो गयीं। इसका दण्ड सबसे अधिक मुक्तिबोध को भोगना पड़ा'। इसलिए जरूरी है कि कविता का प्रतिमान बदला जाय ताकि मुक्तिबोध एवं लम्बी नाटकीय कविता के साथ न्याय हो सके। यहाँ भी प्रतिमान की माँग और निर्धारण स्वयं कविता करती है, प्रतिमान कोई पूर्वप्रदत्त कसौटी नहीं है। 'अँधेरे में' कविता में 'स्वप्नचित्र जैसी एक अयथार्थ कला के द्वारा यथार्थ की काव्यात्मक पुनःसृष्टि' बिना सम्यक् स्पेस या विस्तार के सम्भव ही नहीं थी। प्रगीत की श्रेष्ठता को कम किये बिना कहा जा सकता है कि 'रामचरितमानस' सब कुछ के बावजूद 'विनयपत्रिका' से बड़ी कृति है। हमेशा एक ऐसे रूपाकार की जरूरत रहेगी जो अधिक से अधिक को, काल के विभिन्न खंडों को, समय की वृद्धि और दिशा को और असंख्य चरित्रों को अपने में स्थान दे सके। आज प्रायः हर सजग कवि को यह महसूस होता होगा।

इसी अधिक से अधिक का समावेश करने की इच्छा से कवि गम्भीरतम स्थितियों में भी अगम्भीर या क्षुद्र के लिए भी जगह बना देता है जिससे 'विसंगति' या 'विडम्बना' का बोध होता है। निराला ने 'सरोज स्मृति' में और फिर बाद की कविताओं में ऐसा किया जो 'छायावादी मिजाज़ के टूटने' का द्योतक है। क्रीड़ा-कौतुक महज खेल न रहकर 'अर्थ-चमत्कार, एवं 'शिल्प-सिद्धि' का सूचक बन जाता है। लेकिन जब कभी यह 'क्रीड़ा-भाव या लीला-भाव सिनिसिज्म अथवा सनकीपन' में तब्दील हो जाय तब चिन्ता की बात है। 'पक्का सिनिक हो जाने के बाद फिर कविता भी अनावश्यक हो जाती है क्योंकि काव्य-रचना का अर्थ ही है सिनिसिज्म पर मानसिक विजय'। जबकि स्वस्थ 'क्रीड़ा-भाव की सबसे बड़ी उपलब्धि है नाटकीयता' यानी 'सम्पूर्ण स्थिति को एक नाटक के रूप में स्वीकार करना'—'आज की विडम्बनापूर्ण स्थिति के सम्मुख नाटकीय काव्य के लिए अपार सम्भावनाएँ हैं और नाटकीय रचनाएँ ही इस स्थिति की चुनौती को अच्छी तरह स्वीकार भी कर सकती हैं'। इसीलिए कविता के प्रतिमान में 'इस क्रीड़ा भाव से उत्पन्न होने वाली विडम्बना' को उचित स्थान मिलना ही चाहिए। यदि नहीं मिला तो 'एक साहित्येतर कारण भी है और वह है इन कविताओं की आक्रमण क्षमता का भय। आकस्मिक नहीं कि अफलातून और अरस्तू, दोनों ने कामदी को राजनीतिक रूप से ख़तरनाक घोषित किया था'। जो 'क्रीड़ा भाव' इतना खतरनाक रहा है वही आज हिन्दी

कवियों-कथाकारों के एक टोल में मजे की चीज बना दिया गया है। डॉ. नामवर सिंह के लिए हर वह तत्त्व या व्यवहार महत्त्वपूर्ण है जो वास्तविकता को अधिक से अधिक उघारता हो और कविता को अधिक से अधिक 'तेज' और 'सबवर्सिव' बना देता हो।

यथार्थ की जटिलता और उसके सर्वाधिक का समावेश कविता में हो यह निश्चय ही 'अनुभूति की जटिलता' और 'संवादी-विसंवादी वृत्तियों के द्वन्द्व' पर निर्भर है न कि उनके सामंजस्य एवं अनुभूति के सरलीकरण पर। द्वन्द्वों के दबाव को चेतना पर झेलना और संकट का साहसपूर्वक सामना करना आवश्यक है। 'प्रश्न वस्तुतः बौद्धिकता की स्वीकृति और अस्वीकृति का नहीं, बल्कि हृदय और बुद्धि के द्वन्द्व के रूप में व्यक्त होनेवाले मूलभूत आन्तरिक और बाह्य द्वन्द्व का साक्षात्कार करने का है'। 'द्वन्द्व यदि काव्य की अनुभूति में है तो उसे जबर्दस्ती समाहिति में बदल देना कवि-कर्म की ईमानदारी या सच्चाई नहीं बल्कि बेईमानी है'।

'मुक्तिबोध की कविताएँ निश्चय ही चित्त की इस समाहिति के लिए घातक हैं क्योंकि उनमें आज के परिवेश की जो दहशत-भरी तस्वीर उभरती है उससे स्नायु-तन्तुओं के टूटने या रक्तचाप के बढ़ने का ख़तरा पैदा हो सकता है।'

'सवाल यह है कि इसमें कौन सी कविता श्रेष्ठ है।...आचार्य शुक्ल की मूल्य व्यवस्था में संघर्षमूलक काव्य का स्थान प्रथम है और आनन्दमूलक काव्य का स्थान द्वितीय। नयी कविता यदि आज द्वन्द्व और तनाव को काव्य के प्रतिमान के रूप में प्रतिष्ठित करना चाहती है तो वह हिन्दी आलोचना की गौरवशाली परम्परा को ही आगे बढ़ा रही है... ।' आज की कविता का भी यही अभीष्ट है क्योंकि यथार्थ **के द्वन्द्वों से उत्पन्न अनुभूति की जटिलता समाहिति के स्थान पर हमें यथार्थ को ही परिवर्तित करने को प्रेरित करती है और दुनिया की सभी ट्रैजिक कृतियों की यही 'उपादेयता' है क्योंकि वे सामंजस्य-समाहार की असम्भवता को सिद्ध करती हैं।**

अनुभूति की जटिलता का प्रतिमान ही यह माँग भी करता है कि अनुभूति 'प्रामाणिक' है या नहीं। यहीं 'कवि-कर्म की ईमानदारी' का प्रश्न भी उठता है। 'कविता के पिछले पचास वर्षों के इतिहास से स्पष्ट है कि हर नये उन्मेष के मूल में ईमानदारी की आवाज़ है, किन्तु हर दौर की ईमानदारी की अपनी भाषा है।' 'ईमानदारी मूलतः एक नैतिक मूल्य है। सामान्यतः किसी व्यक्ति की ईमानदारी की बात की जाती है। इसलिए किसी कविता के सन्दर्भ में ईमानदारी का सवाल उठाते समय तुरन्त यह सवाल उठता है कि क्या किसी साहित्येतर मूल्य का उपयोग उचित है।' परन्तु 'काव्यकृति आख़िर मानव-कृति है, शुद्ध प्रकृति नहीं। मानव कृति होने के नाते काव्य-कृति किसी-न-किसी मानव-मूल्य को व्यक्त करती है, इसलिए उसके मूल्यांकन के लिए अपनायी गयी कोई भी प्रणाली मानव-मूल्यों के दायरे से बाहर नहीं रह सकती।...' यहाँ महत्त्वपूर्ण है 'साहित्येतर मूल्य' के उपयोग का प्रस्ताव और समर्थन, जो रचना की सापेक्ष स्वतन्त्रता को भी अन्ततः रचना के परिवेश से जोड़ कर देखने की माँग है लेकिन इस

'ईमानदारी' का पता कैसे चलेगा? जिस तरह बाकी सभी बातों में रचना का भाषिक संघटन ही भेद खोलता है वैसे ही इस बार भी भाषिक संघटन ही भेद खोलेगा–'... कविता में जहाँ कृत्रिमता दिखायी पड़ती है कवि में ईमानदारी की कमी का एहसास होता है।' 'घपलापन','बनावटीपन', 'आडम्बर' आदि। लेकिन, मुक्तिबोध के शब्दों में,'कृत्रिमता केवल इनसिन्सियारिटी (ग़ैर ईमानदारी) की ही उपज नहीं होती, वह अकवित्व की उपज(भी) होती है अर्थात् अन्तर्जगत की निर्जीवता और जड़ता का प्रमाण हो सकती है।' बात को आगे बढ़ाते हुए डॉ. नामवर सिंह कहते हैं कि 'इधर की कविता से स्पष्ट है कि अस्मिता का संकट युद्ध-ग्रस्तता के बिना भी सम्भव है; रोजमर्रा की ज़िन्दगी में हर एक का होने की कोशिश में आदमी अपना भी नहीं रहता। ऐसी स्थिति में अस्मिता की खोज ईमानदारी का पर्याय हो जाती है।'

ईमानदारी का सम्बन्ध सपाटबयानी से भी है क्योंकि जो कहा जा रहा है उसका प्रमाण क्या है? बिम्बवाद यदि अतिरेक है तो बिम्ब का निषेध भी घातक है क्योंकि बिम्ब प्रत्येक कथन को वस्तुगत (सूत्र) ढंग से सिद्ध भी करते है। फिर भी ईमानदारी की चर्चा को थोड़ा विस्तार देते हुए कहा जा सकता है कि ईमानदारी का मतलब है–जीवन को, यथार्थ की जटिलता को समझना एवं उसका संज्ञान; द्वन्द्व को सामंजस्य-समाहार में घटा देने वाले दर्शन या विचार के विरुद्ध ऐसी वैचारिक सख़्ती जो द्वन्द्व के तनाव को बर्दाश्त कर सके, और फिर रचना में उस जटिलता एवं द्वन्द्व की अभिव्यक्ति। यानी यह ईमानदारी तीन स्तरों पर क्रियाशील है–नैतिक, बौद्धिक एवं कलागत। ईमानदारी एक बाहरी मूल्य होते हुए भी अंततोगत्वा रचना में ही प्रगट होती है–अनुभूति की जटिलता उसका एक प्रमाण है, भाषा की सघनता, भावों के घात प्रतिघात आदि। अतिरेक का जोखिम उठाकर भी कहा जा सकता है कि बड़ी रचना ज्यादा ईमानदार होती है क्योंकि वहाँ कुछ भी न तो छोड़ा जाता है न छुपाया। बड़ी रचना वास्तविकता, अपने **समय,** अपने **परिवेश** का अधिक से अधिक प्रतिनिधि है।

'तो तुरन्त यह सवाल उठता है कि उस वास्तविकता की परख का आधार क्या होगा?' अनेक उदाहरणों एवं विशद चर्चा से डॉ. नामवर सिंह लगभग निष्कर्ष स्वरूप कहते हैं–'वास्तविकता की कमी उसकी भाषा में, शब्दों के चयन में, लय में, यहाँ तक कि पूरे रचाव में दिखायी पड़ती है इसीलिए उसकी अनुभूति भी फीकी लगती है। भाषा की विरलता और अनुभूति का फीकापन एक ही सिक्के के दो पहलू हैं। इस कमी के कारण यदि वह कविता प्रसंगच्युत लगती है तो इसका यह अर्थ नहीं कि केवल आज के सन्दर्भ में प्रसंगच्युत है, बल्कि किसी भी सन्दर्भ में इतनी ही प्रसंगच्युत रहेगी।'

क्या किसी 'काव्य-कृति को निजी और स्वतः सम्पूर्ण संसार मानकर' आज के परिवेश में उसकी प्रासंगिकता का निर्णय लिया जा सकता है? लिया जा सकता है क्योंकि सारे संसार एक जैसे नहीं होते। आखिर ऐसा क्यों है कि हर निजी और स्वतः सम्पूर्ण संसार यानी रचना भिन्न भिन्न होती है? इनकी भिन्नता का कारण क्या है?

क्या सभी एक जैसी जटिल होती हैं? यदि नहीं तो क्यों? 'डॉन क्विग्जोट', 'डिवाइन कॉमेडी,' 'रामचरितमानस,' 'हैमलेट,' 'अभिज्ञान शाकुन्तल' ये सब 'निजी एवं स्वतः सम्पूर्ण' होकर भी इतने सार्वभौमिक एवं **फैलते हुए से क्यों हैं**? डॉ. नामवर सिंह ने अंत में लिखा है—'मूल्यांकन के उपयुक्त काव्य-मूल्यों का निर्माण काव्य-कृति और आलोचक के इसी तनावपूर्ण संवाद से ही सम्भव है, जिस पर अन्तिम मुहर लगाने का कार्य परिवेश की वास्तविकता सम्पन्न करती है। निस्सन्देह किसी कविता का सिरजा हुआ संसार ही उसका मूल्य है किन्तु उसकी मूल्य की प्रासंगिकता इस बात पर निर्भर है कि वह सिरजा हुआ संसार कितना वास्तविक है अथवा वास्तविकता के बारे में हमारी समझ को कितना गहरा और कितना समृद्ध करता है : हमारे आसपास के संसार को अर्थ प्रदान करने में ही किसी कविता के अपने संसार की सार्थकता है। वास्तविकता की इस अर्थ-भूमि पर मूल्यों का सच्चा संघर्ष होता है जो मुक्तिबोध के शब्दों में एक रचनाकार के लिए

'बुरे-अच्छे बीच के संघर्ष
से भी उग्रतर
अच्छे व उससे अधिक, अच्छे बीच का संगर।'

यानी कविता के प्रतिमान अंततः जीवन, यथार्थ, वास्तविकता की भूमि पर तय होते हैं। कविता का 'निजी, स्वतः सम्पूर्ण' संसार भी इस संसार की सृष्टि है—'अलौकिक'—और पुनः वह इसी संसार को लौटती है। यथार्थ का कोई स्थानापन्न नहीं।

अन्त में 'परिशिष्ट' के अंतर्गत 'अँधेरे में : परम अभिव्यक्ति की खोज' तथा 'अन्धेरे में : पुनश्च' दो निबन्ध हैं। वैसे तो पूरी पुस्तक ही दृष्टान्तों एवं व्यावहारिक समीक्षा से भरी है, फिर भी ये दो निबन्ध पूरी पुस्तक का सत्त हैं, प्रतिमानों का व्यवहार में बर्त्ताव। ये आज भी उतने ही नये हैं।

पूरी पुस्तक पढ़ने के बाद एक-दो सवाल आते हैं। जीवन बदलता है, वास्तविकता बदलती है, कविता बदलती है, कविता के प्रतिमान बदलते हैं। फिर जीवन बदलता है...। यानी यह क्रम चलता रहता है। फिर कोई कृति स्थायी या क्लासिक कैसे होती है? क्या उसके लिए भी हर बार नये प्रतिमान चाहिए? इस पूरे प्रवाह में वह क्या है जो टिका रहता है? हर बार जो नयी कविता होती है वो कुछ न कुछ नया बर्ताव चाहती है, नये प्रतिमान। कई बार यह भेद केवल बल बदल देने भर का होता है। लेकिन धीरे-धीरे कुछ कृतियाँ स्थायित्व प्राप्त कर लेती हैं—हर युग के नये प्रतिमानों को स्वीकार। वे प्रतिमान क्या हैं? क्या कोई स्थायी प्रतिमान सम्भव है?

'कविता के नये प्रतिमान' हिन्दी आलोचना में, एक ऐसी पुस्तक है जो केवल अपने समय की कविता के पक्ष में ही नहीं, वरन् **सभी श्रेष्ठ कविता** के पक्ष में उठा हुआ हाथ है।

गोलमेज

> भाषाओं की बहुलता उनकी अपूर्णता में निहित है। कोई भी पूर्ण नहीं है। सोचने का मतलब है बिना किसी उपकरण के, यहाँ तक कि बिना होंठ हिलाये, लिखना जहाँ अमर शब्द खामोश रहता है। पृथ्वी पर भाषाओं की विविधता हमें ऐसे शब्दों को बोलने से रोक देती है जो बोलते ही पूर्ण सत्य बन प्रगट हो जाते...।
>
> —मलार्मे

अनुवाद पर बोलते समय अनुवाद से ही शुरू करना पड़ रहा है। ये पंक्तियाँ फ्रांसीसी कवि मलार्मे की हैं जिन्हें वाल्टर बेन्यामिन ने अपने निबन्ध 'अनुवादक के काम' में उद्धृत किया है। निबन्ध में ये पंक्तियाँ मूल फ्रांसीसी में हैं जिनका अँग्रेजी अनुवाद पाद-टिप्पणी के रूप में निबन्ध के अनुवादक ने दिया है। यहाँ उनका हिन्दी रूपान्तर दिया गया है। जैसा कि मलार्मे इस उद्धरण में बताते हैं, भाषाओं की अपूर्णता के कारण ही उनकी विविधता है। चूँकि भाषाएँ अपूर्ण हैं इसलिए प्रत्येक भाषा का सत्य भी अपूर्ण अथवा खंडित है। इसीलिए प्रत्येक भाषा के सत्य को दूसरी भाषा में स्थानान्तरित करने और फिर अपने-अपने सत्यों की तुलना करने की आवश्यकता होती है। इसीलिए सृजन के बाद भी सृजन का उपक्रम या उप-कर्म अथवा अनुवाद चलता रहता है जिसे बेन्यामिन रचना का अगला जन्म कहते हैं। इसी लेख में बेन्यामिन भाषाओं के रक्त-सम्बन्ध की बात भी करते हैं—भाषाओं के केन्द्रीय रक्त-सम्बन्ध की—जिसके कारण अनुवाद भाषाओं के पारस्परिक केन्द्रीय सम्बन्ध को व्यक्त करने का काम करता है। वास्तव में भाषाएँ एक-दूसरे से अपरिचित या अजनबी नहीं होतीं, बल्कि तमाम ऐतिहासिक सीमाओं या पृथकताओं के बावजूद पहले से ही एक-दूसरे से जुड़ी होती हैं। उन्हें जोड़ने वाली चीज है कुछ कहने की आकांक्षा। यह जुड़ाव और यह रक्त-सम्बन्ध दो भाषाओं की रचनाओं की तुलना से प्रगट होता है; परन्तु दो रचनाओं की समानता केवल ऊपरी तौर पर और अस्पष्ट रूप से ही इसे प्रगट करती है। बेन्यामिन कहते हैं कि अनुवाद के जरिये यह समानता या रक्त-सम्बन्ध सर्वाधिक शक्ति और स्पष्टता के साथ अभिव्यक्ति पाता

है। इस तरह अनेक भाषाओं को जोड़ कर एक वास्तविक भाषा में ढालने का प्रयत्न होता है। जॉर्ज स्टाइनर ने मॉडर्न वर्स ट्रान्सलेशन नामक पुस्तक अपनी माँ को समर्पित करते हुए लिखा है–'माँ को जो अनेक भाषाएँ बोलती है, मगर अपनी जबान में'। अनुवाद के जरिये तुलनात्मक साहित्य पर बात करने का मतलब है अनेक भाषाओं को बोलना मगर अपनी जबान में।

किसी भाषा के साहित्य के विकास की आरम्भिक अवस्था में दूसरी भाषाओं से होने वाले अनुवाद प्रायः अपनी भाषा को समृद्ध करने के उद्देश्य से ही किये जाते हैं। लेकिन इस समृद्धि को हासिल करने के पीछे भी यह अहसास तो रहता ही है कि अपनी भाषा अभी कम समृद्ध है। क्योंकि तुलना की जा सके ऐसा कुछ तो अपनी भाषा में अभी होता नहीं है। हाल ही में मैंने भोजपुरी में हवलदार त्रिपाठी सहृदय कृत कालिदास के 'मेघदूत' का अनुवाद पढ़ा और इसके साथ ही छत्तीसगढ़ी में मुकुटध ार पांडेय कृत अनुवाद भी। दोनों भाषाओं में ऐसा कुछ इधर का लिखा हुआ नहीं है जिसकी तुलना कालिदास के 'मेघदूत' से की जा सके। भोजपुरी में 'मेघदूत' का अनुवाद बिरहा छन्द में हुआ है और निश्चित रूप से कहा जा सकता है कि यह अनुवाद अत्यन्त प्रभावशाली है। छायावाद काल के यशस्वी कवि मुकुटधर पांडेय का 'अनुवाद' भी सुगठित और मूल को उतारने में समर्थ है। लेकिन इनकी तुलना योग्य शायद अभी कुछ है नहीं इधर का लिखा हुआ इन भाषाओं में। फिर भी ये अनुवाद हुए। मुझे लगता है कि अन्य भाषाओं में भी इस तरह के प्रयत्न हुए होंगे। इनके पीछे पहला कारण तो है अपने वंश-वृक्ष की खोज, अपने को उस महान उत्तराधिकार का अधिकारी मानना। दूसरा कारण है उस महान रचना की बारीकी और कलात्मकता को आयत्त करना। प्रायः प्रत्येक भाषा अपनी आरम्भिक अवस्था में यह कार्य करती है। और प्रत्येक भाषा में विकास के अनेक चरण पूरे करने के बाद भी यह अवस्था किसी न किसी रूप में विद्यमान भी रहती है। अपूर्णता तथा अतृप्ति का भाव। अँग्रेजी के सबसे आरम्भिक अनुवादकों–डगलस, वायट, सरे तथा टेंडल–ने लैटिन, हिब्रू या ग्रीक से अनुवाद किये। और चौसर जैसे महान् कवियों ने मूल का अपनी भाषा में स्वांगीकरण भी किया। इस तरह दूसरी भाषाओं की श्रेष्ठ रचनाओं ने अँग्रेजी भाषा में भी उसी श्रेष्ठता को प्राप्त करने की आकांक्षा उत्पन्न की। उसी आरम्भिक काल में अनूदित 'बाइबिल' आज तक अँग्रेजी भाषा और काव्य के एक शिखर की भाँति विद्यमान है। हिन्दी में भारतेंदु ने अपने मौलिक नाटक लिखने के पहले तथा साथ-साथ दूसरी भाषाओं के नाटकों के अनुवाद किये। सम्भवतः उनका पहला नाटक है 'विद्यासुन्दर' जो एक बाँग्ला नाटक का रूपांतर है और जैसा कि दूसरे संस्करण की भूमिका में बताया गया है, यह बाँग्ला नाटक भी सम्भवतः एक संस्कृत नाटक पर आधारित है। इस प्रकार हिंदी भी अपनी जड़ों को खोजते हुए बाँगला से होकर संस्कृत तक जाती है और इसी के साथ हिन्दी नाटकों की यवनिका उठती है।

अँग्रेजी कवि-अनुवादक जॉर्ज चैपमैन ने होमर के अपने अनुवाद के कारण बताते हुए कहा है—'विथ पोएजि टु ओपन पोएजि' यानी कबित्त से कबित्त खुलता है। यह बात सभी अनुवादों और अनुवादकों के लिए सही है। जिस तरह लैटिन और ग्रीक और हिब्रू के आरम्भिक अनुवादों से अँग्रेजी कविता का रास्ता खुला—कविता से कविता खुली—वैसे ही हिन्दी में भी भारतेन्दु तथा अन्य लेखकों द्वारा नाटकों के अनुवाद से नाटक का मार्ग प्रशस्त हुआ। स्वयं भारतेन्दु ने कम से कम पाँच नाटकों के अनुवाद बाँग्ला तथा संस्कृत से किये। तुलनात्मक रूप से हम कह सकते हैं कि इन नाटकों के जरिए एक नयी समृद्धि हिन्दी को मिली—हिन्दी जाति को 'सौन्दर्य का एक नया कलेवर मिला' (जैसा कि अँग्रेजी कवयित्री रोजेटी ने अनुवाद का उद्देश्य बताते हुए लिखा है)। और साथ ही यह भी कह सकते हैं कि इन सभी नाटकों से सर्वथा भिन्न एवं युगान्तरकारी नाटक 'अन्धेर नगरी' मिला। 'अन्धेर नगरी' की तुलना बाद में चल कर केवल ब्रेख्त के नाटकों से की जा सकती है। ब्रेख्त के नाटक जब पहली बार मैंने पढ़े तो सहसा दो भारतीय नाटकों की याद आयी, एक तो 'अन्धेर नगरी' और दूसरी भोजपुरी में भिखारी ठाकुर लिखित 'गबड़घिचोड़'। 'अन्धेर नगरी' अपने शिल्प और अंतर्दृष्टि में ब्रेख्त की शैली एवं दृष्टि का पूर्वालोकन सरीखा है तो 'गबड़घिचोड़' आश्चर्यजनक रूप से ब्रेख्त के नाटक 'खड़िया का घेरा' से कथ्य के स्तर पर समान। इससे लगता है कि जीवन एवं लोक में अपनी जड़ें होने के कारण ही इन तीन परस्पर अपरिचित एवं तीन भिन्न काल-खंडों के लेखक एक-दूसरे के इतना निकट लगते हैं—एक केन्द्रीय रक्त सम्बन्ध जरूर है इनके बीच।

अनुवाद का एक मुख्य काम हमेशा ही अपनी भाषा के लिए समृद्धि लाना रहता है तथा उस अपूर्णता को दूर करना जो प्रत्येक भाषा में किसी न किसी पक्ष की होती है। जब हमें लगता है कि हमारी भाषा में कोई तत्त्व विशेष नहीं है या कम है, भावों का भंडार, महसूस करने की क्षमता, अभिव्यक्ति के साधन तथा भाषा के वे उपकरण जिनके बिना हम सूक्ष्मता के साथ न तो जीवन को समझ सकते हैं न उसको प्रगट ही कर सकते हैं। अपूर्णता का यह अहसास ही अनुवाद के लिए उद्दीपन का काम करता है। जॉर्ज स्टाइनर लिखते हैं कि बॉदलेयर और मलार्मे ने एडगर एलेन पो से अतार्किकता एवं जादुई चमक का आयात किया जो फ्रान्सीसी कविता में नहीं थी। दिलचस्प है कि खुद अंग्रेजी में पो की वैसी महत्ता न थी जो फ्रान्सीसी में उन्हें मिली क्योंकि पो ने एक बिल्कुल नया तत्त्व फ्रांसीसी कविता को दिया। इस तरह बॉदलेयर कृत पो के अनुवाद ने फ्रान्सीसी भाषा को वह 'खोयी हुई पूर्णता' (जैसा कि बेन्यामिन कहते हैं) हासिल करने में सहायता की और पूर्णता की यह खोज बॉदलेयर तथा मलार्मे से होती हुई दुनिया की प्रायः सभी भाषाओं तक पहुँची। इस प्रकार, बोर्खेस के शब्दों में—'पो ने जन्म दिया

बॉदलेयर को, बॉदलेयर ने मलार्मे को, मलार्मे ने वेलरी को, वेलरी ने एडमंस टेस्ट को' और हम जोड़ सकते हैं कि फिर अमरीकी कवि रॉबर्ट लॉवेल को जिन्होंने बॉदलेयर के 'इमिटेशन्स' अथवा 'नकल' प्रकाशित कराये। इस तरह पो एक बार फिर बरास्ते फ्रान्स अमरीका पहुँचे।

बॉदलेयर ने ही कहा था कि कवि सार्वभौम अनुवादक हैं क्योंकि वे ब्रह्मांड की भाषा का अनुवाद करते हैं—तारा, पेड़, पानी का मनुष्य की भाषा में अनुवाद। ऑक्तोवियो पाज ने इसे ही बढ़ाते हुए कहा कि हालाँकि मेरा उद्देश्य यह नहीं था, फिर भी एक कवि के रूप में अनुवाद करना ही मेरी नियति बना। इस तरह कवि 'सांस्कृतिक अनुवादक' है। संस्कृतियों का अनुवादक। एक संस्कृति को दूसरी संस्कृति तक पहुँचाने वाला डाकिया। यह प्रयत्न भी उसी अपूर्णता का अन्त कर पूर्णता प्राप्त करने का प्रयत्न है। बीसवीं शताब्दी में एजरा पाउण्ड अपने अनुवादों के माध्यम से एक सर्वथा भिन्न चीनी संस्कृति को अँग्रेजी में ले आये और इसके फलस्वरूप स्वयं अँग्रेजी कविता के स्वभाव में किंचित् परिवर्तन आया। टी. एस. इलियट इस सम्बन्ध में कहते हैं, 'पाउण्ड के मूल काम एवं उनके अनुवाद को अलग अलग करके देखना भूल होगी जिसका परिणाम होगा अनुवाद की प्रकृति मात्र के सम्बन्ध में उससे भी बड़ी भूल'। संक्षिप्तता, भावों का उद्वेग, और अनायास कथन ने, जो चीनी कविता की विशेषता थी, पाउंड एवं अँग्रेजी कविता को नया तत्त्व उपलब्ध कराया। पाउंड के अनुवादों के बाद अँग्रेजी कविता का विकास भी भिन्न तरीके से होने लगा। अब सही अर्थों में यह एक कॉस्मोपॉलिटन या सर्वदेशी कविता थी जो अनेक स्रोतों से शक्ति ग्रहण कर रही थी। इसी के साथ पूरी दुनिया के पैमाने पर काव्य-स्वभाव का अन्तर्राष्ट्रीयकरण भी हुआ। जैसा कि स्टाइनर कहते हैं, इलियट, पाउंड, अपोलिनाय, वेलरी, रिल्के, मायकोव्स्की, नेरुदा—इन सबमें कुछ तत्त्व समान हैं जैसे भावना का तर्क, एक से सन्दर्भ बिन्दु, एवं प्रतीकात्मक उपकरण। आधुनिक कवियों के बीच निजी सम्बन्ध भी बढ़े और वे एक-दूसरे से अदला-बदली करते हुए कार्यरत रहे। इन अनुवादों के कारण ही आज हम कह सकते हैं कि यूरोप की प्रायः सभी प्रमुख भाषाओं में आधुनिकता के आन्दोलन लगभग एक साथ तथा एक समान हुए। इसका एक विडम्बनापूर्ण कोण यह है कि प्रायः प्रत्येक महत्त्वपूर्ण कवि को अपनी भाषा में शुरू में गैर, विदेशी आदि कहा गया। रिल्के को भी गैर-जर्मन, योरोपी कहा गया। बोर्खेस को भी गैर-अर्जेन्टानी गैर-लातिनी। शिम्बोर्स्का तक को गैर-पोलिश बताया गया। क्योंकि इनकी कविताओं में बाह्य प्रभाव तथा बाह्य तत्त्व भी थे जिनके कारण इन्होंने अपनी-अपनी भाषा को नया संस्कार दिया।

हिन्दी में जब आधुनिक योरोपीय कवियों के अनुवाद प्रकाशित हुए तब सहज ही हिन्दी की तत्कालीन कविता की तुलना इनसे होने लगी। दिनकर, धर्मवीर भारती, केदारनाथ अग्रवाल के अनुवादों ने एक नयी कविता सामने प्रस्तुत की। बाद में

नाजिम हिकमत के अनुवाद चन्द्रबली सिंह ने किये, मायकोव्स्की के अनुवाद आये, नेरुदा, ब्रेख़्त और लोर्का के। इन कवियों के अनुवादों ने हिन्दी की उस कविता को बल पहुँचाया जो प्रगतिकामी और स्पष्टतः राजनीतिक एवं मुखर थी। अब विदेशी और श्रेष्ठ विदेशी कविता को सामने रख कर हिन्दी की उस कविता का पक्ष लेना आसान था जो जन पक्षधर तथा खुल्लमखुल्ला राजनीतिक थी। नागार्जुन, त्रिलोचन और केदार की प्रतिष्ठा में इन अनूदित कविताओं की भी अपनी भूमिका है। इसी तरह अज्ञेय, शमशेर, मुक्तिबोध तथा अन्य कवियों की कविताओं की तुलना विदेशी कविताओं से करने पर हिन्दी को नये स्वाभिमान का बोध हुआ। ये कविताएँ किसी प्रकार कम नहीं थीं। बाद में रघुवीर सहाय, श्रीकांत वर्मा, सर्वेश्वर, कुँवर नारायण आदि ने पूर्वी योरोप के कवियों के अनुवाद के माध्यम से नयी कविता के लिए भी सर्वानुमति अर्जित की। 'दिनमान' के अन्तिम पृष्ठ पर विदेशी कविता का अनुवाद हर हफ्ते छपा करता था। इन अनुवादों को पढ़ कर हिन्दी के सामान्य पाठकों में नये कवियों की कविताओं के प्रति भी आग्रह बढ़ा क्योंकि तुलना करने पर हिन्दी कविताएँ कमतर न थीं। समकालीन जीवन की जटिलता और विडम्बना को ज्यादा सूक्ष्मता से, ज्यादा भावप्रवण तरीके से (अथवा शुष्कता से) तथा अधिकाधिक नये बिम्बों के माध्यम से प्रगट किया जा रहा था। बाद के कवियों ने भी अनुवाद का यह क्रम जारी रखा। शिवकुटीलाल वर्मा, विष्णु खरे, असद ज़ैदी, राजेश जोशी, नीलाभ, मंगलेश डबराल, गिरिधर राठी, विजय कुमार आदि ने नये से नये विदेशी कवियों के अनुवाद के जरिये स्वयं हिन्दी कविता में हो रहे परिवर्तनों के लिए व्यापक स्वीकृति का वातावरण बनाया। तुलना करने पर स्पष्ट है कि जिस तरह की गद्य-कविता आज हिन्दी में लिखी जा रही है उसके प्रसार तथा सार्वभौमिक स्वीकार के पीछे इन अनुवादों का भी हाथ है क्योंकि ये अनुवाद प्रायः गद्य-सारांश की तरह होते हैं। मूल भाषा में कविता में जो लय, नाद अथवा ध्वनि-संयोजन है वह प्रायः अनुवाद में अनुपस्थित रहता है। जैसे यह एक सामान्य जानकारी है कि रूसी कवियों ने कभी छन्द नहीं छोड़ा। लेकिन उनके हिन्दी अनुवाद बिना इस पाद-टिप्पणी के निचाट गद्य में किये गये। मरीना त्स्यातेवा की कविताएँ मूल में जिस सन्तप्त उन्माद की सृष्टि करती हैं उनका कोई आभास अनुवाद में नहीं मिलता। इसी तरह ब्रेख़्त में जो छन्द है, बहुत सारे लय-सन्दर्भ हैं, लोक-मुहावरों का जो खेल है वह भी नहीं मिलता। स्वयं ब्रेख़्त के शब्दों में उनकी दो सर्वाधिक प्रिय पुस्तकें (या लेखक) हैं—लूथर कृत जर्मन बाइबिल और रुडयार्ड किपलिंग। अनुवाद में ये सारे प्रभाव सर्वथा अनुपस्थित होते हैं। इसी प्रकार लोर्का जो अपने लोक-संगीत के लिए ख्यात हैं उनकी कविताएँ भी केवल शब्दों का ढेर भर लगती हैं। यानी बिम्ब तो आ जाते हैं, वक्तव्य भी, कथन या कथोपकथन भी—लेकिन जो कविता का प्राण-तत्त्व है वह नहीं आ पाता इन अनुवादों में। समकालीन हिन्दी कविता ने जो रास्ता अपनाया वह

कई बार इन अनुवादों के करीब जाता हुआ लगता है। हिन्दी कविता का कोई भी सजग पाठक आज इसे स्वयं देख सकता है। इसी प्रकार कई बार लोग कहते हैं कि समकालीन हिन्दी कविता एक-सी है या वह अनुवाद की भाषा में लिखी हुई है। अनुवाद की भाषा का सम्भवतः यही अर्थ उनके मन में होता है—अर्थपूर्ण परन्तु ध्वनिहीन। तुलनात्मक रूप से हम कह सकते हैं कि समकालीन हिन्दी कविता अपनी विषय-वस्तु के विस्तार, कथ्य की जटिलता एवं बिम्बों की सूक्ष्मता के लिए विश्व-कविता के समक्ष रखी जा सकती है, जैसा कि पूर्वी योरोप तथा लातिनी अमरीका या अफ्रीका की अनूदित कविताएँ हमें बताती हैं। लेकिन एक बात जो हम इन अनुवादों से नहीं जान पाते वो है मूल में इनका ध्वनि-प्रभाव। समकालीन हिन्दी कविता में ध्वनि-तत्त्व उस तरह से समृद्ध नहीं है जैसा कि पूर्ववर्ती दौर में रहा है। बहुत हिचक के साथ कह रहा हूँ कि समकालीन हिन्दी कविता कुछ-कुछ बहरी है। उसके कान मस्तिष्क के ज्यादा करीब चले गये हैं। यदि हम अनूदित कविताओं से समकालीन कविता की तुलना करें तो ऐसा सोचने का कोई कारण नहीं दीख पड़ता। लेकिन यदि हम अनुवादों से परे जाकर उनके मूल स्वभाव के विषय में जानकारी लें तो सम्भवतः कुछ संदेह उत्पन्न होंगे। संदेह अनुवाद की प्रकृति, लक्ष्य अथवा कहें विश्वसनीयता को लेकर भी हो सकता है। सवाल यह भी हो सकता है कि क्या कविता का अनुवाद हमेशा मूल सदृश लय अथवा छंद में होना ही चाहिए? यदि नहीं तो क्या इस आशय की टिप्पणी भी नहीं होनी चाहिए कि अनुवाद की सुविधा के लिए ध्वनि-तत्त्वों को छोड़ा जा रहा है तथा मूल में ये ध्वनि-तत्त्व प्रमुख हैं। यदि ऐसा नहीं किया जाता है तो ये अनुवाद हमें मूल कविता से प्राप्त होने वाले एक प्रमुख तत्त्व से वंचित कर देंगे तथा हमारी भाषा उसी अपूर्णता एवं वंचित अवस्था में पड़ी रहेगी जिसे दूर करने के लिए हम अनुवाद करते हैं। पोलिश, हंगारी, जर्मन अथवा स्पेनीश को हिन्दी में ढालने के बदले जरूरी है कि हिन्दी को ही पोलिश, हंगरी, जर्मन अथवा स्पेनीश में ढाला जाये। इस सम्बन्ध में बेन्यामिन ने पन्वित्स (Pannwitz) की टिप्पणी को अनुवाद-सिद्धान्त की सबसे अच्छी टिप्पणी मानते हुए लिखा है—'हमारे अनुवाद गलत सिद्धान्त पर आधारित हैं। वे हिन्दी, यूनानी, अँग्रेजी को जर्मन में बदलना चाहते हैं जबकि होना चाहिए उल्टा। हमारे अनुवादों को अपनी भाषा के मुहावरों के लिए ज्यादा आदर है बनिस्पत विदेशी कृतियों की आत्मा के लिए।...अनुवादक की मूल गलती यह है कि वह अपनी भाषा की उसी अवस्था की हिफाजत करता है जिसमें उसकी भाषा पड़ी हुई है जबकि चाहिए यह कि वह अपनी भाषा को खूब जोरदार तरीके से प्रभावित होने दे। विशेषकर एक ऐसी भाषा से अनुवाद करते समय जो उसकी भाषा से बहुत दूर है उसे चाहिए कि वह भाषा के मूल तत्त्वों तक जाये, वहाँ तक प्रवेश करे जहाँ कृति, बिम्ब एवं नाद एकमेव होते हैं। उसे चाहिए कि विदेशी भाषा के माध्यम से अपनी भाषा को फैलाये और गहरा

करे। अक्सर लोग समझते नहीं हैं कि यह किस हद तक सम्भव है, या किस हद तक किसी भाषा को बदला जा सकता है, या यह कि कैसे एक भाषा दूसरी भाषा से लगभग उसी तरह से पृथक् होती है जैसे एक बोली से दूसरी बोली। हालाँकि यह आखिरी बात तभी तक ठीक है जब तक आप भाषा को गम्भीरता से लें, हल्के ढंग से नहीं।'

कहने का मतलब यह कि इधर जो कविता-अनुवाद विदेशी भाषाओं के आये हैं उनके जरिये साहित्य का तुलनात्मक अध्ययन वांछित सफलता नहीं देगा जब तक कि मूल कविता और मूल भाषा के स्वभाव को ध्यान में न रखा जाये।

इसी के साथ हम यदि भारतीय भाषाओं से अनूदित कविताओं कि जरिये हिन्दी-बाँग्ला-पंजाबी-मलयालम-मराठी-असमिया-गुजराती आदि भाषाओं का तुलनात्मक अध्ययन करें तो पाते हैं कि इन भाषाओं का केंद्रीय रक्त सम्बन्ध ज्यादा स्पष्ट और मुखर है। जीवनानन्ददास के प्रयाग शुक्ल कृत अनुवाद बतलाते हैं कि गाँव के नैसर्गिक सौन्दर्य को कवि ने अप्रतिम लालसा और संवेदन के साथ अंकित किया है। हिन्दी कविता में ठीक वैसा ही राग कुछ कम है। असमिया के हीरेन भट्टाचार्य की कविताओं के अनुवाद करते समय जो स्वयं मैंने कवि के साथ पापोरी गोस्वामी की सहायता से किया था, मुझे लगा कि हीरेन दा ने जिस तन्मयता और विस्तार से धान के खेतों और अन्न के तैयार होने तक का वर्णन किया है, वह हिन्दी कविता में आज भी दुर्लभ है। एक-एक क्रिया-व्यापार को, धान के पौधे की एक-एक कोशिका की बढ़त को—इतने शब्द हैं वहाँ कि मैं ठिठक गया। मलयालम कविता की बौद्धिकता हिन्दी के लिए नयी नहीं थी, फिर भी इस आधुनिक बौद्धिकता को लौकिक, पारम्परिक बिम्ब-प्रणाली से संयुज्य करना नया और भिन्न अनुभव है। ऐसी विचार-तरलता हिन्दी में कम है। पंजाबी के पाश की कविताओं के हिन्दी अनुवाद पढ़ कर मुझे लगा कि क्रान्तिकारी कविता जिस सूक्ष्मता और परिपक्वता तक जा सकती है, बौद्धिकता और किसानी ऐंद्रिकता को जिस आवेग से एक साथ धमन भट्ठी में मिला सकती है वह समकालीन कविता के लिए एक सीख है। प्रायः हर भाषा की कविता को पढ़ते समय कुछ-कुछ भिन्नता का बोध होता है, कुछ ऐसा जो हिन्दी में नहीं है। लेकिन तुलना करने पर यह भी लगता है कि समकालीन हिन्दी कविता ने जो काव्य-व्यापकता, बिम्ब-बहुलता तथा भंगिमाओं की समृद्धि हासिल की है वह अनूठा और अप्रमेय है। एक बात और लगती है, चाहे जो भी कविता पढ़ूँ सब अपनी लगती है। लगता है जैसे अपना ही कोई खून बोल रहा है, सगोत्री कोई—थोड़ा अनपहचाना स्वर जैसे टेलीफोन पर बोल रहा हो, बस उतना ही अपरिचित, थोड़ी देर तक का।

भारतीय भाषाओं से होने वाले इन अनुवादों से, जो पिछले कुछ दशकों में बहुत बड़े पैमाने पर लघु पत्रिकाओं तथा साहित्य अकादमी एवं नेशनल बुक ट्रस्ट द्वारा

किये-कराये गये, यह भी स्पष्ट हुआ कि हमारी भाषाएँ, सब तो नहीं पर अधिकांशतः एक ही चरण से होकर गुजर रही हैं। एक ही ऐतिहासिक क्षण में रची गयी ये कविताएँ मिल-जुल कर एक भारतीय स्वभाव की भी रचना करती हैं। इन पर विदेशी प्रभाव भी कमोबेश एक जैसा है। आधुनिकता का प्रभाव सभी पर लगभग एक जैसा रहा। फिर नक्सल आन्दोलन के दौरान तेलुगु, बाँग्ला, पंजाबी, हिन्दी, मलयालम में एक रंग की कविताएँ रची गयीं जिनका सम्बन्ध विदेशी क्रान्तिकारी कविता से भी प्रत्यक्ष है। वर्तमान में 'उत्तर आधुनिक' प्रभाव भी एक साथ ही प्रगट हो रहे हैं।

यदि हम भारतीय कविता की तुलना पाकिस्तान, बाँगलादेश, नेपाल या श्रीलंका की कविता से करें तो फिर एक बड़े संयुक्त परिवार का बोध होता है। पाकिस्तान की उर्दू कविता एवं बाँगलादेश की बाँगला कविता तो भारतीय ही है अपने चरित्र और स्वभाव में, लेकिन अलग-अलग राजनीतिक-सामाजिक परिस्थितियों के कारण एक ही भाषा में लिखी जा कर भी वे भिन्न कविताएँ भी हैं। श्रीलंका की सिंहली कविताओं का सबसे कम अनुवाद हिन्दी में हुआ है। लेकिन जो भी मैं पढ़ सका हूँ उससे लगा कि हमारी और उनकी संस्कृति, स्मृति तथा वर्तमान में भी बहुत कुछ समान है। चीनी कविताओं के अनुवाद जब हिन्दी में मूल चीनी से आये जिनमें आए छिंग के त्रिनेत्र जोशी कृत अनुवाद भी शामिल हैं तो यह कविता हमारे लिए उतनी पृथक् या दूर नहीं थी जितनी अँग्रेजी के लिए। वियतनामी कविताएँ, जैसे तो हू की, अपनी सरलता और भावप्रवणता से हमें बाँध लेती हैं। चीनी, वियतनामी, कोरियाई (दिविक रमेश के अनुवाद) और इण्डोनेशियाई तथा जापानी कविताएँ योरोपीय कविताओं की तुलना में ज्यादा सहज-ग्राह्य एवं आत्मीय हैं, शायद अधिक भौगोलिक एवं सांस्कृतिक निकटता के कारण। तुलनात्मक रूप से देखने पर लगता है कि एक भारतीय कविता है, एक एशियाई कविता भी और जाहिर है एक विश्व कविता। अनुवाद-साहित्य के जरिये ही प्रेमचन्द, गोर्की और लू शुन का तुलनात्मक अध्ययन इतने बड़े पैमाने पर हुआ। भारतीय भाषाओं के आरम्भिक अनुवादों को पढ़ कर ही यह लगा कि 'भारतीय उपन्यास' जैसी कोई अवधारणा सम्भव है जो पाश्चात्य अवधारणा से भिन्न होगी। ये सारे उपन्यास ग्रामीण जीवन, किसान और खेती के बारे में हैं। कथा की भी अपनी मन्थर शैली है जिसके सूत्र भारतीय कथा-साहित्य में भी मिल सकते हैं। इन अनुवादों के आने के पहले तक हम किसी ऐसी अवधारणा के बारे में सोच भी नहीं सकते थे। हाल के वर्षों में डॉ. नामवर सिंह का एक निबन्ध मैंने 'साखी' में पढ़ा था; गुजराती के डॉ. रघुवीर चौधरी ने भी भारतीय उपन्यास की अवधारणा पर विस्तार से विचार किया है तथा अन्य विद्वानों ने भी इस पर विचार किया होगा। अभी तक भारतीय भाषाओं में फलित साहित्य-आलोचना का सम्यक् अनुवाद देखने में नहीं आया है। जब यह उपलब्ध होगा तब निश्चय ही भारतीय आलोचना की भी एक स्पष्ट तस्वीर सामने आयेगी।

अनुवाद भाषाओं तथा भाषा-समाजों का जनतान्त्रिकरण भी करता है। एक छोटी भाषा और भाषा समाज की रचना विशालतम भाषा-समाज की रचना के समकक्ष खड़ी होती है। अनुवाद की घटना सिद्ध करती है कि भाषा के जनतंत्र में न तो कोई बड़ा है, न छोटा। प्रत्येक श्रेष्ठ रचना सम्पूर्ण मानव जाति की साझी सम्पत्ति है। केवल कुछ लाख लोगों द्वारा बोली जाने वाली अवार भाषा (रूस के दागिस्तान क्षेत्र की भाषा) के लेखक रसूल हम्जातोव की पुस्तक 'मेरा दागिस्तान' अनेक भाषाओं में अनूदित होकर आज विश्व-पुस्तक बन चुकी है।

अनुवाद साहित्य ने भाषाओं को और उन भाषाओं के बोलने वालों को एक व्यापक, सार्वभौमिक परिप्रेक्ष्य भी दिया है। आज हम केवल हिन्दी या भारतीय या एशियाई के बारे में नहीं सोचते, हम पूरे विश्व के बारे में एक साथ सोचते हैं। आज सचमुच वह स्थिति हो गयी है, अनुवाद-साहित्य के माध्यम से, कि लगता है कि होमर और व्यास-वाल्मीकि से लेकर सीमस हीनी डगूगी, ब्रॉड्स्की, गिंसवर्ग और हरभजन सिंह और पणिक्कर—सब एक ही मेज पर, एक ही गोलमेज पर, बैठे हैं और एक ऐसा इम्तिहान चल रहा है जहाँ सब एक दूसरे की कापियों में ताक-झाँक कर रहे हैं, और एक की पंक्ति दूसरे में, दूसरे की चौथे में आ-जा रही है और सब उलझ-पुलझ कर खुश हैं। पास्तरनाक कह रहे हैं कि शेक्सपियर का 'मैकबेथ' हमारे दॉस्तॉव्स्की के 'क्राइम एंड पनिशमेंट' से मिलता है। गोयथे कालिदास से कुछ पूछ रहे हैं। बोर्खेस पुराने अँग्रेज लेखक टॉमस ब्राउन से 'अर्न बेरियल' की बाबत कुछ पूछ रहे हैं। चेखव अपने नाटक के भीतर नाटक को ठीक-ठाक करने शेक्सपियर से बात कर रहे हैं। और अपने नागार्जुन संस्कृत की लोक-धारा के कवि योगेश्वर को किनारे ले जाकर कुछ दिखा रहे हैं और शमशेर जी थोड़ा हिचकते हुए ग़ालिब से मुख़ातिब हैं। और मोनार्ड डॉन किहोते को बीसवीं या इक्कीसवीं शताब्दी में फिर से लिख रहा है। और यह क्या कृतियों के पात्र भी गोलमेज पर बैठे हैं आकर ज़बर्दस्ती—यह रहा मैकबेथ और यह रास्कालनिकोव एक-दूसरे को थपथपाते। यानी अनुवाद-साहित्य ने सभी साहित्यों को एक करने का काम किया है। हर भाषा की अपूर्णता को प्रगट करने एवं उसे दूर करने का काम। आज एक भाषा का कवि दूसरी भाषा का भी कवि है। जैसा कि बोर्खेस लिखते हैं—'सम्भोग के चरम क्षण में सारे पुरुष एक ही पुरुष होते हैं। वे सब लोग जो शेक्सपियर की एक पंक्ति दुहराते हैं वास्तव में शेक्सपियर हो जाते हैं।'

(नेशनल बुक ट्रस्ट की एक संगोष्ठी में प्रस्तुत)

समकालीनता का प्रश्न और कविता

पिछले सौ वर्षों की कुछ सर्वाधिक महत्त्वपूर्ण कविताओं के बारे में सोचते हुए यह सवाल मन में आता है कि क्या वे कविताएँ जब जिस मुहूर्त में लिखी गयीं उसके पहले या बाद में लिखी जा सकती थीं? जैसे भारतेन्दु का नाटक 'अन्धेर नगरी', प्रसाद की कविता 'प्रलय की छाया', निराला की 'सरोज-स्मृति', मुक्तिबोध की 'अन्धेरे में' या नागार्जुन की 'शासन की बन्दूक' या ऐसी ही कोई अन्य रचना। 'प्रलय की छाया' के बारे में डॉ. नामवर सिंह ने विस्तार से अपने एक निबन्ध में, जो 'वाद-विवाद संवाद' में संकलित है, दिखलाया है कि कैसे इस कविता में तत्कालीन राजनीति, विशेषकर स्वराज पार्टी के राजनीतिक निर्णय, की अनुगूँज सुनी जा सकती है। 'अन्धेर नगरी' की पृष्ठभूमि में तब की राजनीतिक-सामाजिक परिस्थिति और अँग्रेजी शासन का अन्धेर भी है। 'सरोज-स्मृति', जो सम्भवतः पहली भारतीय कविता है कन्या के प्रति तर्पण की, एक व्यक्ति के निजी जीवन के साथ-साथ सम्पूर्ण भारतीय समाज की अनेक विडम्बनाओं की साक्षी है। मुक्तिबोध की कविता 'अन्धेरे में' अपने काल का दस्तावेज़ है। और नागार्जुन की कविता 'शासन की बन्दूक' स्पष्टतः ही तत्कालीन राजनीतिक क्रियाओं की उपज। ये कविताएँ केवल उसी काल-खंड में लिखी जा सकती थीं। हर रचना इस अर्थ में पूर्व नियत मानी जा सकती है कि वह तभी रची जा सकती थी जब उसकी रचना हुई, उसके पहले या बाद नहीं। बोर्खेस की एक कहानी 'मेनार्ड, क्विग्जोट का लेखक' में, जहाँ मेनार्ड फिर से **डॉन क्विग्जोट** लिखना चाहता है, ये पंक्तियाँ आती हैं—'सत्रहवीं शताब्दी के आरम्भ में **क्विग्जोट** की रचना समुचित थी, अनिवार्य और सम्भवतः अपरिहार्य भी; बीसवीं के आरम्भ में लगभग असम्भव। अकारण नहीं कि इस बीच तीन सौ साल गुजर चुके हैं जिनमें अनेक बेहद जटिल घटनाएँ घट चुकी हैं। जिनमें, केवल एक का ही यदि उल्लेख करें, तो स्वयं **क्विग्जोट** की रचना है।'

केवल यही एक तथ्य कि किसी भी कृति की रचना एक चुने हुए काल-क्षण में ही सम्भव है सिद्ध करता है कि प्रत्येक रचना अपने काल से बद्ध है। यह उसकी

समकालीनता है। और यह समकालीनता उस रचना में व्यक्त उस काल के जीवन का अनूठापन है जो मनुष्य के जीवन में उसके पहले कभी प्रगट ही नहीं हुआ था। जीवन लगातार बदल रहा है। नदी का पानी बदल रहा है और नदी के पानी में भीगता हुआ हाथ भी निरन्तर बदल रहा है। एक श्रेष्ठ रचना उन तत्त्वों को पकड़ती है जो सर्वाधिक नये और इसलिए अनूठे हैं। जो रचना जितनी तीव्रता और जितने विस्तार से इस नयेपन को व्यक्त करती है, वह उतनी ही श्रेष्ठ होती है और उतनी ही अधिक समकालीन। मनुष्य के बाह्य तथा आन्तरिक जगत, सूक्ष्म मनोभावों, रागों, भावात्मक घात-प्रतिघातों और उसके **होने** मात्र में जो सर्वथा नया है, और इसीलिऐ जो आजतक किसी पूर्ववर्ती रचना की पहुँच के बाहर भी, उसे ही एक रचना ढूँढ़ती और व्यक्त करती है। इस अर्थ में वह सर्वथा काल-बद्ध और समकालीन है। किसी भी श्रेष्ठ रचना में यह नयापन होता ही है। जीवन के अन्य प्रसंगों को छोड़ भी दें केवल प्रेम अथवा स्त्री-पुरुष सम्बन्ध जैसे तथाकथित 'शाश्वत' एवं 'स्थिर' प्रसंग पर ही ध्यान दें तो लगता है वही रचना श्रेष्ठ ठहरी जिसने यहाँ भी नवीनतम तत्त्वों की खोज की। यदि जीवन बदलता है, मनुष्य के सामाजिक सम्बन्ध बदलते हैं, तो निश्चय ही मनुष्य का आभ्यंतर भी बदलता है, उसके भावों का चरित्र भी। हालाँकि इनके बीच कोई सरल, समानुपातिक सम्बन्ध हो, यह जरूरी नहीं। निराला की कविता 'विजयलक्ष्मी पंडित के प्रति' जहाँ एक पंक्ति आती है, 'लेकिन, तुम्हारी चितवन से, पीते वक्त जैसे पानी लगा', बिल्कुल अनाघ्रात भाव की कविता है जो पहले नहीं थी। फिर, शमशेर की 'एक ठोस बदन अष्टधातु का-सा' ठीक पहले के काल में सम्भव न थी। मिला न कुंदेरा ने अपनी पुस्तक 'टेस्टामेण्ट बिट्रेड' में दिखलाया है कि कैसे काफ़्का के उपन्यास 'महल' तथा 'अमेरिका' आधुनिक जीवन के सर्वथा नये यौन (सेक्स) तत्त्वों को पहली बार व्यक्त करते हैं। यही इन रचनाओं की समकालीनता है।

यह जो जीवन है, क्षुद्र, भंगुर और गन्दगी से भरा वही कविता का अपना घर है। इसी कादो-कीचड़ में धँस कर कविता अपना काम करती है। जो बिल्कुल साधारण है वही कविता के लिए पवित्र और महत्तम है। नागार्जुन और रघुवीर सहाय की अधिकांश कविताएँ ऐसे ही उपजी हैं। हाल में अकेले गुजरात नरसंहार पर जितनी कविताएँ लिखी गयीं उतनी किसी एक विषय पर स्वाधीनता के प्रसंग को छोड़ कर पिछले सौ वर्षों में कभी नहीं लिखी गयीं। कहा जा सकता है कि ऐसी कविताएँ अखबारी होती हैं, क्षणिक या तात्कालिक। हो सकता है कि इनमें से अधिकांश भुला दी जाएँ। नागार्जुन और रघुवीर सहाय की भी, भवानी प्रसाद मिश्र और शिवमंगल सिंह 'सुमन' या दिनकर की भी। लेकिन इन्हीं में से वे रचनाएँ भी होंगी जो कल और फिर कल बार-बार पढ़ी जाएँगी। 'रघुवंश' या 'मृच्छकटिकम्' भी तो अपने काल से नितान्त बद्ध हैं। शाप के प्रसंग के बिना 'शाकुंतल' भी श्री हीन है, और शाप का प्रसंग एक काल-विशेष का ही प्रसंग है।

इसी तरह दांते की कृति 'डिवाइन कॉमेडी' पढ़ते हुए पग-पग पर तत्कालीन समाज, राजनीति एवं धर्म को जानना अनिवार्य हो जाता है। 'डॉन क्विग्जोट' को समझने के लिए तत्कालीन समाज की बनावट और धार्मिक युद्धों को भी जानना ज़रूरी लगता है। इसके बिना ये महान रचनाएँ अपना पूरा जीवन प्रगट नहीं करतीं। जैसे शैवालों-प्रवालों का रंग-बिरंगा संसार समुद्र के बाहर सादा हो जाता है लगभग वैसे ही अपनी समकालीनता के बाहर ये रचनाएँ अपने अनेक रंग छिपा लेती हैं।

फिर भी यह सच है कि जो रचनाएँ श्रेष्ठ हैं वे अपने काल के बाहर भी महत्त्वपूर्ण बनी रहती हैं। जिस काल में वे रची गयीं उस काल के बाहर वे अन्य काल-खंडों के लिए भी समकालीन बनी रहती हैं। 'अन्धेर नगरी' एक ऐसी कृति है जो लगातार नये-नये अर्थ देती है। हिन्दी में शायद कोई दूसरा नाटक इतना सर्वव्यापी और सर्वकालिक नहीं हुआ। ऐसा क्यों होता है। अपने समाज एवं काल से बद्ध होते हुए भी कोई कृति अन्य काल-खंडों तथा समाजों में कैसे स्वीकार की जाती है। निश्चय ही उसमें ऐसा बहुत कुछ होता है जो आगे भी प्रभाव डालता है। एक समय के मनुष्य का सुख-दुःख सबका सुख-दुःख बन जाता है। अर्थशास्त्र का एक मुहावरा लेकर कहें तो भाषा निरन्तर 'अतिरिक्त मूल्य' का सृजन करती चलती है। इसके अलावा जैसा कि मार्क्स ने यूनानी कृतियों के सम्बन्ध में कहा है, प्रत्येक श्रेष्ठ कृति 'मानव क्षण' की सृष्टि करती है। यह 'मानव क्षण' उस काल के मनुष्य से लेकर हर काल के मनुष्य तक विद्यमान होता है। जो कृति जितनी बड़ी और जितनी अधिक दीर्घजीवी होती है वह उतने ही विराट तथा व्यापक 'मानव क्षण' की सृष्टि करती है। यही कारण है कि अनेक वैचारिक, दार्शनिक एवं सामाजिक-राजनीतिक असहमतियों के बावजूद 'रामचरितमानस' निरंतर हृदय को प्रभावित करता रहा है। कबीर की रचनाएँ भी इसी गहन करुणा एवं प्रतिरोध के कारण निरन्तर समकालीन बनी रहती हैं। एक कारण और भी है। प्रत्येक काल की कुछ अपनी विशेषताएँ एवं आवश्यकताएँ—विचारगत, भावगत या मूल्यगत—होती हैं और तब उसका तादात्म्य अपने पिछले किसी काल से होता दीख पड़ता है। ऐसी स्थिति में उस काल की कोई कृति अचानक महत्त्वपूर्ण हो उठती है। लेकिन यह भी तभी सम्भव होता है जब वह कृति स्वयं अपने युग में कभी महत्त्वपूर्ण रही हो। जो एक बार के लिए सच था वो आगे भी सच रह सकता है। जो एक बार झूठ था वह कभी सच नहीं होगा।

कुछ लोगों को कई बार यह भी लगता है कि जो सामान्य जीवन प्रसंग हैं वे रचना को कालजयी नहीं बना सकते। नागार्जुन की कविताओं के बारे में और कई बार मुक्तिबोध के बारे में भी, धूमिल के बारे में लोगों को लगता है कि ये राजनीतिक प्रचारात्मक कविताएँ हैं और शीघ्र ही लुप्त हो जाएँगी। लेकिन पिछले कुछ दशकों में

ही स्पष्ट हो गया कि जो कविताएँ लुप्त हुईं उनमें अधिकांशतः वैसी कविताएँ हैं जो अध्यात्म, ब्रह्मांड, महावृक्ष, प्रभामय, संशय सरीखे पदों से अलंकृत थीं और जीवन की क्षुद्रता के विरुद्ध परम की स्तुति में व्यस्त थीं। ऐसी ही रचनाओं को ध्यान में रखकर हरिशंकर परसाई ने कहा होगा, जो अपने समय का नहीं है वह दूसरे समय का क्या होगा। सर्वकालिक वही हो सकता है जो समकालीन हो। ये कविताएँ जो जीवन के क्षुद्र धरातल को छोड़ कर बनायी जाती हैं वे कविता के धर्म का ही तिरस्कार करती हैं। कविता स्वभावतः मनुष्य के राग-विराग को आधार बनाती है। कविता इसी जीवन की पदार्थमयता को व्यक्त करती है। यह जो ठोस जीवन है उसी का यशोगान करती है। भावों के घात-प्रतिघात अन्यथा सम्भव ही नहीं। इसीलिए जो निर्लिप्त योगी या संन्यासी हैं कविता नहीं कर सकते। कविता अपना तम्बू जीवन के सबसे गन्दे स्थानों पर गाड़ती है। इसीलिए नेरुदा 'अशुद्ध कविता' का पक्ष लेते हैं।

लेकिन इसका अर्थ यह नहीं कि कविता में यथातथ्यता ही समकालीनता है। आज वे उपन्यास उलटे भी नहीं जाते जो कभी अपनी यथातथ्यता के लिए हाथों-हाथ लिए जाते थे। इससे भी बुरी स्थिति उन कविताओं की होती है जो'यथार्थवाद' के नाम पर रची और सराही जाती हैं।

आज अभिधा की अतिशय प्रशंसा कई बार यथातथ्यता की प्रशंसा बन जाती है। लेकिन सच बात तो यह है कि यथातथ्यता समकालीनता नहीं है। अपने समय का तथ्य भी, निहितार्थ भी यथातथ्यता के पार है, उसके नीचे बहुत गहराई में। एक कवि, वास्तविक कवि, उस समकालीनता को अनेक उपकरणों से ग्रहण करता है। कई बार अनभ्यस्त पाठकों को धोखा भी हो सकता है। स्वाधीनता के आस-पास और उसके बाद के सम्पूर्ण वातावरण को, रक्तपात, दुर्धर्ष संघर्षों और द्वन्द्वों को निराला ने सीधे-सीधे व्यक्त न करके अपने धार्मिक पदों में बहुत तीव्रता और पीड़ा से अन्धकार के बिम्बों के माध्यम से व्यक्त किया। कविता अपने बिम्बों, लय-संयोजनों तथा ध्वनि मात्र से अपने पूरे समय के स्वभाव को व्यक्त कर सकती है। पन्त जी का पद लेकर कहें तो शब्दों के रोमहास के जरिये। नागार्जुन के अन्तिम संग्रह 'पका है यह कटहल' की कविताएँ छोटे-छोटे प्रसंगों, बिम्बों तथा मन्थर लय का व्यवहार करते हुए जीवन के अन्तिम दिनों की ढलान, जीवट और जिद्दी आशा सबको व्यक्त करती हैं और इस तरह अपने समय का भी एक बिम्ब बन जाती हैं। जरा-सी असावधानी **कटहल** के अनेक अर्थों और मृत्यु के साथ इसके सम्बन्ध को ओझल कर देगी। इसी प्रकार शमशेर की कविता 'बैल' जो उनके अन्तिम दिनों की कविता है श्रम और सौन्दर्य की महान गाथा बन जाती है जिसके सारे ब्यौरे और विवरण रोज-ब-रोज के साधारण जीवन से आये हैं। यहाँ तक कि रघुवीर सहाय की कविता 'कह कर आप हँसे' अपनी अख़बारी तात्कालिकता के बावजूद समस्त वैश्विक लोकतन्त्र पर सार्वभौमिक टिप्पणी बन जाती है। यहाँ हाल के वर्षों में हिन्दी में

व्यापक प्रसार पा चुकी समकालीन पोलिश कविताओं का उल्लेख भी किया जा सकता है। इनका उचित ही व्यापक प्रचार-प्रसार हुआ और पूरी दुनिया में हुआ। अपने तात्कालिक उत्स में ये कविताएँ और प्रायः सारे कवि कम्युनिस्ट सत्ता के विरोधी रहे। लेकिन ये कविताएँ भारत में आकर सत्ता मात्र का विरोधी लगने लगीं। इनके वास्तविक अर्थ को तब तक ठीक से नहीं समझा जा सकता जब तक कि उनकी समकालीनता को न समझा जाए। आज ये कविताएँ उस सत्ता का विरोधी लगती हैं जो सत्ता स्वयं वहाँ पोलैंड में काबिज़ है और जो अमेरिका से लेकर हर जगह काबिज़ है। लेकिन इन कविताओं की श्रेष्ठता उनकी नितांत, निपट समकालीनता में ही निहित है।

अपने काल से नाभि-नाल बद्ध होकर भी कविता अपने दो विशिष्ट उपकरणों, बिम्ब तथा लय, के जरिये पूर्ववर्त्ती कालों तथा भविष्य में भी संचरण करती है। लय तथा छन्द वे माध्यम हैं जो कविता को पूर्ववर्ती कालों से भी जोड़ते हैं क्योंकि ये पूर्वरचित प्रणालियाँ हैं। दूसरी तरफ बिम्ब अपनी संश्लिष्टता के कारण, जो अनेक वस्तुओं के परस्पर सम्बन्ध से उत्पन्न होता है, सहज ही यथातथ्यता का परिहार करता है। नागार्जुन की खबरनुमा कविताएँ भी छन्दों के आश्रय के कारण स्थायित्व प्राप्त कर लेती हैं। त्रिलोचन में भी यह गुण मिलता है। दूसरी तरफ शमशेर और मुक्तिबोध अपने जटिल बिम्बों से अन्तरिक्ष में प्रक्षेप करते हैं। 'लेकर सीधा नारा' जैसी कविता कितनी जटिल है, इसे कोई भी पाठक सहज ही अनुभव कर सकता है। श्रेष्ठ कविता समकालीन होते हुए भी हर काल में संचरण करती है। गति भले भिन्न हो। इस कविता की चर्चा करते हुए डॉ. नामवर सिंह एडोर्नो का एक वाक्य बताते हैं, 'कविता जो कुछ कह रही है उसे सिर्फ वही समझ सकता है जो इसके एकाकीपन में मानवता की आवाज सुन सकता है।' और कहा जा सकता है कि इसकी समकालीनता इसे सार्वभौम भी बना देती है।

अभी केदारनाथ सिंह के नये संग्रह की दो कविताएँ 'पानी की प्रार्थना' और 'कुशीनगर में एक शाम' याद आ रही है। दोनों ही कविताएँ अभी के समय के अनुभव को व्यक्त करती हैं। लेकिन इसके साथ ही 'पानी की प्रार्थना' हमारे आदिम प्रागैतिहासिक संवेगों तक जाती है और 'कुशीनगर' ऐतिहासिक स्मृतियों तक पीछे। इस तरह समकालीन अपने भीतर सारे पूर्ववर्ती कालों को धारण कर लेता है। दोनों ही कविताओं का प्रस्थान-बिंदु तात्कालिक होते हुए भी इनका प्रक्षेप बहुत दूर तक होता है। समकालीन होने का अर्थ केवल अपने ही समय का हो जाना नहीं है। ऐसी कविताओं की संख्या बहुत है जो तात्कालिक विषयों पर लिखी जाकर लोकप्रिय भी हो जाती है। इनकी तुरन्त लोकप्रियता का कारण अपने समय की जटिलता की समझ या जीवन के नवीनतम तत्त्वों का आविष्कार नहीं, बल्कि बने-बनाये भाव-साँचों का कौशलपूर्ण उपयोग है। इसी कारण ये कविताएँ शीघ्र ही भुला भी दी जाती हैं। जो कविता जितनी तेजी से लोकप्रिय होती है उतनी ही तेजी से स्मृति

से लुप्त भी हो जाती है। इसका कारण इनकी समकालीनता नहीं वरन् समकालीनता का अभाव है, चली आ रही भाव-परिपाटी का अनुसरण है। जो वास्तव में समकालीन है उसे ग्रहण करने में थोड़ा समय लग सकता है।

बोर्खेस की जिस रचना का उल्लेख आरम्भ में किया गया उसी में बताया गया है कि मेनार्ड ने डॉन क्विग्जोट के कुछ अंशों की फिर से रचना की और जब दोनों पाठों की तुलना की गयी तो पता चला कि मेनार्ड की पुनर्रचना अक्षरशः मूल जैसी ही है। इसका मतलब यह भी है कि कोई कृति केवल एक बार ही रची जा सकती है और उसकी समकालीनता जिसने उसे वह रूप-विधान दिया है कभी उसका साथ नहीं छोड़ती। कालजयी कृतियों के अनेक जन्म, पुनर्जन्म होते हैं, लेकिन वे कभी भी अपना पहला जन्म नहीं भूलतीं जो कि उनकी समकालीनता है।

(हिन्दी विभाग, इलाहाबाद विश्वविद्यालय में प्रस्तुत आलेख)

हिन्दी समाज में साहित्य और साहित्यकार की स्थिति

अपने समय की मशहूर किताब 'कन्फेशन्स ऑफ ए ठग' में, जो तथ्यों और दस्तावेजों पर आधारित है, वर्णित है कि भारत के ये ठग, जो पेशेवर हत्यारे भी होते थे और किसी को भी मारने का ठेका लेते थे, कुछ लोगों को अवध्य मानते थे और इस नेम-धर्म का कड़ाई से पालन करते थे। अवध्यों की इस पवित्र सूची में भंगी, कोढ़ी और विकलांगों के साथ कवि भी शामिल हैं। बोर्खेस ने भी इस पुस्तक के लगभग सौ वर्ष बाद प्रकाशित संस्करण (1938) की समीक्षा करते हुए इस पूरी सूची को उद्धृत किया है। कवि का मतलब अगर सामान्यतः साहित्यकार मान लिया जाये तो इस सूची से जाहिर है कि भारत में, विशेषकर हिन्दी क्षेत्र में साहित्यकारों को एक संदिग्ध रुतबा हासिल था जो आज तक चला आ रहा है। हिन्दी समाज में साहित्यकार आज भी लगभग उसी पायदान पर है जिस पर समाज के सर्वाधिक उपेक्षित लोग जैसे भंगी, कोढ़ी या विकलांग और अपनी इसी 'नीचता' के कारण अबध्य भी। न तो उसके पास पैसा है कि उसको लूटा जा सके, न कोई सामाजिक हैसियत कि कोई उसे मारने का ठेका दे, न ही वह किसी के लिए कोई खतरा है।

आजादी के आन्दोलन और कुछ कम्युनिस्ट आन्दोलनों को छोड़ दें तो साहित्यकार से सत्ता को कोई खास खतरा कभी महसूस नहीं हुआ। आज भी जब साहित्यकार पिछले वर्षों के मुकाबले कहीं ज्यादा ऊँची आवाज में नरसंहारों का विरोध कर रहे हैं सत्ता उनकी कोई परवाह नहीं करती। अगर अँग्रेज हुकूमत प्रेमचन्द की पहली किताब जब्त करती थी तो इसमें एक गौरव था। उन्हीं प्रेमचन्द की किताब आज की 'स्वदेशी' सरकार उठाकर कूड़ेदान में फेंक देती है और इसको लेकर पूरे हिन्दी समाज में कोई चूँ तक नहीं होती, लेखकों-पत्रकारों के कुछेक प्रतिवाद-अपवादों को छोड़ दें तो। इसका मतलब है कि हमारी सत्ता साहित्य को और साहित्यकार को जरा भी महत्त्व के योग्य नहीं मानती क्योंकि हमारा हिन्दी समाज स्वयं उन्हें कोई महत्त्व नहीं देता।

समाज के किसी भी जीवन-पक्ष को देखें हम पाते हैं कि साहित्य और साहित्यकार के लिए वहाँ कोई जगह नहीं है। पहले तो अकादमिक संसार को ही लें। हमारे विश्वविद्यालयों में कहीं भी (मध्यप्रदेश अपवाद है) साहित्यकारों के नाम पर न तो

सृजनपीठ हैं न साहित्यकारों को सम्बद्ध करने की कोई योजना। जो अकादमियाँ और परिषदें हैं वहाँ भी अधिकांश राज्यों में सत्ताधारी दल के चाटुकारों और चालीसा-चारणों को ही जगह मिलती है। सामाजिक जीवन का जो आचार-व्यवहार है उसमें लेखक केवल मजाक और व्यंग्य का पात्र है। हिन्दी की तथाकथित लोकप्रिय पत्रिकाओं और कार्यक्रमों में 'सरदारों' के बाद सबसे ज्यादा चुटकुले कवियों पर ही हैं। हिन्दी समाज में कहीं उसे आदर से बिठाया नहीं जाता क्योंकि उसके पास पैसे की ताकत नहीं है। हिन्दी में आज भी ऐसे लेखक न के बराबर हैं जो केवल लिख कर, आराम से रहने की बात तो दूर, अपनी जीविका भी चला सकें। जिस समाज में गम्भीर लेखक केवल लिख कर अपना जीवन-यापन न कर सके तो समझना चाहिए कि वहाँ साहित्य या साहित्यकार के लिए कोई जगह नहीं है। यदि वह लेखन के भरोसे अपनी जीविका नहीं चला पा रहा है तो इसका मतलब कि उस भाषा-समाज में इतने भी साहित्य प्रेमी नहीं हैं जो उसको पढ़ें और पढ़ने के लिए उसकी किताब खरीदें। कहा जा सकता है कि जिस समाज में आधे लोग निरक्षर हों वहाँ क्या उम्मीद की जा सकती है। लेकिन जितने लोग, पढ़े-लिखे मध्यवर्गीय सुखों से परिपूर्ण, इस हिन्दी समाज में आज हैं, वे ही पर्याप्त हैं एक हजार लेखकों के गुजर-बसर के लिए। (वैसे भी, पूरी हिन्दी में जनसंख्या के अनुपात में लेखकों की संख्या कितनी कम है इसका अंदाजा सिर्फ इंग्लैंड जैसे छोटे से देश के लेखकों की संख्या पर नजर डालने से हो जाएगा)। लेकिन उनके मन में सब कुछ के लिए आदर है, साहित्य को छोड़ कर। इतना गिरा हुआ, कुत्सित और भोंड़ा मध्यवर्गीय समाज शायद और कहीं नहीं। यह समाज साहित्य से घोर नफरत करता है क्योंकि यही एक अकेली आवाज है जो उसके दरवाजों को पीटती है और कहती है कि तुम्हारी आत्मा नष्ट हो रही है। हमारे समाज में पहले ऐसी आवाजें अनेक थीं—धर्म की, साधुओं-फकीरों की, राजनेताओं, सामाजिक कार्यकर्ताओं की, और स्वयं समाज में एक ऐसे नैतिक आचरण की जो अपने होने भर से समस्त पापाचार का प्रतिवाद लगता था। आज ऐसी कोई आवाज बाकी नहीं है। इक्का-दुक्का अपवादों को छोड़ दें तो यह आवाज अब केवल साहित्य की आवाज है। कला यानी चित्र, संगीत, मूर्तिशिल्प आदि तो पहले से ही हिन्दी समाज में हाशिये के भी बाहर रहे हैं। आज भी हैं। इसलिए साहित्य की आवाज इस मध्यवर्ग को पसन्द नहीं। इसलिए साहित्य के लिए कोई जगह भी नहीं। ऐसा नहीं कि अर्जेन्टीना का समाज भारत से कोई अधिक विकसित और ज्ञानवान समाज है, लेकिन वहाँ बोर्खेस जैसे गूढ़ और कठिन लेखक के प्रति भी जो सम्मान है वह चकित कर देता है। मैंने टाइम्स लिटररी सप्लिमेंट में पढ़ा था कि एक बार जब बोर्खेस कचहरी से बाहर निकल रहे थे तो भारी भीड़ जमा हो गयी और औरतों-बच्चों ने एक-दूसरे से कहा, 'मैंने बोर्खेस को छुआ'। ऐसा कौन लेखक है हिन्दी में आज जिसे छूकर कोई कहे मैंने उसे छुआ।

यह सही है कि आज़ादी की लड़ाई के दौरान लेखकों को एक गरिमा हासिल हुई

थी जो बड़े नेताओं को भी हासिल थी। कई लेखक बहुत लोकप्रिय भी हुए। परन्तु उनमें से एक—दिनकर—की स्थिति यह रही कि बेटियों की शादी के लिए वह जहाँ जाते वहाँ उचित सत्कार भी उन्हें नहीं मिलता जबकि सामाजिक, राजनीतिक, आर्थिक—हर दृष्टि से वह अधिकांश साहित्यकारों से ऊपर थे। निराला को प्रायः उनके निजी जीवन के कारण एक किंवदन्ती-सा दर्जा मिला। यहाँ मैं यह जोड़ना चाहता हूँ कि हिन्दी समाज अपनी सारी कमियों-क्रूरताओं के बावजूद आज भी हर उस व्यक्ति के प्रति श्रद्धा निवेदित करता है जिसका निजी जीवन हर प्रकार की स्पृहा, परिग्रह और लोभ से मुक्त सन्त की तरह का जीवन हो। गाँधी और निराला के प्रति अगाध प्रेम इसी का उदाहरण है। हाल के दिनों में नागार्जुन एवं रामविलास शर्मा भी ऐसे ही उदाहरण हैं। लेकिन इनकी किताबों के लिए अभी भी हिन्दी समाज में कोई खास जगह नहीं है। चालीस करोड़ से भी ज्यादा हिन्दी भाषियों में इनकी चालीस सौ किताबें भी मुश्किल से बिकती हैं। मैं जानता हूँ कि ऐसे लोगों की कमी नहीं जो तुरत कहेंगे कि हिन्दी लेखक हैं ही ऐसे कि उनकी किताबें न बिकें। यह भी कहा जाएगा कि उन्होंने लिखा ही क्या है। उनका लिखा भगवान ही समझे वगैरह वगैरह। हिन्दी का नवधनाढ्य वर्ग जिस बात से सबसे ज्यादा चिढ़ता है वह है यह इशारा कि उसके पास धन के अनुपात में बुद्धि कम है। अगर कोई कविता समझने में उसे जरा भी दिक्कत होती है, जो कि होगी ही क्योंकि उसका संस्कार चुटकुलों से आगे नहीं बढ़ा, तो वह बुरा मान जाता है। लेकिन तुलसीदास, कबीर, सूर, मीरा, निराला, प्रसाद तो बड़े कवि हैं। संस्कृत कवियों को फिलहाल छोड़ भी दें तो इन महान् कवियों को कौन पढ़ता है,? गीताप्रेस, गोरखपुर और कबीर मठों को हटा दें तो भक्त कवियों की रचनाएँ तक लुप्त हो जाएँगी। आज के घरों में इनकी रचनाएँ नहीं मिलतीं। पहले हर धर्मभीरु वैष्णव घर में एकरंगे में बँधी 'रामचरितमानस' की प्रति अक्सर मिल जाती थी। अब नहीं मिलती। वे तो महान् कवि हैं। उनके साथ ऐसा सलूक क्यों? अगर हिन्दी विभाग बन्द हो जाएँ जो कि देर सबेर हो ही जाएँगे तो कोई नरोत्तमदास, नंददास, मलूक और पद्माकर का नामलेवा भी नहीं बचेगा। एक समय अज्ञेय भी मध्यवर्ग के चित्त को ग्राह्य लग रहे थे। आज जब वो नहीं हैं तब क्या स्थिति है। मैं किसी मध्यवर्गीय परिवार को उनकी कोई किताब पढ़ते-गुनते नहीं देखता। इन प्रसंगों का व्यापक सर्वेक्षण होना चाहिए ताकि तथ्य सामने आ सकें।

हालत तो इंग्लैंड और अमेरिका में भी कोई बहुत अच्छी नहीं है। इंग्लैंड में कविता पुस्तकें मुश्किल से पाँच सौ-हजार छप पाती हैं, इसके बावजूद कि वहाँ शेक्सपियर एक विराट् उद्योग हैं और लेखकों के प्रति भी पर्याप्त आदर सामाजिक जीवन में है। साथ ही, इन देशों में कई बार शीर्ष राजनेता तक साहित्य प्रेमी मिल जाते हैं जो कि हमारे हिन्दी समाज में लगभग असम्भव है। जब क्लिन्टन राष्ट्रपति थे तब कुछ विख्यात लेखकों के साथ उनकी एक बैठक का उल्लेख मिलता है जिसमें सम्भवतः मारखेज भी

मौजूद थे। मुझे याद नहीं मैंने यह कहाँ पढ़ा। लेकिन प्रसंग इस प्रकार है—क्लिन्टन ने कहा कि फॉकनर उन्हें बहुत प्रिय हैं और हठात् उन्होंने फॉकनर के एक उपन्यास का एक पूरा लम्बा पैराग्राफ सुना डाला जो अक्षरशः सही था। इस तरह के किसी भी आचरण की कल्पना तक हिन्दी समाज के राजनेताओं से नहीं की जा सकती। वैसे यह खुशी की ही बात है कि कवि बेचारे नेताओं के 'मारक-क्षेत्र' से बाहर हैं। फिर भी यह एक तथ्य है कि हाल के वर्षों में किसी शीर्ष राजनेता ने कभी भी साहित्यकारों से मिलने-जुलने की न तो कोशिश की, न उन्हें उचित सम्मान ही दिया। इसका एक कारण तो यह है कि ये राजनेता अक्सर असंस्कृत होते हैं और न तो इन्हें अपनी जनता से प्रेम होता है, न अपनी भाषा से। फिर भी भारत जैसे विशाल देश में पिछले कई दशकों से कोई भी बड़ा लेखक किसी भी महत्त्वपूर्ण राजनीतिक पद पर नहीं पहुँचा। पद्म सम्मानों तक में उनका कोई सम्मानजनक हिस्सा नहीं होता। राज्यों की विधान परिषदों में लेखकों के लिए निर्धारित स्थानों पर प्रायः शुद्ध 'अपराधी' मनोनीत किये जाते हैं। यहाँ तक कि अब वामपन्थी आन्दोलन में भी लेखकों के लिए वो जगह नहीं है जो पहले थी। यहाँ फिर कहा जाएगा कि लेखक खुद कटे रहते हैं और उन्हें तो केवल पद-पुरस्कार चाहिए। लेकिन सच बात तो यह है कि संख्या-बल की राजनीति धर्म-जाति-क्षेत्र की राजनीति ने उन सभी लोगों को चुनावी दुनिया से बाहर कर दिया है जिनके पास अधिक से अधिक केवल एक वोट बचा है। ऐसे राजनीतिक वातावरण में जिसकी संख्या जितनी कम है, वह उतना ही बाहर है। वह दिन दूर नहीं जब हर जाति का अपना लेखक होगा, अपनी जाति का अपना लेखक, और कबीर-तुलसी भाषाबदर कर दिए जाएँगे।

भारत में ही कुछ अन्य भाषा-भाषी समाजों में साहित्य और साहित्यकार की स्थिति हिन्दी से बेहतर है जिनमें मुख्य रूप से बाँग्ला, मलयाली और मराठी हैं। कुछ लोग तर्क देते हैं कि दूसरी भाषाएँ बोली जाने वाली भाषाएँ हैं जबकि हिन्दी सीखी हुई भाषा है। मतलब कि जो अपने को हिन्दी भाषी कहता है वह घर पर भोजपुरी, अवधी, मगही आदि बोलता है जिसके कारण हिन्दी के साथ उसको हमेशा एक दूरी का बोध होता है और इसलिए वह हिन्दी साहित्य के साथ वैसी अंतरंगता महसूस नहीं करता जैसी एक बंगभाषी बाँग्ला के साथ करता है। हम इसे मान भी लें तो सवाल उठता है कि तब तो मैथिलीभाषी समाज में मैथिली साहित्य और साहित्यकार की ज्यादा पैठ होगी। लेकिन वहाँ तो हालत हिन्दी से भी खराब है। खुद अँग्रेजी भी पहले इंग्लैंड में हिन्दी की ही तरह थी और धीरे-धीरे लोगों की, पूरे देश की, ज्ञान-विज्ञान की भाषा बनी तथा बनायी गयी। तो हिन्दी अब मध्यवर्ग के घरों की भाषा है, पूरे विशाल समाज की भाषा है जिसने लगातार अद्भुत लोच और विस्तार हासिल किया है, जिसकी त्वरा स्वयं इसके बोलने वालों को आश्चर्य से भर देती है, लगता है जैसे मनुष्य के स्वर-रज्जु केवल हिन्दी उच्चार के लिए ही बने हैं, जैसे सितार के तार की ध्वनि सितार की पहचान है। इसलिए

यह कहना कि यह बोलचाल की भाषा नहीं है, कुतर्क के सिवा और कुछ नहीं क्योंकि अँग्रेजी, जो बाहर की भाषा है, आज भारत के उच्चवर्ग में अपना गहरा स्थान बना चुकी है और इसमें लिखने वाले भारतीय लेखक किसी भी भारतीय भाषा के लेखक से अधिक सम्पन्न और प्रतिष्ठाप्राप्त हैं। उन्हें अपने अँग्रेजी भाषा-समाज का भरपूर समर्थन और सम्मान हासिल है जबकि इसके विपरीत हिंदी भाषी समाज का उच्च वर्ग हिन्दी के उच्चवर्गीय लेखक तक की कद्र नहीं करता। हिन्दी में 'कलावादियों' की सारी चेष्टा इसी उच्चवर्ग को मोहित करने की रही है। वैसा होता तो ठीक ही था। लेकिन यह वर्ग अब या तो अँग्रेजीभाषी उच्च वर्ग में समाहित हो गया है या फिर जड़।

किसी भी भाषा के साहित्य और साहित्यकार का स्थान वास्तव में उस भाषा के व्यवहार करने वालों पर निर्भर करता है। यह व्यवहार बदलता रहता है, कई बार राजनीतिक कारणों से भी। तीन-चार साल पहले रूसी भाषा के कथाकार रस्पुतिन भारत आये थे। साहित्य अकादेमी में व्याख्यान देते हुए उन्होंने कहा कि विश्वास नहीं होता कि अभी हाल हाल तक रूसी समाज पुस्तक प्रेमी समाज था। अभी हाल हाल तक सबसे ज्यादा भीड़ किताब की दूकानों पर होती थी। लेकिन जब से सोवियत संघ टूटा, वह पाठक समाज भी समाप्त हो गया। आज वहाँ के समाज में रूसी साहित्य और साहित्यकारों का वह स्थान नहीं है जो पहले था। यहाँ कहा जा सकता है कि सोवियत समाज में भी विरोध पक्ष के लेखकों को दंड भोगना पड़ता था, उनकी किताबें प्रतिबन्धित होती थीं इत्यादि। लेकिन इससे यह भी पता चलता है कि उस समाज में साहित्य और साहित्यकारों को बेहद गम्भीरता से लिया जाता था जो अब नहीं है। सोल्जेनित्सिन आज कहाँ किस हाल में हैं, कोई नहीं जानता। येव्तुशेंको अमेरिका में पढ़ा रहे हैं। रूसी लेखक पैसे-पैसे को मोहताज हैं। क्या यही स्थान था रूसी समाज में लेखकों का?

सबसे अच्छा समाज तो वो है जहाँ लेखक का स्थान उसके लेखन से बनता हो, जहाँ उसकी रचना के कारण पाठकों के दिल में उसकी जगह हो, जहाँ अप्रिय और कटु बोल कर भी लेखक निर्भीक और सम्मानित रहे। लेकिन ऐसा न भी हो तो कम से कम यह तो लगे कि वह जो कह रहा है, उसे कोई सुन रहा है और उस पर, उसके हर शब्द पर, नजर रखी जा रही है। ठगों की नजर में अवध्य होने से अच्छा है सत्ता की नजर में वध्य होना और समाज में ऐसा स्थान हासिल करना कि जब लेखक बोले तो शहर का सारा यातायात थम जाये।

हिन्दी समाज में साहित्य और साहित्यकार का स्थान अभी बनना बाकी है। हमें उस दिन का इन्तज़ार है जब कविता हर आम और खास को सम्बोधित होगी और सत्ता जब सर कलम करने का हुक्म देगी तो करोड़ों लोग उस कवि को आकर घेर लेंगे। यह स्थान पाने के लिए कवि को भी वध्य होने की न्यूनतम अर्हता पूरी करनी होगी।

भीष्म साहनी : न ममार न जीर्यति

जहाँ तक याद है पहली बार उनको उन्नीस सौ अस्सी में देखा। प्रगतिशील लेखक संघ के राष्ट्रीय अधिवेशन में। जबलपुर। एक कॉलेज के बड़े-बड़े कमरों में हम ठहरे थे। वहीं कार्यक्रम-स्थल पर। मैंने देखा कि भीष्म जी अपनी दरी बिछा रहे हैं। फर्श पर। दीवार से सटा कर। दरी। फिर चादर। सिरहाने शायद बैग था। उनकी बगल में गुलाम रब्बानी ताबाँ। हमारी भाषा का इतना बड़ा लेखक और इतना सरल, सादा रहन-सहन। रात में नींद खुलती तो देखता एक दूसरे हॉल में त्रिलोचन जी को घेर कर नये लेखक बैठे हैं। रात के ढाई बज रहे हैं और त्रिलोचन जी बोल रहे हैं। ऐसा ही वातावरण था। बड़े लेखक लिखने के कारण बड़े थे। भीष्म जी का बात-व्यवहार, उनका मिलनसार स्वभाव—सब कुछ आकर्षक था। उनके बोलने का तरीका। एक पाँव आगे बढ़ा, चौवों पर बल डाले थोड़ा झूमते, और ललाट पर एक लट गोल खेलती, तराशी हुई भाषा और आँखों में गहरी करुणा। भीष्म जी का लेखन भी तो ऐसा ही है। धोखा देने वाली सादगी, जो भाषा के गहन संस्कार का फल है, और गहरी करुणा। उनकी कोई कहानी या उपन्यास या नाटक हमें भीतर तक हिला देता है। भीष्म जी को पहली बार ऐसे ही देखा। एक फोटो भी है साथ में। जिसमें एक साथ शमशेर, नागार्जुन, केदारनाथ अग्रवाल, त्रिलोचन और भीष्म जी हैं बैठे हुए और हम पीछे खड़े।

दूसरी बार सन् चौरासी में उन्हें पटना में देखा। वह शान्ति-एकजुटता संगठन के एक कार्यक्रम में शान्ति पर व्याख्यान देने आये थे। मैं भी कार्यकर्ताओं के साथ स्टेशन गया था उन्हें लेने। गाड़ी आ चुकी थी, वह उतर कर खड़े थे। पाजामा-कुर्ता पहने। साधारण स्लीपर से आये थे। लौटे भी वैसे ही। परिचय हुआ। उतना ही जितना सबका हुआ।

फिर शायद जयपुर सम्मेलन में उन्हें देखा। मिला। दोस्तों के साथ। बस। कोई खास उठना-बैठना नहीं। न पत्र-व्यवहार। एक दिन अचानक उनका पत्र मिला सन् पचासी के जून में कि ब्राजाविले कांगो(अफ्रीका) में अफ्रोएशियाई युवा लेखक सम्मेलन हो रहा है जिसके लिए उन्होंने भारत की ओर से मेरा नाम भेज दिया है।

मैं स्वीकृति दूँ और तैयार रहूँ। यह उनका पहला पत्र था। शायद मेरी कविता उनकी नज़र से गुजरी हो। शायद वह मुझे जानते हों। इतने लोग हैं उनके करीब देश भर में। फिर भी उन्होंने एक लगभग अपरिचित व्यक्ति को पुकारा तो मैं चकित हुआ। यह अकारण स्नेह दुर्लभ है। मेरा अनुभव है कि हिन्दी की परम्परा में बड़े लोग छोटों के प्रति ऐसा ही अकारण स्नेह प्रदर्शित करते हैं।

दिल्ली में मैं उनसे मिलने गया। टिकट वगैरह उन्हीं के पास थे। उन्होंने एक एक बात बतायी, लिखायी, हिदायत दी। मैं पहली बार बाहर जा रहा था। उन्होंने छोटी से छोटी बात बतायी। यह भी कि पासपोर्ट हिफाजत से रखूँ। यह भी कि हवाई जहाज में ठंड महसूस होगी। लौटते में मैं फिर उनसे मिला और उन्होंने खुद बनाकर कॉफी पिलायी। उनके हर व्यवहार में, उनके देखने तक में एक बड़प्पन था। अगले साल फिर उनका एक पत्र आया अचानक कि अफ्रोएशियाई लेखक संघ की ओर से अफ्रो-एशियाई युवा लेखकों की एक संगोष्ठी दिल्ली में हो रही है जिसके लिए मैं भारतीय युवा कविता की एक पुस्तक अंग्रेजी अनुवाद में तैयार कर रहा हूँ। मैंने हाँ कहा। इसमें देश की पंद्रह भाषाओं के युवा कवियों की कविताएँ थीं जिनका अनुवाद मैंने किया था। ये कविताएँ मैंने हिन्दी की लघु पत्रिकाओं के ढेर में से खोज निकाली थीं। तभी मुझे अनुभव हुआ कि हमारी लघु पत्रिकाओं ने कितने कितने काम किये हैं, कम से कम साधन में। भारतीय और विदेशी साहित्य के इतने अनुवाद छपे हैं, बिना किसी आर्थिक लाभ के, स्वतःस्फूर्त, स्वांतःसुखाय।

इस पुस्तक का नाम था 'वॉयसेज'। कॉपीराइट के कारण यह पुस्तक केवल आंतरिक वितरण के लिए थी। पाँच सौ प्रतियाँ छपी थीं। इसकी भूमिका स्वयं भीष्म जी ने लिखी थी अँग्रेजी में। उन्होंने मुझे दो हजार रुपये भी दिये।

फिर शायद एक बार उनसे बिलासपुर में मिला। प्रगतिशील लेखक संघ के सम्मेलन में।

फिर सन् नवासी में या नब्बे में उनका एक पत्र मिला। उन्होंने लिखा था कि एशियाई कवियों की एक गोष्ठी इस्ताम्बूल में हो रही है जिसके लिए उन्होंने मेरा नाम दे दिया है। मैं तैयार रहूँ। थोड़े समय बाद उनका पत्र आया कि कुछ कारण से अब केवल एक तरफ का मार्ग-व्यय ही मुझे मिल सकेगा। अगर मैं एक तरफ का प्रबन्ध कर सकूँ तो बाकी सारा इन्तजाम हो जायेगा। जो मैं न कर सका। उन्होंने खेद व्यक्त किया। मैंने उन्हें लिखा कि मेरे लिए इस्ताम्बूल जाने से ज्यादा बड़ी बात है कि आपने मुझे अपने स्नेह के योग्य समझा। आपके स्नेह से बड़ा कुछ भी नहीं है।

फिर कई साल गुज़र गये। उनसे भेंट भी नहीं हुई। कोई खास पत्राचार भी नहीं। पनचानवे में मैंने तीसरी कविता-पुस्तक की पाण्डुलिपि तैयार की। मेरे मन में था कि भीष्म जी ने मुझे इतना स्नेह दिया, अकारण, जिसका मैं पात्र भी नहीं, तो मुझे

कम से कम कुछ तो देना चाहिए। मैं क्या देता। मेरे जैसे उनके लाखों पाठक हैं। और कोई पाठक किसी लेखक को कुछ देता नहीं, केवल लेता है। सो मैंने अपनी कविता-पुस्तक 'नये इलाके में' उन्हें समर्पित कर दी। उनसे पूछा भी नहीं। सन् छियानबे में किताब छप कर आ गयी। मैंने उन्हें डाक से भेजी। उनका पत्र आया—'मैं अपनी ही नज़रों में उठ गया' मेरा समर्पण देख कर। मेरा मन रखा उन्होंने। और मान भी।

बस। फिर भेंट नहीं हुई। न पत्राचार। फिर अगले साल मैं एक कार्यक्रम में शिमला गया था। भारतीय उच्च अध्ययन संस्थान में। कल से कार्यक्रम था। मैं आज ही शाम को पहुँच गया था। हल्की ठंड थी। रात का खाना वहाँ के मेस में खाने गया तो देखा कि भीष्म जी भी बैठे हैं सपत्नीक। साथ में नवल जी भी बैठे थे। मैं भी बैठ गया। वे लोग बात करते रहे। जब हम अलग होने को हुए तो भीष्म जी मेरी ओर मुड़े और कहा, 'मैंने आपको पहचाना नहीं।' यह सही था। जो चार-पाँच मुलाकातें उनसे हुईं वे जल्दी में, भीड़ में। मैं हर बार उनको बताता था। इस बार भी बताया और वे खुश हुए।

फिर जब सन् अठानबे के अन्त में मुझे अचानक साहित्य अकादेमी पुरस्कार की सूचना मिली तो यह भी मालूम हुआ कि भीष्म जी भी निर्णायक मंडल में थे। मेरे लिए तो सब कुछ अप्रत्याशित था। मेरे कारण उन्हें भी कुछ सहना पड़ा। समारोह के बाद वाणी प्रकाशन द्वारा आयोजित संध्या-गोष्ठी में उन्हें देखा। मैंने अपना परिचय दिया। मेरे कारण उन्हें जो क्लेश हुआ उसके लिए माफी माँगी। उन्होंने कहा मैं इन सब चीज़ों की परवाह नहीं करता। जो अच्छा है, वो अच्छा है। जो सच है, वो सच है।

'आज के अतीत' में एक प्रसंग है। इलाहाबाद से दिल्ली की यात्रा में जिस डब्बे में वह थे उसी में एक सरदार भी था जो अंग्रेजों के खिलाफ कुछ बोल रहा था। उसी डब्बे में मौजूद एक आदमी खुफिया था जिसकी शिकायत पर सरदार को पुलिस ने गिरफ्तार कर लिया और भीष्म जी को खबर भेजी कि वे आकर गवाही दें। भीष्म जी गये, कानपुर स्टेशन की हाजत में। सरदार को देखा। वही था। भीष्म जी ने कहा नहीं, यह वो नहीं। और सरदार छूट गया। भीष्म जी नैतिकता के नये प्रतिमान बनाते हैं। नैतिक क्या है? भीष्म जी की सारी रचनाएँ नैतिकता के सवालों को नयी तरह से उठाती हैं। चाहे वह **तमस** हो या **माधवी** या **हानूश** या **वाङ्चू** या **चीफ की दावत**। भीष्म जी की कोई भी रचना आखिरी शब्द के साथ खत्म नहीं हो जाती, वह जीवन में विस्तार पाती है। भीष्म जी को पढ़ने का मतलब है—जीवन के बारे में बात करने को मजबूर होना। जैसा कि प्रेमचन्द के साथ होता है। भीष्म जी साधारण लोगों के लेखक हैं। 'गंगो का जाया' जैसी कहानी बिना गहरे तादात्म्य के नहीं लिखी जा सकती। वह सच्चे अर्थों में रियलिस्ट थे। इसलिए कभी उनकी कलम रुकी नहीं।

अन्त अन्त तक वह लिखते रहे। जीवन के समुद्र ने उन्हें रत्न दिये। कुछ लोगों को वहम है कि भीष्म जी कमतर कलाकार थे। जहाँ कहीं सादगी होती है, भ्रम होता है। लेकिन **तमस** की बनावट पर हम ध्यान दें तो लगेगा कि यह बड़े कौशल और शिल्प की देन है। सूअर मारने के जिस प्रसंग से यह उपन्यास शुरू होता है, लम्बे वर्णन से, वह पूरे उपन्यास का, भावी रक्तपात, वीभत्सता और गलाजत के प्राक्कथन जैसा है। तॉल्सतॉय के पुनरुत्थान के आरम्भ की तरह भावी का सारांश। **माधवी** की संरचना भी ऐसी ही जटिल है। और **आज के अतीत** हमारी भाषा की एक दुर्लभ पुस्तक। भीष्म जी में प्रेम करने की अद्‌भुत शक्ति थी, प्रेम करने और सहने की। इसके बिना उनकी श्रेष्ठ रचनाओं की कल्पना नहीं की जा सकती। उनकी कहानियाँ जितना पृष्ठ पर हैं, उससे अधिक जीवन में। इसीलिए वे बार-बार हमें पुकारती हैं। और भीष्म जी कम्युनिस्ट थे। यह कहना बहुत ज़रूरी है। भीष्म जी अगर कम्युनिस्ट नहीं होते तो उनकी रचनाएँ निश्चय ही भिन्न होतीं। यह करुणा ही है जो भीष्म जी की रचनाओं को पालती है। अकारण नहीं कि बुद्ध उनके सृजन में विद्यमान रहे—'वाङ्चू' से लेकर 'लिटल बुद्ध' तक। भीष्म जी को हिन्दी पाठकों का अगाध प्रेम मिला। मैंने अपने जीवन में जिन लेखकों के लिए हिन्दी जन में, सर्वसाधारण में, निःसंकोच प्रेम देखा है उनमें नागार्जुन, परसाई, रामविलास शर्मा के साथ भीष्म जी भी हैं। अपने लेखन से और साथ-साथ अपने जीवन से जो लेखक हिन्दी जन को प्रभावित करता है वही उसके हृदय में स्थान पाता है। जन को लगना चाहिए कि यह हमारा लेखक है, हमारा आदमी है और हमारी बात करता है। हमारे लिए जोखिम उठाता है। भीष्म साहनी हिन्दी जाति के अपने लेखक थे और हैं।

भोपाल में पिछले साल ए.के. हंगल साहब का व्याख्यान हो रहा था अपने जीवन के बारे में। जेल, प्रतिबन्ध, फ़ैज़, सज्जाद ज़हीर—सबका जिक्र था। नामवर जी अध्यक्षता कर रहे थे। वो उठे और गला रुँध गया। हम सबके लिए यह दारुण क्षण था। बाद में उन्होंने कहा, 'मुझे भीष्म की याद आ गयी थी'। हम सब को भीष्म जी की याद आती है। मेरे लिए तो नितान्त निजी, स्वार्थगत कारण भी हैं। लेकिन हमारी भाषा के असंख्य पाठकों के लिए तो केवल एक कारण है कि भीष्म जी का लेखन उनके पक्ष का, उनका लेखन है—'न ममार न जीर्यति'।

भीष्म जी 'आज के अतीत' के अन्त में अंग्रेज़ी के लेखक चेस्टर्टन की ये पंक्तियाँ उद्धृत करते हैं—

> इट इज समथिंग टु हैव डन ऐज वी हैव डन
> इट इज समथिंग टु हैव वेप्ट ऐज वी हैव वेप्ट
> इट इज समथिंग टु हैव वाच्ड द स्टार्स ह्वेन ऑल मेन स्लेप्ट...

भीष्म जी ने बहुत कुछ किया। बहुत रोये। और जब सब सो रहे थे तब तारों को देखा, उन तारों को भी जिन्हें किसी ने नहीं देखा।

अन्तर्यात्रा : निर्मल वर्मा

निर्मल जी पर लिखना महीनों से टलता रहा। कुछ बात थी जो मुझे यह कहने से रोकती रही कि निर्मल वर्मा मेरे प्रिय कथाकार हैं। कि निर्मल वर्मा ने हमारी भाषा को इतना नमनीय और मसृण बना दिया है कि वह भारी से भारी गन्धों को भी ढो सके। कि निर्मल वर्मा व्यक्ति के मन की मिट्टी को कोड़ते हुए इतनी दूर गये कि जल निकल आया।

अभी भी मैं दुविधा में पड़ जाता हूँ। क्या किसी रचनाकार को पसन्द करने के लिए उसके घोषित विचारों, पक्षपातों और कर्मों से सहमत होना ज़रूरी है अथवा उसकी रचना से प्रेम का अर्थ इन सबकी ताईद भी है? हमारी भाषा में अक्सर किसी लेखक का मूल्यांकन उसकी रचना के आधार पर कम, उसके विचारों-वक्तव्यों-दैनन्दिन क्रिया-कलापों पर अधिक होता है। दूरबीन का सही छोर कौन सा है? क्या प्रत्येक विचार-सरणि का कोई भाव-समतुल्य होता ही है?

निर्मल वर्मा मुझे प्रिय हैं क्योंकि इनकी कहानियाँ घने, गहरे प्रेम की, मनुष्य की अपूर्णता और अतृप्ति की, पूर्णता की लालसा और मानव-सम्बन्धों में निरन्तर चल रहे आकर्षण-विकर्षण की गाथाएँ हैं। यहाँ जीवन एक सातत्य है, एक व्यक्ति के जन्म से पहले के जीवन, जीवन-शृंखलाओं से लेकर उसके अवसान तक, और मनुष्य और मनुष्य को धारण किये हुए प्रकृति के सहज सम्बन्धों तक। मनुष्य ही उनकी रचना का केन्द्र है, 'जैविक उज्ज्वल संसार में एक जीव।' और केन्द्र होने का अर्थ विन्दु में संकुचन नहीं वरन् सम्पूर्ण क्षेत्र को कीलित करना है। उनकी प्रत्येक रचना व्यक्ति और उसके सहजात, निकटस्थ सम्बन्धों का आख्यान है। व्यक्ति के साथ-साथ आकाश, धूप, हवा, पेड़, पत्तियाँ, धूल, वर्षा, बादल सब सहज चले आते हैं। और ये ठेठ भारतीय ऋतुओं के चिह्न हैं। बर्फ, चीड़, पहाड़ और ढलानों का ऐसा विपुल सौन्दर्य सम्भवतः पहली बार हिन्दी रचना-संसार में इतनी प्रामाणिकता के साथ आया है। विदेश-भूमि पर अवस्थत उनकी कहानियाँ भी अन्ततः अपने देश की ही याद दिलाती हैं। अगर निर्मल जी की प्रकृति प्रेमचन्द या निराला की प्रकृति से भिन्न है तो इसका कारण स्वयं इस देश की बहुलता और प्रसार है। बिना शिमला

गये निर्मल जी की ठेठ स्थानिकता, स्थानबद्धता की प्रतीति असम्भव है। निर्मल जी की रचनाओं में माँ, पिता, भाई, बहन और पारिवारिक रिश्तों की ऐसी सघन उपस्थिति भी ठेठ भारतीय लक्षण है। इतने गहरे लगाव के साथ इन सम्बन्धों का चित्रण कम ही हुआ है। एक अर्थ में वह भारतीय कुटुम्ब के कथाकार हैं। यह कुटुम्ब किस जाति या वर्ग का है, यह जानना ज़रूरी नहीं, क्योंकि कोई भी अनुभव या स्थिति या व्यक्ति किसी-न-किसी वर्ग-जाति-धर्म का तो होगा ही। लेकिन वह इसी के साथ एक मनुष्य भी है। शेक्सपीयर के शब्दों में, 'ए फोर्क्ड एनिमल', जो हर स्थान, हर काल में एक जैसा भी है और यही वह मनुष्य है जिसकी खोज निर्मल वर्मा करते हैं। अपूर्ण, असहाय, अधूरा, अनाथ, आत्मखंडित पर जीवन के रेशे-रेशे को जीता हुआ, अपनी देह के एक-एक रोम से जीता हुआ। ऐसी गहन ऐन्द्रिकता सम्भवतः किसी अन्य कथाकार में नहीं मिलती अथवा कम मिलती है।

निर्मल जी बड़े रचनाकार इसलिए भी हैं कि वह जीवन को सूक्ष्मता और धैर्य से देखते हैं, एक-एक क्षण और कण और पर्त को। बड़ा लेखक हर अनुभव, हर संवेदन को बिना किसी पूर्व-आग्रह के, धैर्य के साथ जमा करता जाता है, जिसके आधार पर किसी निष्कर्ष अथवा उपसंहार पर पहुँचना अनिवार्य नहीं है क्योंकि कोई भी निष्कर्ष अन्ततः तदर्थ या औपबन्धिक ही सिद्ध होता है। निर्मल जी व्यक्ति के मन की भूमि को कोड़ते हैं, खुदाई करते जाते हैं और शनैः-शनैः गीली मिट्टी बाहर आने लगती है, फिर सजल भित्ति-वलय और अन्त में छलछलाता जल। और ऐसा करते हुए निर्मल जी जीवन के, मनुष्य के अस्तित्व के कुछ मूल पक्षों को उठाते हैं। 'परिन्दे' केवल प्रेम कथा नहीं है, वह वास्तव में व्यक्ति और उसके मोह, वर्तमान और अतीत के पारस्परिक सम्बन्धों की व्याख्या है। कहानी के शुरू में उद्धरण है—"क्या हम मृतक के लिए कुछ नहीं कर सकते? और एक लम्बे समय तक एक ही उत्तर रहा है—कुछ नहीं।" क्या किसी व्यक्ति से प्रेम या लगाव उसके न रहने से अनिवार्यतः समाप्त हो जाता है? या वह बीता हुआ क्षण भी हमारे वर्तमान और भविष्य में शामिल रहता है? क्या प्रेम हर प्रकार की भंगुरता का काट नहीं है? निर्मल जी अक्सर इन प्रश्नों को रखते हैं, 'डेढ़ इंच ऊपर' में भी। कई बार अपना दैनन्दिन जीवन जीते हुए हम इन प्रश्नों का एहसास भी नहीं कर पाते, सब लोग कर भी नहीं सकते, फिर भी हर व्यक्ति एक निर्णय करता है अपने जीवन का जो लतिका ने किया, जो अपने-अपने ढंग से डॉक्टर और मि. ह्यूबर्ट ने भी किया। ये सभी संतप्त और अपूर्ण प्राणी हैं, अपने पश्चात् से ग्रस्त, अपने किसी मोह से आविष्ट। यही ताप, यही अपूर्णता, यही ग्रास इन्हें जीवित और अर्थवान् रखती है। हम इनके निजी निर्णयों, इनके सुख-दुःख पर निर्णय देने की स्थिति में नहीं हैं। हम केवल उसके भागी हैं कुछ समय तक। एक क्षण या काल-विशेष के राग या प्रेम के प्रति बद्धता ही हमारे जीवन को एक विशेष अर्थ देती है, नैतिक अर्थ,बद्धता या स्थिरता, जिसे न तो लतिका तोड़ सकती है न डॉक्टर—"डॉक्टर, सब कुछ होने के

बावजूद वह क्या चीज़ है जो हमें चलाये चलती है, हम रुकते हैं तो भी अपने रेले में वह हमें घसीट ले जाती है।"

जब-जब मैं निर्मल जी की कहानियाँ पढ़ता हूँ, एक गहरी लालसा मुझे घेर लेती है। उत्कट राग मुझे भर देता है, अपने को भर लेने का उत्कट मोह। लगता है मुझे अभी-अभी बादलों ने धोया है। एक नए प्रकार का बोध मुझे भर देता है जो सबसे, हर व्यक्ति, हर वस्तु, हर तृण-गुल्म से मुझे आसक्त करता है। निर्मल वर्मा राग के, आसक्ति के कवि हैं। यह प्रेम ही है जो गहरी करुणा का भी उद्गम है जो पूर्वप्रदत्त नैतिक आग्रहों को निलम्बित कर देता है। 'बिजली में चमचमाती नाक की लौंग'—बस एक बिम्ब प्रेम की प्रताड़ना और तड़प को व्यक्त कर देने के लिए पर्याप्त है। वह क्या है जो हमें इतना विवश, उन्मादग्रस्त और अशक्त भी बना देता है। निर्मल जी केवल कथा नहीं करते। यहाँ रेखाएँ नहीं, रेखाओं के बीच के रंग महत्त्वपूर्ण हैं, और कई बार तो एक सफेदी, एक भाव जो पूरी कहानी को पैबस्त करता है, अपने समस्त विवरणों, दृश्यों, बिम्बों में जिसका एक नायाब उदाहरण है 'डेढ़ इंच ऊपर'। यहाँ हम कहानी को न तो कथानक जानने के लिए पढ़ते हैं, न अन्त की प्रतीक्षा में, न किसी भाव या विचार-गंतव्य के लिए, बल्कि जिसके एक-एक शब्द को हम उसके अपने धन के लिए भी पढ़ते हैं जैसे कि वह कविता का कोई पाठ हो। ऐसी पाठ-ऋजुता या भाषिक-समृद्धि जो निराला के गल्प में है या प्रूस्त के उपन्यासों में जो निर्मल जी को प्रिय हैं—"क्या यह एक दुर्लभ करतब है कि कहानी अपनी संरचना में काव्यात्मक हो किन्तु अपने उद्देश्य में कथ्यात्मक? किन्तु यही दुर्लभ चमत्कार तो हमें इसाक बाबेल, हेमिंग्वे, केथरीन मेन्सफील्ड और लॉरेंस की कुछ कहानियों में मिलता है जिनमें उन्होंने असाधारण पवित्रता और उज्ज्वल सात्त्विक संयम के साथ कथ्यात्मक ब्यौरों को साधने का दुःसाहस किया और उसमें सफल भी हुए। खुद हमारे देश में माणिक बन्द्योपाध्याय, जैनेन्द्र और प्रेमचन्द की कुछ कहानियों में उनके उपन्यासों की अपेक्षा यही संकेन्द्रित शक्ति और तन्मयता दिखाई देती है। ये सब लेखक जो एक-दूसरे से इतने भिन्न हैं कम-से-कम एक बात में बिल्कुल समान दिखाई देते हैं जिसे टॉमस मान ने 'पैशन और पवित्रता' का अद्भुत समन्वय माना था।"

निर्मल वर्मा के अधिकांश चरित्र अपने ही अभ्यन्तर से, अपनी ही भावनात्मक एवं नैतिक बद्धताओं से जूझते हैं जहाँ संकल्प के साथ निकल आना महत्त्वपूर्ण नहीं है ('चुनने की खुली छूट से बड़ी पीड़ा कोई दूसरी नहीं'), महत्त्व है कटते-पिटते देह-पर्यन्त लड़ते जाने का, यातना सहने, भुगतते जाने का, चाहे वह तरन हो या लतिका या 'एक दिन का मेहमान' का नायक या कोई और। बद्धता तो बीते हुए अथवा मृत के प्रति भी होती है जिसकी कभी पूर्णाहुति नहीं होती, चाहे वह कोई अनुभव हो, कोई सम्बन्ध, कोई लगाव या कोई व्यक्ति! जीवन में जो पीड़ा है, जो त्रासदी है वह इसलिए भी है कि हर व्यक्ति के जीवन में ऐसा कुछ है जिससे वह मुक्त नहीं हो सकता, और

यह लगाव एक नैतिक बन्धन है और अगर इसे तोड़ दिया जाये तो यह जीवन बस एक खेल है या 'उत्सव'। यही कारण है कि निर्मल जी के यहाँ जीवन को, किसी भी प्रसंग या पात्र को कभी हल्के से नहीं लिया जाता। जीवन के प्रति ऐसी पवित्र गम्भीरता दुर्लभ है। यही कारण है कि यहाँ स्त्री-पुरुष सम्बन्ध के अनेक प्रसंगों के बावजूद कहीं कामुकता का लेशमात्र भी नहीं है क्योंकि कामुकता किसी भी त्रासदी को घटने से रोक देती है, चरित्रों को इतना उदात्त या सबल नहीं होने देती कि वे प्रेम के भार का वहन कर सकें। निर्मल जी हमारे उन थोड़े से कथाकारों में हैं जो प्रेम की महिमा और गरिमा को, उसके संलग्न उल्लास और शोक को व्यक्त करते हैं, मनुष्य के जीने की अपरिहार्य त्रासदी को क्योंकि कोई भी जीवन बिना प्रेम के सम्भव नहीं, पूर्ण नहीं। पूर्णता की यही लालसा हमें गहरी करुणा से भर देती है। यह सही है कि उनके यहाँ प्रचंड झंझावात नहीं हैं, परन्तु जो शोक और अवसाद के घूर्ण हैं वे अन्यत्र दुर्लभ हैं। 'बीच बहस में' एक महान कहानी है जो मनुष्य के सर्वाधिक मूल सम्बन्ध—पिता-पुत्र सम्बन्ध—की मार्मिक गाथा है, बिना किसी अतिरिक्त आर्द्रता के। इसके साथ जो दो रचनाएँ और याद आती हैं वे हैं 'सरोज-स्मृति' और 'कफ़न' पर अलग-अलग कारणों से। यहीं यह भी कहना जरूरी है कि निर्मल जी कोई वक्तव्य नहीं देते, उनकी कथा किसी अभीष्ट की पूर्ति नहीं है। 'डेढ़ इंच ऊपर', जो उनकी सम्भवतः सर्वाधिक विचार-प्रवण कहानी है, में भी सारे वक्तव्य धारोष्ण हैं। अन्यथा कोई भी वक्तव्य जीवन की जटिलता का सरलीकरण कर देते हैं।

निर्मल वर्मा अकेलेपन के नहीं, अकेलेपन के भय के रचनाकार हैं। व्यक्ति की अपूर्णता के शोक के, पूर्णता की अविराम लालसा के, निरन्तर खोते जाते भाव-अवलम्बों से उत्पन्न असुरक्षा-बोध के। समुद्र के हलफे की तरह बार-बार हमें जीवन के भीड़ भरे तट पर फेंकते।

'चिन्तन खंड' के उनके साहित्य सम्बन्धी निबन्ध हमारी वैचारिक निधि तो हैं ही, साथ ही हमें बहस के लिए भी उद्यत करते हैं। 'साहित्य और लेखक की आस्था' ऐसा ही निबन्ध है जो अपेक्षा करता है कि "मनुष्य का विवेक बनने के पूर्व साहित्य को स्वयं अपने विवेक की छानबीन करनी पड़ेगी। विचारधाराओं और परिपाटीगत विश्वासों की रखैल बनने की बजाय स्वतन्त्र संवाहक बनना होगा।" यहाँ 'रखैल' जैसे कर्कश शब्द को नजरअंदाज़ भी कर दें (क्योंकि निर्मल जी जैसे सौम्य रचनाकार में ऐसे पद नहीं ही मिलते हैं) तो भी यह सवाल तो रहेगा ही कि ऐसा कोई श्रेष्ठ साहित्य अब तक हुआ जो इन सब का 'रखैल' रहा हो? निश्चय ही यहाँ निर्मल जी की दृष्टि औसत साहित्य के परे नहीं जा सकी। खैर! निर्मल जी आगे कहते हैं, "...पश्चिम में यदि साहित्य अन्य दूसरे पेशों की तरह ही एक 'पेशा' बनकर रह गया है—जैसा कि सॉल बेलो ने सखेद स्वीकार किया है—जीवन और नियति से मूलभूत लगाव जिसके खत्म हो गये हैं, तो भारत में यह हमारे बहुविध लगावों में इतना डूबा हुआ है कि एक स्वतन्त्र

कल्पनापरक कर्म के रूप में इसका अलग स्थान ही संदिग्ध है।" शायद यह कथन भी अतिरंजित हो क्योंकि पश्चिम में ही अनेक लेखकों को लिखने के कारण विपत्ति झेलनी पड़ी है, जैसे सारामागो, रुश्दी या पामुक। और भारत में भी साहित्य, श्रेष्ठ साहित्य, 'कल्पनापरक कर्म' के रूप में ही समादृत है। यह जरूर है कि 'शुद्ध साहित्य' जैसी कोई श्रेणी नहीं होती; अपने 'बहुविध लगावों' के कारण ही 'डॉन किहोते' या 'ब्रदर्स करामाजोव' या 'वार ऐंड पीस' महान् हैं और इसी कारण 'गोदान' भी; और इन लगावों के न रहने के कारण ही कोई मनोरम रचना भी श्रेष्ठ होने से चूक जाती है।

निर्मल जी अन्यत्र कहते हैं, "आज के युग में कला कमोबेश वही भूमिका अदा करती है (सार्थक कला) जो आदि काल में मिथक-चेतना सम्पन्न करती थी—मानव अस्तित्व के असंगत, अराजक और अर्थशून्य हादसों को उसके कालातीत मर्म के चौखटे में संयोजित करना—इसलिए नहीं कि मनुष्य पृथ्वी के केन्द्र में एक सार्वभौम प्राणी है, बल्कि इसलिए कि प्रकृति के अन्य प्राणियों की तरह मनुष्य भी अपना एक विनयशील, विवेकपूर्ण अर्थसंगत कोना ढूँढ़ सकता है।" लगभग खेद के स्वर में निर्मल जी कहते हैं—"क्या हम आज एक ऐसी अन्धी गली में नहीं पहुँच गए हैं जहाँ कला का मिथक बनने का स्वप्न अपने आप में ही संदिग्ध है, क्योंकि जिस समाज-व्यवस्था में हम रहते हैं वहाँ कला के सामूहिक प्रयोजन का ही कोई अर्थ नहीं रह गया है।" यहाँ महत्त्वपूर्ण है 'कला के सामूहिक प्रयोजन' की भी तलाश। जो असम्भव होता जा रहा है क्योंकि 'औद्योगिक क्रान्ति के बाद एक ऐसे जन-समुदाय का जन्म हुआ जिसे हम मास या मैस सोसायटी कहते हैं—मनुष्यों के पारम्परिक सम्बन्धों में बसा समाज नहीं, बल्कि अलग-अलग व्यक्तियों का संगठन, जिसे सामान्य स्मृतियाँ या संस्कार नहीं, राज्य के निजी स्वार्थ अनुशासित करते हैं। ऐसे समाज में एक कलाकार या तो सिर्फ एक बोहेमियन के तौर पर जी सकता है या आउटसाइडर की हैसियत से...आज जिसे हम सम्प्रेषण का संकट या लेखक और पाठकों के बीच संवादहीनता की स्थिति कहते हैं, वह व्यापक रूप से समाज के विघटन का ही परिचायक है।' यहाँ फिर ध्यातव्य है कि निर्मल जी लेखक, लेखन, पाठक इन सबके आपसी सम्बन्धों तथा स्वयं इन सबकी निजी स्थिति के लिए भी व्यापक रूप से 'समाज के विघटन' को ही जिम्मेवार मानते हैं। आगे कहते हैं, "जिस समाज में स्वतन्त्र और आलोचनात्मक चिन्तन के लिए स्थान नहीं है, वहाँ कोई जीवन्त कला और संस्कृति साँस ले सकती है, मुझे सन्देह है।" अर्थात् कला और संस्कृति अन्ततः समाज की दशा पर ही निर्भर है। देखने की बात है कि साहित्य की स्वायत्तता पर बल (जो उचित ही है) के बावजूद निर्मल वर्मा साहित्य के समग्र बोध को पर्याप्त महत्त्व देते हैं। उनके पूरे लेखन में जो एक सूत्र सर्वनिष्ठ है वह है जीवन की समग्रता एवं अखंडता का बोध।

'उपन्यास की मृत्यु और पुनर्जन्म' बहुत महत्त्वपूर्ण निबन्ध है जहाँ निर्मल वर्मा की मनीषा, ज्ञान का विस्तार, बहस करने की तुर्शी, भाव-प्रवणता सब एक साथ उपस्थित हैं। यह निबन्ध उपन्यास पर लिखा गया एक उज्ज्वल निबन्ध है, 'ए ब्राइट

बुक ऑफ लाइफ' के 'ब्राइट पेज' की तरह। यूरोपीय बनाम भारतीय उपन्यास की अवधारणा पर विचार करते हुए निर्मल जी मानते हैं कि 'मनुष्य' का ध्येय 'व्यक्ति' होना नहीं है—"मनुष्य की समग्रता का यह अद्‌भुत साक्षात् हमें मार्कुएज के उपन्यास 'वन हन्ड्रेड इयर्स ऑफ सॉलिट्यूड' में मिलता है...यह बिल्कुल दूसरा संसार है जहाँ कोई केन्द्र नहीं है, क्योंकि सब केन्द्र में हैं, एक चमत्कारी, जादुई दुनिया जिसका जादू सिर्फ इस छोटे से सत्य में है कि जीवन की प्राणवत्ता को सेक्यूलर और धार्मिक में विभाजित नहीं किया जा सकता; जो है पवित्र है।" उसी समग्रता को पाकर उपन्यास 'जीवन की एक सम्पूर्ण किताब' बनता है, केवल 'भारतीय या यूरोपीय किताब' नहीं। सब कुछ को लेकर चलना, जो है सब को—'इट टेक्स ऑल टु मेक द वर्ल्ड' सर्वेन्तीज ने 'डॉन किहोते' में कहा था। क्या निर्मल वर्मा में ऐसा है?

निर्मल जी ने इसी विदग्धता के साथ कहानी पर भी विचार किया है। 'कहानी : एक शुद्ध विधा?' में कहानी विधा के सभी आरम्भिक प्रमेयों पर विचार करते हुए कहते हैं, "व्यक्ति की चेतना के बारे में यह एक विचित्र चीज है कि जब वह समय के पैमाने में रूपायित होती है तो अनिवार्यतः उपन्यास की विधा में ही ढलकर आती है, किन्तु दूसरे छोर पर जब वह अपने को शब्दों के कालातीत तन्त्र में समेट लेती है तो हमेशा कविता बनकर बाहर निकलती है। किन्तु उस चेतना का क्या होता है जो समय की गति को रोकने की तो कोशिश करती है किन्तु शब्दों के स्वायत्त तन्त्र में डूबना नहीं चाहती? ऐसे क्षण में एक ऐसी साहित्यिक विधा का जन्म होता है जो उपन्यास और कविता के बीच की जगह को समेटती है जिसे हम चाहें तो कहानी का नाम दे सकते हैं, जिसका एक मात्र प्रेरणा-स्रोत यही लालसा है कि वह किसी तरह कविता के जमे हुए समय को पिघलाकर उस कथ्यात्मक क्षेत्र में बहा सके जो असल में उपन्यास की जमीन है। कहानी अपनी छोटी-सी जीवन-यात्रा में उस अजानी और खाली जमीन को पार करती है जो भाषा और समय, कविता और इतिहास के बीच फैली है।" कहानी विधा की इतनी सटीक परिभाषा शायद दूसरी नहीं है। निर्मल जी की कहानियों को समझने के लिए भी इसे ध्यान में रखना ज़रूरी है। कभी-कभी यही लगता है कि निर्मल वर्मा सरीखे रचनाकारों और इन परिभाषाओं के बावजूद हिन्दी कहानी का आज का परिदृश्य कितना कूपमंडूकी है।

'रास्ते पर' के अन्तर्गत संकलित टिप्पणियाँ एक बड़े लेखक की पोटली से गिरे ज्ञान के दाने हैं। ये सूत्र हैं, विचार-रश्मियाँ जो कला और जीवन दोनों को प्रभासित करती हैं। बस एक उदाहरण दे रहा हूँ, "एक महान् कलाकृति में सर्वस्व के प्रति लगाव और एक के प्रति एकाग्रता, दोनों ही होते हैं।"

'चिन्तन खंड : संस्कृति' के अन्तर्गत निर्मल वर्मा के कुछ अत्यन्त महत्त्वपूर्ण निबन्ध

संकलित हैं, जो अपने 'अतीत, अस्मिता और संस्कृति' का पुनर्परीक्षण करते हैं। जैसा कि निर्मल जी मानते हैं, यह 'आत्म-मन्थन' की घड़ी है। इसी क्रम में उनका कहना है कि "भारतीय दृष्टि में खिड़की से दुनिया दिखायी नहीं जाती, स्वयं खिड़की ही दुनिया है।" तथा यह कि "दुनिया में भारतीय संस्कृति ही ऐसी है जिसने अपना समय-बोध प्रागैतिहासिक कबीलों के समय बोध से ग्रहण किया है।" हालाँकि ये सारे उद्धरण देते समय मुझे लगातार यह प्रतीति है कि समस्त तर्क-प्रणाली को सामने रखे बिना न तो उनका आशय समझा जा सकता है, न उन पर कोई 'त्वरित' टिप्पणी सम्भव है। प्रश्न उठते हैं जरूर, जैसे यही कि क्या भारतीय संस्कृति का समय-बोध हमेशा एक-सा रहा है? निर्मल जी स्थिर होकर, धैर्य से, संयत स्वर में बहस करते हैं; उनके सूत्र फैले होते हैं, उनका विशाल ज्ञान और ज्ञान-बिन्दुओं को एकतान जोड़ने की कल्पना-शक्ति हमें सम्मोहित करती है। निर्मल जी फिर कहते हैं कि "आज की दुनिया में भारतीय समाज ही एक अकेला समाज है जिसकी परम्परा के समस्त तत्त्व आज भी मौजूद हैं, लोगों को उपलब्ध हैं" और यह पढ़ते हुए मुझे इतिहासकार कोसाम्बी की सिल-लोढ़े के प्रसंग में कही वो बात याद आ गई कि "इंडिया इज अ लैंड ऑफ लांग सरवाइवल्स", हालाँकि निर्मल जी के प्रिय विचारक हैं, श्री जड़ावलाल मेहता। निर्मल जी की एक और बात बहुत मार्मिक है, "इससे बड़ी विडम्बना क्या होगी कि एक तरफ हम प्रकृति के विरुद्ध हिंसा बरतते जाएँ, दूसरी तरफ आशा रखें कि मानवता को अपने विरुद्ध हिंसा करने से रोका जा सकता है?" और फिर मुझे याद आ रहा है कि सम्भवतः पहली बार मार्क्स ने कहा था कि "मनुष्य प्रकृति के साथ भी वैसा ही व्यवहार करता है जैसा स्वयं दूसरे मनुष्य के साथ करता है।" इसका कारण, जैसा कि निर्मल जी बताते हैं, है जीवन के 'समग्र बोध' का खो जाना जबकि 'सम्पूर्णत्व' एक भारतीय अवधारणा है, यथार्थ एक 'अखंडित सत्य'। तो फिर भारत में इतनी हिंसा क्यों है? निर्मल जी इसी 'सम्पूर्णता' की भावना को आगे बढ़ाते हुए कहते हैं कि "इस दुनिया में मनुष्य एक सम्पूर्ण मनुष्य की तरह मौजूद रहे—हर राजनीतिक तन्त्र के लिए सबसे बड़ी चुनौती है। इसीलिए आज प्रश्न यह नहीं है कि राजनीति को धर्मावलम्बी होना चाहिए या धर्मनिरपेक्ष...इस तरह का विभाजन ही कृत्रिम और अर्थहीन है। इस विभाजन के कारण ही मनुष्य का सम्पूर्णता बोध और प्रकृति की पवित्रता दोनों ही अवमूल्यित होते हैं।" "अतः स्वराज वह तन्त्र है जिसमें मनुष्य सिर्फ राजनीतिक या आर्थिक प्राणी न रहकर एक समग्र मनुष्य की हैसियत से भाग लेता है।" अर्थात् महत्त्वपूर्ण है 'मनुष्य की समग्रता का बोध' तथा उसका 'मांस-मज्जा में साकार होना'। निर्मल जी बार-बार इस बात पर बल देते हैं कि "भारत में भी मनुष्य को सम्पूर्ण सृष्टि का स्वामी नहीं माना जाता, बल्कि तमाम जीवित प्राणियों में महज एक प्राणी स्वीकारा जाता है। इसलिए "भारत में विदेशी दासता से मुक्ति पाने की लालसा महज राजनीतिक उद्देश्यों से उत्प्रेरित नहीं थी, उसके पीछे अपनी सांस्कृतिक अस्मिता को विस्मृति के अन्धेरे से बाहर लाने की आकांक्षा भी थी।"

यही 'समग्रता का बोध' हमारी संस्कृति के कालबोध तथा मनुष्य और प्रकृति के सम्बन्ध और भाषा के अपने इतिहास तथा भूगोल में भी व्यक्त होता है।

ये सारे निबन्ध सम्पूर्णता की खोज, मनुष्य को सर्वांगीण रूप से समग्रता प्रदान करने के यत्न को केन्द्र में रखते हैं। लेकिन प्रश्न यह है कि अब तक ऐसा समाज क्यों नहीं बन पाया? स्वयं भारत में इतनी हिंसा क्यों है? और क्या 'समग्रता का बोध' आज भी भारतीय संस्कृति का बोध है? या कभी पिछले दो हजार वर्षों में सचमुच व्यवहार में रहा? क्या 'समग्रता का बोध' केवल भारतीय संस्कृति का बोध है या उसी त्वरा से चीनी, मिस्री, माया, यूनानी संस्कृतियों का भी बोध है, इस प्रकार सम्पूर्ण मनुष्यता का बोध? क्या मार्कुएज के उपन्यास या सर्वेन्तीज का 'डॉन किहोटे' भारतीय काल-बोध के सर्वथा निकट नहीं लगते? क्या पिछले पाँच सौ वर्षों की पश्चिम की चिन्तन-प्रणाली में समग्रता की खोज के यत्न नहीं हैं? क्या मार्क्स के चिन्तन में सम्पूर्ण मनुष्य की अवधारणा नहीं है? क्या गांधी का 'हिन्द स्वराज्य' केवल भारतीय संवेदना और विचार-कोष की देन है? दिलचस्प यह भी है कि निर्मल वर्मा सोवियत संघ, पूर्वी योरोप और कम्युनिस्ट शासन-प्रणाली पर बिला नागा आक्रमण करते हैं, परन्तु कभी भी मार्क्सवाद से जिरह नहीं करते। क्या गांधी इसलिए तिरस्कृत किये जाएँ कि गांधीवादियों ने देश को नष्ट कर दिया? क्या नीत्शे, शॉपनहावर इसलिए तिरस्कृत किये जायें कि फासीवाद ने उनसे भी प्रेरणा ली थी? दुःख तो यह है कि समग्रता की खोज में, भारतीय संस्कृति की अखंडता की खोज में निर्मल जी एक फूहड़ मीडियाकर, खूँखार राजनीतिक दल को अपना समर्थन देते हैं। क्या निर्दोष बच्चों और स्त्रियों की हत्या भारतीय संस्कृति है? ('क्या हम मृतक के लिए कुछ नहीं कर सकते?') या है भी, यही तो होता रहा महाभारत काल से अब तक जिसे याद करना 'विस्मृति के अन्धकार' से निकलना है।

सम्रग्रता की खोज में लगा चिन्तक, ब्रह्मांड के प्रत्येक जीव का मंगल चाहनेवाला लेखक, मनुष्य के आन्तरिक दुःख को इतनी गहराई से प्रकाशित करनेवाला कलाकार कैसे किसी हिंस्र राजनीतिक दल के द्वार पर जाकर नरसंहारों का समर्थन कर सकता है? निर्मल वर्मा ने लिखा था, "धार्मिक बोध से मेरा अभिप्राय किसी एक खास धर्म और संस्थान से नहीं है, बल्कि उस धीमी आवाज से है जिसने पहली बार मनुष्य और सृष्टि के बीच फैले अँधेरे मौन को तोड़ा था।" क्या निर्मल जी उस धीमी आवाज़ को नहीं सुन रहे?

हमारा सौभाग्य है कि निर्मल वर्मा की रचनाएँ हमें भेंट हुईं। उनका लेखन हमारे लिए 'अंकुश भी है और वरदान भी'।

हमने सोचा भी नहीं था कि वह इस तरह अचानक चले जाएँगे, बीच बहस में। "नहीं, आप इस तरह नहीं जा सकते...बहस के बीच में! यू कांट गो, लाइक दिस...!"

प्रेमचन्द और परवर्त्ती साहित्य

प्रेमचन्द के बाद का कथा-साहित्य और साहित्य-मात्र प्रेमचन्द के मूल्यों का संरक्षण भी है और सम्वर्द्धन भी। प्रेमचन्द के साहित्य का रकबा इतना बड़ा है कि उसमें उत्तर भारत का जीवन अपने सर्वाधिक जीवन्त और व्यापक रूप में समाविष्ट है। हिन्दी में इतना बड़ा क्षेत्रफल किसी दूसरे लेखक का नहीं है। मुख्यतः गाँवों-कस्बों के किसानों, मजदूरों और निम्न मध्यमवर्गीय लोगों के बारे में लिखते हुए भी प्रेमचन्द का साहित्य सबके बारे में है। घीसू और माधव हम सबके भीतर हैं। होरी और सूरदास तथा निर्मला और सलोनी काकी भी। उनकी हर कहानी जीवन के किसी न किसी खंड को प्रकाशित करती है और आज भी हमारे नैतिक पक्ष को उद्वेलित करती है। सीधे, सरल ढंग से लिखने के बावजूद उनकी रचनायें हमारे जीवन की जटिलता को प्रस्तुत करती हैं। प्रेमचन्द के बाद के साहित्य ने उनसे बहुत कुछ सीखा। उनके रास्ते को चौड़ा किया। नये-नये क्षेत्र और द्वीप साहित्य की मुख्य भूमि में जोड़े। और उन बीहड़, दुर्गम प्रदेशों में भी उत्खनन किया जहाँ प्रेमचन्द का साहित्य जा नहीं पाया या कम गया। बाद का साहित्य प्रेमचन्द की ही तरह अधिकांशतः सबसे कमजोर लोगों के पक्ष का साहित्य है; सत्य, न्याय और सदाचरण के पक्ष में सक्रिय साहित्य है; विश्व की नवीनतम रचनाशीलता और प्रवृत्तियों से निरन्तर संवाद का साहित्य है। साथ ही, वह प्रेमचन्द से अलग जाकर मनुष्य के आभ्यंतर की गहरी खुदाई का भी साहित्य है। जीवन और समाज में जो नये शक्ति-केन्द्र उभरे, शोषण और अन्याय के जो नये तरीके उभरे उन सब को नये ढंग से व्यक्त करने का साहित्य है। और इससे भी ज्यादा, बाद का साहित्य कथन की नयी-नयी खोजों, यथार्थ के अब तक अगोचर रहे पक्षों तथा यथार्थ और कल्पना के चकित कर देने वाले आकस्मिक संयोगों का भी साहित्य है।

प्रेमचन्द के निधन के बाद के इन लगभग सात दशकों में हिन्दी साहित्य में इतना अधिक, इतना वैविध्यपूर्ण, घट चुका है कि सहसा विश्वास नहीं होता। प्रेमचन्द की ही तरह बाद के कथाकारों के एक वर्ग ने किसानों, खेत मजदूरों तथा उनके अड़ोस-पड़ोस को अपना नायक चुना। नागार्जुन का उपन्यास 'बलचनमा' इसका एक उदाहरण है जिसका नायक भूमिहीन खेत मजदूर है जो प्रतिरोध करता है। प्रतिरोध का

ऐसा स्वर प्रेमचन्द में नहीं था। मार्कण्डेय की कहानियाँ भी उसी प्रतिरोध को स्वर देती हैं। इसी के साथ एक महत्त्वपूर्ण घटना हुई—रेणु के उपन्यासों और कहानियों का प्रकाशन। प्रेमचन्द से जुड़ा होकर भी यह बिल्कुल भिन्न रचना-संसार था। एक क्षेत्र-विशेष के जीवन का, जो स्वभावतः ग्रामीण जीवन है, इतनी बारीकी से अंकन पहले नहीं था। यहाँ ग्रामीण जीवन का, भारत के 'मैला आँचल' का सम्पूर्ण सौन्दर्य, संघर्ष और जीवट नयी कलात्मकता के साथ सामने आता है। उदय शंकर भट्ट एवं रांगेय राघव के उपन्यासों ने भी मछुआरों, बंजारों आदि के जीवन की मार्फत मनुष्य-मन के अनेक नये स्तरों की खोज की। यह प्रेमचन्द से भिन्न लेखन है। फिर भी अपने प्राथमिक संवेगों और प्रतिबद्धताओं में यह प्रेमचन्द की ही परम्परा का विकास है। इलाचन्द्र जोशी और नरेश मेहता ने मध्यम वर्ग के आधार पर नये भारतीय जीवन की विपुलता को सामने रखा। 'जहाज का पंछी' इस दृष्टि से विशेष रूप से उल्लेखनीय है। इसी के साथ उपन्यास ने अपने को थोड़ा स्वतन्त्र करते हुए नये क्षितिजों की खोज शुरू की। इतिहास और पुराण के विभिन्न काल-खंडों को विषय बनाकर आधुनिक मनुष्य की पड़ताल करने का यत्न भगवतीचरण वर्मा, यशपाल और वृन्दावन लाल वर्मा में मिलता है।'शतरंज के खिलाड़ी' इस कोटि की एक प्रतीक-रचना थी। स्वाधीनता-प्राप्ति और उसके साथ हुए साम्प्रदायिक रक्तपात, विस्थापन और मोहभंग ने हिन्दी कथा-साहित्य को सहसा झकझोर दिया। यशपाल का 'झूठा सच' इस पूरे प्रकरण का महाकाव्यात्मक चित्रण करता है। संभवतः पहली बार हिन्दी उपन्यास में इतने सारे लोग एक साथ उपस्थित मिलते हैं। इतना भीड़ भरा, जन-संकुल कथा-पटल पहले नहीं था। 'गोदान' यदि भारतीय जीवन के एक अत्यन्त व्यापक परिदृश्य का सारांश था तो 'झूठा सच' भी भारतीय जीवन के एक अत्यंत महत्त्वपूर्ण मोड़ का साक्षी। इसी शृंखला में आगे भीष्म साहनी का 'तमस' आया। स्वाधीनता-प्राप्ति तथा नये सामाजिक-आर्थिक परिवर्तनों के कारण अब भारतीय जीवन एक जैसा या 'लगभग समान' नहीं रह गया। अनेक खंड होने लगे, अनेक भिन्नताएँ प्रगट होने लगीं, नया मध्यवर्ग आकार ले चुका, नये वर्ग या समूह सामने आये। हिन्दी के कथा-साहित्य ने सबसे पहले इन परिवर्तनों को पकड़ा। वैसे भी कथा-साहित्य कविता की तुलना में अधिक शीध्रता और सुगमता से नये जीवन-तत्त्वों को पकड़ता है। कई बार अधिक स्थूल रूप में भी। रेणु का 'मैला आँचल', यशपाल का 'झूठा सच' और अज्ञेय का 'शेखर' ऐसी ही कृतियाँ हैं।

अज्ञेय के उपन्यास 'शेखर' ने मध्यवर्ग के व्यक्ति-मन को केन्द्र में रखा। इस दृष्टि से यह उपन्यास प्रेमचन्द की परम्परा से भिन्न है। और यह होना भी था। आधुनिकता के साथ-साथ एक नया व्यक्ति भी उदित हो चुका था। इस व्यक्ति का निजी जीवन, उसके अपने सम्बन्धों के घात-प्रतिघात और आभ्यंतर की तहें कम महत्त्वपूर्ण न थीं। अज्ञेय और बाद में निर्मल वर्मा ने इस दिशा में नए रास्ते बनाये। बहुत सूक्ष्मता और तल्लीनता से निर्मल वर्मा की रचनाएँ व्यक्ति के राग-विराग, उसके

भाव जगत और जीवन के कुछ बुनियादी प्रश्नों जैसे मृत्यु, प्रेम आदि को प्रस्तुत करती हैं। इसके पहले जैनेन्द्र प्रभृति कथाकारों के बावजूद यह सम्भव नहीं हो सका था। यहाँ प्रेमचन्द की तरह की व्यापकता अथवा बहुलता तो नहीं है, परन्तु एक बिल्कुल नया तत्त्व अवश्य है, वह है आभ्यंतर की गहराई और इस गहराई को व्यक्त करने की प्रविधि। बिना आधुनिक व्यक्ति के उद्‌भव के यह सूक्ष्मता सम्भव न थी। 'नई कहानी' के दौर के अन्य कथाकारों ने भी इस नये आधुनिक व्यक्ति को अपना चरित-नायक बनाया। साथ ही उन्होंने व्यक्ति-केन्द्र के बाहर के विराट जीवन को भी समेटने की कोशिश की। मोहन राकेश, कमलेश्वर, राजेन्द्र यादव इस कोटि के प्रतिनिधि कथाकार हैं। इनमें प्रेमचन्द की परम्परा की ही स्वीकृति है। इन्होंने जीवन के बदले हुए यथार्थ को व्यक्त किया। इसी दौर में अमरकान्त जैसे कथाकार भी आये जिन्होंने बड़ी मार्मिकता से निम्न मध्यवर्ग के सामान्य जीवन-प्रसंगों के जरिये कुछ महान् रचनाओं की सृष्टि की। 'दोपहर का भोजन' तथा 'डिप्टी कलक्टरी' ऐसी ही कहानियाँ हैं। इनमें वैसी ही हार्दिकता और आर्द्रता है जैसी प्रेमचन्द की कहानियों में। मोहन राकेश, कमलेश्वर और राजेन्द्र यादव की श्रेष्ठ कहानियाँ और उपन्यास भी इसी श्रेणी में आते हैं। अन्तर केवल यह है कि अब कथा-स्थितियाँ केवल ग्रामीण नहीं हैं जैसे कि भीष्म साहनी की कहानी 'चीफ की दावत' या 'अमृतसर आ गया' में या कमलेश्वर की 'राजा निरबंसिया' अथवा मोहन राकेश की 'जानवर और जानवर में'। एक बात और हुई। अब व्यक्ति के प्रेम-प्रसंगों, स्त्री-पुरुष सम्बन्धों के बारे में भी अधिक उन्मुक्तता और सूक्ष्मता से लिखा जाने लगा। प्रेमचन्द के समय का भारतीय समाज अब काफी कुछ बदल चुका था। शेखर जोशी की कहानी 'कोसी का घटवार' एक बहुत नाजुक प्रसंग को रचती है। ऐसी बारीक तन्तु-रचना, प्रेम और स्वाभिमान और व्यक्ति मन की गहराई की अभिव्यक्ति पहले सम्भव न थी। रेणु की 'तीसरी कसम', निर्मल वर्मा की 'बीच बहस में' भी इसी कोटि की महान रचनाएँ हैं। इसके निमित्त हिन्दी कथा-साहित्य ने नयी प्रविधियों की खोज की। प्रेमचन्द की कहानियों के सरल, एकरैखिक कथा कहने की शैली अब अधिक संश्लिष्ट हो गयी। संवाद भी अधिक स्वाभाविक और चरित्र अधिक मुखरित एवं व्यक्तिनिष्ठ हुए। भाषा के स्तर पर भारी परिवर्तन हुए। रेणु ने हिन्दी को ऐसी भाषा दी जो आंचलिक शब्दों, मुहावरों से समृद्ध थी। इसी प्रकार रांगेय राघव, उदयशंकर भट्ट तथा अमृतलाल नागर ने भी भाषा को अधिक से अधिक स्वाभाविक बनाया और खड़ी बोली को अभूतपूर्व विस्तार दिया। प्रेमचन्द ने भाषा को 'आंचलिक' बनने से यथासम्भव रोका था, हालाँकि भोजपुरी के अनेकानेक शब्द और मुहावरे वहाँ मिलते हैं और पात्रों के संवादों को सुनते हुए किसी कृत्रिमता का अनुभव नहीं होता। फिर भी, कथा को यथार्थ के अधिकाधिक करीब लाने के यत्न में भाषा भी बदली।

प्रेमचन्द के बाद के इन कथाकारों ने जीवन के अलग-अलग क्षेत्रों को लिया और प्रत्येक क्षेत्र की सर्वांगीण अभिव्यक्ति भी की, जैसे रेणु ने पूर्णियाँ के अंचल को,

अमृतलाल नागर ने लखनऊ के चौक को, उदयशंकर भट्ट ने मुम्बई की मछुआ-बस्ती को। परन्तु जिस तरह प्रेमचन्द की रचनाएँ सम्पूर्ण भारतीय किसान जीवन का एकाग्र और समग्र प्रतिनिधित्व करती हैं, वैसा इनमें से किसी ने नहीं किया। सब मिलाकर या मिलकर एक बड़ा वितान अवश्य रचती हैं।

हिन्दी लेखकों में भारतीय ग्राम-जीवन के प्रति रोमान का भाव अभी तक बचा हुआ था। रेणु ने उसे गहरे रंगों में रचा था। अन्य कथाकारों ने भी। परन्तु श्रीलाल शुक्ल के 'राग दरबारी' ने प्रेमचन्द की परम्परा के दस्ताने को बिल्कुल उलट दिया। स्वाधीनता-प्राप्ति के बाद हमारे गाँव के बदलते जीवन की, पतन की, गाथा है 'राग दरबारी'। विद्रूप और सड़ाँध को दिखाने के लिए श्री लाल शुक्ल ने एक बिल्कुल ही नयी भाषा गढ़ी। यहाँ भी आंचलिक शब्द और मुहावरे हैं, एक क्षेत्र-विशेष है, गाँव है—लेकिन अब सब कुछ बदल चुका है। राही मासूम रज़ा के 'आधा गाँव' में भी ये सारे तत्त्व हैं, साथ ही मुस्लिम जीवन की गहरी, आत्मीय छवियाँ। और भाषा का एक बिल्कुल नया, उन्मुक्त व्यवहार। भारतीय जीवन के विद्रूप को हरिशंकर परसाई का कथा-साहित्य भी नये तरीके से प्रस्तुत करता है। यहाँ मूल्य प्रायः वही हैं जो प्रेमचन्द के साहित्य में, लेकिन बदले हुए यथार्थ की माँग के अनुसार प्रविधि बिल्कुल बदल गयी है। प्रेमचन्द के सम्पूर्ण कथा-साहित्य में जो तत्त्व सबसे कम मुखर है वह है व्यंग्य, जबकि इन कथाकारों में यही तत्त्व प्राथमिक बन गया है। एक पूरा का पूरा उपन्यास व्यंग्य शैली में सम्भव है कोई सोच भी नहीं सकता था। लेकिन यह व्यंग्य उत्पन्न होता है यथार्थ और आदर्श के पारस्परिक द्वन्द्व से जो प्रेमचन्द की रचनाओं का भी आधार है।

फिर साठ के बाद हिन्दी कथा-साहित्य में एक नया मोड़ आता है। लगता है मानो प्रेमचन्द नेपथ्य में चले गये। और उनकी परम्परा लुप्त होने को है। यह वो समय है जब एक नयी पीढ़ी स्वाधीन भारत में आ चुकी है, उसके सपने टूट रहे हैं, कहीं कोई रास्ता नहीं है। विद्रोह की भावना से परिचालित उस काल का कथा-साहित्य अपनी सर्वोत्तम अभिव्यक्ति दूधनाथ सिंह, ज्ञानरंजन, रवीन्द्र कालिया, महेन्द्र भल्ला, काशीनाथ सिंह आदि में पाता है। चाहे वह 'रीछ' हो या 'पिता' या 'घंटा' या 'आदमी का आदमी'—ये कहानियाँ बहुत ताकत के साथ अपने समय के क्षोभ, हिंसा और अराजकता को व्यक्त करती हैं। इनके कथन का मुँहफट्ट तरीका प्रेमचन्द से बिल्कुल भिन्न है। यौन प्रसंगों की निस्संकोच अभिव्यक्ति भी सर्वथा नयी है। इसमें महत्त्वपूर्ण यह नहीं है कि उन्होंने प्रेमचन्द के ग्राम-जीवन और सरल-सहज शैली को छोड़ दिया, महत्त्वपूर्ण यह है कि उन्होंने प्रेमचन्द-जैसे साहस के साथ अपने समय का सामना किया। बाद में इन कथाकारों का विकास अलग-अलग ढंग से हुआ और दूधनाथ सिंह का एक गम्भीर उपन्यास 'आखिरी कलाम' भी आया। इनके लगभग साथ अथवा तत्काल बाद अब्दुल बिसमिल्लाह, रमेश उपाध्याय, कामतानाथ, स्वयं प्रकाश, असगर वजाहत, अरुण प्रकाश और बटरोही, पंकज बिष्ट,

प्रियवंद जैसे कथाकार भी हैं जो तीक्ष्ण सामाजिक दृष्टि के साथ, अधिक संयत स्वर में अपने समय के अंतर्विरोधों को खोल रहे थे। इनके यहाँ व्यक्ति के निजी विद्रोह से अधिक सामूहिक जीवन और प्रतिरोध पर बल है।

प्रेमचन्द के बाद एक और महत्त्वपूर्ण घटना हुई। वह है श्रेष्ठ स्त्री रचनाकारों का आगमन। प्रेमचन्द ने स्त्रियों के प्रश्नों को बहुत शक्ति और मार्मिकता से रखा था। अब स्वयं स्त्रियाँ अपने प्रश्नों को उठा रही थीं और इतना ही नहीं, वे सम्पूर्ण जीवन को पूर्ण अधिकार के साथ व्यक्त कर रही थीं। 'एक बंग महिला' तथा सुभद्राकुमारी चौहान की कहानियों के बाद कृष्णा सोबती, मन्नू भंडारी, उषा प्रियम्वदा, मृणाल पाण्डे जैसी श्रेष्ठ कथाकारों ने हिन्दी भाषा को समृद्ध किया। आगे भी अनेक महत्त्वपूर्ण कथाकार आयीं जैसे मेहरून्निसा परवेज़, नासिरा शर्मा, चन्द्रकान्ता, मृदुला गर्ग, प्रभा खेतान, चित्रा मुद्गल, मैत्रेयी पुष्पा, अलका सरावगी, नमिता सिंह, गीतांजलि श्री, अनामिका आदि। निश्चय ही इनका लेखन प्रेमचंद के लेखन से नितान्त भिन्न है। कथ्य और कथन, दोनों ही स्तरों पर। लेकिन मूल्य-पद्धति के स्तर पर, सामाजिक चिंता के स्तर पर बहुत कुछ समानता भी है। यह लेखन अब इतना व्यापक और बहुल है कि इसे अलग से स्त्री-लेखन कहना वाजिब नहीं लगता।

आज का कथा-साहित्य प्रेमचन्द से चल कर बहुत दूर निकल आया है। विश्व के सर्वोत्तम अंशों को अंगीकार करते हुए पिछले दशकों में हिन्दी कथा-साहित्य ने जीवन के नवीनतम प्रसंगों को सर्वथा नये तरीके से कला में बदला है। विनोद कुमार शुक्ल के उपन्यास इसके नायाब उदाहरण हैं। 'दीवार में खिड़की रहती थी' बृहद् यथार्थ की स्त्रवित(डिस्टिवड) बूँद है, तमाम अशुद्धियों से विमुक्त निष्कवच जीवन-द्रव्य। और इसकी शैली एक साथ 'कथा सरित्सागर', प्रेमचन्द तथा बोर्खेस की याद दिलाती है। प्रेमचन्द की-सी सरलता और मार्मिकता के बिना यह शिल्प बन ही नहीं सकता था। जैसे कि मुक्तिबोध की कहानियों का शिल्प जिन्होंने लिखा था, 'मेरी माँ ने मुझे प्रेमचन्द का भक्त बनाया'। प्रेमचन्द यहाँ जड़ों में मौजूद हैं। आगे उदयप्रकाश की कुछ कहानियाँ जैसे 'छतीस तोले का करधन' अपनी शिल्पगत विशिष्टता के बावजूद प्रेमचन्द के लोक की याद दिलाती है। कामतानाथ, स्वदेश दीपक, विद्यासागर नौटियाल और संजीव भी अलग-अलग कारणों से प्रेमचन्द की परम्परा के संवाहक हैं।

आज भारतीय जीवन का कोई ऐसा क्षेत्र नहीं है जो कथा-साहित्य की परिधि से बाहर हो। प्रेमचन्द की उपस्थिति सम्पूर्ण कथा-साहित्य में जल-चिह्न की तरह व्याप्त है। उन्होंने ही पहली बार विस्तार और विश्वास से बताया कि 'कथानक तो हवा में उड़ते रहते हैं, जरूरत है उनको पकड़ने की'। समस्या आज विषयों की कमी नहीं बल्कि अधिकता है, यदि मुक्तिबोध के शब्दों में कहें। दूसरी बात यह कि प्रेमचन्द ने बताया कि जो क्षुद्र जीवन है हम सबका, सबसे मामूली जन का,

वह कला की सर्वोत्तम भूमि है। उन्होंने साधारण कथन में गहरे अर्थ भरे। आज भी उनकी कोई रचना हमें बिना उद्वेलित किए नहीं रहती। न सिर्फ कथा-साहित्य में वरन् कविता में भी प्रेमचन्द की परम्परा चलती रही है। कई बार ऊपर से यह नहीं दीख पड़ता। प्रगतिवाद पर तो गहरा असर रहा ही है, दूसरी प्रणालियों पर भी किसी न किसी रूप में प्रेमचन्द सन्दर्भ-बिन्दु बने रहे। आज भी दलित साहित्य के एक अनिवार्य प्रसंग हैं प्रेमचन्द। आज यदि दलित साहित्य स्वयं एक बड़ी शक्ति के रूप में उभर चुका है तो उसके नेपथ्य में प्रेमचन्द का भी श्रम है। हमारे समय के श्रेष्ठ कवि श्री केदारनाथ सिंह की एक कविता है 'पूस की रातः पुनश्च' जिसकी कुछ पंक्तियाँ हैं :

पिछली रात की भयानक ठंड में
मुझे अचानक याद आया
वह छोटा- सा अलाव प्रेमचन्द की कहानी
'पूस की रात' का
....
वह पूस के महीने की
वह लम्बी-अथाह महाभारत जैसी रात
और जब सुबह हुई
तो गाँव वालों ने देखा
कोहरे से निकल कर एक पतली-सी पगडंडी पर
युधिष्ठिर और उनका कुत्ता
दोनों हिमालय से वापस आ रहे हैं

बर्फ ने उन्हें गलाने से इनकार कर दिया था।

प्रेमचन्द की हर कहानी एक छोटा-सा अलाव है—हमारे जीवन की पूस की रातों का। साथ ही, प्रेमचन्द की कथाएँ 'लम्बी अथाह' हैं महाभारत की तरह। इतना अधिक जीवन किसी दूसरे कथाकार में नहीं है। इतना अधिक सत्य और धर्म भी नहीं। धूप-वर्षा-बर्फ में भी जो बची रहेंगी, वे हैं प्रेमचन्द की कथाएँ। मुक्तिबोध कहते हैं कि 'प्रेमचन्द जी का कथा-साहित्य हम पर एक बहुत बड़ा नैतिक प्रभाव डालता है।... और जब प्रेमचन्द हमें आत्मोन्मुख कर देते हैं, तब वे हमारी आत्म-केन्द्रिता के दुर्ग को तोड़कर हमें एक अच्छा मानव बनाने में लग जाते हैं। प्रेमचन्द समाज के चित्रणकर्ता ही नहीं, वरन् वे हमारी आत्मा के शिल्पी भी हैं।'

मुझे बोर्खेस की वह कहानी याद आती है जिसमें एक व्यक्ति सर्वेन्तीज के 'डॉन किहोते' को फिर से लिखना चाहता है। मैं सोचता हूँ कि क्या हमारे कथाकार

किसी दिन एक साथ, पर अलग-अलग, 'कफन' या 'गोदान' को फिर से लिखेंगे? या शायद हम सब प्रेमचन्द की ही किसी कथा को बार-बार लिख रहे हैं? मुक्तिबोध ने अपने निबन्ध 'मेरी माँ ने मुझे प्रेमचन्द का भक्त बनाया' में कहा था' :

> 'कुल मिलाकर मुझे ऐसा लगता है कि प्रेमचन्द की ज़रूरत आज पहले से भी ज्यादा बढ़ी हुई है। प्रेमचन्द के पात्र आज भी हमारे समाज में जीवित हैं। किन्तु वे अब भिन्न स्थिति में रह रहे हैं।... ये सब पात्र अपने सृजनकर्ता की खोज में भटक रहे हैं। उन्हें अवश्य ऐसा कोई न कोई लेखक शीघ्र ही प्राप्त होगा।'

(साहित्य अकादेमी द्वारा आयोजित संगोष्ठी में प्रस्तुत आलेख,2006)

डूबते जहाज का पंछी

'जैसे मैं एक बीते हुए विचित्र युग की पौराणिक गाथा सुन रहा होऊँ...'

(पृ. 82)

'जहाज का पंछी' को पढ़ कर सुखद विस्मय होता है कि अभी हाल हाल तक हिन्दी के कथा-साहित्य में वैसी चिन्ताएँ और समस्याएँ केन्द्र में थीं जो आज की भी केन्द्रीय चिन्ताएँ हैं, परन्तु जो आज के साहित्य में उसी तीक्ष्णता से कम प्रगट हो रही हैं। सुखद विस्मय यह देख कर भी होता है कि हमारा उपन्यास जीवन से कितना भरा-भरा रहा है, जीवन की कैसी गहमागहमी, कैसी विविधता यहाँ रही है। साथ ही, यह भी लगता है, यदि इसी उपन्यास के एक पात्र का वाक्य लेकर कहें, कि जैसे 'हर गवैये का अपना टैम होता है' वैसे ही हर उपन्यास का भी अपना समय या मुहूर्त होता है और उस मुहूर्त में अपनी ऐतिहासिक भूमिका का निर्वाह कर बाद को वह एक पृथक, स्थानिक मान धारण कर लेता है। इसका अपवाद केवल महानतम कृतियाँ होती हैं जो हर समय में अपना एक समय बनाती चलती हैं।

'जहाज का पंछी' स्वतन्त्रता और मनुष्य की अस्मिता की खोज का वृत्तान्त है। जहाज के पंछी का बिम्ब अपने आप में चरम स्वतन्त्रता की आकांक्षा और अन्ततः बँध कर रह जाने की विवशता का बिम्ब है—'जैसे उड़ि जहाज को पंछी फिरि जहाज पै आवै'। दूर तक उड़ते चले जाकर भी वापस उसी जहाज पर लौट आने की लाचारी स्वतन्त्रता की स्वाभाविक विडम्बना को व्यक्त करती है। लेकिन यहाँ एक बात और है—जहाज का यह पंछी उस जहाज का पंछी है जो जहाज भी डूब रहा है—इसलिए यह विडम्बना त्रासदी में बदल सकती है, इसलिए यह स्वतन्त्रता भी निरन्तर आशंका और आसन्न अंत के भय से ग्रस्त है। उपन्यास का नायक लगातार स्वाधीनता और अपनी अस्मिता की खोज के लिए बेचैन है। उसकी स्वाधीनता और अस्मिता की खोज आरम्भ से अन्त तक प्राथमिकतः 'क्या खाऊँ' और उससे भी अधिक 'कहाँ जाऊँ' का प्रश्न है—'यह प्रश्न प्रधान बन कर पहले ही क्षण मेरी छाती पर चढ़ कर बैठ गया'। हर बार जब जीवन समाप्त होने होने को होता कोई रास्ता निकल आता, और फिर हर बार जब कुछ स्थिरता आने लगती, नायक स्वयं अपने को फिर उसी

अनिश्चितता और असुरक्षा में डाल लेता—फिर एक बार फ्री वर्ल्ड में विचरने के लिए निकल पड़ता'। इस तरह अनेक स्थितियों—चोरी के इल्जाम, पिटाई, अस्पताल, ठगी, हाजत, जेल, मटरगश्ती, रसोइया का काम, हिन्दी पढ़ाने का काम, चकले में नौकरी, लॉन्ड्री में काम, गायन-वादन, भद्र लोक में स्वीकृति, पागलखाना, स्वामी की कुटिया आदि—से गुजरते हुए बिल्कुल अन्त में वह लीला नाम की एक स्त्री के साथ जीवन को स्थिर कर लेता है। लेकिन यह स्थिरता भी भूकम्प-विचलित पृथ्वी की स्थिरता है क्योंकि लीला भी स्वयं अपनी सारी सम्पत्ति त्याग चुकी है और ये दोनों लगभग पूर्ण असुरक्षा में अपना जीवन शुरू करते हैं। इसलिए जहाज के पंछी को अन्तिम मुक्ति कभी नहीं। भूख, बेघर होने की यातना और बेरोजगारी से उत्पन्न अपमान को झेलता यह नायक अपने समाज के सबसे दरिद्र और तलछट का जीवन बिताने वालों के साथ जीवन बिताता है। 'तथाकथित असामाजिक या जरायमपेशा आदमी भी मुझे तनिक भी क्षति नहीं पहुँचा सकता; मुझे कहीं, किसी भी परिस्थिति में कुछ खोना नहीं है बल्कि पाना ही पाना है, मेरा सम्बन्ध उसी वर्ग से होना चाहिए जिसे रोज कुआँ खोद कर रोज पानी पीना पड़ता है'। इलाचन्द्र जोशी ने धरती के सबसे गरीब, सताये हुए लोगों के जीवन के अनेक मार्मिक चित्र प्रस्तुत किये हैं—उनकी दरिद्रता, संघर्ष और इस दरिद्रता में भी जीवित मानव-गरिमा तथा नैतिक ऐश्वर्य के कुछ अद्‌भुत चित्र। 'मेरा दिल हमेशा कमज़ोर या हारे हुए का साथ देने लगता है'। भूख का जिक्र आने पर एक जगह नायक कहता है—'मन की हताश स्थिति में भूख भी असमय ही लग जाती है'। और तब सब्जी पकाने और प्याज काटने के अनूठे वर्णन हैं, विस्तार और प्रेम से—और प्याज काटने का विशद वर्णन निरन्तर दबी हुई भूख को व्यक्त करता है। 'जलने और न जलने के बीच का एक मिनट ऐसा होता है जिस पर सब कुछ निर्भर करता है'।

और इस गरीबी की वीभत्सता के बीच व्यक्ति के निजी वैभव या सफलता को जिस नैतिक भर्त्सना के साथ प्रस्तुत किया गया है वह विलक्षण है—क्या इस दैन्य के बीच कोई अकेला सुखी और सन्तुष्ट रह सकता है? क्या इस डूबते जहाज का पंछी किसी स्वाधीन व्योम में विचर सकता है? इस आत्मसंघर्ष और नैतिक धिक्कार की अद्‌भुत अभिव्यक्ति इन पंक्तियों में होती है—'क्या अधिकार था मुझे इस तरह अपने स्वास्थ्य को पुष्ट करते चले जाने का जबकि लाखों भूखे कंकाल कलकत्ते की गलियों और सड़कों में हताश निःश्वास छोड़ते हुए दम तोड़ रहे थे? सोच-सोच कर मुझे अपने उस अत्यधिक विकसित स्वास्थ्य पर घोर लज्जा और ग्लानि का अनुभव होने लगता था। मैं अपने को अक्षम्य अपराधी अनुभव करने लगता था।' (पृ. 131)। निरन्तर असुरक्षा का एहसास और जरा भी सुरक्षित हो जाने पर कोंचता हुआ अपराध-बोध नायक को इस बर्बर समाज के विरोध में खड़ा कर देता है। हर मौके पर वह इस बर्बर समाज, जिसे वह 'फ्री वर्ल्ड' कहता है, की भर्त्सना करता है, उन

सब की भर्त्सना करता है जो उस फ्री वर्ल्ड के लाभ प्राप्तकर्ता और उपासक हैं—देख लो दुनिया वालो, यह है तुम्हारा फ्री वर्ल्ड, जिसमें मुझे और मेरे जैसे असंख्य व्यक्तियों के साथ समाज का यह अन्धेर चल रहा है कि पहले तो वह उन्हें कोई आश्रय ही नहीं देता और फिर जब वह बेचारा विवश होकर निराश्रित अवस्था में भटकने लगता है तब उस अनचाही निराश्रयता के लिए उसे दण्डित करता है और परेशान किए रहता है... 'फिल्दी ब्रूट्स, इनह्यूमन रेचेज!' (पृ. 22) इसी क्रम में वह अमेरिका की आलोचना करता है—'फ्री वर्ल्ड का नारा बुलन्द करने वाले अमेरिका में हब्शियों के साथ आज भी किस अमानुषिकता से गोरे लोग पेश आते हैं... ' और इसी कारण हर बार लांछना भरे स्वर में उसे कहा जाता है—

—'तुम कम्युनिस्ट हो', 'तुम प्रच्छन्न कम्युनिस्ट हो'। लेकिन वह जानता है कि यह दुख केवल आज का दुख नहीं है, यह दुख बुद्ध के समय और उससे भी पहले से है—'बुद्ध के युग में सम्पूर्ण आर्यावर्त का जनजीवन अत्यन्त दयनीय दुर्दशा से ग्रस्त रहा होगा। सामूहिक जीवन में रोग, शोक और दुख दैन्य का आतंकजनक और व्यापक प्रकोप सर्वत्र छाया होगा। बुद्ध ने अत्यन्त मार्मिक तीखेपन के साथ उस सामूहिक पीड़ा का अनुभव किया और उस पीड़ा से भयभीत और शंकित प्राणों को सांत्वना की वाणी सुनाते हुए उन्होंने जीवन को ही मूलतः अस्वीकार करने का उपदेश दिया।'(पृ. 232) आज भी वही पीड़ा और दुर्दशा व्याप्त है।—'आज का साधारण मनुष्य न बंगाली है न पंजाबी, न अमेरिकी है न रूसी, न हब्शी है न गोरा, न भारतीय है, न पाकिस्तानी वह केवल मनुष्य है। वह इस छोटी-सी पृथ्वी का निवासी है जिसमें दिन दिन संख्या में बढ़ते चले जाने वाले भूखे और गृहहीन लोग समा नहीं पा रहे हैं,... जबकि पृथ्वी सिकुड़ कर इतनी छोटी हो गयी है कि एक तिहाई लोगों को रहने के लिए स्थान नहीं दे पाती, भोजन की कौन कहे...' (पृ.134) इसलिए प्रश्न संसार या जीवन के अस्वीकार का अब नहीं है, प्रश्न है उसे बदलने का। पूरे उपन्यास में नायक हर बार चीज़ों को जहाँ तक हो सके बदलने की कोशिश करता है, बदलता है, चाहे वह किसी रोगिणी या भिखारिन का निजी जीवन ही क्यों न हो, चाहे परिवर्तन की अवधि एक दिन की ही क्यों न हो, या किसी चकले को सामूहिक कुटीर उद्योग में बदलने की कोशिश। बदलने के क्रम में खुद को भी बदलता, सीखता, विकसित करता चलता है। वह कहता है—'सिर्फ मेरे मन के ऊपर से ही नहीं, सारी मानवीय चेतना के ऊपर से एक दिन कुहासा हटेगा और अन्धकार के बादल फट कर रहेंगे। जीवन की सामूहिक व्यवस्था निश्चय ही बदलेगी और मानव मानव के बीच व्यवधान हट कर ही रहेगा और तब मेरी जिस रहस्यात्मक चेतना का विकास पथ रुद्ध हो गया है, वह जहाँ रुकी थी, वहाँ से आगे बढ़ेगी। वह मरी नहीं, केवल दब गयी और फिर एक दिन वह भी आयेगा जब सिर्फ मेरी ही नहीं, सभी की वैयक्तिक चेतना विकसित होकर सामूहिक चेतना के विकास में सहायक होती हुई

उसके साथ मिल कर एक पूर्णतः नई चेतना को जन्म देगी। मेरी पीड़ा व्यक्ति की पीड़ा नहीं है लीला, व्यक्ति के रूप में मैं शहंशाह हूँ—इसलिए नहीं कि आज तुम्हारे यहाँ सुख-सुविधा का जीवन बिता रहा हूँ, बल्कि इसलिए कि विकट से विकट परिस्थितियों के बीच में भी मुझे अकेले अपने लिए कष्ट नहीं हुआ (पृ. 266)। इसलिए सवाल सामूहिक परिवर्तन का है। और इस सामूहिक परिवर्तन को, नायक के अनुसार, भारतीय संस्कृति नेतृत्व प्रदान करेगी। यानी परिवर्तन का चरित्र सामाजिक-आर्थिक से अधिक सांस्कृतिक होगा। उपन्यास के अन्त में एक स्वामी जी के श्रीमुख से उच्चरित इन वाक्यों को स्पष्टतः नायक (और लेखक) की सम्पुष्टि प्राप्त है : 'एक दिन सारे संसार की युग युग से विकसित सांस्कृतिक धाराएँ भारतीय संस्कृति में मिलकर एकाकार हो जाएँगी।... आज संसार में सांस्कृतिक, राजनीतिक और आर्थिक क्षेत्रों में जितने भी महत्त्वपूर्ण और परस्पर विरोधी लगने वाले 'वाद' फैले हुए हैं, वे इस देश की महासंस्कृति के मूल सूत्र में गुँथ कर एक दिन एक महावाद की ओर समग्र मानवता को सामूहिक रूप से समान उद्देश्य से, आगे बढ़ाने में समर्थ होंगे, यह ज्वलन्त सत्य आने वाले प्रभात की तरह निश्चित है...' (पृ. 267)। नायक स्वामी जी के साथ ही उनकी कुटिया में रहने लगता है और एक दिन लीला, धनाढ्य, सलोनी, सुरुचिसम्पन्न भद्र स्त्री (जिसका लीवर कमजोर है) जो नायक की आदर्श नायिका है, उसे लेने आती है और 'दूसरे दिन मैं लीला के साथ कलकत्ते के लिए रवाना हो गया', यही अन्तिम वाक्य है उपन्यास का क्योंकि लीला 'अपना सर्वस्व पीड़ितों की सेवा में अर्पित करके...उन अभागिनियों के साथ एक प्राण हो गयी, उनके वर्ग के समान स्तर पर बल्कि उससे भी नीचे उतर आयी जिनकी पीड़ा (मुझे) इतने दिन से पागल बनाती आयी है।' (पृ. 332)।

संक्षेप में यही इस उपन्यास की कथा यात्रा तथा विचार यात्रा भी है। जीवन के अनेकानेक प्रसंगों, घटनाओं, चरित्रों से भरे इस उपन्यास में लगातार एक चिन्तन-प्रवाह भी चलता है क्योंकि इसका कथानक बहुत सरल, एकरेखीय और सुविधाजनक भी है—नायक लगातार घूम रहा है और एक स्थिति से दूसरी स्थिति में उसका संचरण, परस्पर घात-प्रतिघात तथा विभिन्न जीवन-क्षेत्रों में उसका घूमना उसी के स्वर में वर्णित है। नायक दो किताबों का ज़िक्र करता है, एक तो वह चार रुपये में खरीद भी लेता है कॉलेज स्ट्रीट से—'कन्फेशन्स ऑफ ए ठग' तथा 'एडवेंचर्स ऑफ ए वैगाबाण्ड'। इन किताबों के आख्यान तथा शैली से इसकी तुलना करना दिलचस्प होगा—यह भी एक तरह की एडवेंचर कथा ही है एक 'वैगाबाण्ड' की, जिसे भद्रसमाज ठग समझता है। यहाँ एक ही स्वर प्रधान है, सारे चरित्र कमोबेश एक ही तरह की भाषा बोलते हैं, प्रांजल खड़ी बोली। इसलिए लगातार नायक अपने विचार तथा दूसरों के विचार भी अंकित करता चलता है। कहा जा सकता है कि यह एक विचार उपन्यास है जो वास्तविक जीवन प्रसंगों से भी समृद्ध है—जीवन से

लदा जहाज। पूरे उपन्यास में एक बेचैनी है, एक विरल तनाव, जो अन्त की ओर जाकर थोड़ा शिथिल होता है जैसे जहाज का पंछी असमंजस में पड़ गया हो। मुक्ति की आकांक्षा सर्वस्व त्याग के बाद भी कैसे पूरी हो सकती है—जब जहाज ही डूब रहा हो तब अकेले पंछी की मुक्ति कैसे होगी?

इस उपन्यास को पढ़ते हुए एक बात और ध्यान खींचती है। वह है ढेर सारे मुसलमान पात्रों की उपस्थिति। और सारे के सारे मुसलमान चरित्र बेबस, पर उदात्त हैं। मुसलमान धोबी, भूखे नायक को रोटी-शोरबा खिलाने वाला मछुआरा शेख, हाजत में मिला गिरहकट मजीद, जिसने खुद कंकड़ वाली रोटी खायी और अच्छा खाना बाकी कैदियों में बाँट दिया, मैली चारखानेदार लुंगी पहने एक अजनबी, जिसने भरपेट अच्छा खाना खिलाया, रहस्यमयी जिन्दगी के धनी करीम चाचा और वेश्यालय की बेसहारा मुसलमान लड़की—सब उज्ज्वल चरित्र हैं। और मुझे यह देख कर भी अच्छा लगा कि उपन्यास में एक जगह पटना का भी जिक्र है।

हिन्दी उपन्यासों की गौरवशाली परम्परा में यह उपन्यास एक महत्त्वपूर्ण पड़ाव है। अपनी बड़ी चिन्ताओं, विचार करने की शक्ति, सूक्ष्म अवलोकन और बाँध लेने वाली किस्सागोई तथा चरित्रों-घटनाओं की विपुलता के लिए इसे याद किया जाएगा। फ्री वर्ल्ड की तीखी आलोचना के लिए 'जहाज़ का पंछी' को फिर से पढ़ने की जरूरत है। बाजार व्यवस्था की, इसके समर्थकों एवं इसकी बर्बरता की ऐसी कठोर आलोचना कम ही हुई है। अनत सुख की तलाश में भटकता मन बार-बार जीवन के इस जहाज की ओर आयेगा।

(इलाहाबाद संग्रहालय की संगोष्ठी में प्रस्तुत आलेख)

'राग दरबारी' के पक्ष में गवाही

मैं 'राग दरबारी' की क़सम खाकर कहता हूँ कि जो भी कहूँगा सच कहूँगा, सच के सिवा और कुछ न कहूँगा और उतना ही सच कहूँगा जितना स्वयं इस गल्प में है।

इस पुस्तक को अभी के पहले मैंने कभी नहीं पढ़ा। एक बार एक किताब की दुकान से भाड़े पर लाया था। लेकिन तुरत लौटाना पड़ा क्योंकि दूसरा ग्राहक ज्यादा भाड़ा देने को तैयार था।

हाँ, इसके लेखक को कई दफा देखा है। कभी दूर से, कभी करीब से। उन्हें देखने से नहीं लगता कि 'राग दरबारी' उनका ही लिखा है।

नहीं, उनसे कभी कोई लाभ भौतिक या आध्यात्मिक नहीं मिला। जी, पहले कई दूसरी चीजें जरूर पढ़ीं! उनमें से एक साक्षात्कार में उनका बोला यह वाक्य अक्सर याद आता है कि मुझे लिखना सबसे अच्छा तब लगता है जब रात हो और बारिश हो रही हो, खूब जोरों की बारिश...। अभी भी मैं समझ नहीं पाया कि 'राग दरबारी' लिखने के लिए ऐसी यवनिका क्यों चाहिए।

नहीं, मैं भटक नहीं रहा हूँ। जी, मैं बिना शर्म के कह सकता हूँ कि 'राग दरबारी' पढ़ते हुए मुझे बहुत मजा आया। हर पन्ने में, हर वाक्य में आनन्द आया! हिन्दी भाषा का ऐसा रूप कम देखने को मिला था। पूरा का पूरा उपन्यास हास्य और व्यंग्य की अविचल मुद्रा में शायद पहले कभी नहीं लिखा गया। अब के उपन्यासों में भाषा का आनन्द कम ही मिलता है। जबकि सच बात तो यह है कि पढ़ते हुए भाषा ही है जो सबसे पहले मिलती है जो अपने पूर्वनिर्धारित मूल्य से हमेशा कुछ अधिक देती चलती है, भाषा का 'अतिरिक्त मूल्य' और भाषा की वह शक्ति जो द्राक्षासव के मघ की तरह अपने आप बढ़ती रहती है। तभी तो इसके लिखे जाने के लगभग चालीस साल बाद भी इतना आनन्द आ रहा है। कुछ मुद्‌दई इस आनन्द को गद्य में कविता कहकर टालना या नीचा दिखलाना चाहते हैं। लेकिन यह तो 'गद्य में गद्य' अर्थात् 'प्रोज इन प्रोज' का आनन्द लगता है जिसे लिखना सबसे कठिन है, जिसे अंग्रेजी में, कहते हैं, हेमिंग्वे ने लिखा और हिन्दी में निराला और कुछ प्रेमचन्द ने। और देखिये कि यह भाषा कितनी सर्वग्रासी है, इतने मुहावरे, लोकोक्तियाँ, जैसा आदमी वैसी जबान, गाँव-घर से लेकर शासन-प्रशासन तक की बोली, अवधी से लेकर खड़ी बोली तक, और

गालियाँ। और इतने तरह से भाषा का व्यवहार कि पढ़ने वाले को अपनी ही भाषा पर प्यार उमड़ आवे। श्रीलाल जी एक आदमी के पास क्या क्या है, यह बताते हुए लिखते हैं– '...और एक बीवी थी और मर चुकी थी'। मैं तो ठिठक गया। इसे किस काल का मानें, यह है या नहीं है? मार्क्वेज के बहुत पहले यह उत्तर-आधुनिक अथवा 'जादुई यथार्थवादी' वाक्य हिन्दी ज़बाँ के बीच आ चुका था। फिर श्रीलाल जी लिखते हैं–'एक हलवाई की दुकान पर एक हलवाई बैठा था जो दूर से ही हलवाई सा जान पड़ता था। दुकान के नीचे एक नेता खड़ा था जो दूर से ही नेता-जैसा दिखता था, वहीं साइकिल का हैंडिल पकड़े एक पुलिस का सिपाही दिखता था'। यह पढ़कर मैंने फौरन किताब की जिल्द उलटी। कुछ वहम हुआ था। (खड़ा था जो दूर से ही पुलिस का सिपाही यही वाले शुकुल जी हैं।) भाषा के इस विधेयात्मक गुण का श्रीलाल जी ने बहुत अच्छा उपयोग किया है। यहाँ उस व्यक्ति या स्थिति का कोई ब्यौरा दिये बगैर उसे पूरी विश्वसनीयता के साथ प्रस्तुत किया गया है। यह 'गद्य में कविता' नहीं, 'गद्य में गद्य' है, बिना किसी उपमा, बिम्ब या अलंकार के। और इसी के साथ सर्फाली भाषा का एक वाक्य भी पेश है–'बर्फस! दुर्फुम की कर्फसर है!' भाषा किस तरह एक पूरे समाज के पतन और गलाजत को प्रगट करती है, इसे कोई 'राग दरबारी' पढ़कर जाने। 'और तुम हम पर गाँधीगीरी ठाँस रहे हो।' जैसा वाक्य एक पूरे समुदाय की वीभत्सता को व्यक्त करता है। और फिर यह दारुण वाक्य–'वैसे यह लड़की भी ख़ूबसूरत थी। पर सच बात तो यह है कि बकरियाँ उससे ज्यादा ख़ूबसूरत थीं।' मूल्यों के विपर्यय, विद्रूप और विडम्बना को प्रस्तुत करने के लिए श्रीलाल जी ने भाषा की एक-एक हड्डी चटखा दी है और इस तरह एक नितान्त नये अर्थ की सृष्टि की है। भाषा का ऐसा अष्टावक्री शृंगार इसलिए जरूरी था कि पूर्वप्रदत्त सरल, एकरैखिक यथातथ्य भाषा में नयी स्थिति की जटिलता को व्यक्त ही नहीं किया जा सकता था। मसलन आप इस स्थिति पर गौर करें :

> 'सब जगह कोई-न-कोई गड़बड़ी है। जान-पहचान के सभी लोग चोट्टे हैं। सड़कों पर सिर्फ कुत्ते, बिल्लियाँ और सूअर घूमते हैं। हवा सिर्फ धूल उड़ाने के लिए चलती है। आसमान का कोई रंग नहीं, उसका नीलापन फरेब है। बेवक़ूफ़ लोग बेवक़ूफ़ बनाने के लिए बेवक़ूफ़ों की मदद से बेवक़ूफ़ों के खिलाफ बेवक़ूफी करते हैं।... बेईमानी और बेईमान सब ओर से सुरक्षित हैं। आज का दिन अड़तालीस घंटे का है।'

यह बिल्कुल नयी स्थिति थी। इसके पहले कोई भी भारतीय दिन अड़तालीस घंटे का नहीं हुआ। यह एक नया गाँव है, 'भारतीय देहात का महासागर'। आजादी के बाद का नया भारत। स्वाधीनता और लोकतन्त्र की जिस प्रतिज्ञा ने नये राष्ट्र को जन्म दिया उसकी नीचता और सड़ाँध संभवतः पहली बार इतने विस्तार से भारत की आत्मा अर्थात् गाँवों को ही केन्द्र बनाकर व्यक्त की जा रही थी। यह प्रेमचन्द

का गाँव नहीं है। यह रेणु का भी गाँव नहीं है। 'अहा ग्राम्य जीवन भी क्या है' के सम्पूर्ण रोमान को ध्वस्त करता यह उपन्यास बहुत शक्ति और साहस के साथ एक ठेठ भारतीय गाँव के माध्यम से पूरे देश के पतन को दिखलाता है। 'मुझे तो लगता है दादा, सारे मुल्क में यह शिवपालगंज ही फैला हुआ है।' एवम् 'कुछ दिनों में ही रंगनाथ को शिवपालगंज के बारे में ऐसा लगने लगा कि महाभारत की तरह, जो कहीं नहीं है वह यहाँ है, और जो यहाँ नहीं है वह कहीं नहीं है।' यानी 'मामला खालिस गँजहा है।'

पहली बार एक ऐसी कृति आयी जिसने गाँव के साहित्य-सिंचित रोमान को, लोकतंत्र के पाखंड और स्वाधीनता के फरेब को बिना किसी रियायत के प्रस्तुत किया। कविता में रघुवीर सहाय लगभग यही काम कर रहे थे। जो गरीब है, जो सबसे कमजोर है, उसके लिए इस गाँव और देश में कोई जगह नहीं है। हास्य-व्यंग्य-उपहास की निर्विहन मुद्रा के बावजूद कोई भी सावधान पाठक भीतर के दुःख और रुदन को सुन सकता है। उपन्यास में शुरू से अन्त तक लंगड़ का एक प्रसंग है। लंगड़ जैसा कि नाम से ही स्पष्ट है विकलांग है, की हार-जीत एक मसविदे की नकल पर निर्भर है जो अन्त तक भी उसे नहीं मिल पाती क्योंकि लंगड़ घूस देने को तैयार न था; वह तो 'सत्त की लड़ाई' लड़ रहा था! लंगड़ शरीर से कमज़ोर है, गरीब है, दलित है, सत्य और न्याय में विश्वास करता है। लंगड़ की हार भारत के जन की हार है, गणतंत्र और स्वाधीनता की हार है। पूरे उपन्यास में एक भी अच्छा या 'पॉजिटिव' चरित्र नहीं है, लंगड़ जैसे एकाध अपवाद को छोड़ कर। 'थारे देसा में राणा साध न आछे लोग बसे सब कूड़ो'। पूरे उपन्यास में कोई स्त्री-पात्र नहीं है, बेला जैसी एकाध क्षणिक उपस्थिति को छोड़कर। यह पौरुषपूर्ण समाज है वीभत्स, हिंस्र, बर्बर और बस स्टैंड के वर्णित पोखर की तरह गन्दा। आश्चर्य नहीं कि यहाँ गन्दगी के सैकड़ों प्रसंग हैं। और कुछ भी अच्छा नहीं। नयी पीढ़ी भी बिगड़ी हुई है। यहाँ तक कि जानवर भी बेढ़व और वीभत्स हैं, चाहे कुत्ते हो या बछड़े या गरमाई हुई भैंस। 'एक बछड़ा बड़े उग्र रूप से सींगें फटकार कर चारों पाँवों से एक साथ टेढ़ी-मेढ़ी छलाँगें लगाता हुआ चबूतरे के पास से निकला। वह कुछ देर दौड़ता रहा फिर एक गेहूँ के हरे-भरे खेत में जाकर ढीला पड़ गया।' समाज का ऐसा कोई क्षेत्र नहीं जहाँ पतन और पाखंड न हो। धर्म, राजनीति, शिक्षा, न्याय व्यवस्था, और सर्वोपरि स्वयं व्यक्ति—सब कुछ भ्रष्ट और पतित है। ऐसे में प्रखंड कार्यालय के बाहर एक थकी-हारी स्त्री, जो बस एक ही क्षण को प्रगट होती है, का यह वाक्य पूरे उपन्यास में दर्द की लहर बन कर फैलता है—'खराब दिन लगे हैं। मेरे दो लड़के भी बुखार में पड़े हैं। फसल पक गयी है। कोई काटने वाला नहीं। चूहे नुकसान कर रहे हैं।' एक पर एक बोले गये ये वाक्य ज्वर के प्रलाप की तरह लगते हैं। पूरे कथानक के हास्य-व्यंग्य, चुहल, धमाल के बीच ये सपाट वाक्य सहसा हमें विचलित कर देते हैं। ऐसे वाक्य यहाँ से वहाँ

तक और कहीं नहीं हैं। पीकदान में डूबने योग्य यह समाज (मुहावरा महानू फ्रांसीसी उपन्यासकार फ्लॉबे से लिया है) शोक को सह भी नहीं सकता, वह हर उदात्तता के नाकाबिल है।

यह आजादी के कुछ वर्षों बाद का समाज है जिसके प्रतिनिधि चरित्र हैं माननीय बैद जी, कुटिलता और पाखंड के साक्षात् रूप। आज हालत और भी खराब है। उपन्यास के अन्त तक बैद जी का स्थान सनीचर और बद्री पहलवान ले लेते हैं। आज तो उनसे भी आगे के लोग आ चुके हैं। यहाँ का विकास शून्य के पीछे की तरफ है। बैद जी, सनीचर, रुधन, बेला, बद्री, भीखमखेड़वी इन नामों के जरिये हम आज की हालत को बता भी नहीं सकते। ये तो फिर भी मृदुल लोग हैं। जिन पर आप हँस सकते हैं। अब के नायकों पर आप हँस नहीं सकते। इन पर हँसने, इनका मजाक उड़ाने, इनकी तुलना किसी अगोचर श्रेष्ठता से करने की हिम्मत कोई कर ही नहीं सकता। 'राग दरबारी' पढ़ते हुए यह भी लगता है कि इस बीच, सन् उन्नीस सौ अड़सठ (जब 'राग दरबारी' पहली बार प्रकाशित हुआ) से लेकर सन् दो हजार पाँच के बीच यह देश कितना बदल गया है। यह पतन अब और कितना गहरा है। आज शायद 'राग दरबारी' की तर्ज पर कोई कथा सम्भव नहीं। 'राग दरबारी' उस समाज में लिखा गया जब अधिसंख्य पाठकों के मन में श्रेष्ठता और श्रेष्ठ मूल्यों के लिए सम्मान बाकी था, नहीं तो 'राग दरबारी' का वार ही खाली जाता। अब वह सम्भव नहीं। हँसने के लिए आदर्श की जो स्मृति चाहिए, वह अब खत्म हो चुकी है। यथार्थ और आदर्श के परस्पर द्वन्द्व से ही यह व्यंग्य और टंकार सम्भव है। हँसने के लिए आदर्श अथवा मानक की स्मृति चाहिए। वह अब खत्म हो चुकी है।

इसी स्मृति की बदौलत श्रीलाल शुक्ल भाषा की अनेकानेक प्रविधियों-पैरोडी, कथरी(पैश्टिश), सन्दर्भ-कथन, समानान्तर अर्थ सृजन आदि—का व्यवहार कर सके। निरन्तर एक आदर्श तथा मूल्य-बोध सक्रिय रहा। ये प्रविधियाँ भी तभी कारगर हो सकती हैं जब पूर्व सृजित लेखन तथा भाषा परिपाटियों, साँचों, मुहावरों की स्मृति बची हो। भाषा की ये प्रविधियाँ आगे चलकर थोड़ी-बहुत हेरफेर से उत्तर भी आधुनिकता के पहचान-चिह्न बनीं।

श्रीलाल शुक्ल का सबसे बड़ा काम यही है कि उन्होंने भारतीय गाँव के सनातन मिथक को तोड़ डाला। दूसरा बड़ा काम है स्वाधीनता और लोकतन्त्र के छद्म पर प्रहार। तीसरा बड़ा काम है भाषा के ऐसे मेले की सृष्टि जो अनेकानेक ढर्रों, साँचों, रंगों-बताशों की याद दिलाती है, ऐसी खड़ी बोली, जो अभी-अभी अवधी के खोल से बाहर आयी है, जो हर साँस पर ऐसा आनन्द देती है जो केवल कोई भाषिक कृति ही दे सकती है। जिस बारीकी से श्रीलाल जी ने अपने समाज को देखा है, वह दुर्लभ है।

'राग दरबारी' समाप्त करके मुझे लगा जैसे नरक की यात्रा से लौटा हूँ जिसे

लोग तीर्थयात्रा मानते रहे हैं। इतनी गंदगी, ऐसी सड़ाँध और वीभत्सता कि उबकाई आने लगती है। बिना उदात्त आदर्शों की स्मृति के पतनशीलता की ऐसी प्रस्तुति सम्भव न थी। 'राग दरबारी' लिखने के लिए कितनी घृणा और कितना प्रेम चाहिए। 'राग दरबारी' अंततः राग है, जीवन का राग।

श्रीलाल शुक्ल कहते हैं, 'अपने देशवासी समय के बारे में सिर्फ दो सही शब्द जानते हैं और वे हैं 'अनादि' और 'अनन्त'। 'राग दरबारी' का समय इन दो शब्दों के बाहर है। और उम्मीद है बाहर ही रहेगा। भविष्य के किसी सुन्दर, सभ्य समाज में जब लंगड़ सत्त की लड़ाई जीत चुका होगा तब 'राग दरबारी' एक चेतावनी की तरह पढ़ा जाएगा। गल्प के व्याकरण में कभी विस्मयादिबोधक, कभी प्रश्नवाचक चिन्ह की तरह। 'सत्त की लड़ाई' के एक महत्त्वपूर्ण सोपान की तरह और कला के उस नमूने की तरह जिसने अपना डेरा गन्दगी के ढेर पर जमाया।

'देखो...लंगड़ जानने की बात सिर्फ एक है कि तुम जनता हो और जनता
इतनी आसानी से नहीं जीतती।'

तो माननीय न्यायाधीशो (वैसे साहित्य में कोई न्यायाधीश होता ही नहीं, न ही न्याय का कोई शास्त्र या संहिता, हर घटना अर्थात् हर रचना अपना विधान स्वयं रचती है, फिर भी यदि किसी कृति के पक्ष या विपक्ष में कुछ कहना पड़े तो मैं पाठक को ही हाजिर-नाजिर मान कर कहूँगा, वैसे पाठक का भी ईमान पक्का नहीं, जैसा खायेगा वैसा ही डकारेगा, फिर भी कुछ लोग उसे ही न्यायाधीश मानते हैं)। मेरी गवाही पूरी हुई। वैसे अब लग रहा है कि गवाही माँगी ही नहीं गयी थी। फिर भी बैजनाथ का तो यही काम है।

नंगातलाई का गाँव

स्मृति-आख्यान 'नंगातलाई का गाँव' की भूमिका में लिखा हुआ है,'यह किताब मेरे गाँव के बारे में है'। यानी नंगातलाई के गाँव बिसकोहर के बारे में लेकिन एक हिसाब से यह किताब भारत के हर गाँव के बारे में भी है। इस किताब के लोग-बाग जितने उस गाँव के, उस काल-स्थान के वास्तविक लोग हैं उतने ही वे बाकी सभी गाँवों के भी ठेठ प्राणी हो सकते हैं। भूमिका में यह भी लिखा है,'सौ फीसदी सच कौन बोल सकता है'। यदि कोई बोले भी तो उसे कौन जाँच सकता है। साहित्य का सच, झूठ होकर भी सच होता है, वास्तविक झूठ अथवा सम्भाव्य सच। आत्मकथा या स्मृति-आख्यान (यह पद विश्वनाथ त्रिपाठी जी का है) उसी हद तक जगत्कथा या सार्वभौमिक होता है जिस हद तक वह आत्म की सीमा से मुक्त होता है अथवा आत्म के गुरुत्व-क्षेत्र से बाहर हो जाता है और चरित्र पहचाने जाने की विवशता त्याग देते हैं। मैंने 'नंगातलाई का गाँव' को स्मृति आख्यान की भाँति नहीं बल्कि आख्यान की तरह, गल्प की भाँति, पढ़ा क्योंकि मैं न तो उस 'गाँव' के भूगोल से परिचित हूँ, न वहाँ के व्यक्तियों के इतिहास से। 'नंगातलाई का गाँव' पढ़ते हुए मुझे लगभग वही 'सुख' मिला जो कभी 'देहाती दुनिया', 'माटी की मूरतें' या 'बहती गंगा' पढ़कर मिला था। इसका गद्य भी उसी कोटि का है, प्रांजल और प्रवहमान।

'नंगातलाई का गाँव' भारत के हर गाँव का आख्यान इसलिए है कि इसमें भारतीय जीवन के कुछ मूल भावों एवं प्रकृति का स्पर्श मिलता है। इसमें अनेक प्रसंग, चरित्र और उससे भी अधिक स्मृतियाँ—गन्धों की, अन्न-फल-जल की—हैं जो प्रत्येक ऐसे भारतीय को जो गाँवों में रहा हो, बेचैन कर देगी। "गाँव में ज्ञात-अज्ञात वनस्पतियों, जल के विविध रूपों और मिट्टी के अनेक वर्णों-आकारों का ऐसा समस्त वातावरण था जो सजीव था। बिसनाथ आदि बच्चे उसे छूते पहचानते, उससे बतियाते थे। सभी चीजें प्रत्येक चीज में थीं और प्रत्येक सब में थी। आकाश भी अपने गाँव का ही एक टोला लगता।"

'उस काल की सुगन्धों की बात बड़ी है' चाहे भाँग हो, या गुड़ का शरबत या 'सेवारी शक्कर' या 'बादाम की ठंडाई' विश्वनाथ जी ने तन्मयता से इन सभी सुगन्धों

एवं खाद्य तथा पेय का नख-शिख वर्णन किया है—"जो लोग गुड़ का शरबत पीते हैं जानते हैं कि गुड़ का-सा सोंधापन किसी और चीज में नहीं होता...जो चीज़ें बिसनाथ को खाने-पीने में बहुत पसन्द हैं और जिनका नाम आते ही उनका तन-मन विह्वल हो जाता है उनमें से एक यही है।"

ऐसी ही तन्मयता से विश्वनाथ जी ने अवधी लोकगीतों की चर्चा की है। इसमें दिलचस्प है 'दाहा' का उल्लेख, जो मुहर्रम में गाया जाने वाला एक करुण गान-रूप है जिसे "बिसनाथ की ननिहाल में ताज़िया उठने पर लोटे से पानी छिड़कती हुई मामी गाती थी—अबकी गावा कब अइहो रे हाय-हाय।" इसी प्रकार इन कुँजड़ों में घुट्ठाहे आल्हा गाते थे—"आल्हा वे बहुत गनगना कर ताव से गाते थे"। पर्व-त्योहारों का वर्णन भी उतना ही उल्लासपूर्ण है; कार्तिक पूर्णिमा, दीपावली, दशहरा, होली, मुहर्रम, हड़ा-हवाई, विशेषकर दीपावली का वर्णन और इन्हें समृद्ध करतीं कवि सेनापति की पंक्तियाँ और महादेवी वर्मा के संस्मरणों से उद्धरण। इस पूरे वर्णन में एक अवसाद का भाव भी है, कुछ खो देने का सन्ताप भी और पर्व-त्योहारों के व्यवसायीकरण पर रोष भी।—"धर्म का ऐसा व्यापारीकरण अन्यत्र शायद ही कहीं हो रहा हो"। इस प्रसंग में कवि सेनापति के कार्तिक की चाँदनी रात पर रची ये पंक्तियाँ उद्धृत करने का लोभ रोक पाना सम्भव नहीं—**कातिक की रात थोरी सिहरात सेनापति को सुहात सुखी जीवन के गन हैं। फूली है कुमुद फूली मालती सघन बन राम कैसो जस अध अरध गगन है।**

त्रिपाठी जी ने बड़े विस्तार और हार्दिकता से, बिना किसी नैतिक मूल्य-निर्णय के, अपने गाँव के लोगों के बारे में लिखा है, करीबी लोगों से लेकर अड़ोसी-पड़ोसी जँवारियों तक, खुलकर। अनेक कथाएँ पीढ़ियों तक चलती हैं जैसे किसी उपन्यास में। जिसे गाँव में व्यभिचार कहा जाता है उसका उल्लेख भी स्वाभाविक रूप से किया गया है, मनुष्य के अनेक रूप और अनेक खेल, न उत्तम न अधम। जैसे कि फूल—"ऐसे कितने फूल थे जिनकी चर्चा फूलों के रूप में नहीं होती, और हैं वे असली फूल।" इस प्रसंग में त्रिपाठी जी ने नवल शुक्ल की एक सुन्दर कविता उद्धृत की है जो सन्दर्भ पाकर और भी खिल उठी है। और फिर बरसात का वर्णन। "बरसात की भीगी चाँदनी चमकती तो नहीं लेकिन मधुर और शोभा के भार से दबी ज्यादा होती है"। और फिर से गन्धों की बात—"बिसनाथ की अपनी माँ के पेट का रंग हल्दी मिलाकर बनायी गयी पूड़ी का रंग लगता—गन्ध दूध का। पिता के कुर्त्ते को ज़रूर सूँघते उसमें पसीने की बू बहुत अच्छी लगती। नारी शरीर से उन्हें विस्कोहर की ही फसलों, वनस्पतियों की उत्कट गन्ध आती है। तालाब की चिकनी मिट्टी की गन्ध, गेहूँ, भुट्टा, खीरा की गन्ध, या पुआल की। आम के बाग में आम्रमंजरी, बौर की लपट मारती हुई गन्ध तो साक्षात् रति गन्ध होती है। फूले हुए नीम की गन्ध को नारी शरीर या शृंगार से कभी नहीं जोड़ सकते। वह गन्ध मादक, गम्भीर और

असीमित की ओर ले जाने वाली होती है। संगीत, गन्ध, बच्चे बिसनाथ के लिए सबसे बड़े सेतु हैं काल, इतिहास को पार करने के...अप्राप्ति की कितनी और कैसी प्राप्तियाँ होती हैं।"

'नंगातलाई का गाँव' में अनेक मूरतें हैं, सजीव बोलती मूरतें—पंडित जगदम्बा प्रसाद पाण्डेय 'जगेश', लक्खा बुआ, बल्दी बनिया, किन्नी बाबा, तुड़म महाराज, मौलवी अब्दुल ग़फ़ूर, जनकदुलारी, आदि-आदि। सबका अपना-अपना जीवन है अपनी-अपनी कथा। ऊपर से स्थिर, एकरस दिखने वाले ये भारतीय गाँव कितने रंगों से भरे थे इसका एक अन्दाज इस किताब से होता है। तब तक हम लोगों को अमूर्त्त आशयों में देखेंगे, तब तक उन्हें ठीक से नहीं जान पायेंगे। जानने-समझने के लिए जरूरी है कि एक-एक आदमी के जीवन को करीब से देखा जाये। साहित्य यही करता है, वह अमूर्त्त आशयों (कन्सेप्ट्स) को नहीं वरन् मूर्त्त जीवन को रखता है—सुख-दुख, संघर्ष। त्रिपाठी जी ने यही किया है। ब्राह्मण कहते ही जो छवि उभरती है उससे बिल्कुल भिन्न है उन चरित्रों का जीवन जो त्रिपाठी जी ने दिया है। हिन्दू-मुसलमान भेद-भाव की राजनीति से बिल्क्कुल भिन्न है वह पारस्परिक जीवन जो त्रिपाठी जी ने यहाँ प्रस्तुत किया है। जब हम किसी को बिल्कुल अपनी ही तरह सुख-दुख भोगते, रोते-हँसते-झगड़ते, जीते-मरते देखते हैं तो यह नहीं पूछते कि उसकी जाति, धर्म या वर्ग क्या है या वह किस काल या स्थान का है। और गाँव की रोमानी छवि से बिल्कुल भिन्न है वह वास्तविकता, जो त्रिपाठी जी ने यहाँ उकेरी है। साहित्य चूँकि एक व्यक्ति के जीवन को, उसके आन्तरिक जीवन को उठाता है इसलिए स्वभाव से ही वह बने-बनाये मिथकों, छवियों, छिलकों को तोड़ता है, स्वभाव से ही वह हर प्रकार के आशयी अमूर्त्तन तथा दिमाग में तैयार किये गये विभाजनों, सूत्रों को तोड़ता है—एक आदमी यहाँ आदमी होता है। मनुष्य की ऊपरी चमड़ी को हटाकर साहित्य आपको सीधे वास्तविक मनुष्य से मिलाता है जिसको इस पृथ्वी पर केवल एक जीवन जीना है। पंडित जगदम्बा प्रसाद पाण्डेय'जगेश' का वर्णन चल रहा है—"कविता का पाठ ऐसा करते कि नाद-सौन्दर्य निखर उठता। पढ़ते-**प्रसाद केतन-पट हमारे चन्द्र को थे चूमते**-तो पताका की फड़फड़ाहट सुनायी पड़ती। नाथूराम शर्मा 'शंकर' की कविता के प्रेमी थे। बताते—'शंकर ऐसे कवि हैं कि 'देश' का तुक 'शेष' से नहीं मिलाते। देश का लेश से और शेष का तुक मेष से।' तथा "जगदम्बा पंडित अशुभ-निवारण के लिए शाम को दीया जलाते फिर बुझा देते। इससे तेल का खर्चा बहुत कम होता। रात को खाना नहीं बनता। भूजा चबाते। इससे ईंधन का खर्च बचता। सत्यनारायण की कथा बाँचते तो गरी-छुआरा, पंजीरी काफी मात्रा में ले आते। वह कई दिनों-हफ्तों काम आता। निमन्त्रण होता तो इतना खाते कि अगले जून खाने की इच्छा ही नहीं होती..." लक्खा बुआ का प्रसंग तो मार्मिक है ही, भिगोये हुए बनकस की मार खाती हुई औरत का प्रसंग कभी कोई

भूल नहीं सकता। "इस औरत ने किसी गैर आदमी के साथ घटियाही की थी"। साधारण की असाधारणता और तुच्छ की उदात्तता के अनेक प्रसंग इस पुस्तक में हैं। साथ ही गाँवों की रोमानी, मिथकीय पवित्रता तथा सरलता को ध्वस्त कर देने वाले प्रसंग भी अनेक हैं—"शहर के लोग, कविताओं में गाँव वालों को बहुत सीधा-सादा और निष्कपट समझते हैं। लेकिन गाँव वालों का काइयाँपन और निन्दा में रस लेने की क्षमता अपार होती है...जो कमजोर है, उसे कितनी तरह से दबाया जाता है, दयनीय बनाया जाता है—गाँव में इसका बहुत अमानवीय रूप देखने में आता है।" इस सिलसिले में बिस्कोहर के जमींदारों का पुराण अलग से भी पढ़ने योग्य है। "गाँव-जवार में कई बड़े जमींदार थे। वहाँ जमींदार ज्यादातर ठाकुर होते थे। हालाँकि बस्ती जिले में जो बड़े-बड़े जमींदार थे वे ठाकुर से ज्यादा बांभन थे...उन दिनों जालिम जमींदार हिन्दू ही होते थे। किसी मुस्लिम जमींदार को जालिम नहीं पाया गया...अजीब बात है कि जवार में जितने भी अत्याचारी जमींदार थे सबको रियाया ने मार डाला" इस एक पंक्ति में "अजीब बात है कि जवार में कितने भी अत्याचारी जमींदार थे सबको रियाया ने मार डाला" न केवल बिस्कोहर बल्कि देश भर के प्रत्येक गाँव के गरीबों के अदम्य जीवट तथा प्रतिरोध का सारांश मिलता है।

संकीर्णता, कलह, कपट और पिछड़नेपन से ग्रस्त ऊपर से स्थिर दिखने वाले ठेठ भारतीय गाँव के आँवा की दहक यहाँ प्रगट होती है। बाद में पूँजीवाद के विकास ने इन जमींदारों की जगह नव धनाढ्य नव सामन्त पैदा किये जिनका उल्लेख पुस्तक के अन्त में मिलता है, पर उनकी कहानी सम्भवतः आगे की पुस्तक में मिले।

ब्राह्मणों के जीवन की अनेक झाँकियाँ यहाँ मिलती हैं। इनका जाति-दम्भ, द्वेष, व्यभिचार सब यहाँ व्यक्त है। साथ ही इनकी दरिद्रता और अभाग्य भी। हाल के दिनों में ब्राह्मण और ब्राह्मणवाद को मिलाकर जो मिथ गढ़ा गया, उसको ये चित्र तोड़ते हैं। पूँजीपतियों और पूँजीवाद पर अब कोई आक्रमण नहीं करता, महाजनी सभ्यता पर भी नहीं। सामन्तों, जमींदार, नवकुलकों पर भी नहीं। ऐसे वातावरण में त्रिपाठी जी का यह कहना साहसपूर्ण है कि "ज्यादातर ब्राह्मणों की स्थिति अवर्ण और दलितों जैसी थी। वे ज्यादातर रहते भी उन्हीं के साथ थे... जहाँ तक शिक्षा-दीक्षा का प्रश्न है, ब्राह्मणों और अवर्ण जातियों में बहुत अन्तर नहीं था।" इसी के साथ ब्राह्मणों की दरिद्रता के अनेक प्रसंग हैं—"शायद दरिद्रता के ही कारण ब्राह्मणों की शादी बहुत कम होती थी... भोजन के लिए जितनी अधिक आतुरता, लालसा और बेचैनी ब्राह्मणों में थी, उतनी किसी में नहीं। दूबर होत नहीं कबहुं पकवान के विप्र मसान के कूकुर..." लेकिन त्रिपाठी जी इस चित्र को अधूरा नहीं छोड़ते। आगे कहते हैं—"बहुत से ब्राह्मण बड़े-बड़े जमींदार भी थे जो लगभग ताल्लुकेदार थे। वे ब्राह्मणों से ज्यादा क्षत्रियों की तरह रहते थे। न वे पुरोहिताई करते थे।" इस प्रकार गाँव के मुसलमानों का भी जीवन्त चित्रण मिलता है। यहाँ भी त्रिपाठी जी अमीर-गरीब के

फर्क को रेखांकित करते हैं—"हिन्दू आबादी और मुस्लिम आबादी के रहन-सहन और जबान में फर्क था। मुसलमान मुसलमान लगते थे और हिन्दू हिन्दू। लेकिन वर्गीय दृष्टि से जैसे-जैसे नीचे जायें वैसे-वैसे ये फ़र्क घटता जाता था और जैसे-जैसे ऊपर जायें, वैसे-वैसे दिखलायी पड़ता था।" त्रिपाठी जी के इन सभी विवरणों-ब्यौरों के स्वीकार-अस्वीकार से अधिक महत्त्वपूर्ण है उनकी वह दृष्टि जो समाज को, समाज की प्रत्येक जाति को वर्ग के आधार पर समझने का प्रयत्न करती है।

'बिस्कोहर का भासा बिग्यान' बहुत दिलचस्प खंड है। पूरी पुस्तक में त्रिपाठी जी ने ऐसे अनेक शब्दों का व्यवहार किया है जो पहली बार लिखित में आये हैं। आकबत, उचकुन, झौथु, अड़ब्द, कठकरेजी, सोहगर, ढढ्ढ, लेवा आदि ऐसे अनेक शब्द हैं। गाँवों में शरीर के अंगों और क्रियाओं वाले शब्द जितनी प्रचुरता और धड़ल्ले से व्यवहार किये जाते हैं उस पर यह टिप्पणी महत्त्वपूर्ण है—"अश्लील शब्दों का प्रयोग इतने खुले रूप में, धड़ल्ले से होता था कि उनका सारा अश्लीलत्व ही क्षरित हो गया था। वे अश्लील न रहकर सामान्य शब्द हो गये थे...यहाँ तक कि पारिवारिक भाषा में भी अश्लील शब्द सहजता से बोले जाते थे। ऐसा केवल बिस्कोहर की भाषा में ही नहीं है, यह सब जगह पाया जाता है।"

त्रिपाठी जी ने अपने परिवार और माता-पिता के सम्बन्ध में भी गहरी अनुरक्ति और स्पष्टता से लिखा है। कोई दुराव-छुपाव नहीं। साफ-साफ। अनेक निजी सन्दर्भ पाठक के लिए भी निजी बन जाते हैं। अगर निजी मंतव्य को क्षमा किया जाये तो कहूँगा कि मेरे जैसे अधेड़ पाठक के लिए जिसका जन्म-पालन-पोषण गाँवों-कस्बों में हुआ, इस पुस्तक को पढ़ना अपने बचपन-किशोरावस्था के जीवन को फिर से जीने जैसा है। यह एक अतीत की मोहभरी यात्रा का 'खिस्सा' है।

जाहिर है, 'नंगातलाई का गाँव' आत्मकथात्मक है। स्मृति-आख्यान। इसलिए इसमें वही है जो स्वयं लेखक के निजी जीवन का अंश है। जो नहीं है, वह नहीं है। यह कोई जनगणना तो है नहीं। इसलिए सारी आत्मकथाओं की तरह यह भी उतना ही पूरा या अधूरा है जितना एक आत्म या व्यक्ति स्वयं होता है। कौन-सा व्यक्ति अधिक पूरा या अधूरा है यह तो कहना कठिन है, लेकिन जो जीवन जितने अधिक लोगों का प्रतिनिधि है वह शायद उतना ही कम अधूरा है। जो आत्मकथा जितना अधिक कथा होने लगती है वह उतनी ही अधिक पूरी होती है। 'नंगातलाई का गाँव' ऐसी ही आत्मकथा है, एक व्यक्ति की, एक परिवार, एक ताल, एक गाँव और अन्ततः उत्तर भारत के अनेक गाँवों की और उस व्याज से भारत देश के जीवट की।

मेघदूत की अन्तर्यात्रा

आज की आलोचना और साहित्य-परिदृश्य पर समकालीनता का आतंक इतना अधिक है कि कई बार लगता है जैसे हमारी भाषा का और हमारी जाति का साहित्य-इतिहास बस कुछ दशकों का इतिहास है। कालिदास की ही ख्यात उक्ति का स्मरण करें तो न नया होने से न पुराना होने से कोई वस्तु बुरी या भली हो जाती है। फिर भी हम बहुधा अपनी दृष्टि कुछ दशकों के पार नहीं डालते। स्वयं प्रेमचन्द, निराला और भारतेन्दु भी मानो सुदूर अतीत के प्रतीत होते हैं। ऐसे में कालिदास को कौन स्मरण करता है। 'मेघदूत : एक अन्तर्यात्रा' केवल एक आलोचना-पुस्तक नहीं है। यह वास्तव में हमारे काव्य-तीर्थ की मनोरम एवं पवित्र यात्रा है, किसी मनोकामना की पूर्ति के हेतु से नहीं, वरन् तीर्थ के समस्त पुण्यफलों को समकालीन कवियों, आस्वादकों में वितरित करने के हेतु से सम्पन्न यात्रा है, एक 'अन्तर्यात्रा'। क्योंकि महान कविता हमें वापिस अपने ही हृदय और आत्मा में मोड़ती है, उसी मेघ की तरह जल से बार-बार भरती, उसी मेघ की तरह ऊपर से श्यामल होते हुए भी भीतर से धवल एवं निष्कलुष करती। एक यात्रा तो मेघ की है, एक प्रभाकर श्रोत्रिय की और तीसरी स्वयं इस पुस्तक के पाठक की, जो श्रोत्रिय जी सरीखे गहन मार्ग दर्शक के सौजन्य से इस महान् कृति की पुनर्यात्रा करता है।

समकालीन कविता के विकास के लिए बहुत आवश्यक है कि उसे निरन्तर नयी नयी चुनौतियाँ झेलनी पड़ें। जो प्राचीन अथवा पहले का काव्य है उसकी चर्चा और विश्लेषण ऐसी ही चुनौतियों का सृजन करते हैं। हमारी आत्ममुग्धता को तोड़कर। डॉ. श्रोत्रिय ने पूरी पुस्तक में कहीं भी समकालीनता का कोई उल्लेख तक नहीं किया है, प्रत्यक्ष वा तिर्यक् भाव से कोई उपालम्भ या कटाक्ष भी नहीं मिलता। फिर भी पूरी पुस्तक आज की कविता के सम्मुख एक प्रश्नवाचक चिन्ह की भाँति दीप्त होती है। कालिदास की कविता पर हिन्दी में बहुत थोड़े-से लोगों ने इतनी जाग्रत भाषा में विचार किया है। मुझे नहीं मालूम कि पिछले कई दशकों में कोई सम्पूर्ण पुस्तक-अकादमिक परिसर के बाहर कभी लिखी गयी हो। श्रेष्ठ काव्य के विश्लेषण के लिए जैसी संयत, नमनीय और सूक्ष्म भाषा चाहिये डॉ. श्रोत्रिय वैसी ही भाषा में 'मेघदूत' का विश्लेषण करते हैं, इस सजगता से कि कोई काव्य तन्तु या शिरा टूटने न पाये।

डॉ. श्रोत्रिय पुस्तक की प्रस्तावना में, जिसे वह 'प्रस्थान' कहते हैं (अन्तर्यात्रा का प्रस्थान-बिन्दु), कहते हैं कि 'एक बड़ी कविता भी बेताल है जो तरह-तरह से उत्तर पाने के बाद भी सदा प्रश्न मुद्रा में युग-युग तक पाठकों, बुद्धिजीवियों, आलोचकों के कंधों पर सवार रहती है'। डॉ. श्रोत्रिय का मुख्य ध्येय है उस तत्त्व का अन्वेषण जो किसी कृति को अमरता प्रदान करता है, 'इस कृति में ऐसा क्या है जो उन देशों और कालों में भी अपना महत्त्व बनाए हुए है'। इस तरह उनकी यात्रा इसी बिन्दु से प्रारम्भ हुई—'मैंने रचना की चिरन्तन अस्मिता का रहस्य जानना चाहा'। और इस अस्मिता की खोज में उन्होंने रचना के भीतर और बाहर के अनेक सम्बन्धों की पड़ताल की—रचना की कथा के उद्गम से लेकर उसके सामाजिक-राजनीतिक आशय और सांस्कृतिक सम्बन्धों तक।

सबसे पहले डॉ. श्रोत्रिय उस महापंडित का स्मरण करते हैं जिसने कहा था—'माघे मेघे गतं वयः'। और फिर आचार्य हजारी प्रसाद द्विवेदी को उद्धृत करते हैं—'वही बचेगा जिसे मनुष्य के हृदय में आश्रय प्राप्त होगा। तब प्रश्न यह है कि किस रचना को मनुष्य के हृदय में आश्रय प्राप्त होता है? इस प्रश्न के अनेक, परस्पर भिन्न उत्तर हैं और हो सकते हैं; फिर भी 'यह विचित्र ही है कि सिद्धान्तों के जुदा-जुदा होने पर भी सब सिद्धान्त किसी कृति को एक मत से मान्यता दें' और ऐसा ही हुआ है 'मेघदूत' के साथ। ध्वनि-सिद्धान्त, अलंकार सम्प्रदाय, वक्रोक्ति सिद्धान्त, औचित्य सिद्धान्त से लेकर रवीन्द्रनाथ, आचार्य हजारी प्रसाद द्विवेदी, वासुदेव शरण अग्रवाल, नागार्जुन और जर्मन विद्धानों तक सब 'मेघदूत' का अभिनन्दन करते हैं। डॉ. श्रोत्रिम 'प्रगतिशील' और उत्तर-आधुनिक दृष्टि से भी मेघदूत की पड़ताल करते हैं, हालाँकि प्रगतिशीलता का जो स्थूल अर्थ उन्होंने लगाया है उसे 'भद्दी समाजशास्त्रीय आलोचना' कहा जाता है। खैर! डॉ. श्रोत्रिय लिखते हैं—'सभी देशों में शास्त्र-युग के लगभग एक-से प्रतिमान रहे हैं—अन्विति, संतुलन, आदर्श, भव्यता और उदात्तता'। आगे कहते हैं, 'तमाम अन्वितियों में प्रमुख है—शब्द और अर्थ की अन्विति। इसमें काव्य की समग्रता निहित है'। इस दृष्टि से 'मेघदूत' में अन्विति या 'संपृक्ति के अनेक आयाम हैं'। सभी दृष्टियों से विचार करते हुए डॉ. श्रोत्रिय अन्त में 'मेघदूत' के 'प्रेम-दर्शन' को रेखांकित करते हैं, यही 'प्रेम जीवन का केन्द्रीय भाव है' और 'मेघदूत' उस केन्द्रीय भाव की महत्तम अभिव्यक्ति। यही इस महान् कृति की अमरता का रहस्य भी है, इसी प्रेम-भाव की सर्वव्याप्ति और सार्वभौम सत्ता। मार्क्स ने यूनानी क्लासिकी कृतियों पर इसी प्रश्न के सन्दर्भ में विचार करते हुए कहा था कि एक महान् कृति 'मानव-क्षण' (ह्यूमन, मोमेण्ट) का सृजन करती है। जो तब तक शाश्वत है जब तक स्वयं मनुष्य। 'मेघदूत' भी प्रेम द्वारा इसी मानव-क्षण की सृष्टि करता है जो प्रत्येक काल के प्रत्येक मनुष्य का महत्तम जीवन-क्षण है। यही इस कृति की अमरता का रहस्य है। लेकिन डॉ. श्रोत्रिय जोड़ना नहीं भूलते कि 'हर प्रेम-कृति इस तरह के दावे' नहीं कर सकती। यह क्षमता

तो सौन्दर्य-निर्माण से ही सम्भव होती है। क्षणे क्षणे यन्नवतामुपैति तदेव रूपं रमणीयतायाः।

फिर डॉ. श्रोत्रिय 'मेघदूत' की कहानी का विश्लेषण करते हैं। एक बहुत अच्छी बात उन्होंने कही है। कहते हैं, 'इतिवृत्त कथन कवि का उद्देश्य नहीं है।... कथा एक अलगनी है—उसके लिए।' यह बहुत महत्त्व की बात है। आज कवियों का एक गिरोह अपनी काव्य-सीमा को ढँकने के लिए इतिवृत्त, आख्यान आदि का जाप कर रहा है जब कि कथा तो एक अलगनी मात्र है कवि के लिए। कथा के अनेक स्त्रोतों का उल्लेख करके डॉ. श्रोत्रिय एक दूसरी महत्त्वपूर्ण बात कहते हैं—'मेघदूत का निर्माण कुछ कुछ शैवदर्शन के उपादानों से हुआ है। सिर्फ इसलिए नहीं कि कालिदास शैव थे, बल्कि इसलिए कि यह दर्शन उनके भीतर सृजन के स्तर पर अनुस्यूत था जिसे हम विभिन्न कृतियों में देखते हैं।' यहाँ अप्रत्यक्ष रूप से काव्य और दर्शन के सम्बन्धों की चर्चा है। इसे आगे भी बढ़ाया जा सकता है। किस प्रकार कोई दर्शन, प्राचीन काल से लेकर आज के कवियों तक, किसी कवि या कविता को प्रभावित या संस्कारित करता है; क्या वैष्णव होने पर 'मेघदूत' की रचना में कोई अन्तर पड़ता; क्या आज भी कोई कवि किसी दर्शन-विशेष से अंतःप्रेरित होकर श्रेष्ठतर या हीनतर हो सकता है? इसे पढ़ते हुए मुझे सहसा याद आया कि भक्ति-काल के कवियों की दार्शनिक प्रेरणाएँ भी भिन्न-भिन्न थीं, तो क्या इससे उनके काव्य में कोई भिन्नता, गुणात्मक भिन्नता, प्रगट होती है? क्या वैष्णव मीराँ, शैव अक्क महादेवी तथा सूफी ललदद की कविता दार्शनिक प्रत्ययों के कारण किसी प्रकार भिन्न है जबकि तीनों ही विद्रोही हैं? जनाबाई जैसी ऐंद्रिकता मीराबाई में क्यों नहीं मिलती? क्या अज्ञेय और मुक्तिबोध की भिन्नता का एक महत्त्वपूर्ण कारक उनकी दार्शनिक अंतःप्रेरणा की भिन्नता तो नहीं?

कहानी के सभी अवयवों का सारगर्भित विश्लेषण करते हुए डॉ. श्रोत्रिय कुछ स्मरणीय सूत्र भी सौंपते हैं। 'वेदना और करुणा जैसे भावों की तीव्र प्रगाढ़ता मनुष्य को क्रोध, भय, अमर्ष की तरह ऐकांतिक और स्वार्थस्थ नहीं बनाती'। इसीलिए भवभूति ने कहा था कि करुणा विश्व को पालती है—'इदं विश्वं पाल्यम्'। 'मेघदूत' का अन्त जिस शुभकामना से होता है वह करुणा का ही स्फटिक रूप है—'मा भू देवं क्षणमपि च ते विद्युता विप्रयोगः'। डॉ. श्रोत्रिय लिखते हैं—'उदार चरित्र व्यक्ति अपनी पीड़ा का संक्रमण नहीं करता, बल्कि पीड़ा के निषेध का संक्रमण करता है अर्थात् वेदना-रहित विश्व की कामना करता है'। इससे लगता है कि भावों की कोटि और सघनता काव्य की महत्ता को निर्धारित करते हैं। करुणा और दुःख-पीड़ा संघर्ष (यहाँ संघर्ष का स्थूल संसदीय अर्थ न लिया जाय; संघर्ष अर्थात् जीने का संघर्ष) ये ही कविता को जीवन देते हैं। सम्भवतः इसीलिए दुनिया की अधिकांश श्रेष्ठ रचनाएँ दुःख, पीड़ा, संघर्ष और यातना की रचनाएँ हैं क्योंकि अपने निष्कर्षों एवं अंतिम प्रभाव में ये वेदना-रहित विश्व की कामना करती हैं, उन सब का निषेध जो दुःख के कारक हैं।

जब कभी हम रचना के इस मूल तत्त्व को, उसके निहितार्थ को ओझल करेंगे मूल्यांकन एकांगी होगा। सीधा समीकरण बिठाकर यह कहना कि कालिदास राजसभा के नवरत्न थे, इसलिए 'मेघदूत एक सामन्ती रचना है' भद्दी समाजशास्त्रीयता होगी। डॉ. श्रोत्रिय कहते हैं, 'साहित्यिक निर्णय उन उन्मत्त सेनाओं की तरह नहीं होता जो निकलती तो हैं देशों को जीतने के लिए, लेकिन खड़ी हुई फसलों को रौंद देती हैं'। 'मेघदूत' के भाव-प्रसार की दिशा पर विचार करते हुए डॉ. श्रोत्रिय कहते हैं—'कवि जब राजराजेश्वर से दंडित चिरदास को अपनी समूची संवेदना और समर्थन देता है तो क्या वह प्रकारान्तर से उस बर्बर व्यवस्था का विरोध नहीं कर रहा है? इस समर्थन में कितना धिक्कार है।' आगे विद्वान विचारक लिखते हैं कि अलकापुरी के वर्णन में यक्ष कहता है कि अलका में कुबेर के मित्र शिव का निवास होने के कारण कामदेव वहाँ प्रत्यंचा पर तीर तक नहीं चढ़ा सकता—

मत्वा देवं धनपतिसखं यत्र साक्षाद्वसन्तं
प्रायश्चापं न वहति भयान्मन्मथः षट् पदज्यम्।

'यह वास्तव में कुबेर की क्रूर सत्ता का व्यास है जिसके भीतर कल्याणकारी जगतपिता शिव काम-ध्वंसक के रूप में रहते हैं। आखिर दोस्त के राज्य में रहकर कुछ दोस्ती तो निभानी ही होती है।' और इसके बाद एक बहुत महत्त्वपूर्ण टिप्पणी है—'सृजन कवि की अपनी प्रतिबद्धता और सीमा से भी किस कदर बड़ा होता है कि कालिदास अपने आराध्य को भी नहीं बख्शते।' 'मेघदूत' की क्रान्तदर्शिता की चर्चा करते हुए डॉ. श्रोत्रिय उद्धरण देकर बतलाते हैं—'कालिदास ने उज्जैन, दशार्ण आदि में नृत्य, गीत, आनंद, विलास का वर्णन किया है, लेकिन केवल अलकापुरी के वर्णन-प्रसंग में वे एक बारीक बात कहते हैं कि वहाँ के धनपति किन्नरों का गान या वारांगनाओं का नृत्य और भोग ऊँचे स्वर में कुबेर के यशगान से करते हैं।...सत्ता के आतंक का इससे बड़ा प्रमाण क्या हो सकता है कि प्रेयसी के पाश में बँधे भी तो राजा की जय बोलकर?'...अक्षय्यान्तर्भवननिधयः प्रत्यहं रक्तकण्ठै...

...'**मेघदूत** के भीतर जो आग धधक रही है वह यक्ष की वियोगाग्नि ही नहीं, व्यवस्था के प्रति मनुष्य के सनातन विद्रोह की आग है।' 'सामन्ती समाज में स्त्री को ही कामार्त कहा जाता है। लेकिन कालिदास ने एक पुरुष द्वारा अपनी पत्नी-प्रेयसी के प्रति निवेदन कराकर क्या इन तमाम (सामन्ती) अवधारणाओं को नहीं तोड़ा है?' '**मेघदूत** का एक रेखांकित करने वाला पक्ष यह भी है कि यहाँ परकीया प्रेम की सामन्ती अवधारणा के विरुद्ध पत्नी के प्रेम की उसी स्तर पर व्यंजना है'। इतना ही नहीं, '**मेघदूत** ने वियोग-काल में ऋतु-वर्णन और उद्दीपन के प्रचलित मानक तोड़कर इस क्षेत्र में अपना हस्तक्षेप दर्ज किया है।' इसी सन्दर्भ में डॉ. श्रोत्रिय एक और तथ्य दर्शाते हैं—'एक बात ध्यान देने की है कि कालिदास शिवोपासक हैं, चाहे 'अभिज्ञान-शाकुंतलम्' हो या रघुवंश, वे प्रारंभ में शिव का स्मरण करते हैं। परन्तु

मेघदूत में वे तापसी जानकी के स्मरण से मंगलाचरण का काम लेते हैं। क्योंकि सीता के निर्वासन और यक्ष के निर्वासन में अद्भुत समानता है।' 'मेघदूत' में प्रेम की चर्चा करते हुए डॉ. श्रोत्रिय कहते हैं कि '**मेघदूत** की दो बीज-पंक्तियाँ हैं जो प्रेम में वियोग का अर्थ रेखांकित करती हैं–

स्नेहेनाहुः किमपि विरहे ह्रासिनस्ते ह्यभोगा–
दिष्टे वस्तुन्युपचितरसाः प्रेमराशीभवन्ति ॥

इसकी व्याख्या करते हुए श्रोत्रिय जी कहते हैं–'जैसे मेघ में जल घनीभूत होता है परन्तु जब वह बरसता है तो धरती, लोग, पशु-पक्षी, हवा सब में व्याप्त हो जाता है। वैसे ही संयोग का एकान्त वियोग में राशि-राशि होकर सारी सृष्टि में व्याप्त हो जाता है। यही कालिदास का प्रेम-दर्शन है जिसका एक सिरा प्रेमिका से जुड़ा है, दूसरा विश्व से, और दोनों में परस्पर कोई विरोध नहीं है।' डॉ. श्रोत्रिय एक फ्रेंच बैले का उल्लेख करते हैं जिसमें एक प्रेमी अपने संयोग के क्षणों का स्मरण करता है और वह स्मृतिगत दृश्य रंगमंच पर एक युग्म के तीव्र नृत्य के माध्यम से व्यक्त होता है जिसमें स्मृति-लोक की वह नायिका निरन्तर नायक से गुँथी रहती है परन्तु एक बार भी उसका पैर जमीन पर नहीं पड़ता। वह स्मृति-लोक की छाया है।

'प्रेम कालिदास के लिए ऐसा ही अजस्त्र और विराट भाव है जिसे ओछे और स्वार्थी अपने में नहीं समा सकते। यह कृति मनुष्य को प्रेम करना नहीं जीवन जीना सिखाती है।...'

प्रेम और प्रकृति पर डॉ. श्रोत्रिय ने विस्तार और सूक्ष्मता से लिखा है और मेघदूत के सर्वोत्तम काव्य-अंशों की व्याख्या की है। इसमें एक जगह वह लिखते हैं, 'प्रायः होता यह है कि संयोग में जो प्रकृति संयोग को उद्दीप्त करती है वह वियोग में वियोग को उद्दीप्त करती है। परंतु **मेघदूत** में एक विचित्र प्रसंग है, यह रूढ़ि से हटकर है, जो प्रकृति के साथ दो स्तर या दो अनुभव यानी स्मृत्यानुभव और प्रत्यक्षानुभव एक साथ घटित करता है यानी मन एक साथ दो अलग-अलग अनुभवों को जी रहा है।' यह बहुत सूक्ष्म निरीक्षण है। आगे कहते हैं कि मानव-सौन्दर्य की पराकाष्ठा है स्त्री और स्त्री-सौन्दर्य की पराकाष्ठा है उसकी सर्वांगीण समृद्धि।... वे कहना चाहते हैं कि स्त्री-देह में एक साथ सभी ऋतुओं का वास अपने चरम प्रतिफलन में होता है। उनके चंचल नृत्यशील हाथों में शरद ऋतु, वेणी में हेमंत, मुख-आभा में शिशिर, जूड़े में वसंत, कान में ग्रीष्म और माँग में वर्षा की बहार होती है–

हस्ते लीलाकमलमलके बालकुन्दानुविद्धम्
नीता लोध्रप्रसवरजसा पाण्डुतामानने श्रीः।
चूडापाशे नवकुरबकं चारु कर्णे शिरीषं
सीमन्ते च त्वदुपगमजं यत्र नीपं वधूनाम् ॥

मेघदूत के काव्य-तत्त्व तथा इसकी संरचना पर विचार करते हुए डॉ. श्रोत्रिय **मेघदूत** में प्रयुक्त एक बिम्ब का उदाहरण देते हैं—रत्नच्छायाव्यतिकर इव...। यक्ष मेघ से कहता हे कि है मेघ, देखो यहाँ सामने वाल्मीक के सिरे से इंद्रधनुष निकल रहा है जो कई रत्नों के मेल से निर्मित कान्तिपुंज की तरह है। इस बिम्ब को आधार बनाकर डॉ. श्रोत्रिय कहते हैं—'पूरा इन्द्रधनुष तो अर्द्धवृत्त होता है—धरती की ज्या में कसा हुआ। **मेघदूत** की रचना इसी अर्द्धवृत्त की तरह है, जो वियोग-व्यथा से निकल कर वियोग-निवेदन में समा जाता है; अर्थात् एक वाल्मीकाग्र से दूसरे वाल्मीकाग्र में—अखिल को नापता हुआ।...इस तरह **मेघदूत** का रचना-तंत्र एक ही भूमि के दो सिरे छू रहा है।' ऐसी ही सहृदयता और अंतर्दृष्टि से श्रोत्रिय जी ने **मेघदूत** के कविता-तत्त्व का विश्लेषण किया है। एक प्रसंग है कि सर्प का कंगन त्याग कर शिव के बढ़े हुए हाथ में अपना हाथ दिये हुए पार्वती घूम रही हैं:

हित्वा तस्मिन् भुजगवलयं शंभुना दत्तहस्ता।
क्रीडा शैले यदि च विचरेत् पादचारेण गौरी ॥

विद्वान् समालोचक लिखते हैं, 'यह एक साधारण-सा कथन दिखता है, परन्तु इसके द्वारा कवि ने शिव के पौराणिक स्वरूप को झटक कर प्रेम की कोमलता और शील की रक्षा की है। प्रेम के इन क्षणों में वह किसी अपरूपता और भयावनेपन को नहीं रहने दे सकता, भले ही उससे शिव का पारम्परिक बिम्ब खंडित होता हो।...' इस प्रकार **मेघदूत** लौकिक प्रेम की स्थापना करता है।

इतिवृत्त-प्रसंग को पुनः उठाते हुए डॉ. श्रोत्रिय का यह कहना बहुत महत्त्वपूर्ण है कि 'आज का कवि इतिवृत्त को निरन्तर तराशते हुए समूचे अर्थ को अत्यंत संक्षेप में सम्प्रेषित करना चाहता है। इसे कवि की आत्मालोचना, पाठक के समय की चिंता, उत्प्रेरण की आन्तरिक क्षमता से जोड़ा जाता है। **मेघदूत** में हर कहीं इतिवृत्त संकेत में बदला हुआ है।' यह बहुत महत्त्वपूर्ण निष्कर्ष है जो समकालीन कविता के अनेक विपर्ययों को समझने में भी उपयोगी होगा। डॉ. श्रोत्रिय आगे कहते हैं कि 'यदि सम्पूर्ण रंगमंच (टोटल थिएटर) की अवधारणा हम कविता पर लागू करें तो पाएँगे, **मेघदूत** सम्पूर्ण काव्य (टोटल पोइट्री) है।' सम्पूर्ण काव्य की यह अवधारणा पृथक विचार की माँग करता है।

एक और महत्त्वपूर्ण सूत्र डॉ. श्रोत्रिय प्रस्तुत करते हैं। इसके अनुसार '**मेघदूत** क्योंकि एकालापी काव्य है जिसमें सबकुछ यक्ष द्वारा कथित और प्रवर्तित है, इसलिए इसके चरित्र और व्यक्तित्व की रचना का महत्त्व केन्द्रीय है'। एकालापी काव्य की अवधारणा पश्चिम के ड्रामेटिक मोनोलॉग के बहुत पहले मूलतः भारतीय अवधारणा है, इसकी प्रतीति होती है।

डॉ. श्रोत्रिय कहते हैं, "कविता में नीति-शिक्षा भाव-दीक्षा का रूप धरकर आती है। कविता के 'सुन्दर' का यही स्वभाव है।" यहाँ भाव की कोटि, व्याप्ति

या तीव्रता ही नैतिक मूल्य का निर्धारण करती है। कविता में नैतिकता का यही अर्थ भी है।

मेघदूत भारतीय चित्त और संस्कृति का प्रकाश है। प्रभाकर श्रोत्रिय ने अपने अन्तिम निबन्ध में इसे स्थापित किया है। इसकी अन्तिम पंक्ति ध्यातव्य है—'सर्वांगपूर्णता इस प्रेम-काव्य को शिखर पर प्रतिष्ठित करती है; इसीलिए यह प्रेम-यात्रा का ही नहीं, जीवन-यात्रा का पर्याय बन गया है, बिंदु में सिंधु की तरह।' और डॉ. प्रभाकर श्रोत्रिय की यह पुस्तक उसी प्रेम-यात्रा, जीवन-यात्रा की एक अन्तर्यात्रा है। जिस तरह यक्ष मेघ का पथ-प्रदर्शन करता है, बहुत कुछ उसी राग और मनोयोग से डॉ. प्रभाकर श्रोत्रिय हमारे जैसे पाठकों का पथ-प्रदर्शन करते हैं। प्रत्येक काव्य-प्रेमी के लिए सुख प्रदान करने वाली यह पुस्तक आज की कविता को भी एक नया, बृहत्तर और स्वर्णिम संभार (फ्रेम) प्रदान करती है। डॉ. प्रभाकर श्रोत्रिय ने समकालीनता को सर्वकालिकता का बगलगीर बना दिया है। संसार की संवेदनशील और अर्थवान यात्रा के लिए मनुष्य को भीतर से भरना होता है और भीतर से भरा हुआ यदि भीतर से शुद्ध भी हो जाये तो जीवन-यात्रा सार्थक हो जाती है। डॉ. प्रभाकर श्रोत्रिय की यह पुस्तक हमें भीतर से भरती है और शुद्ध भी करती है।

सत्यप्रकाश जी

जिन लोगों से घनिष्ठता हो जाती है उनके बारे में अक्सर याद नहीं रहता कि पहली बार उनसे कब मुलाकात हुई थी। सत्यप्रकाश मिश्र को पहली बार कहाँ देखा, ठीक-ठीक याद नहीं। संभवतः हिन्दी साहित्य सम्मेलन प्रयाग द्वारा आयोजित उस बृहद् कवि सम्मेलन में जिसमें गिरिजा कुमार मायुर, त्रिलोचन, प्रभाकर माचवे से लेकर एकदम नये कवि हमारी स्मृति में पहली बार एकत्र हुए थे। सन् उन्नीस सौ तिरासी-चौरासी की बात होगी। उसके विशेष कर्ता सत्यप्रकाश जी थे। हममें से अधिकांश वहीं सम्मेलन के सत्यनारायण कुटीर में टिके थे। दूसरे दिन सत्यप्रकाश जी ने कार्यालय से हमें, नये कवियों को, कई महत्त्वपूर्ण पुस्तकें भेंट कीं और अँग्रेजी-हिन्दी शब्दकोश बहुत रियायती मूल्य पर दिलाया। उसी समय हम निराला जी के घर दारागंज गये, दर्शन किये और उनके ज्येष्ठ पुत्र से भी मिले। इसकी व्यवस्था सत्यप्रकाश जी ने करायी थी। इसी के साथ मेरा सम्बन्ध उनसे बढ़ता गया। याद नहीं कि कितनी बार उनके आदेश पर मैं इलाहाबाद गया, रहा और सीखा। भोपाल और दिल्ली के अलावा किसी दूसरे शहर में मैं इतनी इतनी बार नहीं गया। और इलाहाबाद जाने का कारण और निमित्त सत्यप्रकाश जी थे। और मैं ही नहीं, हिन्दी के अधिकांश लेखकों के लिए यह सच है। प्रयाग तो तीन पवित्र नदियों का संगम है, सत्यप्रकाश जी के सौजन्य से इलाहाबाद अनेक साहित्यधाराओं का संगम बना। पिछले दो दशकों में संभवतः एक अकेला स्थान इलाहाबाद रहा जहाँ अनेक भावदृष्टियों, विचारधाराओं, पीढ़ियों और आग्रहों के लेखक मिल-बैठ कर विचार-विमर्श करते रहे, लड़ते-झगड़ते भी रहे। और इस तीर्थ की धुरी थे सत्यप्रकाश जी। वह ऐसा केन्द्र थे जहाँ सारी त्रिज्यायें मिलती हैं, ऐसा चौराहा, जहाँ कई रास्ते मिलते हैं। उन्हीं के कारण मैं लक्ष्मीकान्त वर्मा, रामस्वरूप चतुर्वेदी, रामकमल राय, रघुवंश, मानस मुकुल दास, जगदीश गुप्त, राजनाथ जी प्रभृति विद्वानों को करीब से देख-सुन सका। नये लिखने वालों के प्रति इनके सहज स्नेह भाव ने हमें अभिभूत किया। किसी बात पर असहमत होते हुए भी कमउम्र लोगों के प्रति प्यार में कभी कोई कमी नहीं की। गोष्ठियों में वाद-विवाद हुए, पर बाहर कमरे में स्नेह कम न पड़ा। कई बार बाहर भी विवाद या चर्चा जारी रही। याद है कि एक बात को

लेकर, जो गोष्ठी में पूरी न हो पायी थी, लक्ष्मीकान्त जी शाम को कमरे में चले आये थे और देर रात को गये। रामस्वरूप चतुर्वेदी जी से हमेशा नयी पुस्तकों का पता चलता था। रामकमल राय जी के घर भी कई बार गया। सत्यप्रकाश जी सम्पूर्ण हिन्दी साहित्य के व्यक्ति थे, किसी एक खंड या क्षेत्र के नहीं। उनके ही स्नेह से इलाहाबाद संग्रहालय की विचार-गोष्ठियों में भी जाना हुआ। इन सभी गोष्ठियों का वैचारिक स्तर ऊँचा होता था। सत्यप्रकाश जी जो विषय चुनते थे वह अपने आप में चुनौतीपूर्ण होता, उनका संचालन भावी वक्ता को उकसाता भी और आश्वस्त भी करता और बड़े से बड़े व्यक्ति की बातों को काटने से पीछे न हटता। सत्यप्रकाश जी बोलते हुए किसी को भी कोई रियायत नहीं करते थे, अपने गुरुजनों को भी नहीं। न किसी का अनपेक्षित पक्षपात या बचाव ही करते। बल्कि एकाध बार मेरी ही प्रतिरक्षा की, जबकि उनकी घोषित विचारधारा भिन्न थी। उनकी हर गोष्ठी के लिए मुझे बहुत तैयारी करनी पड़ती। एक तो विषय ही कठिन होता, दूसरे उनके स्नेह की रक्षा का भी प्रश्न होता। एक बार संग्रहालय में कैनन (मानदंड) पर गोष्ठी थी जिसमें डॉ. नामवर सिंह जी थे और अध्यक्षता डॉ. गोविन्द चन्द्र पांडे जी कर रहे थे। अन्य वक्ता भी श्रेष्ठ जन थे। श्रोतावृंद भी प्रयाग के नवनीत। पांडे जी ने अध्यक्षीय भाषण में मेरी बात बहुत स्नेह से काटी और गोष्ठी के बाद मुझे बुलाकर कहा कि अन्यथा न लूँ। ऐसी गरिमा और सौजन्य उन गोष्ठियों की विशेषता थी जिनका केंद्र सत्यप्रकाश जी होते। ऐसी ही एक गोष्ठी में मैंने अपनी भाषा के एक वरिष्ठ कवि को हमारे श्रद्धेय जन के प्रति अशोभनीय टिप्पणियाँ करते भी देखा था। लेकिन अध्यक्षता कर रहे उन विद्वान् के स्वर में जरा भी बल न पड़ा। सत्यप्रकाश जी सभी तरह के सभी आचार-विचार वाले लेखकों को सम्भाल सकते थे। उनकी उपस्थिति में कभी कुछ भी ऐसा न घटा जो संताप का कारण बने। बड़े-छोटे सब पर उनका अधिकार रहा। सबकी नस-नाड़ी भी वह पहचानते थे।

सत्यप्रकाश जी के कारण भी पिछले डेढ़-दो दशकों में मुझे लगातार अपने को अद्यतन बनाये रखने के लिए तैयारी करनी पड़ी। उनसे किताबें लाता, अगली बार लौटा देता। कुछ की प्रतिलिपि भी कराता। इन्हीं आने-जाने में श्रेष्ठ कवि नीलाभ से भी मुलाकातें बढ़ीं। आरम्भ में जिस कवि-सम्मेलन का उल्लेख आया उसी के दूसरे दिन हम लोग अश्क जी के घर पर गये। तब से लगातार जाता रहा। नीलाभ जी से हर बार किताबें लेता, कई बार वे खुद प्रति कराके देते, नयी से नयी किताबें, ऐसा समृद्ध पुस्तकालय उनके पास है। यह सुफल भी सत्यप्रकाश जी के कारण ही संभव हुआ। इलाहाबाद में ही मार्कण्डेय जी, शेखर जोशी और दूधनाथ सिंह को बार-बार सुनने का अवसर मिला। सत्यप्रकाश जी की हर गोष्ठी में इनको सुनता। सत्यप्रकाश जी के माध्यम से इलाहाबाद की सर्वोत्तम परम्परा एवं साहित्य की संस्कृति से परिचय हुआ। मेरा अनुभव यह है कि हम लिखने-पढ़ने से ज्यादा इन अवसरों के जरिये अपनी भाषा-संस्कृति को जान-पहचान पाते हैं।

हिन्दी साहित्य सम्मेलन से सत्यप्रकाश जी ने मुझे जोड़ा। सम्मेलन को उन्होंने नयी गति एवं त्वरा दी। पं. प्रभात शास्त्री जी के आशीर्वाद से उन्होंने सम्मेलन को नया रूप दिया। फिर श्री विभूति मिश्र के सान्निध्य में उसे और भी समकालीन बनाया; 'माध्यम' का प्रकाशन फिर से हुआ और नये से नये लेखकों को इस प्राचीन संस्था ने समुचित पीढ़ा या सम्मान दिया। मुझ अकिंचन को भी सम्मेलन ने सत्यप्रकाश जी की अनुशंसा पर न केवल स्थायी समिति का वरन् कार्य समिति का भी सदस्य बनाया। उन अग्रज साधकों के मध्य मैं संकोच का अनुभव करता रहा। सत्यप्रकाश जी के रहते हुए सम्मेलन के अधिवेशनों में नये लेखकों की भागीदारी बढ़ी। वरिष्ठ सक्रिय लेखकों का आना-जाना बढ़ा। दूसरी भाषाओं के भी समकालीन लेखकों से सम्पर्क बढ़ा। 'माध्यम' महत्त्वपूर्ण पत्रिका बनी जिसमें छायावादोत्तर कवियों से लेकर नवागंतुकों तक ने लिखा। 'माध्यम' के अनेक अंक, जिनमें ब. व. कारन्त पर विशेषांक भी है, संग्रहणीय बने। 'माध्यम' का सम्पादकीय, जिसमें सत्यप्रकाश जी लिखते थे, अपनी बेबाकी, तीक्ष्णता एवं देदीप्यमान भाषा के लिए प्रसिद्ध हुआ। सत्यप्रकाश जी साहित्य ही नहीं, राजनीति और सामाजिक विषयों पर भी टिप्पणी करते थे। उन्होंने सच बोलने में कभी कोई कोताही न की, न ही किसी का मुँह देखा। उनके पास सत्य का प्रकाश था। कुछ लोग शायद न जानते हों कि सत्यप्रकाश जी कितने बड़े ज्ञाता और विद्वान थे। उनका सादा पहनावा, सादगी-भरा आचरण और गोष्ठियों में अतिव्यस्तता उनके भीतर के विद्वान् को, आलोचक को ढँक कर रखता था। मैंने उनके कई व्याख्यान सुने थे जिनमें नयी कविता पर दिया गया व्याख्यान मुझे अब भी याद है। ऐसा समृद्ध व्याख्यान मैंने कम सुना है। प्रत्येक विषय पर की गयी उनकी टिप्पणी, संक्षिप्त, सारगर्भित, उस सत्र की महत्त्वपूर्ण टिप्पणी होती। उनकी जानकारी विपुल थी, विषय पर एकाग्रता अचूक।

सत्यप्रकाश जी जब इलाहाबाद विश्वविद्यालय के हिन्दी विभाग के अध्यक्ष बने तो एक बार फिर वहाँ गहमा-गहमी बढ़ी। अक्सर गोष्ठियों में यहाँ तक कि पुनश्चर्या कार्यक्रमों में भी मैं जाता। पूरे विभाग से मेरा सौहार्द बढ़ा। प्रो. राजेन्द्र कुमार जी तो थे ही, सूर्यनारायण से निजी घनिष्ठता हो गयी, पारिवारिक। और डॉ. पांडेय जी प्रभृति विद्वानों का सत्संग रहा। वहाँ भी मैंने पाया कि नये से नये लेखक आ रहे हैं, विवेक, आशुतोष, हीरालाल सब। हिन्दी का कोई विभाग आज शायद ही इतना खुला और उदार हो। सभी पीढ़ियों, सभी विचारों के लोग। और यह उदारता ही थी कि मुझे सत्यप्रकाश जी ने अतिप्रतिष्ठित निराला व्याख्यान प्रस्तुत करने को कहा जिसे पन्त और अज्ञेय दे चुके थे। उन्हीं के आदेश पर संग्रहालय में मुझे महादेवी व्याख्यान भी प्रस्तुत करने का अवसर मिला। मुझ पर उनका अकारण स्नेह था। मैं भी उनके स्नेह के वश में था। और कई बार गाढ़े में उनकी सहायता काम आयी। उन दिनों मैं बहुत तंगी में भी था। सत्यप्रकाश जी के निजी जीवन और संघर्षों के

बारे में बहुत कम लोग जानते हैं। कभी वह कुछ कहते भी न थे। ऐसी व्यस्तता और हड़बड़ी कि आप ठीक से उन्हें देख न सकें। एक पत्रिका में उनका साक्षात्कार पढ़कर मुझे उनके निजी जीवन की कुछ जानकारी मिली। इलाहाबाद से बहुत ज्यादा दूर की यात्राएँ करना या विदेश जाना वह ठुकराते रहे। घर पर वृद्ध पिता थे। परिवार था। मैं कई बार उनके घर गया। खाना खाया। एक-दो बार डॉ. कमला प्रसाद जी के साथ भी जो उनके समधी हैं। सत्यप्रकाश जी हर व्यक्ति की हर बात का खयाल रखते थे। किसी भी जरूरत के लिए उन्हें दुबारा कहना न पड़ा।

इलाहाबाद के बाहर भी उनसे कई बार मिलना हुआ, दिल्ली, पटना और अधिवेशनों में। हमेशा व्यस्त, पर कभी आपा नहीं खोया, कभी स्वर तक ऊँचा न हुआ। शाम को मिलते-बैठते वह अनेक दिलचस्प प्रसंग बताते, अनेक कथाएँ, घटनाएँ। लेखकों के अनेक किस्से उनके पास थे। उन्हें केवल साहित्य से ही नहीं, साहित्यकारों से भी बहुत प्रेम था। लक्ष्मीकांत वर्मा जी की बाँह पकड़ कर मैंने उन्हें उनके घर तक रात में पहुँचाते देखा। यह दृश्य मैं कभी भूल नहीं पाऊँगा।

सत्यप्रकाश जी का न होना मेरी निजी क्षति है। मेरा एक सहारा कम हो गया। लेकिन उससे भी अधिक यह सम्पूर्ण हिन्दी साहित्य और समाज की क्षति है। आज उन सरीखा कोई नहीं जो सर्वमान्य हो, जो हर तरह के लोगों का करीबी हो, जिस पर सब भरोसा कर सकें, जिसकी एक पुकार पर सभी विचारों-दृष्टियों के लेखक एक जगह एकत्र हो सकें। और जो स्वयं भी विद्वान हो। उनके बिना इलाहाबाद मैं सोच भी नहीं सकता। हिन्दी साहित्य सम्मेलन, इलाहाबाद विश्वविद्यालय, इलाहाबाद संग्रहालय और समस्त इलाहाबाद सूना हो गया है। उनसे सीखने या बरतने को बहुत कुछ है—स्नेह, सहिष्णुता और सत्कर्म। उन्होंने न केवल संस्थाओं को जीवित तथा सक्रिय रखा, बल्कि जनतन्त्र की उस बुनियादी प्रतिज्ञा की रक्षा की कि यहाँ इस लोक में सबका समान अधिकार है। उन्होंने हिन्दी की महान परम्परा का पोषण किया—वाद-विवाद-संवाद की परम्परा का और मेरी स्मृति में वह अकेले व्यक्ति थे जिन्होंने सब कुछ करते हुए, सारी संस्थाओं का पोषण करते हुए, सबको बुलाते, सबसे घनिष्ठता होते हुए भी अपने लिए कुछ नहीं चाहा। उन्होंने दूसरों को प्रतिष्ठा दी, अपनी न चाही। लेकिन जो प्रतिष्ठा और स्नेह तथा आदर उन्हें मिला, वह दुर्लभ है। अन्धेरे और असत्य-कीर्ण समय में सत्यप्रकाश जी सत्य का प्रकाश थे।

रामविलास शर्मा : कुछ प्रश्न कुछ उत्तर

प्रश्न : क्या इतने विवादों के बिना रामविलास जी अपनी मान्यताएँ नहीं रख सकते थे? क्या रीतिवादियों, अध्यात्मवादियों, आधुनिकतावादियों की तरह प्रगतिवादियों से भी उनके विवाद आवश्यक थे?

उत्तर : आप पूछते हैं—क्या इतने विवादों के बिना रामविलास जी अपनी मान्यताएँ नहीं रख सकते थे? मेरा कहना है कि विवाद पहले नहीं, बल्कि मान्यताओं को रख देने के बाद होते हैं। दूसरी बात यह कि यह शब्द 'विवाद' आजकल दोषपूर्ण माना जाता है। जो ठीक नहीं। ऐसा कौन-सा विचार या व्यक्ति है जो सर्वमान्य हो—'है कोई ऐसा जिसे अच्छा कहें सभी?' इसलिए असहमति तो होगी, एक विचार को काटने, दूसरे को जमाने का यत्न होगा। जब आँगन में बेर का पेड़ है तो ढेला गिरेगा ही।

अगर हम पिछली शताब्दी की अन्तिम चौथाई को ध्यान में रखें तो पाएँगे कि हिन्दी में इस बीच लगभग सारे वैचारिक, कलागत, सौन्दर्यपरक संघर्ष या तो मार्क्सवादियों के बीच हुए या मार्क्सवादी-अमार्क्सवादियों के बीच। जो अपने को मार्क्सवादविहीन मानते हैं उनके मध्य किसी उल्लेख्य मतभेद या विचार-संघर्ष की रिपोर्ट नहीं मिलती। उनमें अद्‌भुत वैचारिक विराम या समरसता है—आत्ममुग्ध 'इनब्रीडिंग'। ऐसा केवल हिन्दी में सम्भव हो सका और इस कारण समस्त हिन्दी जाति को घाटा हुआ क्योंकि 'बहता पानी निर्मला बँधा गंदा होय।'

इसके विपरीत मार्क्सवाद से किसी न किसी प्रकार का सम्बन्ध बनाने वाले विचारकों-लेखकों के बीच दुर्धर्ष संघर्ष रहा है और है और रहना ही चाहिए क्योंकि किसी ने सत्य-मणि पा ली हो, ऐसा नहीं। जब तक सत्य-मणि नहीं मिलती, चिन्तामणि जाज्वल्यमान रहे। दुर्भाग्य से कुछ लोग वैचारिक संघर्ष को विराम में बदलना चाहते हैं। यदि ऐसा हुआ तो हिन्दी समाज नष्ट हो जायेगा। वर्तमान की प्रत्येक असहमति भविष्य की बीमा है। इसलिए मेरा खयाल है कि रामविलास जी के लेखन तथा विचारों-मान्यताओं ने जितने भी प्रत्याक्रमण या 'विवाद'

आमंत्रित किये वे सब के सब अनिवार्य तथा महत्त्वपूर्ण हैं। व्यक्ति की देह-यात्रा विराम पाती है लेकिन विचार-यात्रा चलती रहती है और इसीलिए 'विवाद' भी।

प्रश्न : एक रचनाकार के रूप में आप रामविलास जी की मान्यताओं को अपने लिए किस रूप में सन्दर्भवान पाते है?

उत्तर : मेरे लिए किसी भी विचारक की मान्यता से ज्यादा महत्त्वपूर्ण है वो रास्ता, वे विचार-वीथियाँ या गली कूचे-बस्तियाँ, जिनसे चलकर वह वहाँ तक पहुँचा। मुकाम गलत हो सकता है। रास्ता शायद नहीं। मान्यता बदल सकती है, खंडित भी हो सकती है लेकिन जो सत्य की खोज की प्रतिज्ञा तथा साधना है, वह हमें हमेशा प्रेरित करेगा। रामविलास जी ने निराला पर जो लिखा, शमशेर के गद्य पर, केदारनाथ अग्रवाल की कविता पर (तथा उनके साथ उनका मित्र-संवाद) तथा साहित्य सम्बन्धी उनकी पुस्तकें—उन्हें पढ़ कर मैं सीखता हूँ। उन्हें पढ़ कर, रोड़ीदाने की तरह उनके गद्य को पढ़ कर, अपनी भाषा से प्रेम बढ़ जाता है।

प्रश्न : क्या भारत के लिए मार्क्सवाद की उतनी ही प्रासंगिकता है जितनी रामविलास जी मानते हैं?

उत्तर : भारत के लिए ही नहीं, पूरे मानव-समाज के लिए जो विचार तथा विचार करने के जो तरीके हमेशा प्रासंगिक रहेंगे, उनमें मार्क्स के विचार और तरीके हैं। मेरी समझ से आज की दुनिया हर पल मार्क्सवाद को **सिद्ध** और **परिवर्द्धित** कर रही है। पूँजीवाद का संकट बढ़ता जा रहा है और उसे हल करने की बदहवास कोशिशें भी। वर्ग हैं और आर्थिक कारक ही सर्वाधिक निर्णायक कारक है—इसे छोड़ने और इसके स्थान पर जाति, धर्म, नस्ल, लिंग, क्षेत्र, सभ्यता, हाशिया, आदि को स्थापित करने के सारे प्रयत्नों के बावजूद पूँजीवाद संकट में है। सोवियत संघ के समाप्त हो जाने का मतलब यह नहीं कि पूँजीवाद सुरक्षित है क्योंकि बीमारी पूँजीवाद के भीतर है, बाहर नहीं। इसलिए रामविलास जी की वैचारिक टेक निश्चय ही बनी रहेगी।

प्रश्न : रामविलास जी की आलोचना के सिद्धान्त और उनके जीवन-व्यवहार में कोई अंतस्सूत्रता है या नहीं?

उत्तर : देखिए, यह मामला उतना सीधा नहीं जितना हम अक्सर समझ लेते हैं। आलोचना के सिद्धान्तों का निर्माण आलोचक के जीवन-व्यवहार पर प्रत्यक्षतः निर्भर नहीं करता। फिर भी जीवन का प्रत्येक क्षण परोक्ष रूप से हमारे विचार को भी प्रभावित करता होता है। मेरी समझ से प्रगतिशील लेखक संघ के उनके अनुभवों का दूरगामी प्रभाव उनके सिद्धान्तों तथा मूल्यांकन पर पड़ा।

प्रश्न : कबीर/तुलसी, रामचन्द्र शुक्ल/ हजारीप्रसाद द्विवेदी, केदारनाथ अग्रवाल/ मुक्तिबोध, यशपाल/अमृतलाल नागर—ऐसे विवादों में रामविलास जी के निर्णय में उनकी रुचि और विचारधारा की कितनी भूमिका है?

उत्तर : रामविलास जी ने जिस कवि पर सर्वाधिक लिखा उसका नाम इस सूची में नहीं है—निराला, क्योंकि इस नाम का कोई युग्म नहीं बना होगा। हम यह सोचें कि उन्हें निराला क्यों प्रिय हैं? क्या इसका कारण विचारधारा है? उन्हें तुलसीदास क्यों प्रिय हैं? शुक्ल जी के प्रति उनका झुकाव क्यों है? एक उत्तर तो कुछ विद्वान बताते हैं—उनका **ब्राह्मणवाद**। तो फिर केदारनाथ अग्रवाल कैसे अँटेंगे? इसके अलावा मुक्तिबोध की भी 'विचारधारा' तो वही थी और जाति भी यदि मुक्तिबोध की जाति में रुचि हो तो। तो क्या तर्क बनता है? क्या यह केवल निजी रुचि अथवा पसन्द-नापसन्द का मामला है जैसा कि किसी भी औसत पाठक या फिल्म-दर्शक के साथ भी होता है? नहीं, रामविलास जी के पास एक सुचिन्तित सौन्दर्यात्मक मापदंड है जिससे आप असहमत हो सकते हैं, लेकिन वो है—उनके इन सभी प्रिय कवियों-लेखकों की सूची पर गौर करने से पता चलता है कि रामविलास जी उस कला को चाहते हैं जो प्रत्यक्ष जीवन के अनुभवों-प्रसंगों-भावों को बिम्बों में बदल सके। उनके लिए भौतिक जगत, यह पदार्थमयता, सर्वाधिक महत्त्वपूर्ण है—उसकी व्याख्या, वैचारिक टीका-टिप्पणी तथा अमूर्त्तन नहीं। 'निजी रुचि' क्या है? जो अब तक का हमारा पूरा जीवन है—अनुभव, अध्ययन, सोहबत, विचार, दर्शन—प्रत्येक तृण—गुल्म वही हमारी रुचि को बनाता है और फिर बनी हुई रुचि को बदलता भी है ताकि वह 'जड़ीभूत सौन्दर्याभिरुचि' में न बदल जाये। कोई भी श्रेष्ठ पाठक केवल वैचारिक कारण से किसी लेखक को पसन्द नहीं करता। इसके अलावा ऐसा कोई आलोचक आज तक नहीं हुआ जो चुनने में चूक न करे। मुझे उसकी **जि द** इसलिए अच्छी लगती है कि जो आलोचक 'ज़िद्दी' नहीं है वह आलोचक क्या ख़ाक होगा? जिसका कोई अन्ध-बिन्दु (ब्लाइंड स्पॉट) नहीं, वह ज्योतिवान भी नहीं होगा। अंधों का कोई अन्ध-बिन्दु नहीं होता। हर आलोचक का कोई न कोई ब्लाइंड स्पॉट होता है और ब्लाइंडलाइट भी—यानी नेत्रहीनों की अन्तर्ज्योति।

प्रश्न : क्या वर्ग संघर्ष और हिन्दी जाति मिलकर साम्प्रदायिकता और जातिवाद का आधार मिटा सकते हैं?

उत्तर : धर्म, जाति, क्षेत्र, भाषा, नस्ल आदि पर आधारित साम्प्रदायिकता तब तक समाप्त नहीं होगी जब तक इनका पोषक पूँजीवाद नष्ट नहीं होता। जैसे कुछ कीटाणुओं का संवाहक मच्छर या सूअर होता है, वैसे ही इन सभी कीटाणुओं का संवाहक पूँजीवाद है। जाति-धर्म-क्षेत्र आदि पर आधारित दल पूँजी के चारण हैं और गरीबों की एकता को तोड़ते हैं क्योंकि वर्तमान जीवन को चलाने वाला कारक आर्थिक है और इसे ही वे नहीं मानते। किसी भी समाज में **अनेक अन्तर्विरोध** होते हैं पर देखना यह है कि **मुख्य अन्तर्विरोध** कौन है? इन दलों के पाँव प्रेत की तरह पीछे की ओर मुड़े हैं—सबको एक हजार साल

से लेकर पाँच हजार साल पीछे का बदला लेना है। वर्ग की अवधारणा इसकी वास्तविक काट है। हिन्दी समाज की अवधारणा इसके लिए पर्याप्त नहीं है क्योंकि हिन्दी समाज कोई अखंड, एकनिष्ठ समाज नहीं है। इसके अलावा हिन्दी समाज सम्पूर्ण भारतीय समाज का एक अंश है। मुक्ति अकेले में नहीं, सबके साथ होगी।

प्रश्न : हिन्दी समाज और चिन्तन में रामविलास जी का क्या स्थान होगा?

उत्तर : हिन्दी समाज और चिन्तन में रामविलास जी का स्थान अमर है। डॉ. रामविलास शर्मा भारतीय मनीषा की अमरता हैं।

पारचून

(कवि, कविता और समाज पर अन्धाधुन्ध टिप्पणियाँ)

एक दिन यूँ ही मेरे मन में विचार आया कि इस दुनिया में जो कुछ भी होता है वह अंततः इसी शरीर पर ही तो होता है। सूर्य का उगना, जो इस शरीर के एक एक जोड़ और रंध्र को खोल देता है; फूलों का खिलना जो इस शरीर को इतना व्याकुल बना देता है; एक स्त्री का शृंगार; एक पुरुष का सौष्ठव; और भूख-प्यास; और युद्ध, जिसका एकमात्र लक्ष्य है शरीर को नष्ट करना और फिर मृत्यु, जो शरीर का अन्त है। पूरी सृष्टि का केन्द्र है शरीर। पूरी सृष्टि का आखेट है यही शरीर। इसीलिए कविता, श्रेष्ठ कविता हमेशा शारीरिक या ऐन्द्रिक होती है, जहाँ शरीर अपनी पूर्णता में सक्रिय होता है और जो अपने को हर कोण, हर दिशा से प्रगट करता चलता है। अपभ्रंश दोहे की नायिका कहती है, एक तो प्रिय मिलते नहीं, यदि इस बार मिल गए तो मैं उन्हें वैसे ही सोख लूँगी जैसे कच्ची मिट्टी का सकोरा पानी सोख लेता है। यह शरीर, मिट्टी का एक सकोरा, रंध्रों से भरा, जिसकी तृप्ति है पानी को सोखना और वही उसका अवसान भी। ऐसी कविता पर शक होता है जो लगातार बोलती, बताती जाए यानी वक्तव्य दे। होना तो यह चाहिए कि जब कविता कहे ठंढ, तो हाथी जल में डलती अपनी सूँड़ सिकोड़ ले। जो शरीर पूरी सृष्टि की नाभि है, उससे अधिक महत्त्वपूर्ण और क्या है कविता के लिए। मैं जानता हूँ कि आज रात जब हिमालय को लाँघ कर उत्तरी हवा इधर आयेगी तो मेरा शरीर काँपने लगेगा। मैं जानता हूँ कि जब अंडमान में नयी हवा जन्म लेगी तो मेरी साँस हल्की हो जायेगी और यह भी जानता हूँ कि जब अमरीकी हवाई जहाज प्रक्षेपास्त्रों से लैस हवा में उठेंगे तो हजारों शरीर नष्ट हो जाएँगे। इसलिए कविता इस पवित्र मानव शरीर के पक्ष में युद्ध का विरोध करती है।

अब मुझे लगता है कि 'स्वांतः सुखाय' लिखने का अर्थ क्या होता है। वास्तव में हर रचना स्वांतः सुखाय ही रची जाती है। सारे प्रयोजन व्यर्थ व निषिद्ध हो जाते हैं यदि लिखने का सुख न हो। लिखने में मन रमना, मजा आना, एक ऐसे रस का झिरना जो और किसी काम में न हो। सारे दबावों, आग्रहों और दूसरों के हठ के बावजूद,

जानते हुए भी कि यह करना ही है और यह करना हर दृष्टि से कितना उपयोगी है, समाज के लिए, यश के लिए, धन-प्राप्ति के लिए, सब कुछ जानते हुए भी जब तक लिखने में सुख न मिले, कुछ खास नहीं हो सकता। यह भी सही है कि दुनिया की अनेक महान् रचनाएँ कर्ज चुकाने के लिए या बेहद ऊब और जम्हाई के दौरान लिखी गयीं—लेकिन जब काम शुरू हुआ होगा और जब काम हो रहा होगा तब सिर्फ एक गति ही सब कुछ को धारण करती है और वो गति है—तत्काल मिलने वाला सुख। यह सुख बहुत कुछ रति-सुख की तरह ही है शायद जो हर बार आदि काल से अपने वास्तविक क्षणों में केवल सुख होता है, निष्प्रयोजन, भले ही उसकी परिणति नये मनुष्य का जन्म हो या उसका स्रोत सन्तति मात्र की आकांक्षा और तदनुसार किये जाने वाले सारे अनुष्ठान, मुहूर्त विशेष का चुनाव, पुरोहितों की सलाह आदि। बिना उस अनिर्वचनीय सुख के वह पूरा कांड अत्यन्त शुष्क, यान्त्रिक और निष्फल भी होगा। जैसे जैसे उम्र बढ़ती है उद्वेग भी शिथिल पड़ता है, लेकिन हर बार प्रयत्न और सायासता के बावजूद एक अलौकिक आनन्द का अनुभव प्रतीक्षा करता मिलता है। जिस लेखक को लिखने की क्रिया में आनन्द नहीं मिलता वह धीरे-धीरे लिखना छोड़ने लगता है, कागज और कलम से डरने लगता है क्योंकि एक बार उस महान् आनन्द को पा लेने के बाद उसकी स्मृति उसे बेचैन करती है और उम्रदराज कामुक की तरह वह स्वयं की शिथिलता से डरता है—लेकिन लिखने का सुख दैहिक सुख से सर्वधा पृथक और स्थायी सुख है। बिना एक निजी स्वार्थ के सृजन सम्भव नहीं।

क्या धर्महीन आध्यात्मिकता सम्भव है? यदि सम्भव है तो फिर आध्यात्मिकता के साथ 'धर्महीन' लगाना क्यों जरूरी है? फिर 'आध्यात्मिकता' शब्द की ही क्या जरूरत है? क्या पहले से ही अनेक शीरों-शोरवों-तेलों से चुपड़े इस शब्द के बिना हम कविता की सुन्दरता तथा आनन्द और ऐश्वर्य का उल्लेख नहीं कर सकते? आध्यात्मिकता बिना किसी इतर की उपस्थिति की कल्पना के सम्भव नहीं। एक ऐसा इतर जो हमसे भिन्न, सुदूर और बृहत्तर हो। व्यक्ति की आत्मा के सर्वोच्च ब्रह्म की आत्मा से संयोग अथवा संयोग की आकांक्षा को व्यक्त करने के लिए प्रायः इस पद का प्रयोग होता आया है। इसलिए इस पद के साथ धर्म का एक पूरा इतिहास सटा हुआ है। तब यह प्रश्न जरूर है कि जो धर्म से परिचालित नहीं हैं, या जो नास्तिक हैं, या जो सर्वथा इहलौकिक हैं उनकी रचनाओं में वह महत्तम सौन्दर्य और 'स्व' के प्रसार अथवा विलयन का भाव कैसे प्रगट या विकीर्णित होता है? शेक्सपीयर में जो अलौकिक प्रभा है क्या उसे प्रचलित अर्थ में आध्यात्मिक कहा जा सकता है? ग़ालिब में जो नूर है क्या वह धर्महीन आध्यात्मिकता है? मुक्तिबोध में जो व्यग्रता है वह क्या आत्मा के परमात्मा से संयोग की व्यग्र आकांक्षा के समतुल्य है? शमशेर में जो लालसा है क्या वह आध्यात्मिक कही जाएगी? नहीं। यह शब्द 'मैला' हो चुका है। माँजने पर भी इसकी गन्ध नहीं जायेगी।

रिल्के, जो 'आध्यात्मिक' भी कहे जाते हैं, का सबसे प्रिय उपन्यास था—डेनिश लेखक याकोब्सन का छोटा-सा उपन्यास 'नील्स लाइम'। रिल्के स्वयं धर्म में विश्वास करते थे; उनकी कविताओं में वह पीड़ा है जिसे आध्यात्मिक कहा जाता है। लेकिन 'नील्स लाइम' एक नास्तिक की कृति है जिसमें बहुत साहस के साथ नास्तिकता की और नास्तिकता से उद्भूत भावों की स्थापना मिलती है। निश्चय ही यह एक महान् और अनूठा उपन्यास है, मनुष्य के इस ब्रह्मांड में निष्कवच संघर्ष की गाथा; जो है, वो यही है जीवन, निर्विकल्प के संज्ञान के साथ मृत्यु के स्वीकार की दहलाने वाली गाथा—'न तो मनुष्य का कोई घर इस पृथ्वी पर है, न कोई आसरा कहीं और'; 'हर आत्मा अकेली है...कोई किसी से कभी न पूरा मिल पाती है न पूरा विलीन...'(स्मृति से उद्धृत)। इस उपन्यास के भाव को, इसकी इहलौकिक द्युति को क्या आध्यात्मिक कहा जाएगा? आध्यात्मिक संकीर्ण शब्द है। नये भावों-रसों को पुराने पद उसी तरह बदल देते हैं जैसे काँसे का बर्तन ताजा दही को। हम नये अनुभव, नयी प्रतीति और द्युति को एक पूर्वाग्रही पद में न घटा दें। वह सर्वथा भिन्न सौन्दर्य, सारे दरवाजों-खिड़कियों को खोल धूप-बारिश-तूफान से भरे मैदानों-घाटियों में निर्वस्त्र ललदद की कविताओं की-सी व्यग्र लालसा, मानव मन के समस्त अन्धेरे दुर्गम कोनों-सन्धियों, गर्भगृहों, कोहबरों को उकटेर देने वाली शेक्सपीयर की प्रचंड झंझा 'धर्महीन आध्यात्मिकता' जैसे जर्जर पद में नहीं अट सकती। 'धर्महीन आध्यात्मिकता' इस तेज को धारण करने में असमर्थ है।

हर बार लगा कि कविता समाप्त हो जाएगी, नई सभ्यता में कविता के लिए कोई जगह नहीं बचेगी और कविता का काम भी सामाजिक न रह जाएगा। लेकिन हर बार कवियों की एक नई खेप आयी, हर बार कविता का निर्मोचन हुआ। कविता के भविष्य को लेकर विशेष चिन्ता पूँजीवाद के आगमन के साथ शुरू हुई। यूरोप में सोलहवीं शताब्दी के आसपास और भारत में बीसवीं शताब्दी के आरम्भ से। इसके पहले कविगण एवं काव्य प्रेमी भी निःशंक थे। यह भी अजीब बात है कि आज भी दुनिया की कोई भाषा, कोई समाज ऐसा नहीं जिसमें कविता लिखी और पढ़ी न जा रही हो। यह सही है कि पूरा समाज कविता नहीं पढ़ता, पूरा समाज कोई भी एक काम नहीं करता; लेकिन यह भी सही है कि किसी न किसी रूप में समाज में कविता के लिए कुछ न कुछ जगह बन ही जाती है, शुद्ध गणित, शुद्ध भौतिकी या दर्शन से कहीं ज्यादा। कभी कोई गणित या दर्शन के भविष्य को लेकर चिन्तित नहीं होता, स्वयं गणितज्ञ या दार्शनिक तो बिल्कुल नहीं, न ही सामान्य लोग गणित या दर्शन से कोई उम्मीद रखते हैं, जबकि ये दोनों सर्वाधिक त्रस्त एवं लोप के खतरे को झेलती विद्याएँ हैं। दूसरी ओर, कविता से उम्मीद रखने वाले तथा कविता के भविष्य को लेकर चिन्ता करने वालों की संख्या कम नहीं है। तो क्या सचमुच कविता का भविष्य अनिश्चित है? ऐसा मानने के मुख्यतः दो कारण हो सकते हैं। पहला तो यह कि

कविता का कोई 'उपयोग' सम्भव नहीं है। इससे कोई फायदा नहीं। पूँजीवाद जिन कुछ क्षेत्रों का व्यवसायीकरण नहीं कर पाया उनमें कविता भी है, बल्कि आरम्भ से ही कविता एक प्रतिरोध-शक्ति की तरह खड़ी रही क्योंकि उसने पूँजीवाद के अमानवीय चेहरे की वीभत्सता को उजागर किया और इस तरह स्वभावतः उन लोगों के साथ खड़ी पाई गयी जो पूँजीवाद की कब्र खोद रहे थे। पूँजीवाद के पण्यीकरण और भोग का सर्वाधिक प्रतिरोध कविता ने किया और आज भी कविता का कोई उपभोग सम्भव नहीं। पूँजीवादी समाज में सबसे कम 'उपयोगी' स्वयं मनुष्य होता है। वह किसी काम का नहीं रह जाता। इसी तरह वो सब कुछ जो मनुष्य के महत्त्व को सिद्ध एवं स्थापित करता है वह अनुपयोगी, निरर्थक और बाहरी होता जाता है और वो सब कुछ जो मनुष्य को बेकार एवं वध्य बनाता है, वह अपरिहार्य बन जाता है। यहाँ तक कि धर्म का स्थान भी धर्म आधारित हिंसा ले लेती है। जो कविता कभी धर्म का स्थान लेना चाहती थी वह धर्म भी अब निरर्थक हो चुका है क्योंकि मानव-प्रेम और ईश्वर की सत्ता की कल्पना भी वास्तविक सत्ता के लिए चुनौती है। इसलिए कविता का भविष्य उसी तरह अनिश्चित है जैसे स्वयं मनुष्य का। दूसरा कारण स्वयं कविता की अवधारणा से सम्बन्धित है। जैसे यह विचार कि ज्यों-ज्यों सभ्यता विकसित होती जायेगी, कवि-कर्म कठिन होता जाएगा तथा ऐसे ही अनेक विचार जो विशेषकर रोमांटिसिज्म के दौर से प्रचलन में हैं और जड़ जमा चुके हैं, इसके मूल में यह धारणा है कि कविता स्वभावतः सरल, सुन्दर, प्राकृतिक जीवन में बसती है तथा उसे धारण करती है। इसलिए ऐसे समय और समाज में कविता करना सुगम है जहाँ जीवन जटिल नहीं है, ऐसा स्वर्ग जहाँ सर्प न हों। लेकिन कविता का इतिहास बतलाता है कि हर युग की श्रेष्ठतम कविता उस युग की सर्वाधिक संश्लिष्ट एवं घूर्णों भरी जीवन-स्थितियों तथा अन्तर्विरोधों से जूझते हुए रची गई, चाहे वह रामायण हो या महाभारत या कबीर या तुलसी अथवा निराला या मुक्तिबोध। कविता ने, श्रेष्ठ कविता ने कभी आसान रास्ता नहीं चुना। वह हमेशा दुर्गम की राह चली। कवि-कर्म कठिन बनाया। सभ्यता का विकास कोई आज की चीज नहीं है। वह एक प्रक्रिया है। हर युग को लगा कि पिछला युग सरलतर था। पहले सतयुग था, अब कलियुग है। कलियुग भी कोई आज की अवधारणा नहीं है। स्वयं तुलसीदास जी का एक उद्देश्य कलियुग को पराजित करना भी था। यानी सभ्यता का विकास होता गया और कवि-कर्म नई चुनौतियों से जूझना, तलवार की धार पर 'धावन' बना जो आज भी है। जो जीवन की जटिलता को नहीं जानते, जो लगातार कम होती हवा में साँस लेने के संघर्ष को नहीं जानते वे कवि भी कैसे होंगे और यदि होंगे भी तो उनके लिए कवि-कर्म हमेशा की तरह मौज-मस्ती ही रहेगा। कविता का भविष्य उन कवियों के आगमन पर निर्भर है जो जीवन के तीक्ष्णतम क्षणों को वाणी देंगे, जो पिघलते हुए सीसे को अपनी आत्मा में ढालेंगे और सारी विपत्तियों-त्रासदी के बीच

भी न तो अपना पक्ष छोड़ेंगे, न भविष्य में विश्वास। अब तक का इतिहास बताता है कि हर युग में ऐसे कवि होते ही हैं। ऐसे कवि, 'जो अन्धेरे में, अन्धेरे का गीत' गाते हैं। कविता का भविष्य उसकी इसी प्रतिरोध-शक्ति पर निर्भर है।

पूँजीवादी समाज को चलाने वाली शक्ति ईर्ष्या है। जितने बुरे भाव हैं वे सब पूँजीवाद में महामारी की तरह फैलते हैं और पूरे तंत्र को चलाये रखने के लिए जरूरी हैं। पूँजीवादी समाज बिना ईर्ष्या-द्वेष के चल ही नहीं सकता। यदि मेरे पड़ोसी के पास मुझसे अधिक धन है तो मुझे ईर्ष्या होगी और मैं इसकी खबर आयकर विभाग को दूँगा। इस तरह प्रत्येक व्यक्ति दूसरे व्यक्ति पर नजर रखता है और परस्पर द्वेष की एक ऐसी पद्धति बन जाती है जो बहुत सारे विकारों एवं विपर्ययों पर भी अंकुश लगाती है। यह द्वेष व्यक्तियों से लेकर समूहों, राष्ट्रों, निगमों सब तक फैला होता है और पूँजीवाद को चालू रखता है। इसीलिए जैसे-जैसे पूँजीवाद बढ़ता है, पुलिस तथा फौज भी बढ़ती है। ईर्ष्या, अविश्वास, लोभ, लिप्सा, अहंकार, घृणा, स्वार्थ, हिंसा—मनुष्य में जो कुछ बुरा है, उसकी उत्कट अभिव्यक्ति पूँजीवाद में होती है। ये बुराइयाँ पहले भी थीं, लेकिन आज जितनी पहले कभी नहीं थीं क्योंकि सम्पत्ति का ऐसा संकेन्द्रण पहले कभी नहीं था। जिस समाज में अच्छे भाव के लिए जितनी कम जगह बचे, वह समाज उतना ही पूँजी का गुलाम है। अच्छे, नेक, पॉजिटिव भावों की उपस्थिति, उनका प्रकाश और प्रसार पूँजीवाद के लिए खतरा है। इसलिए साहित्य जो सारे अच्छे भावों का पुंज और स्मृति-मंजूषा है, पूँजीवाद के लिए त्याज्य है। ऐसा साहित्य, जो मनुष्य के मनुष्य होने की स्मृति या संभावना को व्यक्त करे, वह बैरी है। इसीलिए साहित्य केवल शब्दों का खेल हो तो ठीक, जहाँ कहीं वह अर्थ प्रसारित करने लगे या बाह्य यथार्थ को इंगित करने लगे तो वह सीमा का अतिक्रमण करने लगता है क्योंकि तब मनुष्य के मनुष्य होने की आकांक्षा, जो वास्तव में प्रेम की आकांक्षा है, तथा अर्थवत्ता भी प्रसारित हो सकती है और यह पूँजीवाद के लिए खतरा है। हम लाख भूल जायें कि पूँजीवाद है, पर पूँजीवाद कभी नहीं भूलता कि उसकी काट क्या है और कहाँ हैं? पूँजीवाद की एक काट स्वयं कविता है क्योंकि वह मनुष्य के सर्वोत्तम भावों-गुणों तथा सत्त का अभिज्ञान है।

सब कुछ से मुक्ति सम्भव है, जाति से नहीं क्योंकि यह जन्म से है। जन्म के पूर्व से है। कोई विधान, कोई नीति-दर्शन, कोई व्यवस्था किसी को जाति से मुक्त नहीं कर सकती क्योंकि किसी को जाति दी नहीं जाती, वह उसी के साथ जन्म लेती है। हमारे देश की आधी बुराइयों की जड़ यही जाति है जो जन्मना है। लेकिन एक और चीज है जो जन्मना है जो जन्म के साथ से बल्कि जन्म के पूर्व से ही जातक को मिलती है। वह है सम्पत्ति। नैसर्गिक गुणों के अतिरिक्त दो ही चीजें जन्मना

हैं—जाति और सम्पत्ति। यदि पिता की जाति पुत्र की है तो पिता की सम्पत्ति भी पुत्र की। हमारे देश की शेष आधी बुराइयों की जड़ यही सम्पत्ति है। यदि जन्मना जाति बुरी है तो जन्मना सम्पत्ति भी। यदि जाति का विरोध और उससे मुक्ति जरूरी है तो सम्पत्ति का विरोध और उससे मुक्ति भी। कितनी भयावह बात है कि जो जन्मना जाति का विरोध करते हैं वे जन्मना सम्पत्ति का विरोध नहीं करते। बाप की गद्‌दी बेटे को, बाप की तिजोरी बेटे को। न कोई जाति हो किसी की, न कोई सम्पत्ति हो किसी की। इसमें किसी को क्या एतराज हो सकता है?

बताया जाता है कि आदमी का बच्चा अपनी भ्रूणावस्था के नौ महीनों में उन सभी जैविक चरणों से होकर गुजरता है जिनसे होकर सृष्टि के आरम्भ से लेकर मनुष्य के आविर्भाव तक यह विकास क्रम चलता रहा है। प्रत्येक कवि भी काव्य की उन सभी पूर्व अवस्थाओं से होकर अन्ततः अपनी वास्तविक अवस्था तक पहुँचता है और अपना निजी स्वर प्राप्त करता है। इस दौरान उसमें अनेक पिछले स्वर, भूले-भटके बिम्ब, मनोदशाएँ, भावचक्र प्रगट होते रहते हैं। लगता है उस पर इन आन्दोलनों, पद्धतियों का प्रभाव है लेकिन धीरे-धीरे वह अपने उस स्वर को पा लेता है, जो उसका गंतव्य अथवा पूर्णावस्था है। कई बार इसे पाते-पाते पूरी कविता-उम्र गुजर जाती है और कई बार ऐसा भी होता है कि इसे पाकर वह निढाल हो जाता है और उसे लगता है कि अब आगे और कोई विकास सम्भव नहीं, और यही विकास-क्रम की सर्वोच्च दशा है। लेकिन ऐसा भी हो सकता है कि वह एक बार फिर अपने को तोड़ दे, अपने को विघटित कर दे और कणों को तरंगों में विलयित करते हुए वापस अपनी पुनर्रचना या अपना पुनर्संगठन शुरू करे। किंवदन्ती है कि बेल का फल पकने के बाद भी पेड़ पर लगा लगा वापस कच्चा होने लगता है और फिर पूरा कच्चा हो जाने पर एक बार पुनः पकना शुरू करता है। एक ही फल के दो बार पकने, दो बार कच्चा होने का गल्प आश्चर्यजनक रूप से एक कवि के विकास-क्रम का बिम्ब बन जाता है। एक परिपक्वता पा चुकने पर फिर एक दूसरी परिपक्वता के लिए वापिस कच्चा हो जाना। यानी कोई भी अन्तिम बिन्दु नहीं है। इसके अलावा एक ही शिखर पर कई दिशाओं से पहुँचना क्योंकि स्वयं शिखर भी निरन्तर बढ़ रहा है, निरन्तर खिसक रहा है। और हर नया आरोही जब वापिस अपने आधार-शिविर को लौटता है तो उसे शिखर के पास मिले एक कंकाल की याद बेचैन कर देती है जो शायद किसी पूर्व आरोही का हो।

अब जब मेरी भी कुछ उमर हो चली तब किसी जमावड़े में देखता हूँ कि कुछ लोग अगर मुझसे बड़े हैं उमर में तो कुछ छोटे भी हैं, कुछ तो बहुत छोटे जो मेरे बच्चों की उमर के आसपास होंगे। और तब लगता है कि समय गुजर रहा है। यह भी

लगता है कि एक बहुत बड़ा कुटुम्ब है कवियों का, बहुत कुछ अपने कुटुम्ब की तरह जिसमें सब हैं, बड़े-छोटे सब। और कई बार तो जो उम्र में मुझसे आधा है वह पद या रिश्ते में मेरा चाचा-मामा लगता है और जो उम्र में मुझसे बड़ा दीख रहा है वह वास्तव में मेरे भतीजे की श्रेणी का है। कुटुम्ब में उम्र नहीं, रिश्ता चलता है। पद। तो ऐसा अनुभव अब अक्सर होने लगता है, खासकर तब जब बिल्कुल नये कवियों की कविताएँ सुनता-पढ़ता हूँ, और देखता हूँ कि वे तो इतनी बारीकी में जा सकते है जिसकी हम सोच नहीं सकते। लेकिन सन्तोष होता है कि जो भी हो, भाषा तो अपनी ही बढ़ रही है। अपना ही तो खून है।

हलवाई की कड़ाही अजीब चीज है। शायद ही कभी वह मली जाती हो। इतने दिनों से काम में आते-आते उस पर इतना सारा जम चुका है, इतना गाद, इतना चीकट, इतना तेल-घी कि उसका पहला रूप उसका लोहा कहीं नजर नहीं आता। शायद उस कड़ाही को याद भी न हो कि वह कैसी थी शुरू में। और हर बार जब कुछ नया बनता है, कोई नयी जलेबी या हींग की कचौड़ी तो उसमें वो सारी जलेबियाँ-कचौड़ियाँ भी कुछ न कुछ जरूर शामिल रहती हैं जो उसमें आज तक तली गयीं। आँच को नयी जलेबी तक पहुँचने के पहले उन सभी स्तरों-परतों को पार करना पड़ता है जो थोड़ा-थोड़ा हर बार तह पर तह जमा होती रहीं। एक कवि की कड़ाही भी क्या ऐसी ही नहीं होती? जिस पर तमाम परतें-तहें जमी रहती हैं उन सब चीजों की, जो उसमें कभी न कभी पड़ी या डाली गयीं। और हर नया बनाव पुराने बनावों को याद करता हुआ अपने भी चिह्न छोड़ता चलता है।

हल्ला हो गया कि फ्लैट में किसी बिल्ली ने बच्चों को जन्म दिया है। कब दिया, कोई नहीं जानता। एक दिन अचानक आवाज सुनी गयी। फिर माँ को बच्चों को दाँत से पकड़े घुमाते देखा गया। बूढ़ी स्त्रियों ने कहा, सात घर घुमावेगी। अजीब है। इस शहर में, इन फ्लैटों में भी बिल्ली उसी पुराने रिवाज से चल रही है। आज तक किसी ने बिल्ली को बच्चा जनते देखा नहीं। पहले भी नहीं, आज भी नहीं कैसे उसे वे सारी बातें याद है हज़ारों सालों से? वैसा ही शायद एक कवि भी होता है। आज के कवि का स्वभाव भी बहुत कुछ हज़ारों साल पहले के कवि-स्वभाव की तरह है। वही कुछ पुरानी आदतें, रस्में, वही शब्दों को दाँतों से ऐसे पड़कना कि कहीं कोई दाग-खरोंच तक न हो और एक मात्रा बचाने पर पुत्र जन्मोत्सव का आनन्द मनाना, वही उन्माद, वही व्यग्रता और वही झूठ और देह की वही गन्ध।

कविता एक टीका है। बहुत सी बीमारियाँ हैं और रोज पनप रही हैं जिनका कोई प्रतिरोधी नहीं, जिनके विरुद्ध कोई टीका नहीं। शरीर को नष्ट कर देने वाले वे सारे रोग,

उनके कीटाणु, उनके ऐसे संवाहक, जो न तो दिखायी देते हैं, न पकड़ में आते हैं, जो लगातार नए-नए भेस में सामने आते हैं और हर बार शरीर को लगता है वह नष्ट हो जायेगा। शरीर के अलावा मनुष्य की चेतना भी है, आत्मा भी है जो निरन्तर आक्रमण और संक्रमण का लक्ष्य है। कविता मनुष्य की आत्मा का सर्वाधिक प्रतिरोधी, सर्वाधिक सशक्त टीका है—मृत्यु के विरुद्ध कविता एक टीका है।

हर चीज़ में एक आवाज है। एक खुशबू।

मिट्टी का एक ढेला तो यूँ ही पड़ा है बेतरतीब, बिना किसी की आज्ञा के बीच रास्ते पर। उसमें भी एक आवाज है जो उसका स्वभाव है, एक आवाज, एक लय, एक संगीत, जो उसमें लगातार बज रहा है जिसका पता हमें तब चलता है जब वह अकस्मात् फूटता है या जब उस पर कहीं से एक बूँद पानी पड़ता है, और वह बूँद बड़ी होती हुई, पसरती फैलती हुई उस ढेले को एक नयी ध्वनि से भरने लगती है। हर वस्तु का अपना संगीत। हर ढेला एक नारिकेल, अपने भीतर सृष्टि का सबसे मीठा पवित्र जल धारण किये। अपना संगीत। हर अनुभव का अपना पार्श्व-संगीत जिसे पकड़े बिना कविता सम्भव नहीं क्योंकि बड़ा से बड़ा अनुभव भी आसानी से कह दिया जा सकता है। सब कुछ वक्तव्य में बदल दिया जा सकता है। कोई भी हुनरमन्द व्यक्ति सूर्य का चित्र बना सकता है यानी उसे कागज पर उतार सकता है; लेकिन एक सच्चा चित्रकार जब सूर्य को कागज पर उतारता है तो कागज जलने लगता है और रोशनी आतशी शीशे के पार से आती दिखाई पड़ती है। जरूरत है उस वस्तु की भीतरी लय को पकड़ने की। हर चीज की अलग-अलग खुशबू है। मैं तो चकित रह जाता हूँ स्त्रियों के शरीर की खुशबू की विभिन्नता से। इतने इत्रदान। हर होंठ खुशबू का फाहा। अलग-अलग देह की अलग-अलग गन्ध, मानो हर देह में एक अलग ही फुलवारी हो भीतर-भीतर। कभी कमल के फूल की मन्द भारी गन्ध तो कभी केवड़े की तेज, नशीली गन्ध; अभी-अभी ऋतुमती हुई स्त्री के शरीर से उठती देसी नीबू की गन्ध और कभी ऊपर से बिल्कुल अनाकर्षक लगती स्त्री के शरीर से उठती वह मेंड़ों को तोड़ती गन्ध मानो पास कोई संतरा छील रहा हो और खुशबू के छींटे आँखों पर पड़ रहे हों। तो इसे पकड़ना इसे कविता में उतारना कठिन है। संगीत और सुगन्ध को ढूँढ़ पाना ही सबसे कठिन है। कविता असली है या नकली, इसकी पहचान केवल उसके संगीत और सुगंध से हो सकती है।

जब कभी ढोलक बजता है या नगाड़ा या पुराना वाद्य सिंगा तो पूरा शरीर हिल पड़ता है जैसे धरती हिल रही हो। जैसे ही तेज होने लगती है आवाज, लगता है कोई अपने बघनखे मेरे भीतर डाल रहा है और दोनों हाथों से दिल को बाहर काढ़ रहा है। कोई गर्भ में से जैसे शिशु उठा रहा हो। कविता में ऐसा संगीत, कविता में ऐसी ताकत, कविता में एक शल्य चिकित्सक जैसी निपुणता और धैर्य...।

मुझको लगता है कि आज तक जितने भी कवि हुए हैं उन्हें मूलतः दो श्रेणियों में बाँटा जा सकता है। एक तो वो जो बाहर की ओर मुँह किए रहे, दूसरे वो जो भीतर की ओर। कविता में सारे व्यापार बाहर और भीतर के इसी सन्तुलन से परिचालित होते हैं। लेकिन हर कवि में एक आवाजाही चलती रहती है—बाहर से भीतर को ओर या भीतर से बाहर की ओर मानो बस एक दीवार हो जिसमें एक दरवाजा जिससे होकर उस पार जाना—इस पार आना और यही घर हो। जैसे मन्दिर के गर्भगृह से वापसी में हम प्रतिमा की ओर मुँह किये ही पाँवों को पीछे ले जाते हैं, कुछ वैसे ही। किसी को रिल्के ज्यादा कवि लग सकते हैं, किसी को ब्रेख्त। किसी को नागार्जुन ज्यादा कवि लग सकते है, किसी को मुक्तिबोध। अधिकतर ऐसा होता है कि वे कवि ज्यादा कवि माने जाते हैं जो भीतर की ओर उन्मुख होते हैं, अन्धेरे की ओर। हालाँकि उन पर भी बाहर की रोशनी पड़ती रहती है। और ऐसे भी कवि हैं जिनका एक पैर चौखट के इस पार है, दूसरा उस पार। सूर्यमुखी के वृंत पर दो फूल—इधर-उधर।

केतनो चिड़िया उड़िहें आकास
फिर तो हे धरती के आस।

—एक मगही कहावत।

यथार्थ ही प्रारम्भिक और अन्तिम आश्रय है काव्य का। सारा खेल ही इस छोटे से मैदान में होता है—सारे उलटफेर, सारे जोड़-तोड़, नये-नये संयोग-पुनर्योग सब कुछ का जन्मदाता यही जीवन है, जीवन की क्षुद्रतम घटनाएँ और यही हाड़-मांस के पुतले। छोटा लेखक वह है जो जीवन के न्यूनतम अंश से अपना काम चला लेता है। बेहद संतोषी, गरदन झुकाये, विनम्र, उपवास आदि अनुष्ठान करने वाला, कन्द-मूल पर जीवन बिताने वाला। कैद होने पर उस बादशाह ने खाने के लिए केवल एक अन्न की ही इजाज़त होने पर चना माँगा क्योंकि अकेले चने से इतने सारे व्यंजन तैयार हो सकते हैं; उसी तरह जीवन के किसी एक अंश से अनेकानेक रचनाएँ फूट सकती हैं। लेकिन अन्ततः यह होगी तो कैदखाने की ही विवशता। कुछ लोग इस तनुता को, इस कमी को कला का लक्षण मान लेते हैं। इस कमी को छिपाने के लिए जो किया जाता है कई बार उसे ही कला समझ लिया जाता है। यानी अकाल की कला। जबकि बड़ा लेखक सर्वग्राही, सर्वग्रासी और सर्वव्यापी होता है, अधिक से अधिक को अपनी रचनाओं में कसता हुआ। उसकी जरूरतें ज्यादा होती हैं, खर्चे ज्यादा होते हैं। और वह हमेशा ही कर्जे में होता है। शेक्सपीयर इसलिए महान् हैं क्योंकि उनके यहाँ जीवन फटा पड़ता है। इतनी भीड़ है वहाँ, इतने इतने चौराहे और इतनी अँधेरी गलियाँ और सुरंगें और खोह हैं। नेरुदा ने भी कहा था, मैं सर्वभक्षी हूँ। और हमारे निराला।

जिस तरह से एक सपाट 'राजनीतिक' कविता बुरी होती है उसी तरह से सपाट 'आध्यात्मिक' कविता भी । लेकिन इसे जल्दी कोई बुरी नहीं कहता। अभी भी हम 'आध्यात्मिकता' से डरते हैं। आज एक बार फिर आध्यात्मिक उपकरणों-उपस्करों के सहारे कविता करना आसान हो गया है—आत्मा, देवदूत, ईश्वर, मृत्यु, नरक, अन्त, नक्षत्र, पंख, प्रेम, अबाबील—कुछ शब्द हैं जिन्हें घुमा-फिरा कर सहज ही कविता बनायी जा रही है। आध्यात्मिकता, रहस्यात्मकता, अवसाद और प्रेम—इन तत्त्वों ने जितने बड़े पैमाने पर भ्रष्ट कविता को जन्म दिया है उतना राजनीति और 'क्रान्ति' ने नहीं। क्योंकि ये तत्त्व आसानी से धोखा दे जाते हैं और ऐसी कविताओं के छद्म को पहचानने में समय लग सकता है। जो कुछ भी कविता करना आसान कर दे उस पर शक करना चाहिए। इसी तरह जो कोई कवि अपने समरूप (क्लोन) पैदा करे, उस पर भी शक करना चाहिए। कविता या कवि कोई साँचा नहीं होता।

आज एक दूसरी तरह की कविता की भी बहुतायत है। इस तरह की कविता बनती है चाँद, रात, रेगिस्तान, पहाड़, सात तारे, शाम, घास, आँगन, दीवार, गाली जैसे शब्दों के इस्तेमाल से। ये वस्तुएँ अपने-आप में कविता सरीखी लगती हैं। इनसे कविता में काम ले पाना अत्यन्त कठिन है क्योंकि ये इतना छिल चुकी हैं; साथ ही आभासी कविता बना पाना उतना ही आसान। कोई भी व्यक्ति जो शब्दों को फेंटना जान गया हो और जिसे थोड़ी हाथ की सफाई आ गयी हो इनका इस्तेमाल कर इंद्रजाल रच सकता है। और जो सतर्क नहीं हैं उन्हें भ्रम में डाल सकता है। असली कविता आपको मोहाविष्ट नहीं करती, आपको भ्रम में नहीं डालती। जो पहले से ही 'काव्यात्मक' है उसका प्रयोग नहीं करती। असली कविता वहाँ होती है जहाँ उसके होने की उम्मीद इसके पहले कभी किसी ने की भी न थी।—'मैं ढूँढ़ता तुझे था जब कुंज और वन में'। वह कुंज और वन में नहीं, कहीं और खड़ी मिलती है, हो सकता है 'दुखियों के द्वार पर'। धूल-धूसरति, अनाकर्षक। लेकिन 'धूल-धूसरित' में भी धूल कितनी कम है !

कविता का शिल्प दो तरह का हो सकता है मोटा मोटी। एक तो वह जिसमें ढेर सारे टॉर्च हों, अलग-अलग, और सबकी रोशनियाँ एक बिन्दु पर पड़ रही हों और यह ाज्वल्यमान धुरी ही पूरी कविता को सम्भाले हुए हो यानी एक ऐसा बिखराव जो एक होता हुआ-सा लगे। दूसरी वो जिसमें एक बिन्दु से अनेक दिशाओं में फूटती हुई रश्मियाँ हों यानी एक ऐसी एकता जो टूटती हुई-सी लगे। पहली, 'अन्धेरे में'; दूसरी, 'टूटी हुई, बिखरी हुई'। कविता में शायद सारे दोलन मुख्यतः इन्हीं दो बिन्दुओं के बीच सम्पन्न होते हैं। शिल्प है ही इसीलिए कि वह पारे को हथेली पर रोक कर रख सके। सवाल यह है कि कौन किस तरह से पारे को बिखरने से रोकता है।

मित्र ने कहा—एक ही पाठ है शुरू से, एक ही ककहरा, जिसे हर शिशु-विद्यार्थी अपनी-अपनी पट्टी पर हर बार नया-नया अलग-अलग तरीके से लिखता है। इसलिए नयापन लिखने के तरीके में है, उसी बात को नए तरीके से कहने में है। इसलिए कविता में भी मुख्य है तरीका, ढंग या ढब—क्योंकि नया तो कुछ होता नहीं, वही आदमी है दो पैरों, दो आँखों, दो हाथों, दो कान और एक नाक वाला।

लेकिन क्या आदमी वही है? ऊपर से देखने पर तो सचमुच वही है, स्थिर, अपरिवर्तित। लेकिन भीतर? उसके सम्बन्ध? दुनिया से, दूसरों से, खुद अपने से? जीवन हर क्षण बदल रहा है। खुद मनुष्य का आंतरिक जगत आभ्यन्तर निरन्तर परिवर्तित हो रहा है। कविता का काम है उस परिवर्तन को पकड़ना, एक अवस्था से दूसरी अवस्था में जाने की अन्तराल-स्थिति को पकड़ना—और यही सर्वाधिक दुष्कर कार्य है। जो सर्वाधिक शाश्वत विषय माने गये हैं जैसे प्रेम, जन्म और मृत्यु—ये भी एक से नहीं रहे। स्वयं मनुष्य की देह के प्रति भाव बदलता रहा; देह के प्रति कवियों की नजर बदलती रही, इसलिए वह देह भी बदलती रही।

तो नया क्या है? यह कहना कि एक ही पाठ है बाकी सब उसकी अलग-अलग आवृत्तियाँ हैं, यह तो बहुत स्थूल बात हुई। जो कविता नए जीवन-तत्त्व को खोजती है—पहली बार मसों के भीगने को, पहली बार स्तनों में दूध उतरने को, पहले केश के पकने को और जीवन मृत्यु के बीच के अन्तिम रिक्त स्थान को, जो कि हर नये व्यक्ति के लिए हर बार पहला और नया होता है—वही नयी है। शायद!

बहुत कुछ 'अन्धेर नगरी' वाली हालत चल रही थी। फाँसी उसी को दी जानी था। जिसकी गरदन में वो फन्दा अँट जाय या वो फन्दा जिसकी गरदन में बैठ जाये। आलोचक-प्रवर ने बार-बार मेरी ओर देखा और देख कर कुछ क्षुब्ध हुए। उन्हें एक ऐसी गरदन की तलाश थी, फन्दा वो तैयार लिए बैठे थे। एक-दो बार मेरी गरदन नापी और कुछ असंतुष्ट लगे। खैर ! मतलब यह है कि पूर्वनिर्धारित मापदंडों पर कविता को कसने का अर्थ 'अन्धेर नगरी चौपट राजा' जैसा है।

ऐसा ही एक और प्रसंग है 'टके सेर भाजी टके सेर खाजा' वाला। आजकल ऐसी आलोचना महामारी की तरह फैली है जिसमें निराला से लेकर अमुक जी तक पर एक ही भाव से लिखा जा रहा है। सब महान हैं। सब की समान प्रशंसा। सब धान बाईस पसेरी। कोई विवेक तो हो, कोई श्रेणी-भाव तो हो। कुछ फर्क लगे। लेकिन नहीं। इतना जोखिम कौन ले। समतल सड़क पर दौड़ने से बेहतर है ऊँचे-नीचे दुर्गम रास्ते पर डगमगाते हुए चलना।

आधुनिकतावाद का शुभलग्न बीत चुका है और उत्तर-आधुनिकतावाद का खरमास चल रहा है। आधुनिकतावाद ने मानव इतिहास की कुछ श्रेष्ठतम कृतियों को जन्म दिया और अपने विस्तार, प्रभाव तथा सृजनात्मकता में पुनर्जागरण काल की मेधा से होड़ ली। आज लगता है कि अपने अनूठेपन और अप्रत्याशितता के बावजूद आधुनिकतावाद परम्परा अथवा पूर्व-स्थिति से पूर्ण विच्छेद नहीं था। 'परम्परा' पर एक विशेष आग्रह अनेक लेखकों में मिलता है जैसे इलियट। दूसरी दिलचस्प बात यह कि विज्ञान के प्रति अपने संशयात्मक रुख के बावजूद आधुनिकतावाद ने विज्ञान द्वारा प्रदत्त अथवा सुलभ करायी दृष्टि तथा उपकरणों का अत्यन्त कुशल प्रयोग किया। तकनीक पर विशेष बल इसका एक लक्षण है लेकिन जो सर्वाधिक महत्त्वपूर्ण है वह है सूक्ष्मतम ब्यौरों का संचय जो पहली बार विश्व-कला में घटित हुआ। पहले की कला में चौड़ी कूँची का प्रयोग ज्यादा मिलता है—लम्बे-लम्बे डग, बृहद् आयतन और आकार। लेकिन आधुनिकता द्वारा प्रसूत कला में अत्यन्त बारीक निरीक्षण की करामात है। प्रूस्त का उपन्यास इसका उदाहरण है। एक और खास बात यह कि अपनी अवाँगार्द भंगिमाओं के साथ-साथ अधिकांश आधुनिकतावादी या तो आरम्भ से धर्मनिष्ठ रहे अथवा सृजन के उत्तर-काल में धर्मागत हुए। और उन्होंने इसे छिपाया नहीं। मार्क्सवाद के प्रभाव के बाहर जो भी आधुनिकतावादी हुए वे बहुत गहरे अर्थों में धार्मिक थे। जबकि पुनर्जागरण काल के अधिकांश लेखक इहलौकिक तथा धर्म-निरपेक्ष थे। जैसे शेक्सपीयर। आधुनिकतावाद को दिवंगत मानने वाले अनेक उत्तर-आधुनिकतावादी आज 'धर्मच्युत आध्यात्म' के उपासक बन रहे हैं। आधुनिकतावाद स्पष्टतः धार्मिक और आध्यात्मिक थे। लेकिन जो बात आधुनिकतावादी को आज भी विलक्षण बनाती है वह है उसकी आलोचनात्मक, प्रश्नवाची दृष्टि। बिना किसी अपवाद के सम्पूर्ण आधुनिकतावादी कला और साहित्य अपने समय की निर्मम आलोचना है, अपने समाज और मनुष्य रचित संसार की तीव्रतम भर्त्सना। निश्चय ही इसका पैमाना 'व्यक्ति' है, जिसे आधुनिकता ने केन्द्रक के रूप में स्थापित किया था। और जो हर काल, हर भावी समाज में भी केन्द्रक बना रहेगा और इसी कारण कला का प्रकाश-केन्द्र भी। उत्तर-आधुनिकता ने आधुनिकतावाद की इस आलोचनात्मकता और प्रश्नवाचकता को छोड़ दिया है। उसने आधुनिकतावाद की तार्किकता और सन्देह-शक्ति को भी छोड़ दिया है। अपने समय में कला और साहित्य के भीषणतम द्वन्द्वों और विवादों का प्रत्यक्ष साक्षी और भागी आधुनिकतावाद आज इस नयी शताब्दी में, समय के जल में डूबे काले गोले-सा चमक रहा है। इति नहीं।

जब कभी किसी कवि का मूल्यांकन उसकी कविता के आधार पर न करके उसके हाव-भाव, चाल-ढाल के आधार पर किया जाता है तो हैरतअंगेज नतीजे निकलते हैं। अभी हिन्दी कविता में कुछ मुहावरे चले हुए हैं जो किसी कवि की वैधता और

सर्वोपरिता को स्थापित तो करते ही हैं, शेष कवियों को तड़ीपार करा देते हैं। जैसे, फलाँ जी हिन्दी के अकेले कवि हैं जो पूरावक्ती कवि हैं; फलाँ जी कवि नहीं कविता के कार्यकर्ता हैं; फलाँ जी शमशेर के बाद अकेले कवि हैं जिनकी पहली कविता-पुस्तक पचास की वय के बाद आयी; फलाँ जी हिन्दी के एकमात्र कवि हैं जो पैदल चलते हैं; फलाँ जी हिन्दी के अकेले कवि हैं जो आज तक पुरस्कृत नहीं हुए; फलाँ जी हिन्दी ही नहीं, भारत के एकमेव कवि हैं जो केवल कंद-मूल खाते हैं वगैरह वगैरह। ये सारे 'मिथ' तैयार किये जाते हैं। लेकिन मेरा मतलब उस सौन्दर्य-बोध या मूल्यांकन-पद्धति से है जो इन मुहावरों के पीछे काम करती है। मसलन हम पहला मुहावरा लें और जरा पड़ताल करके देखें—'पूरावक्ती कवि'। इसका मतलब यह निकलता है कि यह कवि चौबीसों घंटे केवल कवि है, यानी अपनी रोजी-रोटी का इन्तजाम भी खुद नहीं करता; उसकी आजीविका या तो शुभेच्छुओं पर निर्भर है या किसी अज्ञात स्रोत पर या फिर वह कविता के बल पर ही अपनी रोटी अर्जित करता है। ठीक है। हम नतमस्तक हैं। लेकिन हमारा कहना कि **हर कवि**, यदि वह कवि है तो, **पूरावक्ती** ही होता है—चाहे वह जो भी काम करे, ईंटा ढोने से लेकर नाली साफ करने तक, वह हमेशा ही भीतर-भीतर कुछ और भी कर रहा होता है, सृजन प्रक्रिया भूमिगत होती है और अनवरत चलती है। जैसे मुक्तिबोध थे, शिक्षक भी तो थे। घर परिवार भी देखते थे। कोई भी कवि हो। जैसे गर्भवती स्त्री के लिए सृजन अलग से कोई काम नहीं होता, कोई यह नहीं कहता कि वह 'पूरावक्ती' है, वह कोई काम करती है, लेकिन सृजन अबाध अनवरत चलता रहता है। कोई भी कवि हो, वह 'पूरावक्ती' ही होता है। इसी तरह हम अन्य 'मिथों' की जाँच करें तो समकालीन हिन्दी जगत के **साहित्यिक अन्धविश्वास** दूर हो सकेंगे। और एक बार फिर रोशनी कविता पर पड़ेगी, कवि पर नहीं।

मेरे प्रिय कवि बोधिसत्व जब भी मिलते हैं तो हम एक खेल खेलते हैं। हम एक-दूसरे से हिन्दी कविता के स्टॉक एक्सचेंज पर विभिन्न कवियों के शेयर-भाव का पता लगाते हैं। किसका उछला, किसा लुढ़का। किसकी लिवाली कैसी रही, बिकवाली कैसी है। मंदड़ियों का हालचाल। अभी उन्होंने एक सनसनीखेज खबर दी कि सबसे महत्त्वपूर्ण कवि वो हैं जो स्टॉक एक्सचेंज से बाहर हैं।

आज छन्द का आग्रह चौंका सकता है, गद्य-कविता का नहीं। क्योंकि पिछले सौ सवा सौ वर्षों के दौरान गद्य-कविता काव्य-व्यवस्था में स्वीकृत हो चुकी है। जब फ्रांस में बॉदलेयर और फिर मलार्मे एवं रैम्बो ने गद्य-कविताएँ लिखीं और इसके लिए स्वतन्त्र सौन्दर्य-प्रविधि भी विकसित की तो लोगों को अजूबा लगा होगा। छन्द, लय, तुक

जैसे तमाम पारम्परिक उपादानों को छोड़ बिल्कुल निष्कवच होकर गद्य जैसे 'प्रभाहीन' माध्यम में कविता लिखना जोखिम का काम था। ये कवि पारम्परिक छन्दों के भी अत्यन्त निपुण शिल्पी थे। कठिन से कठिन छन्दों एवं अप्रत्याशित तुकों का व्यवहार इन्होंने किया। बॉदलेयर तो कहते थे कि वह कवि ही क्या जो एक शब्द के अनेक तुक न ढूँढ़ ले। मलार्मे भी मानते थे कि जब कभी शैली हेतु यत्न होगा तब पद्यीकरण होगा। वह खुद भी गद्य और पद्य में अन्तर नहीं करते थे। उनकी एक अत्यन्त जटिल छन्दोबद्ध कविता का शीर्षक 'गद्य' है। रैम्बो भी अपनी कम वय के बावजूद सिद्धहस्त छन्दकार थे। बॉदलेयर और मलार्मे, दोनों ही अमरीकी कवि पो के प्रेमी थे जिनकी कविताएँ अपने सांगीतिक सम्मोहन के लिए विख्यात हैं। फिर भी इन कवियों ने गद्य कविता को अपनाया और इसके साथ ही कविता की नयी मुक्ति हुई।

अब कोई बन्धन नहीं था। कोई बना-बनाया साँचा नहीं था। कविता छन्दों के मंच से उतर विस्तृत मैदानों को चली। बॉदलेयर ने तब कहा था—'हममें से किसने अपने महत्त्वाकांक्षी दिनों में काव्य गद्य के अजूबे के बारे में नहीं सोचा? यह गद्य काव्य बिना लय बिना तुक के संगीतमय होगा, लचीला और सख्त एक साथ ताकि आत्मा के लिरिकल स्पन्दनों-संवेगों को वहन कर सके, स्वप्न-तरंगों एवं चेतना के आघातों को बर्दाश्त कर सके। इसी तरह मलार्मे ने सोचा था कि 'अब हर व्यक्ति एक नया छन्द लेकर आयेगा, अपनी साँसों का छन्द' और भाषा अपनी 'वास्तविक लय' को प्राप्त करेगी।

कविता के इतिहास में यह बहुत बड़ी घटना थी। आधुनिकता के आरम्भ का अनिवार्य चिह्न। जैसे पहले सब कुछ का माध्यम पद्य था वैसे ही अब सब कुछ का माध्यम गद्य था, कविता का भी। तब से आज तक गद्य-कविता ने लगातार कवियों को खेलने के लिए विस्तृत मैदान दिया है। इसके पीछे मूल भावना यह रही कि छन्द, तुक तथा लय की सरणियाँ कविता के बाहरी उपकरण हैं। इनसे उत्पन्न संगीत काव्येतर है। जबकि आवश्यकता है भाषा के निजी संगीत के आविष्कार की। प्रत्येक शब्द का अपना ध्वनिमान या संगीत है, तथा शब्दों का सुसंयोजित समुच्च एक विशेष संगीत की सृष्टि करता है, जो उसी में अन्तर्निहित है और जो इंगित भावों का समतुल्य है। प्रत्येक भाव की अपनी लय होती है। इस विचार से प्रेरित होकर गद्य-कविता ने अपना मार्ग निश्चित किया।

गद्य-कविता में वाक्य बिल्कुल गद्य जैसे होते हैं—समतल, लेकिन चौराहों से भरे; जल की तरह सरल, पर घूर्णी-भँवरों से भरे। गद्य-कविता कवि को किसी प्रकार की छूट या रियायत नहीं देती जैसी कि आम धारणा है। बल्कि कवि को पहले से कहीं अधिक सजग और एकाग्र रहना पड़ता है क्योंकि अब उसे किसी बाहरी सहारे या प्रसाद की कोई उम्मीद नहीं है। सम्पूर्ण काव्यअक्षांश अपनी ही दीप्ति से

आलोकित होता है। एक भी अपूर्ण या संदिग्ध शब्द सम्पूर्ण प्रभाव को क्षतिग्रस्त कर सकता है। इसलिए गद्य-काव्य ने कवि की शब्दावली को भी बदला—अचानक ढेर सारे शब्द पहली बार कविता में आने लगे। इस प्रकार कविता का क्षेत्रफल बढ़ा तथा उपज भी।

दिलचस्प बात यह है कि बॉदलेयर तथा रैम्बो की गद्य कविताएँ उनके काव्य जीवन की लगभग अन्तिम रचनाएँ हैं। दूसरी बात यह कि ये गद्य कविताएँ विशेषतः पेरिस के नगर-जीवन पर आधारित हैं, साधारण लोग, भीड़ और उच्छिष्टों पर आधारित। पहली बार पेरिस का सामान्य नागरिक जीवन कविता में इतनी घनिष्ठता तथा घनत्व के साथ आया। और यह बिल्कुल नया जीवन था—नया औद्योगिक-आधुनिक-स्मृतिहीन जीवन। और इसके साथ एक नया काव्य रूप—गद्य-काव्य—आया तो क्या हीगेल की यह बात सच है कि प्रत्येक विषय-वस्तु (कण्टेण्ट) का अपना रूप (फॉर्म) होता है? तो क्या गद्य-कविता की जरूरत इसलिए थी कि यह नागर जीवन पिछले रूपों में अँट नहीं पाता?

आगे चलकर गद्य-कविता ने, विशेषकर हाल के दशकों में, सर्वाधिक निजी, गोपन भाव-जगत को गहराई से व्यक्त किया। कविता की जो मूल प्रतिज्ञा है, मलार्मे के शब्दों में—हमारे होने के रहस्य को अभिव्यक्त करने का—वह इस गद्य-कविता ने भी किया। अब कुछ भी कविता की पहुँच के बाहर नहीं रह गया। गद्य-कविता ने मलार्मे की उक्ति को सचमुच ही चरितार्थ किया कि 'अब कुछ भी अनकहा नहीं रह पायेगा।'

गद्य-कविता अपने नाम में गद्य लगा होने के बावजूद विस्तार या विश्लेषण की आग्रही नहीं है। लिरिक की तरह ही यह अनुभव की एक इकाई की सर्वांगीण एवं संश्लिष्ट प्रस्तुति है—अनुभव के उस बिन्दु को स्थिर करने का प्रयत्न जहाँ कम्पन सर्वाधिक है। गद्य-कविता में इसीलिए गति बहुत महत्त्वपूर्ण है, भावों के अनुसार उतार या चढ़ाव। काव्य के प्रचलित उपकरणों-अलंकारों को त्यागने के कारण गद्य-कविता (शायद इस एवज में) कहीं अधिक ऐन्द्रिक बिम्बों की सृष्टि करती है तथा कई बार विभ्रम या तर्कातीत का तत्त्व भी प्रवेश पा जाता है। कभी-कभी तो सम्पूर्ण गद्य-खंड एक विपुल बिम्ब में बदल जाता है। एक तरफ तो गद्य जैसी एकरैखिक सपाटता, दूसरी तरफ काव्य की घूर्णो भरी बहुमुखी जटिलता—इन विरुद्धों के सामंजस्य अथवा इन विरुद्धों के द्वन्द्व में गद्य-कविता की शक्ति निहित है।

यहाँ पर मैं अपनी भाषा की एक 'गद्य-कविता' उद्धृत कर रहा हूँ जिसे कवि ने स्वयं तो ऐसा नहीं कहा है। सुधी विद्वान् अपेक्षित भूल-सुधार करेंगे, ऐसी आशा है। यह निराला की एक बांग्ला चतुर्दशपदी का उन्हीं का किया हुआ हिन्दी-गद्य-अनुवाद है जो मूल (नागरी लिपि में) के साथ 'अणिमा' में संकलित है।

उस रोज तुम ने मुझे बुलाया था मुझसे बातचीत करने के लिए। मैं ने सोचा था, किसी बहाने यह समस्या बचा जाऊँगा। मगर तरह-तरह की सोच कर अन्त में गया। तुम अपने रूप की तरंगों पर तैरती हुई जैसे आयीं। लेकिन तुम्हारे चितवन से, पीते वक्त जैसे पानी लगा। दिल धड़का। मेरे उपन्यास का एक चरित्र चुन कर तुम ने पूछा, "जूतासाज़, पालिश कर सकते हो,"—एक पैर उठा कर जूता दिखाया। "कर सकता हूँ" ज्यों ही मैंने कहा कि तुम ने जवाब दिया, "तब मैं तुम्हारी क़लमसाज़ी करूँगी।" साथ ही क़मलसाज़ी की भंगिमा दिखाई। ख़ुशबू उड़ी—तुम्हारी आँखों और मुख पर गुलाब खिले।

—निराला

("माननीया श्रीमती विजयलक्ष्मी पंडित के प्रति" बांग्ला-चतुर्दशपदी का अर्थ) यहाँ प्रत्येक पंक्ति सुघड़ गद्य की पंक्ति है—शब्दों का वैसा ही क्रम, वक्तव्य जैसी गति, स्वर का वैसा ही कसाव। यह शुद्ध गद्य है, कहीं पद्याभास या काव्य की चेष्टा नहीं है। पर अपने सम्पूर्ण प्रभाव में यह अद्भुत काव्य-मणि है। ऐसी ऐंद्रिकता स्वयं निराला में दुर्लभ है—'पीते वक्त जैसे पानी लगा'। और एक माया-लोक का-सा आभास। बाद के अंशों में ऐसी गति जैसे ढाँलवे पर चल रहे हों। एक अनुभव-इकाई की सघन, संश्लिष्ट अभिव्यक्ति। यानी गद्य की रैखिक गति एवं काव्य की चक्रीय गति—दोनों का समाहार है यह कविता। अर्थात् गद्य-कविता।

गद्य-कविता या छन्दोबद्ध या मुक्त छन्द—कहीं मुक्ति नहीं है। सच्चे कवि को कभी किसी में कोई रियायत नहीं है। वैसे यह सच है कि जो अच्छा नाचते हैं वे चलते भी अच्छा हैं और जो चलना नहीं जानते उनके लिए हर आँगन टेढ़ा है।

वाल्मीकि ने...

....

मानव को मान दिया
धरती की प्यारी लड़की सीता के गाने गाये।

—निराला

आरम्भ से ही कविता ने स्त्री की महिमा गायी है, स्त्री की स्वाधीनता के पक्ष में संघर्ष किया है। वाल्मीकि से लेकर अभी तक की कविता स्त्री के अधिकारों के लिए संघर्ष करती रही है। कविता ही नहीं, उपन्यास और नाटक, सबने मनुष्य के सर्वोत्तम, निष्कलुष और जाज्वल्यमान प्रतिनिधि के रूप में स्त्री-पात्र रचे हैं। आदिकवि वाल्मीकि ने धरती की बेटी को मान दिया। रामायण का सर्वाधिक संतप्त एवं प्रभावशाली चरित्र सीता का है। मर्यादा पुरुषोत्तम को भी लज्जित करता यह चरित्र वास्तव में स्त्री-स्वाधीनता का प्रतीक है। आगे चलकर कालिदास की

शकुन्तला भी ऐसा ही चरित्र है जो पुरुष-सत्ता के विस्मृति-बोध को चुनौती देती है और प्रेम के माध्यम से स्त्री मात्र के लिए सम्यक् अधिकार की माँग करती है। और फिर आधुनिक काल में कविता खुल कर स्त्री-अधिकारों एवं समाज के सर्वाधिक दलित एवं वंचित वर्ग के अधिकारों के पक्ष में खड़ी होती है। वंचितों में सर्वाधिक वंचित स्त्री ही होती है। इसलिए आधुनिक काल में विश्व-साहित्य ने समाज के अन्तर्विरोधों को व्यक्त करने के लिए मुख्यतः स्त्री-पात्रों का ही सहारा लिया। तॉल्सतॉय की अन्ना या मास्लोवा, फ्लॉवेय की मादाम बुवारी या मोपासाँ के उपन्यास 'एक स्त्री का भाग्य' की नायिका—ये सब मानव-समाज के भीतर छटपटाती स्त्री की मुक्ति की आकांक्षा को ही अलग-अलग रूपों में व्यक्त करती हैं। ये सारे पात्र दुःखी हैं, ट्रैजिक हैं। एक स्वप्न से परिचालित ये पात्र जीवन की विडम्बना, यातना और नर्क को व्यक्त करते हैं। इसी तरह इब्सन के नाटक 'गुड़िया का घर' की नायिका डोरा एक दिन मुक्ति की तलाश में घर छोड़ कर भाग जाती है। लू शुन ने एक लेख में सवाल उठाया कि नोरा कहाँ गयी? उत्तर भी दिया कि महत्त्वपूर्ण यह नहीं है कि नोरा कहाँ गयी, महत्त्वपूर्ण है उसका घर छोड़कर मुक्ति के लिए बाहर आ जाना। फिर भी यह प्रश्न तो है ही कि मुक्ति कैसे मिलेगी। अमरीकी लेखिका केट चोपिन के उपन्यास 'जागरण' (द अवेकनिंग) की नायिका 1895 में कहती है, 'मैं अब किसी की वस्तु नहीं हूँ कि कोई मुझे रखे या बेचे। मैं जो चाहे करूँगी।' और एक रात वह समुद्र में चलती चली जाती है। महत्त्वपूर्ण यह नहीं कि उसे मुक्ति मिली या नहीं, महत्त्वपूर्ण है मुक्ति की आकांक्षा। मुक्ति की यही आकांक्षा निराला, प्रसाद और महादेवी वर्मा की कविताओं में भी व्यक्त हुई है। जब निराला कहते हैं 'औरतें रात भर मसान-सी जागती रहीं' तो स्त्री के सारे दुःखों और आतप को व्यक्त करते हैं। उनके काव्य की कुछ महानतम पंक्तियाँ स्त्री-पात्रों के सन्दर्भ में हैं : 'वह दृष्टि जो मार खा रोयी नहीं' या वह स्त्री जो एक आँख से हँसती और एक आँख से रोती है। बीसवीं शताब्दी की दो महानतम कविताएँ 'राम की शक्ति-पूजा' और 'सरोज-स्मृति' स्त्री-मुक्ति की कविताएँ हैं। प्रेम, त्याग और करुणा की कविताएँ।

मलयालम के कवि कुमारन आशान की तीन प्रमुख कविताएँ 'सीता', 'चांडालभिक्षुणी' एवं 'वासवदत्ता' स्त्री के अधिकारों के लिए अत्यन्त वेग से स्वर उठाती हैं। सीता कहती हैं, खपड़ी में फूटते चने के समान मन में विचार मुझे तंग करते हैं। खपड़ी में फूटते चने का बिम्ब स्त्री की समस्त पीड़ा को रख देता है। कुमारन लिखते हैं कि प्रेम ही वह शक्ति है जो सबको बराबर कर देता है। स्त्री ने अपने लिए भी प्रेम करने का अधिकार माँगा, चाहे वह 'चांडालभिक्षुणी' हो या 'वासवदत्ता'। दुनिया के अधिकांश दुखान्त नाटक या उपन्यास इसलिए घटित हुए कि प्रेम का यह अधिकार स्त्री को प्राप्त नहीं था। या मनुष्य मात्र को प्राप्त नहीं था। दुनिया में हर जगह कविता ने प्रेम को ही अपना केन्द्र बनाया।

तमिल कवि सुब्रह्मण्यम भारती ने भी स्त्री की स्वतन्त्रता के गीत गाये। उनकी एक संगीतमय कविता है 'नारी मुक्ति की कुम्मी।' रवीन्द्रनाथ और शरतचन्द्र तो स्त्री-मुक्ति के योद्धा ही हैं। यह क्रम आज तक चला आता है। लेकिन एक बात और है। केवल पुरुषों ने ही नहीं, स्वयं स्त्रियों ने अपनी मुक्ति और मानवमात्र की मुक्ति के अद्भुत गीत गाये हैं। बिल्कुल प्राचीनकाल से। सारे लोकगीत मुख्यतः स्त्रियों ने ही रचे जो दुनिया की सर्वाधिक मर्मस्पर्शी कविताएँ हैं। मेरी गाथाएँ, जो बौद्ध भिक्षुणियों ने रचीं स्त्री-मन की उन्मुक्त अभिव्यक्ति तो हैं ही, साथ ही प्रतिरोध का भी जीवन्त दस्तावेज़ हैं। बाद में मध्यकाल में भक्ति आन्दोलन के साथ अक्का महादेवी, ललदद और मीराबाई जैसी महान कवयित्रियों ने मुक्ति की अदम्य आकांक्षा को वाणी दी। न केवल शब्दों से, बल्कि स्वयं अपने आचार-व्यवहार से, अपने जीवन से सिद्ध किया कि एक वैकल्पिक जीवन-पद्धति सम्भव है। फिर स्वाधीनता आन्दोलन के दौर में महादेवी वर्मा, सुभद्राकुमारी चौहान और रशीदजहाँ जैसी लेखिकाओं ने स्त्री जीवन, मन और आन्तरिक लालसा को उद्दाम आवेग के साथ व्यक्त किया। आज तो हिन्दी में अनेक कवयित्रियाँ सक्रिय हैं। इतनी बड़ी संख्या में इतनी श्रेष्ठ कवयित्रियाँ इसके पहले कभी नहीं हुईं। और ये स्वयं अपनी कविता की शक्ति के कारण महत्त्वपूर्ण हैं। गगन गिल, अनामिका, कात्यायनी, निर्मला पुतुल, निर्मला गर्ग, सविता सिंह, नीलेश रघुवंशी जैसी अनेकानेक स्त्री-कवियों की कवितायें केवल स्त्री-मुक्ति की चेतना को ही नहीं वरन् सम्पूर्ण समाज के रूपांतर की कामना को वाणी दे रही हैं।

कविता तो यही कर सकती है। वह जीवन को चित्रित करते हुए कुछ मूल्यों, आदर्शों एवं आकांक्षाओं को अभिव्यक्त करती है। इसका बहुत महत्त्व है। जब सब चुप बैठे हों तो सत्य का एक शब्द भी गोली दागने जैसी आवाज़ करता है। फिर भी स्त्री-मुक्ति का प्रश्न केवल कविता का प्रश्न नहीं है। यह सम्पूर्ण मानव-समाज के लिए फिर से निर्माण का प्रश्न है। हमें ऐसा समाज चाहिये जहाँ किसी प्रकार का कोई भेद-भाव न हो। स्त्री-पुरुष में बराबरी का भाव हो। कोई शोषण या अत्याचार न हो। स्त्री ने अपनी मुक्ति के लिए जो भी प्रयत्न किये उनमें एक प्रश्न स्वयं स्त्री की जैविक स्थिति यानी शरीर के प्रति रुख से जुड़ा रहा। मध्यकाल में यूरोप में ईसाई स्त्रियों ने विवाह न करने का, यौन जीवन न जीने का आन्दोलन किया था। भारत में भी ललदद से लेकर अक्का महादेवी और मीरा ने विवाह तथा यौन-सम्बन्धों के प्रति प्रचलित दृष्टिकोण के विरुद्ध विद्रोह किया था। ये आरम्भिक विद्रोह देह के किसी भी प्रकार के यौन-उपयोग के विरुद्ध थे जबकि बीसवीं शताब्दी में फेमिनिज्म के आन्दोलन तथा उस आन्दोलन के प्रभाव में रचे गये साहित्य ने देह की यौन-मुक्ति की घोषणा की और यौन-स्वच्छन्दता का नारा दिया। हमने देख लिया कि ये दोनों ही रास्ते अंततः एकांगी हैं। स्त्री-पुरुष परस्पर विरोधी नहीं बल्कि परस्पर पूरक हैं। एक की मुक्ति में ही दूसरे की मुक्ति निहित है। स्त्री और पुरुष, दोनों

ही शोषण के शिकार हैं। दोनों को आर्थिक मुक्ति चाहिए। जाति-धर्म-भाषा तथा नस्ल के नाम पर होने वाले सभी उत्पीड़नों से मुक्ति चाहिए। दोनों को मिल कर ही संघर्ष करना होगा उस सामाजिक-आर्थिक व्यवस्था के विरुद्ध जो हमें आजादी के साथ जीने भी नहीं देती। फिर भी स्त्री-मुक्ति की दिशा में तत्काल जो ज़रूरी है वह है स्त्रियों की आर्थिक स्वाधीनता। बिना अपने पैर पर खड़ा हुए थे। बिना अपनी आमदनी के कोई भी मुक्ति सम्भव नहीं। यह सबसे पहली शर्त है। मुक्ति के सारे रास्ते यहीं से फूटते हैं। यहाँ वर्जिनिया वुल्फ की यह बात याद आती है : जरूरी है प्रति वर्ष पाँच सौ पौंड और अपना एक कमरा...। मातृसत्तात्मक समाज बने या न बने, लेकिन उसकी मूल बातें आज भी प्रासंगिक हैं। समाज की धुरी स्त्री है। इसलिए उसी को केन्द्रीय स्थान मिलना चाहिए। उसकी जैविक संरचना उसकी शक्ति है, निर्बलता या विवशता नहीं।

दुर्भाग्य से आज जो समाज बन रहा है, भूमंडलीकरण, बाजार एवं धन पर आधारित समाज, उसमें स्त्री की स्वाधीनता, आत्मगौरव एवं संवृद्धि के रास्ते लगातार बन्द हो रहे हैं। यह ऐसा समाज है जहाँ वही टिकेगा जो बेचेगा और जो बिकने लायक होगा। ऐसे में एक बार फिर क्या हम उसी बर्बर युग में नहीं लौट जाएँगे जब स्त्रियाँ भी पण्य हुआ करती थीं। लेकिन नहीं, इसके विरुद्ध भी शक्तियाँ हैं। स्वयं स्त्रियाँ और दुनियाभर के सभी श्रमिक जन एवं मानव-प्रेमी मिलकर संघर्ष कर रहे हैं। स्त्री-पुरुष एक साथ संघर्ष कर रहे हैं। इस संघर्ष में कविता भी उनके साथ है। सन् 1892 में 'भारत भगिनी' की सम्पादक श्रीमती हरदेवी रोशन लाल ने कहा था :

स्त्रियों का सरोकार पुरुषों के समान ही है–
साथ-साथ दोनों उठते या गिरते हैं
बामन या ईश्वर की तरह
बंधनमुक्त या उन्मुक्त

इसके बावजूद यह कहना ज़रूरी है कि स्त्री-मुक्ति अलग से भी एक ज़रूरी प्रश्न है। सर्वाधिक उन्नत, स्वतन्त्र एवं समानतावादी समाजों में भी स्त्री सबसे कम स्वाधीन हो पाती है। मानव जीवन के बिल्कुल आरम्भिक वर्षों को छोड़ दें तो लगातार स्त्री बन्दी-जीवन ही बिताती रही है। इसके लिए यह भी ज़रूरी है कि हम अपनी मानसिकता को बदलें, जो सबसे कठिन है। लोलुपता सबसे आसान है, प्रेम सबसे कठिन। बराबरी का व्यवहार भी बहुत कठिन है। यहाँ राजेन्द्र सिंह बेदी की कहानी 'लाजवन्ती' याद आ रही है जिसकी नायिका न तो भोग्या बनना चाहती है, न पूज्या बल्कि एक हाड़-मांस की स्त्री की तरह बराबरी और प्रेम चाहती है। शोषण मुक्त समाज में भी, सामाजिक-आर्थिक समानता के बावजूद यह प्रेम और बराबरी का भाव सबसे जरूरी होगा। कविता उसी भाव को जाग्रत रखती है। सुब्रह्मण्यम भारती की कविता है–

नाचो ! खुशियाँ मनाओ !
जो कहते थे कि स्त्रियों का पुस्तक छूना पाप है
वे मर चुके हैं,
जो मूर्ख कहते थे कि वे स्त्रियों को
घरों में कैद कर देंगे
वे अब अपनी सूरत नहीं दिखा सकते
उन्होंने हमारी जगह घर में दिखायी
जैसे हम कोई बैल हों जो
चारा खाये, पीटा जाये और
मुँह बन्द करके काम करे।
हमने यह सब खत्म कर दिया है।
नाचो, गाओ, खुशी मनाओ!

(शंकराचार्य संस्कृत विश्वविद्यालय, कालडी में प्रस्तुत वक्तव्य, 2006)

कथा सरित्सागर में एक कथा है जिसकी नायिका किसी भी व्यक्ति का स्वर सुनकर उस व्यक्ति का पूरा चरित्र बता सकती है। स्वर-गायक कैसा है, उसका रंग-रूप, अतीत, चरित्र—यहाँ तक कि उसके गुह्य स्थान में एक मस्सा है यह भी। स्त्री का पति भ्रष्टा समझ उसे एक द्वीप पर छोड़ आता है।

विचित्र शक्ति प्राप्त है उस युवती को। हम कह सकते हैं कि वास्तविक साहित्यकार को भी ऐसी ही विचित्र शक्ति प्राप्त होती है। वह भी स्वर-मात्र से किसी भी व्यक्ति के सम्पूर्ण चरित्र को उद्‌घाटित कर देता है। किसी भी व्यक्ति के बोलने भर से उसका सम्पूर्ण व्यक्तित्व पकड़ना होता है। इसीलिए नाटक में या उपन्यास में प्रत्येक चरित्र का अलग-अलग स्वर होता है। जिस तरह हर आदमी के अँगूठे की छाप अलग होती है, वैसे ही हर आदमी का स्वर अलग होता है। एक साहित्यकार को यह अद्‌भुत शक्ति प्राप्त होती है कि वह प्रत्येक स्वर को उसके उद्‌गम तक ले जाकर उस व्यक्ति के आन्तरिक जगत की जाँच-पड़ताल करे। जब हम श्रेष्ठ नाटकों या उपन्यासों को पढ़ते हैं तो इतनी विविधतापूर्ण स्वर-लहरियों को देखसुन कर चकित रह जाते हैं। शेक्सपीयर और डिकेन्स के सभी चरित्रों का नाम तक याद रख पाना मुश्किल है, लेकिन इनका प्रत्येक चरित्र अपने विशिष्ट स्वर में बोलता है। बाल्जाक और तॉल्सतॉय मानव-जीवन की बहुलता की पुनर्रचना करते हैं। यहाँ इतने सारे लोग हैं, लेकिन सबका अपना स्वर। प्रेमचन्द में भी प्रायः प्रत्येक चरित्र का अपना स्वर है।

कविता भी यही काम थोड़े भिन्न धरातल पर करती है। वहाँ चरित्रों की बहुलता तो नहीं होती, परन्तु भावों की अनेकानेक श्रेणियाँ होती हैं जिन्हें कविता लयों की

विविधता तथा स्वरों के आरोह-अवरोह से मुखरित करती है। सुभद्राकुमारी चौहान की प्रसिद्ध कविता 'झाँसी की रानी जिसकी पंक्तियाँ 'खूब लड़ी मर्दानी वो तो झाँसी वाली रानी थी' अपने वीरतापूर्ण, संग्रामी स्वर के लिए अलग से पहचानी जाती हैं, एक ही पाठ में अनेक स्वरों को उपलब्ध कराती है। 'उदित हुआ सौभाग्य मुदित महलों में खुशियाली छायी' के शुभ्र, धूप भरे स्वर का तत्काल पीछा करती पंक्ति है—'किंतु काल गति चुपके-चुपके काली घटा घेर लायी'। और इस तरह स्वरों के, गति अथवा लय के, भिन्न-भिन्न संयोजन से भावों की, स्थितियों तथा प्रसंगों की भिन्नता व्यंजित होती है।

यही कारण है कि कविता में **कथित** से अधिक महत्त्वपूर्ण होता है **अभिप्रेत**। एकतारे का बजता हुआ ताँत यदि **कथित** है तो उसका कम्पन **अभिप्रेत** या व्यंजित। कवि भी स्वर को पकड़ता है और पाठक को भी चाहिए कि वह उस स्वर को पकड़े। प्रत्येक भाव-दशा का अपना संगीत, अपनी लय, यानी अपना स्वर होता है। इस स्वर का अंकन, पुनर्लेपन तथा पुनर्रेखन—यही तो कविता का सम्पूर्ण चक्र है, कवि से पाठक तक।

स्वरों की यह पहचान एक श्रेष्ठ अभिनेता का भी गुण है। ब.व. कारंत अक्सर कहते हैं कि एक अभिनेता को अधिक से अधिक कविताएँ पढ़नी चाहिए तथा पढ़ी जाती सुननी चाहिए ताकि वह उस स्वर-वैविध्य, स्वर-संतरण एवम् स्वर-नैरंतर्य को भी पहचान सके जो पल-पल परिवर्तित भाव-दशा को कार्डियोग्राम की ऊबड़-खाबड़ रेखाओं की तरह व्यक्त करता है। कविता हमें तब दुरूह मालूम पड़ती है जब हम उसकी स्वर-लिपि को ठीक-ठीक नहीं पढ़ पाते। कविता की स्वर-लिपि ही उसका वास्तविक या आभ्यंतरिक पाठ है। जिस प्रकार कथासरित्सागर की वह रूपवती युवती इस अद्‌भुत शक्ति से सम्पन्न थी कि स्वर सुनकर ही स्वर-गायक का सम्पूर्ण चरित्र बता सकती थी उसी प्रकार श्रेष्ठ साहित्यकार भी एक वाक्य भर से किसी भी चरित्र को सांगोपांग व्यक्त कर देता है। ऐसी ही सूक्ष्म अन्तर्दृष्टि उसे भी प्राप्त होती है और इसे वह निरन्तर जीवन-अध्ययन तथा अभ्यास से प्राप्त करता है—नैसर्गिक प्रतिभा तो होती ही है। प्रायः सभी लेखकों के बारे में कहा जाता है कि वे साधारण लोगों की बोलियों के धैर्यवान श्रोता रहे हैं। लेकिन शेक्सपीयर की कथा अतुलनीय है। कहा गया है कि शेक्सपीयर अपनी देहाती प्रेमिका का चुम्बन ले रहे थे, तभी वह कुछ बड़बड़ायी और कवि ने झटपट उसे परे धकेल कान से पेन्सिल उतारी, वाक्य नोट किया और फिर चूमने लगे। बोली से ऐसा प्रेम, स्वर से ऐसी आवेगमय सन्नद्धता यही वह रहस्य है, उस अद्‌भुत स्वर-शक्ति का रहस्य।

जोसेफ ब्रॉड्स्की ने 'स्पेन्डर-स्मृति' नामक निबन्ध में लिखा है कि 'आत्मकथात्मक उपन्यास' जैसा पद अंतर्विरोधी है क्योंकि उपन्यास कभी भी आत्मकथा नहीं है। अंततः

रचनाकार के जीवन पर आधारित होते हुए भी, जो कुछ उस पर गुजरा उसी में कीलित होते हुए भी, उपन्यास आत्मकथा नहीं है—या तो वह आत्मकथा से अधिक कुछ है या फिर कम। इसके अलावा अक्सर ऐसा देखा गया है कि रचनाकार का निजी जीवन मुख्य पात्र में उतना नहीं जितना विभिन्न कनिष्ठ पात्रों में वितरित हो झलकता है। आत्मकथात्मक बनाने की ऊपरी मंशा के बावजूद एक रचना रचनाकार के निजी जीवन को उद्घाटित करने से ज्यादा उसे छुपाती है। हाँ इतना जरूर हो सकता है कि रचना पढ़ कर हमें उस कोठरी या तहखाने का कुछ आभास हो जहाँ कि रचनाकार छुपा हुआ है और तब हम उसकी जीवनी या डायरी या अन्य स्त्रोतों से—यहाँ तक कि कपड़ा धुलाई की रसीद से भी—वहाँ तक पहुँचने की कोशिश करें।

तो क्या 'शुद्ध' आत्मकथा आत्मकथात्मक उपन्यास की तुलना में अधिक आत्मपरक या विश्वस्त होती है? क्या एक रचनाकार की आत्मकथा निश्चयात्मक रूप से वह सब कुछ कहती है जिसे जानने के लिए हम उसे पढ़ते हैं? अभी हिन्दी में आत्मकथाओं या आपबीतियों का दौर चल रहा है। अगर हम एक नजर इन पर डालें तो हैरत होती है कि इनमें प्रायः यौन-प्रसंगों की भरमार है। अपने किसी सहभागी या प्रतिद्वंद्वी की कथा को उघाड़ने की हवस अधिक, स्वयं को खुर्दबीन के शीशे पर रखने का ताब कम है। ब्रॉड्स्की ने उसी निबन्ध में कहा है कि उपने उद्दाम यौवन काल में भी किसी मनुष्य के जीवन का बहुत ही कम अंश यौन प्रसंगों पर खर्च होता है—जीवन का अधिकतम अंश जीने की कोशिश में, खाने-पीने, रिश्ते-परिवार, पढ़ने-लिखने आदि में व्यतीत होता है। तो फिर वह कैसी आत्मकथा है जो कंठ तक सम्भोग-दृश्यों से ठुँसी हो! अपनी वास्तविक ज़िन्दगी को छुपाने के साथ-साथ क्या यह सम्पूर्ण जीवन का अपमान नहीं है?

दूसरी बात यह कि आखिर कोई पाठक किसी रचनाकार की आत्मकथा क्यों पढ़े? आत्मकथा कहने का अधिकार क्या सभी रचनाकारों को स्वतः ही प्राप्त है? जब तक किसी ने अपनी कृति से हममें ऐसी आकांक्षा न भर दी हो कि हम उसके बारे में भी कुछ जानना चाहें, उन सबसे कुछ अधिक, कुछ अतिरिक्त जो उसकी रचनाओं से प्राप्य है, तब तक उस रचनाकार को आत्मकथा लिखने का क्या अधिकार बनता है? अभी हिन्दी में कथा कम, आत्मकथा ज्यादा चल रही है जो कहीं न कहीं हमारी नैसर्गिक अक्षमता, रचनात्मक भीरुता तथा बौद्धिक प्रमाद का सूचक है। इसमें आत्ममुग्धता तथा व्यापारिक लोभ भी शामिल है। तुलसीदास या निराला-प्रसाद या प्रेमचन्द की आत्मकथा क्या है, हम नहीं जानते। लेकिन उनकी रचनाएँ हमें आज भी उनके जीवन के बारे में उत्सुक बनाती हैं। 'अयोध्याकांड' की एक आकस्मिक अर्द्धाली—तेहि अवसर एक तापस आवा, तेज पुंज लघु बयस सुहावा'—या कबीर की 'ठाढ़ि रोवै कबीर की माई, इ लरिका कइसे जिवे भाई' हमें बेचैन कर देती है इससे कुछ अधिक जानने को; हाथ लगता तिनका जैसे छूटा

जाता हो, ऐसी विह्वलता से हम इन अंशों को पकड़ते हैं और उनके आधार पर कुछ अनुमान लगाते हैं। जबकि आज नये से नये लेखक के विषय में हम कितना ज्यादा जानते हैं। जब हम रचना को कम, रचनाकार को ज्यादा जानने लगते हैं तो कहा जा सकता है कि हमारी भाषा पतन के दौर से गुजर रही है। अभी हिन्दी में आत्मकथात्मक कथाओं, आत्मकथा, आपबीती, संस्मरण आदि की महामारी है।

लेकिन इस आत्मकथा-रात्रि का एक दूसरा पक्ष भी है। शुक्ल पक्ष। रेमंड विलियम्स ने विस्तार से बताया है कि चार्टिस्ट आन्दोलन तथा अन्य आन्दोलनों से जाग्रत मजदूर वर्ग के सदस्यों ने पहली बार अँग्रेज़ी में उपन्यास लिखना शुरू किया। लेकिन ये उपन्यास वास्तव में आत्मकथा थे। धीरे-धीरे इन्हीं आत्मकथाओं से एक नयी कथा विकसित हुई और लॉरेंस जैसा कथाकार आया। किसी भाषा की सम्पन्नता का एक पैमाना उसमें रचित आत्मकथाओं की संख्या भी है। जीवन के विभिन्न क्षेत्रों के सामान्य लोग जब अपनी कहानी लिखते हैं तो न केवल जीवन का कच्चा माल उस भाषा में आता है बल्कि साथ ही एक नयी शब्दावली, नया विन्यास, नया ढब—सब कुछ चला आता है जिससे उस भाषा को नयी उर्वर मिट्टी मिलती है।

हमारी भाषा में भी इधर स्त्रियों तथा विशेषकर दलित वर्ग के लेखकों में आत्मकथात्मक उपन्यास अथवा आत्मकथा लिखने की प्रवृत्ति मिलती है जो एक शुभ लक्षण है। अपने को व्यक्त करने का सुगमतम माध्यम आत्मकथा ही है। आत्मकथा कच्ची कथा है। जब व्यक्ति अपने को समझने की कोशिश करने लगता है तब वह एक नया प्राणी हो जाता है; धीरे-धीरे **आत्म** से एक दूरी भी अर्जित करने लगता है और जो उसकी **निजी** कथा थी वह सर्वसाधारण की आत्मकथा हो जाती है। इस दृष्टि से, आत्मकथा आत्मा की खोजबत्ती है जो जीवन की अँधेरी रहस्यमय खोहों-सुरंगों की ओर घूमती है। ऐसा कोई नहीं जिसकी अपनी खोजबत्ती न हो, **आत्मकथा** न हो।

कवियों के बारे में किंवदन्तियाँ कैसे बन जाती हैं कहना कठिन है। लेकिन प्रत्येक किंवदन्ती उस कवि को समझने का, कई बार जीवन मात्र को समझने का कोई न कोई सूत्र अवश्य छोड़ जाती है। कई बार तो ये किंवदन्तियाँ उस कवि-जीवन की अबूझ, रहस्यमय लिपि को पढ़ पाने की कुंजी छिपाये रहती हैं। एक बड़े कवि का जीवन हमारी प्राचीनतम सभ्यताओं की तरह दुर्गम और रहस्यमय होता है।

तुलसीदास के जीवन से सम्बन्धित जितनी किंवदन्तियाँ हैं उतनी सम्भवतः किसी अन्य के विषय में नहीं। किंवदन्तियों की विपुलता भी एक प्रमाण है कवि के प्रसार तथा लोक-स्वीकार का। तुलसीदास के बाद सर्वाधिक किंवदन्तियाँ निराला के बारे में प्रचलित हुईं और यह अकारण नहीं है। तुलसीदास से सम्बन्धित जो किंवदन्ती आज भी हमें आश्चर्य से भर देती है वो उनकी प्रणय-उत्कंठा का आख्यान है। कैसे एक तरुण भादों की अँधेरी रात में एक शव के सहारे उफनायी नदी पार

करता है; कैसे एक सर्प को रस्सी समझ उसके सहारे खिड़की के रास्ते पत्नी के शयनकक्ष में दाखिल होता है, ये प्रसंग अद्भुत कल्पना-शक्ति की देन हैं। लेकिन इनके पीछे जो सच है वह उतना ही रोमांचित कर देने वाला है।

इस कथा से पता चलता है कि वह व्यक्ति कितने प्रचंड आवेग से परिचालित था। प्रणय की यह उदग्र आकांक्षा कोई सामान्य आकांक्षा नहीं है, न ही वह किसी सामान्य मनुष्य के औसत जीवन की दैनन्दिन लालसा की तरह है। जो प्रेम व्यक्ति को मानवेतर ऊर्जा से भर दे, जो औसत तर्क-विवेक को स्थगित कर व्यक्ति को एक अंध-आवेग से प्रक्षेपित कर दे, वह निश्चय ही एक दुर्लभ घटना है। प्रेम कर पाने की ऐसी विलक्षण शक्ति, इन्द्रियों के उद्दाम अनियंत्रित आवेग को धारण करने का ऐसा सामर्थ्य जिसमें हो वही तो तुलसीदास जैसा कवि बन सकता है। यानी जिसमें जीवन की त्वरा और झंझा जितना ज्यादा होगी, वह उतना ही बड़ा कवि होगा।

लेकिन कथा प्रणय-उत्सव में विसर्जित नहीं होती। सम्भवतः कामना पूरी नहीं हुई। तृष्णा तृप्त नहीं हुई। कथा आगे चलती है। पत्नी ने झिड़का—जिस चाम के लिए तुमने इतना किया उसका छदाम भी अगर राम के लिए करते तो तर जाते। और तब चोट भी उतनी ही गहरी हुई। जितना घना प्रेम था, उतनी ही घनी पीड़ा। जीवन की धारा बदल गयी और तुलसी राम की ओर मुड़ गये।

और वहाँ भी उसी आसक्ति, उसी घनत्व और उद्वेग से सन्नद्ध हुए जैसे प्रणय प्रसंग में। जैसे कामी को नारी पियारी होती है वैसे ही मुझे राम प्रिय हैं—बार-बार ऐसे बिम्ब तुलसी-काव्य में आते हैं। महत्त्वपूर्ण है एकतार प्रतिबद्धता—तजियों ताहि कोटि बैरी सम जदपि परम सनेही। महत्त्वपूर्ण है वह आवेग और तन्मयता। यह किंवदन्ती हमें एक बहुत महत्त्वपूर्ण काव्य-सूत्र सौंपती है। बड़ी कविता जीवन के प्रति गहरे राग और लालसा से उत्पन्न होती है। जो जितना बड़ा कवि होगा, उसकी राग- विराग की प्रत्यंचा उतनी ही कसी होगी। वह इतना संवेदनशील होता है मानो उसके शरीर की ऊपरी छाल छिल चुकी हो और हवा का हल्का स्पर्श भी उसे कँपा देता हो, उसकी आत्मा की जड़ों तक को थरथरा देता हो। तुलसीदास ने जिस तीव्रता से जीवन के प्रत्येक क्षण को, प्रत्येक अनुभव को उसके सर्वांग रूप में ग्रहण किया वह अनुपम है। जीवन के इतने सारे ब्यौरों को एकत्र करते हुए, लोक-व्यापार के क्षुद्रतम कणों को अपनी बरौनियों से चुनते हुए तुलसीदास ने निरन्तर उसी आवेग को बनाये रखा जो इस दन्तकथा का आधार है। इसी प्रकार महाकवि दाँते के उस एक क्षण के देखने में जो आवेग था वह केवल बिएट्रिस के प्रति प्रेम का सूचक नहीं है वरन् उस कवि की सम्पूर्ण इयत्ता, उसके कवि-व्यक्तित्व का बीज-रूपक है। उसने समस्त जीवन-व्यापार को उसी तरह देखा—यह देखना एक ऐसा देखना है जो देखते ही किसी वस्तु को अमरत्व प्रदान करने और अमरता पाने के प्रयत्न जैसा है।

तुलसीदास से सम्बन्धित किंवदन्ती की ध्वनि हम अँग्रेज कवि जॉन डन की इन पंक्तियों में भी सुन सकते हैं—'चूँकि पहले आदम के पसीने से मेरी काया लथपथ है इसलिए अब अन्तिम आदम के रक्त से मेरी आत्मा सराबोर हो।' यानी ऐंद्रिक और आध्यात्मिक, दोनों ही प्रकार के उद्दीपन एक कवि के लिए अपरिहार्य होते हैं। जीवन-समुद्र जिस वेग से अन्दर खीचता है उसी क्षोभ के साथ वह वापस तट पर भी फेंक देता है।

यह किंवदन्ती अत्यन्त प्रच्छन्न रूप से बड़े कवि की मानसिक तथा ऐंद्रिक बनावट को, उसकी सृजनात्मक शक्ति को व्यक्त करती है। एक बड़े कवि के राग और विराग, दोनों ही समान रूप से उद्दाम होते हैं। वह मनुष्य मात्र की कामना-शक्ति का, इंद्रिय-सम्पन्नता का शिखर होता है। शायद कोई दूसरा कभी जीवन को इस तरह, इतनी लालसा, इतनी उत्कंठा से नहीं देख पाता जिस तरह एक बड़ा कवि जैसे दाँते, जैसे तुलसीदास। इसीलिए ऐसी किंवदन्ती किसी और के भाग्य में नहीं।

कथा है कि कालिदास जिस डाल पर बैठे थे, उसी को काट रहे थे। तब वह युवतर थे, अचेत थे और कवि के रूप में ख्यात न थे। जिस डाल पर बैठे थे उसी को काट रहे थे यानी डाल कटते ही वह स्वयं गिर पड़ते। यह कथा बहुत अर्थपूर्ण है। इसका बृहत्तर आशय कवि मात्र के चरित्र और नैतिक बनावट से सम्बन्धित है। कालिदास इतने बड़े कवि सम्भवतः इसीलिए हो सके कि उनमें ऐसी आत्महंता बेध्यता थी। ऐसा अबोधपन, अपने को घातक असुरक्षा में डाल सकने की ऐसी साहसिकता जो अन्यत्र, कमतर प्रतिभाओं में दुष्प्राप्य है। जीवन के गूढ़तम रहस्यों और जटिलताओं को अभिव्यक्त करने वाला मस्तिष्क स्वयं कितना मासूम हो सकता है, यह प्रसंग इसी तथ्य को प्रकाशित करता है। दूसरी बात यह भी कि जो स्वयं अपनी ही डाल को काट न सके, वह कवि होने की अर्हता भी शायद पूरी नहीं करता।

यहीं पर कवि अथवा कलाकार के चरित्र और उसकी कृति के परस्पर सम्बन्ध का प्रश्न उठता है। अक्सर हम पूछते हैं, क्या बड़ा साहित्यकार होने के लिए अच्छा आदमी होना भी जरूरी है? क्या हर अच्छा लेखक अपरिहार्य रूप से अच्छा मनुष्य भी होता है? यदि हम कुछ किंवदन्तियों तथा कुछ जीवन-तथ्यों पर विचार करें तो पाते हैं कि दोनों ही कोटियों के लोगों ने श्रेष्ठ साहित्य की रचना की है, यानी नितान्त अच्छे, चरित्रवान लोग और ऐसे लोग भी जिन्हें सामान्यतः 'अच्छा' नहीं कहा जाता। आदिकवि वाल्मीकि कवि होने के पूर्व रत्नाकर नाम से कुख्यात डाकू थे। कथा यह भी है कि मिथुन रत क्रौंच युगल के एक पक्षी को व्याध द्वारा मारे जाने से मर्माहत हो वाल्मीकि ने आदिश्लोक का उच्चार किया। अर्थात प्रेम का हनन कवि को उद्विग्न करता है। प्रेम का प्रसार ही कविता का ध्येय है और इसीलिए कवि-चरित्र भी प्रेम का ही प्रकाश। जैसे निराला का चरित्र, जिनकी ममता और त्याग की

कथाएँ उनके जीवन काल में ही दंतकथाओं की तरह लोकप्रिय हो चुकी थीं। दूसरी तरफ ज्याँ जेने जैसे महान् लेखक भी हैं जिनकी 'चोर की डायरी' दुनिया की महान् पुस्तकों में गिनी जाती है। स्वयं शेक्सपीयर ने जीवन के अंतिम दिनों में बहुत थोड़े-से पैसों के लिए एक पड़ोसी पर मुकदमा तक किया था। और जहाँ तक लेखकों के यौन-जीवन का प्रश्न है, तो उस कसौटी पर कुछ ही लेखक खरे उतरेंगे। महान् तॉल्सतॉय भी नहीं, जिन्होंने 'पुनरुत्थान' में मास्लोवा जैसे अद्भुत, पीड़ित पर गरिमामय, चरित्र की सृष्टि की और अपने नैतिक आदर्शों से महात्मा गाँधी तक को प्रेरित किया।

इससे लगता है कि अच्छा होना और अच्छाई का विवेक—इन दोनों में से कम से कम एक तो अवश्य ही होना चाहिए। बुरा करने पर भी, इसकी चेतना, इसका पश्चात्ताप, आत्मिक द्वन्द्व, आध्यात्मिक प्रताड़ना—ये सब उस साहित्यकार के व्यक्तित्व को निर्मित करते हैं और उसकी रचना अपने अन्तिम प्रभाव में पाठक को उतना ही निष्कलुष छोड़ती है जितना कि उस लेखक की रचना जो भले-बुरे के द्वन्द्व से परे स्वभावतः ही अच्छा रहा है। यानी रचना का चरित्र अथवा सत्य ही पाठक के लिए सर्वाधिक महत्त्वपूर्ण है। सन्त तो अनेक हुए, परन्तु सभी बड़े कवि नहीं हुए। कवि होने के लिए, कलाकार होने के लिए कुछ और भी चाहिए, केवल चरित्र की उज्ज्वलता नहीं। और वह है मनुष्य के हृदय, मस्तिष्क तथा आत्मा में निरन्तर जारी उद्वेलनों, द्वन्द्वों तथा संघर्षों का संज्ञान। इसी के कारण शेक्सपीयर और दाँते महान् हैं, इसी के कारण तुलसीदास और निराला या ग़ालिब भी।

इसी से जुड़ी हुई बात साहित्यकार और सत्ता के सम्बन्ध की है। कुंभनदास का प्रसिद्ध पद 'संतन को कहा सीकरी सों काम' इसी सन्दर्भ में याद किया जाता है। मेरी समझ से यहाँ भी बहुत सीधा समीकरण नहीं हो सकता। निराला और मुक्तिबोध निरन्तर सत्ता के प्रतिपक्ष की भूमिका में रहे, परन्तु ग़ालिब या दिनकर नहीं। ग़ालिब ने सन् अठारह सौ सत्तावन के दिनों की अपनी डायरी 'दस्तम्बू' में अँग्रेज़ों की खूब प्रशंसा की है, लेकिन यह भी सही है कि उस काल की पीड़ा की अन्यतम अभिव्यक्ति भी उन्हीं में मिलती है। कालिदास, शेक्सपीयर राजदरबार में रहे, परन्तु उनका काव्य जीवन के अन्तर्विरोधों का काव्य है, राजसत्ता के समर्थन का नहीं। अपने समय में बोर्खेस सत्ता के साथ रहे; नेरुदा भी अपनी राजनीतिक पक्षधरता वाली सत्ता के साथ रहे; लेकिन दोनों का काव्य अंततः प्रतिपक्ष का काव्य है और नेरुदा तो प्रतिपक्ष के शिखर हैं। नेरुदा मारे गये और बोर्खेस भी सत्ता से दूर हो गये। कोई भी बड़ा कलाकार सत्ता का चाकर नहीं हुआ। कम से कम उसकी रचना ने अपना एक स्वतन्त्र, वैकल्पिक विपक्ष रचा। और अपनी आरम्भिक अबोधता तथा बेध्यता को बचाये रखा जिसके बगैर रचना, श्रेष्ठ रचना, सम्भव नहीं।

सन् उन्नीस सौ सत्तर के पास से ही हिन्दी कविता अँग्रेजी एवं पाश्चात्य प्रभाव से मुक्त होने लगी थी। इसके पहले तक न केवल हिन्दी में, बल्कि लगभग सभी बड़ी भारतीय भाषाओं में अंग्रेजी कविता का प्रभाव, एवं आन्दोलनों-प्रवृत्तियों में प्रेरणा, स्पष्ट रहा। इसका अर्थ यह नहीं कि अब कविता घरघुस्सू या अंतर्मुखी अथवा स्थानिक हो गयी। बल्कि तब से लगातार हिन्दी कविता का सम्बन्ध दुनिया भर की भाषाओं से बढ़ा। बीच में अंग्रेजी के छनना यानी फिल्टर की जरूरत भी कम होती गयी। सीधे-सीधे स्पहानी, इतालवी, चीनी, रूसी, जापानी, जर्मन आदि से अनुवाद भी बड़े स्तर पर होने लगे। हिन्दी कवियों के भी अनुवाद बाहर होने लगे। साथ ही, हिन्दी कविता एक बार फिर अपनी जड़ों, अपनी जातीय परम्परा एवं वाङ्मय से जुड़ने का यत्न करने लगी। इसी काल में नागार्जुन, त्रिलोचन, केदार आदि ने नयी केंद्रीयता पायी, फिर निराला, तुलसी, कबीर तक कविता की फुनगी बढ़ी और नये ऊर्जा-केंद्र, नये प्रेरणा-स्त्रोत बने। और इसी के साथ आस-पड़ोस, गाँव-घर तथा कुटुम्ब-सम्बन्धों की पुनःप्रतिष्ठा हुई। आठवें दशक की कविता में यह विशेषकर प्रगट हुआ। कविता की भाषा बदली। लोक-भाषा के शब्द और मुहावरे बढ़े तथा ठेठ भारतीय गाँव के चित्र एवं पौराणिक सन्दर्भ भी बढ़े। शरद बिल्लौरे, जिनका बहुत कम उम्र में निधन हो गया, के संग्रह 'तय तो यही हुआ था' की एक प्रसिद्ध कविता राजा बलि के दान देने के प्रसंग की पुनर्व्याख्या करती है, बिल्कुल समकालीन संदर्भों में। बाद में देवी प्रसाद मिश्र की कविता के इन्द्र, मरुत आदि तथा हाल में बद्रीनारायण के संग्रह 'शब्दपदीयम्' की कविताएँ भारतीय मिथक-पुराण से प्रचुर सामग्री लेकर उन्हें नये रूप, नये अर्थ देती हैं।

जो गाँव त्रिलोचन या नागार्जुन में आया वह नये रूप में, नयी जटिलता के साथ बाद में एकांत श्रीवास्तव, स्वप्निल श्रीवास्तव, विनोद दास, बोधिसत्व, अष्टभुजा शुक्ल, नवल शुक्ल, अनिमेष, निलय, अरुण शीतांश आदि कवियों में अभिव्यक्त हुआ। 'चंदनवर्णी धूल' ही नहीं, बल्कि परिवार तथा सामाजिकता का विघटन, बाजार का प्रवेश, शोषण के नये तरीके और ग्राम-जीवन का उलट-पुलट यह सब इन कवियों ने नये बिम्बों-प्रसंगों के जरिये प्रगट किया। चन्द्रकुंवर बर्थ्वाल की कविता का पहाड़ी जीवन नयी त्वरा से हरीशचन्द्र पाण्डे जैसे कवियों में मिलता है। साथ ही, एक बात और ध्यान देने की यह है कि ऊपर से अग्राम्य लगने के बावजूद अन्य कवियों में भी भारतीय जीवन तथा नये भारतीय व्यक्ति का आन्तरिक जगत बहुत तीव्रता से प्रगट हुआ। जैसे कुमार अंबुज, आशुतोष दुबे, संजय चतुर्वेदी, पवन करण, निरंजन श्रोत्रिय, चेतनक्रांति, जितेंद्र श्रीवास्तव, हेमंत कुकरेती, स्वप्निल प्रजापति आदि अनेक कवियों में। यह भी देशज का ही क्षेत्र है।

दो घटनाएँ और हुईं। एक तो स्त्रियों द्वारा बहुत शक्ति और उर्वरता से कविता की सृष्टि तथा दूसरे, समाज के सर्वाधिक वंचित समूह यानी दलितों का अभ्युदय। इन दो घटनाओं ने हिन्दी कविता को नये विस्तार तथा प्राण दिये।

अनामिका, गगन गिल, कात्यायनी, सविता सिंह, निर्मला गर्ग, निर्मला पुतुल, वीरा, नीलेश रघुवंशी, हेन चक्रवर्ती, संवेदना रावत, रश्मिरेखा, अनिता वर्मा आदि ने देश की नयी स्त्री को व्यक्त किया। इन्होंने कविता को कुछ नये शब्द, नये भाव गुच्छ दिये। कँवल भारती सरीखे कवियों के बावजूद दलितों द्वारा कविता के क्षेत्र में अभी निर्णायक पदक्षेप की प्रतीक्षा है।

देशज का अर्थ बहुत व्यापक और प्रशस्त होना चाहिए। देशज आपको संकीर्ण नहीं, बल्कि खेतों-बधारों की तरह आपको उदार तथा असीम बनाता है। साथ ही, यह भी कहना जरूरी है कि कविता की शक्ति देशज-तत्त्व ही केवल नहीं है। कविता स्वभाव से ही देशज होती है, किसी भी दूसरे साहित्य-रूप की तुलना में। इसीलिए इसका अनुवाद भी कठिनतर होता है। बल्कि जो कविता अनुवाद प्रतिरोधी हो वह संभवतः अधिक कविता है। कविता निरन्तर देशज-भाव और भाषा की खोज करती है। अपने सर्वाधिक उन्नत और अभिजात क्षणों में भी उसकी जड़ें देश में ही रोपी हुई होती हैं।(लेकिन देशज का अर्थ भदेस नहीं है।) अज्ञेय और मुक्तिबोध भी उतने ही देशज हैं जितने कि प्रसाद, निराला या पन्त, भारतेन्दु। नयी कविता तथा अकविता के कुछ अंशों पर भले दुविधा हो, लेकिन सम्पूर्ण हिन्दी कविता कमोबेश देश की मिट्टी, देश की भाषा की कविता है, देशज। कभी-कभी विचलन सम्भव है। मात्रा कम-अधिक सम्भव है। विदेश की भूमि पर रची जाकर भी कविता अपनी आत्मा में देशज होगी, हो सकती है। नेरुदा का लगभग आधा काव्य चिले की भूमि-जल-पर्वत से दूर रचा गया, परन्तु वह उतना ही देशज है जितना कि गाब्रिएला मिस्राल का काव्य।

कभी-कभी ऊपर से देशज शब्दों के प्रयोग के बावजूद कोई कविता अपनी प्रवृत्ति से, अपने अनुभूतिजन्य गठन में अदेशज हो सकती है। हो सकता है कि जो भाव या तत्त्व वह व्यक्त कर रही हो वह बाह्य भूमि की कलम या उपज हो। स्वयं आठवें दशक के कुछ कवियों की भाव-भूमि पूर्वी यूरोपीय लग सकती है। कई बार कवि के बोलने का स्वर, उसकी भंगिमा पर संदेह हो सकता है। लेकिन वह भाषा, जिसमें वह लिख रहा है—वही उसको बचाती है, उसे घर की रसोई तक ले आती है।

एक बात और कि तत्सम, तद्भव या देशज—सब अपने हैं, अपनी ही सम्पदा हैं। इसमें कोई ऊँचा-नीचा नहीं है। हर अच्छा कवि यह जानता है। एक श्रेष्ठ कवि जानता है कि कब उसे क्या करना, क्या लेना या छोड़ना है। निराला ने भाषा के सम्पूर्ण वर्ण-क्रम बल्कि परा-वर्णों का भी व्यवहार किया। कभी-कभी किसी ख़ास भाषा-व्यवहार का आग्रह कवि की हीनता का द्योतक है। अन्यथा निराला ही हमारे आदर्श के सर्वाधिक निकट हैं, खड़ी बोली में।

देशज होने का अर्थ केवल देश का होके नहीं रह जाना है बल्कि सम्पूर्ण विश्व से निरन्तर घनिष्ठ रूप से जुड़ कर, अपनी रक्त-शुद्धता को खोकर ही हम वास्तव

में देशज और पवित्र बनते हैं। गाँधी जी से ज्यादा विलायती उस समय कोई न था, लेकिन यह भी सच है कि उतना देशज भी कोई न हुआ।

जापानी विद्वान् ओकाकुरा ने लगभग सौ साल पहले प्रकाशित अपनी पुस्तक 'पूर्व के आदर्श' में लिखा, 'एशिया एक है'। लेकिन हमें इस एकपन का अनुभव कभी-कभार ही हो पाता है। एक-दूसरे के साहित्य को जानने-समझने की बात तो दूर, एशिया के लोग एक-दूसरे की भाषाओं के नाम तक ठीक से नहीं जानते। इसके बावजूद एशियाई साहित्य का अपना स्वभाव और चरित्र है जैसे कि एशियाई जन-समूहों का।

चीनी लेखक लू शुन को पढ़ते हुए प्रेमचन्द याद आते हैं; और यह भी एक संयोग है कि दोनों का निधन 1936 में हुआ और दोनों ने मुख्यतः कृषक समाज का चित्रण किया। वियतनामी कवि तो हू या चीनी कवि आए छिङ और हिन्दी कवि नागार्जुन-त्रिलोचन अनेक भिन्नताओं के बावजूद भावना के उत्कट प्रकाशन एवं सम्प्रेषण की सहजता के कारण समगोत्री लगते हैं। छुरी की तरह क्षिप्र जापानी हाइकू और गम्भीर घाव करने वाले हिन्दी दोहे कहीं न कहीं एक पौर्वत्य को व्यक्त करते हैं। इसी प्रकार इण्डोनेशिया के कवि रेन्ड्रा की कविताएँ आश्चर्यजनक रूप से आज की हिन्दी कविता के करीब लगती हैं। यदि नाम हटा दिया जाय तो हो सकता है पाठक कह बैठे, अरे यह तो रघुवीर सहाय हैं। और लाओस की कविता में आने वाले चम्पा के फूल, श्रीलंका की कविताओं में अंकित हाथी के पाँवों की छाप या नेपाली कविता में विराजमान हिमालय भारतीय कविता के बिम्ब-सरीखे लगते हैं। पाकिस्तान और बंगलादेश का साहित्य तो लगभग भारतीय साहित्य ही है। फ़ैज़, इंतज़ार हुसैन या तसलीमा नसरीन हमारे लिए घरेलू बन चुके हैं। थोड़ा पश्चिम चलें तो तुर्की के नाज़िम हिकमत, दाग़िस्तान के रसूल हम्जातोव और फिलीस्तीन के महमूद दरवेश की कविताएँ हमारे इतना पास लगती हैं।

ऐसी निकटता या अपनापन का बोध पश्चिमी कविता के साथ प्रायः नहीं होता जबकि पिछली शताब्दी की भारतीय कविता बिना पश्चिमी संदर्भों के व्याख्यायित हो ही नहीं सकती। फिर ऐसा क्यों है, ऐसा क्या है एशियाई साहित्य में जो हमें मोह लेता है? यदि टी. एस. इलियट का आग्रह 'पूरे योरप को अस्थियों में' बसा लेने का था तो क्या भारतीय कवि पूरे एशिया को अपनी अस्थि-मज्जा में समाहित नहीं कर सकते? वो भी तब जब एशिया के लोगों की दार्शनिक तथा धार्मिक पीठिका भी हिन्दू, बौद्ध तथा इस्लाम के व्यापक प्रसार के कारण लगभग एक जैसी है और उनका पिछली सदियों का इतिहास भी, गुलामी और आज़ादी के संघर्षों के अनुभव सहित, लगभग समान है।

अभी हाल में संस्कृत कवि अश्वघोष के 'बुद्धचरित' को पढ़ते हुए आश्चर्य हुआ कि इसके पाठ के अनेक लुप्त पृष्ठ चीनी अनुवाद के जरिये हम तक पहुँचे हैं। तथा बौद्ध एवं सांख्य दर्शन की भी टीकाएँ एवं भाष्य चीनी और तिब्बती भाषाओं के माध्यम से संरक्षित रह पायी हैं। कहने का मतलब कि एशिया का पाठ एक है जिसके पन्ने अलग-अलग देशों में बिखरे पड़े हैं। जरूरत है फिर से उस पाठ को एकत्र करने की।

फ्रांसीसी लेखक ज्याँ पाल सार्त्र ने कहा था कि द्वितीय विश्व युद्ध के बाद योरप के पास कोई बड़ा विषय नहीं रह गया है। इसके स्थान पर केवल शिल्प की निपुणता है और सारे बड़े विषय एशिया, अफ्रिका तथा लातिनी अमेरिका के पास चले गये हैं। यही है हमारे युग का सांस्कृतिक भू-विचलन।

किसी भी एशियाई अस्मिता की खोज में हिन्दी की महत्त्वपूर्ण भूमिका होगी क्योंकि हिन्दी भारतीय खंड की धुरी है। एशिया एक है। अनेक ऊपरी भिन्नताओं के बावजूद अन्दर ही अन्दर सारे वृक्षों की जड़ें एक-दूसरे में लिपट रही हैं।

●

वक्तव्य

जब पहला 'भारतभूषण अग्रवाल स्मृति पुरस्कार' मुझे मिला तो खुशी हुई। यह मेरे लिए भी पहला पुरस्कार था। खुशी इस बात से भी हुई कि जिन लोगों को आप श्रेष्ठ मानते हैं उनका भी स्नेह आपको मिल रहा है। कोई भी पुरस्कार मुख्यतः दो कारणों से प्रतिष्ठित होता है। एक तो निर्णायक, दूसरा प्राप्तकर्त्ता। भारतभूषण अग्रवाल पुरस्कार के साथ श्रेष्ठ कवि की स्मृति, उनके पूरे परिवार और विशेषकर आदरणीया बिन्दु अग्रवाल जी का स्नेह तथा अपनी भाषा के कुछ सर्वोत्तम लेखकों- गुणग्राहकों का निर्णय जुड़ा हुआ है। इसी कारण आज भी यह पुरस्कार लावण्यमय है। यह सही है कि हर बार कुछ महत्त्वपूर्ण कवि छूट जाते हैं। इसका मतलब कि हमारी भाषा में अच्छे कवियों की कमी नहीं। यह भी सही है कि कोई भी पुरस्कार अंततः कला तथा विचार के क्षेत्र में चल रहे द्वन्द्वों, परस्पर संघर्षरत मूल्यों का ही प्रतिबिम्बन होता है, किसी एक मूल्य के पक्ष में निर्णय। इसलिए कोई भी पुरस्कार निर्विघ्न हो ही नहीं सकता जब तक कि वह ख़ैरात समझकर या दयाभाव से नहीं दिया जा रहा। जो लेखक इन सौंदर्यात्मक द्वन्द्वों को जितना अधिक त्वरित करेगा वह उतना ही विरोध भी सहेगा और साथ-साथ उतने ही अधिक होंगे उसके पक्ष में उठने वाले हाथ भी। लेकिन हर लेखक यह भी जानता है कि पुरस्कार या सम्मान किसी की नियति तय नहीं करते। कई बार जो वास्तव में नया और विलक्षण है, ओझल रह जाता है।

खुशी तो तब भी हुई और आज भी जब श्री सुन्दर चन्द ठाकुर को यह पुरस्कार दिया जा रहा है। उम्र बढ़ रही है। हर अर्थ में। लेकिन एक बात लगातार लगती रही कि क्या उम्र के आधार पर कवियों के संवर्ग तैयार करना ठीक है, क्या कभी यह होता है? कीट्स, शेली, पुश्किन, रैम्बो, सुकान्त और अपने भारतेन्दु किससे कम हैं? कवि को किसी भी आधार पर कभी भी कोई रियायत नहीं मिलनी चहिए। पहली कविता के साथ ही वह अपने को विशाल समुद्र के डुबाऊ जल में डाल देता है। यह भी सम्भव है कि जो सबसे कमउम्र है वही सबसे अच्छा भी—'तेह अवसर एक तापस आवा तेज पुंज लघु वयस सुहावा'।

पुरस्कारों-सम्मानों से जुड़े सारे सवाल अन्ततः इस बात से जुड़े हैं कि रचना की गुणवत्ता का निर्णय कौन करेगा। इस विपुल पृथ्वी पर कोई तो समानधर्मा होगा

कभी। जिन्हें हम आज अपना समानधर्मा मानते हैं उनके मुँह से प्रशंसा का एक शब्द, उनके द्वारा पीठ पर रखा हाथ, केवल एक ताली किसी भी रचनाकार को सुखी बनाने के लिए काफी है। आज भी मैं उनका कृतज्ञ हूँ।

(भारतभूषण अग्रवाल पुरस्कार के बीस साल पूरे होने पर)

वक्तव्य

यही कहा जाता है कि अन्तिम निर्णय तो काल करेगा। लेकिन तत्काल जो बात सबसे ज्यादा खुशी और आश्वस्ति देती है वो है किसी समानधर्मा से मिलने वाली प्रशंसा, उन लोगों से मिलने वाली प्रशंसा जो कविता की श्रेष्ठ परम्परा से परिचित हैं या जो स्वयं भी श्रेष्ठ रचनाकार हैं और जिनकी विवेकदक्षता मान्य है। और जिनके प्रति स्वयं अपने मन में भी आदर और उत्कंठा का भाव है।

आज से लगभग पच्चीस साल पहले जब मुझे 'भारतभूषण अग्रवाल पुरस्कार मिला था तब ऐसी ही खुशी हुई थी। थोड़ा आत्मबल भी बढ़ा था। प्रत्येक पुरस्कार वास्तव में एक आलोचनामक अनुशंसा है—सहृदय पाठकों अथवा विवेकवान गुणीजनों से मिलने वाली स्वीकृति की एवज़ी नहीं, वरन् उसकी प्रत्याशा में लिया गया तदर्थ निर्णय। इस पुरस्कार से मुझे कुछ ख्याति मिली, कुछ प्रतिष्ठा और कुछ सबक। मुझे अब भी याद है कि उस दिन त्रिवेणी सभागार में जब मैं कविता पढ़ने और कुछ बोलने के लिए खड़ा हुआ तो सामने अज्ञेय, शमशेर, नेमिचन्द्र जैन, त्रिलोचन, नामवर सिंह, रघुवीर सहाय, सर्वेश्वर, केदारनाथ सिंह प्रभृति गुरुजनों को देख कर डर लगा। आज तक उस डर से उबरा नहीं हूँ। जैसे-जैसे उम्र बढ़ती है, अनुभव बढ़ते हैं वैसे-वैसे परम्परा का यह डर भी बढ़ता जाता है और अपनी क्षुद्रता का एहसास भी। और यह संदेह भी जब तब प्रकट होता है कि क्या मैं सचमुच कवि हूँ। क्या मैंने सचमुच अपने कर्तव्य का ठीक-ठीक निर्वाह किया। क्या जिन्होंने मुझ पर विश्वास किया उनके विश्वास की रक्षा कर पा रहा हूँ!

पिछले पच्चीस वर्षों में हमारे समाज, देश और दुनिया में बहुत कुछ बदल चुका है। कविता के माध्यम से जीवन को बदलने का ताव जो तब था, वो अब भी है, पर उसमें अब तो ताप नहीं रहा। जानता हूँ कि कविता बहुत थोड़े से लोगों तक पहुँचती है, फिर भी लगता है कि मेरा बोलना ज़रूरी है। मैं कहना चाहता हूँ कि मनुष्य को इससे बेहतर जीवन चाहिये, मनुष्य को अपने इस दुर्लभ जीवन का सर्वोत्तम मूल्य मिलना ही चाहिये। अन्याय, विषमता और पराधीनता के विरुद्ध

कविता का स्वर हमेशा प्रखर रहा है।

ध्वंस, हिंसा और भयंकर मार-काट के बीच भी यदि कोई अपनी कविता के एक-एक शब्द, एक-एक ध्वनि को लेकर व्यग्र और उद्विग्न रहता है तो यह बहुत कुछ वैसे ही है जैसे भूकम्प या चक्रवात के बीच भी एक पौधा अपने हर फूल की हर पंखुड़ी को उतना ही तन्मयता और निपुणता से काढ़ता- सँवारता है जैसे वह सृष्टि के आरम्भ से करता आया है। वह फूल तो झड़ जाएगा लेकिन कविता निरन्तर नये-नये दल-पत्र खोलती जाएगी। और एक दिन ऐसा भी आयेगा जब पूरा समाज कवि का समानधर्मा होगा। कविता की मुक्ति और मनुष्य की मुक्ति एक साथ होगी।

(भारत भूषण अग्रवाल पुरस्कार की पचीसवीं पर्षगाँठ पर, 2005)

वक्तव्य

सबसे पहले तो मैं साहित्य अकादेमी के प्रति आभार व्यक्त करता हूँ कि मुझे आज यहाँ इस विद्वत् मंडली के सम्मुख खड़ा होने का सौभाग्य प्राप्त हुआ। अपनी भाषाओं के महान लेखकों की पंक्ति में बैठने का सौभाग्य पाकर मैं अत्यन्त संकोच का अनुभव कर रहा हूँ। शायद इसीलिए मुझे वहाँ बैठना चाहिये जहाँ जूते उतारे जाते हैं। मैंने हर बार अपने लिए यही जगह चुनी। और मैंने कोशिश की कि मेरी कविता भी ऐसे ही स्थानों और लोगों पर अपना ध्यान केंद्रित करे जो पवित्र और पूज्य नहीं माने जाते। उन लोगों के जीवन और भावों पर ध्यान केंद्रित करे जिन्होंने हमेशा हमेशा से नंगे पाँव घूमते हुए इस धरती की पवित्रता का मान रखा।

जब मैंने लिखना शुरू किया तब मुझे लगा कि हमारी कविता में आसपास का जीवन और बोली बहुत कम है। यह वो समय था जब हिन्दी में वक्तव्य-प्रधान कविताएँ लिखी जा रही थीं। जीवन-प्रसंग कम आते थे। दैनन्दिन जीवन के बिम्ब बहुत कम थे। भाषा बहुत दूर की लगती थी, गढ़ी हुई और सपाट, वैसी जैसे कोई नहीं बोलता। इसी समय मेरा परिचय नागार्जुन-त्रिलोचन की कविताओं से हुआ। फिर निराला की कविताओं से। और मुझे एक रास्ता मिला। जो सामने है, जो आसपास है वही हमारा विषय है। उसी में प्राण है। यानी कोशिश रही साधारण की असाधारणता को खोजने की। ग़ालिब के शब्दों में, एक कतरे में दरिया को देखने की। इसलिए कूड़ा चुनने वाले लड़के की तरह मैं पीठ पर बोरी लादे गली-गली घूमता रहा, जहाँ जो मिले उसे चुनता, उठाता और हिफाजत से रखता। अब मेरे लिए कुछ भी अपवित्र या अस्पृश्य नहीं था। जीवन का प्रत्येक कण कविता का कण है।

इसी तरह मुझे लगा कि जो कविता मैं पढ़ रहा हूँ वह मुझे अस्वाभाविक लगती है, वैसे ही जैसे कोई अपनी माँ को 'माताश्री' कह कर पुकारे। एक दूरी का एहसास हमेशा होता रहा। तब मैंने सोचा कि मुझे वैसे ही लिखना चाहिए जैसे लोग बोलते हैं। और तब मैंने अपनी भाषा के लगातार चलने वाले विराट प्रीतिभोज को देखा। इतनी बोलियाँ, इतने स्वर, इतने व्यंजन। और अनिमंत्रित इस विराट प्रीतिभोज के जूठन और गिरे हुए टुकड़े उठाता मैं वहीं खड़ा रहा। यही तो मेरा सर्वस्व है। मैंने

अपनी बोली भोजपुरी के शब्दों को ज्यों का त्यों उठाया। उन मुहावरों को, उन स्वर-भंगिमाओं को, यहाँ तक कि साँस की भाप की आवाज को भी। इस तरह मैंने अपनी कविता की गृहस्थी जमायी—'सब उधार का, माँगा-चाहा/ नमक-तेल हींग-हल्दी तक, सब कर्जे का/ यह शरीर भी उनका बन्धक/ अपना क्या है इस जीवन में सब तो लिया उधार/ सारा लोहा उन लोगों का/ अपनी केवल धार।'

कविताएँ धीरे-धीरे छपने लगीं। कुछ लोगों ने पसन्द भी कीं। पहली किताब भी छप कर आ गयी। लेकिन मैंने देखा कि इतने बड़े संसार में कविता की चिन्ता किसी को नहीं। जो मैं लिखता हूँ वह भी लोगों तक नहीं पहुँचता। और लोग कविता पढ़ते भी नहीं। बस थोड़े से लोग हैं घूम-फिर कर जिनके बीच कविता का ज़िक्र है, एक ऐसे सिक्के की तरह जो बहुत पहले चलन से बाहर हो गया है। तो यह सारा श्रम, यह पसीने-पसीने होना क्या बेकार है? हर कवि को आज एक बार जरूर ऐसा लगता है। रात को अचानक कभी लगता है कि यह किस काम में मैं लगा हूँ। मैं दूसरा कोई काम शायद कर ही नहीं सकता। शायद यही एक काम है जिसके लिए मैं किसी के हुक्म का मोहताज नहीं, जो किसी के विवाह की रोशनचौकी नहीं, बस ऐसे ही जैसे मधुमक्खी शहद बटोरती है और मकड़ा अपना जाला बुनता है और धरती सब्ज़े फेंकती है, वैसे ही। तो फिर इससे फायदा क्या है। कविता या कोई भी कला फायदे के खिलाफ है। जो घर जारै आपना चलै हमारे साथ-कबीर ने कहा था। यह उन फूलों की तरह है जो फल में नहीं बदलते। फिर भी जो हर ऋतु में होते हैं, जिनके बिना इस धरती का कोई अर्थ नहीं। इसके अलावा एक जरूरी काम भी है यह, सम्पूर्ण जीवन का भाष्य, जो जीवन के आरम्भ से लेकर अन्त तक हर स्थान, हर अनुष्ठान में शामिल है, जीवन के प्रत्येक महाभारत का विवरण। कविता हमारे जीवन का सर्वाधिक गर्हित कर्म भी है—बहुत कुछ नाल काटने से लेकर अग्नि-दान तक यानी प्रसूति-गृह से श्मशान-भूमि तक फैला हुआ काम—

मुझे एक छट्ठी में जाना है
और एक श्राद्ध में

जब मैं पैदा हुआ, तब से इन पैंतालिस वर्षों में हमारा समाज बहुत बदल चुका है। बहुत फैल गया है संसार, बहुत टुकड़े-टुकड़े भी। जीवन इतने तरह का है। सब कुछ बहुवचन में। एक चीज के बारे में लिखने का मतलब है करोड़ों चीज़ों के बारे में नहीं लिखना। क्या कोई भी लेखक आज सब कुछ को समेट सकता है। क्या कोई भी ऐसी कविता सम्भव हैं जो एक व्यक्ति के बारे में हो और साथ-साथ सबके बारे में। क्या मुम्बई का आदमी मेरे गाँव में रहने वाले आदमी के दिल की बात समझ लेगा। यदि ऐसा सम्भव नहीं तो फिर कोई कविता सबके लिए नहीं होगी। हर आदमी के लिए अलग-अलग कविता होगी जैसे हर पैर के लिए अलग-अलग जूते। लेकिन ऐसा क्या है 'महाभारत' में, या 'रामायण' में, या 'अभिज्ञान शाकुन्तल' में

कि वह आज भी हमें प्रभावित करता है। कविता एक-एक चीज को उसके पुकार के नाम से जानना तो है ही, साथ-साथ उस तत्त्व की खोज भी है जो सबमें शामिल है, सार्वभौम, सर्वनिष्ठ। महत्तम समापवर्त्य की खोज।

और इसके लिए जरूरी है कि कविता लिखने की ऐसी प्रविधि का इस्तेमाल किया जाये जिससे अधिक से अधिक को कम से कम में कहा जा सके। आज कवियों के सामने तकनीक का सबसे बड़ा सवाल शायद यही है कि कैसे उपन्यास जैसी विशालता गीत जैसी छोटी जगह में हासिल की जा सके। एक कट्ठे जमीन पर बीस मंजिला इमारत बनाने जैसा। इसके लिए यदि जरूरी हो तो संश्लिष्ट बिम्बों और प्राचीन छन्दों का फिर से उपयोग किया जाय। क्योंकि हमारे लिए कुछ भी पुराना या बेकार नहीं। जैसे एक बढ़ई के कारखाने में लकड़ी का कोई भी टुकड़ा फ़ालतू नहीं होता। सब कुछ का व्यवहार किया जा सकता है। स्मृति, अनुभव और कल्पना—यानी काल के तीनों आयामों भूत, वर्तमान और भविष्य का समाहार करते हुए जो कविता बनेगी, वही मेरी आकांक्षा है। एक हाड़ की, माथा मुड़ी हुई कविता नहीं, बल्कि भरी-पूरी, जीवन के ऐश्वर्य से सम्पन्न—अकेले स्वर में भी समवेत गान जैसी कविता।

इस सिलसिले में एक बात और कहना चाहता हूँ। आज जो हालत है हमारे देश की और जो होती जा रही है उसे देखते हुए लगता है कि जल्दी ही यहाँ की सड़कें भिखमंगों, वेश्याओं और छुरेबाजों से भर जाएँगी। मैं जहाँ रहता हूँ और जो रोज-ब-रोज देख रहा हूँ उससे लगता है कि हम सामूहिक विनाश की ओर जा रहे हैं। वह दिन दूर नहीं जब भाषा का यह विराट प्रीतिभोज भी नष्ट हो जायेगा क्योंकि जैसे-जैसे लोगों की पत्तलें-थालियाँ छिनेंगी वैसे-वैसे जीवन का उत्सव भी नष्ट होगा। ऐसे समय में कविता चुप नहीं रह सकती। कविता निर्बलों का बल है। कविता उसका पक्ष है जिसका कोई नहीं, जो सबसे कमजोर, सबसे असहाय है, जिस पर बाकी सबका बोझ है। जीवन में जो कुछ नष्ट हो रहा है कविता उस सबकी अन्तिम शरणस्थली है, अभयारण्य। यह एक विशेष काम हमारी कविता को ईसा की अगली शताब्दी में करना है। हमारी कविता, हमारे देश की कविता एक साथ कई शताब्दियों में रहती हुई, अनेक पंचांगों को एक साथ मानती हुई एक ऐसे काल में भी अवस्थित होगी जहाँ कोई पंचांग नहीं होता, जहाँ दिन, मास, वर्ष की कोई गणना नहीं होती। तब धरती इतनी स्वच्छ और पवित्र होगी जैसे घर का आँगन—और तब जूतों की जरूरत नहीं होगी।

(साहित्य अकादेमी पुरस्कार ग्रहण करने के उपरान्त प्रस्तुत वक्तव्य, 1999)

□□□